陕西师范大学优秀学术著作出版基金资助出版

古史考论

——西雝集

臧 振 著

商務印書館
创于1897 The Commercial Press

2016年·北京

图书在版编目(CIP)数据

古史考论：西雝集 / 臧振著. — 北京：商务印书馆, 2016
ISBN 978－7－100－12078－4

Ⅰ. ①古… Ⅱ. ①臧… Ⅲ. ①中国历史－古代史－文集 Ⅳ. ①K220.7-53

中国版本图书馆CIP数据核字(2016)第050626号

古史考论——西雝集

臧振 著

商务印书馆出版
(北京王府井大街36号 邮政编码 100710)
商务印书馆发行
三河市尚艺印装有限公司印刷
ISBN 978－7－100－12078－4

2016年6月第1版 开本 710×1000 1/16
2016年6月北京第1次印刷 印张 32 1/4

定价：80.00元

序

老友臧振《古史考论——西雝集》即将面世了，这是他几十年论文精粹的汇集，值得一读。

记得他刚退休时，我就催他汇集出版，并答应写一篇序，他同意了，谁知一拖就是好几年。他解释道，一位已故陈高傭教授的遗稿，其家属请他帮助整理出版。陈教授是新中国成立前相当知名的大家，他不忍心看着遗稿泯没，所以痛快答应了。原来以为简单，谁知颇有难度，既然接手就得干好，因而拖到今天。他这种助人为乐、先人后己的精神，时下已难得一见，对此，我唯有敬叹，还能再说什么呢！

我和他相识已数十年，许多经历颇相似。早在1963年，我们同时进入北京大学历史系，他上本科，我读研究生，三年后又一道经历了“文化大革命”的洗礼，1968年同时离校，奔向黄土高原。他辗转到了陕北佳县，教了十年中学，我去了山西大学。以后他上南京大学读研究生，1982年到陕西师范大学。我也于1996年调到陕西师范大学，成了同事。他虽说是四川人，一聊起来，我们还是同乡：他的祖籍也在浙江，离我家不过一百来里路。在我们出生前80年，太平军攻下湖州，他的曾祖父曾被慕王谭绍光召为部属，其后逃到四川，就在那里定居下来。至今，他的本族人还在浙江长兴老家聚居。他主要从事先秦史的研究，在师大还兼管文物室。我主要研究宋史，曾一度研究古文字，对先秦史颇有兴趣，在山西大学创办过考古专业。我们共同语言比较多。臧君为人低调、谦让，从不与人争名夺利，但在学术上，无论对谁，凡有不同意见时，他都会直率提出，唯真理是求。

我对他学术水平的了解，是从读他的著作《蒙昧中的智慧——中国巫术》开始的，书的篇幅不太大，近15万字，1994年华夏出版社出版。如果单看篇幅和出版社的知名度，可能会认为这不过是普通的介绍性读物。然而仔细捉摸一下题目，就会想到这里有文章。“智慧”二字，与一般人想的巫婆神汉装神弄鬼闹迷信全然不同。巫是许多民族都曾经有过的，而且绵延数千年，必然有其存在的理由。但理由是什么，智慧在哪里，我没有研究，自然很愿意一读。全书分十二章，学术味很浓，甚多独到的见解，足以辟除几十年来流行说法之误。显然，这是地道的学术专著，给我印象最深的是以下三点：

第一，《山海经》这本奇书，我过去读过，从地理角度看，不少地名颇有依据，然而所提到一些国人的长相，分外奇特，如讙头国，人面有翼鸟喙；三首国，一身三首；三身国，一首而三身；一臂国，一臂一目一鼻孔；奇肱之国，一臂三目；氐人国，人面而鱼身无足。这怎么可能呢？考古发掘证明，古人与今人并无多大区别。既然如此，为什么那样写呢？我十分困惑。对此，臧君做出了回答：那些形象是所在国的图腾（第12页），《山海经》是夏人的巫书（第21页）。20世纪出土的战国楚帛书，亦是巫书，上面画的各种古怪的形象，其中就有一身三首的怪人，与《山海经》描述的形象相似。

第二，春秋后期至战国前期出现一种鸟虫书，字体曲折盘旋，并附有鸟虫形装饰，字比较难认，看起来很美。古文字学界多认为是为了装饰美观用的，我自然也接受这一看法。臧君则反驳说：“为什么鸟虫书主要刻在兵器上，而不刻在更需要装饰的礼器上？”“鸟虫书的刻画显然出于某种巫术心理。”（第168页）我过去对鸟虫书很感兴趣，曾下工夫将所有能见到的鸟虫书资料，一一临摹下来，编成小字典，试图做一番系统的研究，却从未想到它与巫术有何关系。此说对我颇有震动。仔细想来，臧说是有道理的。从现有刻画鸟虫书的国家看，有吴、越、楚、蔡、宋五国，除宋在黄河南、淮河北外，其他都在江淮以南，这些地区确实巫风很盛，直到赵宋时代，巫风范围虽略有缩小，但在江南仍然兴盛。从装饰的形象看，大多是鸟形，也有龙形、蛇形等，它们大多附在“王”字、主人的名字及“用”字上，臧说认为其是为了神化主人、震慑敌人，有其道理。从所刻器物看，极大多数刻在兵器（以戈为多，剑次之，矛较少）上，而鼎、簋、豆、壶、盘等礼器上，均无鸟虫书。稍微特殊一点的是以下三件：越王者旨于赐钟、册某带钩、之利残片，亦有鸟虫书；钟是乐器，带钩是腰带上的构件，残片呈弧形，似为圆形器的一部分，肯定不是兵器。若以巫术说去解释，似乎有点勉强，有可能是为了美观。还有的戈只刻鸟虫书“玄翏”二字（《商周金文录遗》，第563页），没有人名。联系到楚国后期还出现一种蚊脚体的字，每个字形细长、屈曲，笔画末端或中部较粗肥，像飘带一般，看起来很美，这可以称作是美术字。因此，我在接受巫术心理说的同时，觉得仍有美观说存在的一点点空间，不知臧君以为如何？

第三，对董仲舒，我素无研究，只知思想界的主流观点是，董将儒学神学化（侯外庐《中国思想通史》第2卷《董仲舒公羊春秋学的中世纪神学正宗思想》）。而臧君则对此提出挑战。他重新审读董仲舒所说的“尊神”二字，认为不应连读，而应点断。董仲舒所谓“体国之道，在于尊、神。尊者所以奉其政也，神者所以就其化也”，臧君解释说：尊是让人们畏惧，神是为了体现阴阳变化；尊就要任贤，神就能统一思想；贤者成为左右手，国君就有尊严了；思想统一就能像阴阳一样变化若神。显然，尊和神是两个概念，神也不是指主宰人世的人格化的神（第89页）。董仲舒明确地说过：“致雨非神也。”即天上下雨不是神起的作用。“在董仲舒的儒学里，最高的概念是天、地、阴阳、日月星辰、四季之类，不是神。”在汉初，儒学不被重视，董仲舒以“阴阳五行理论推导出降雨、止雨术，用巫术那明显的功德去吸引人民，抬高儒学地位，让人们进而认识儒家的仁义礼智三纲之类”。一句话，董仲舒用巫术理论改造了儒学，使它在汉朝能立定脚跟。

这部书从巫的角度重新审视历史，解读颛顼的绝地天通、夏启的九歌九辩、商汤的祷于桑林等史事，重新观察巫与儒学、佛教、道教、中医的关系，新见迭出。我想，研究专门史的学者，读一读这本书，一定会有新的启示。

臧君所写论文，与上述专著一样，只考虑质量，不求发表的刊物有多大的名气。收在《古史考论——西雝集》里的37篇论文分为四卷：先秦史、思想史、古玉文化与考古、史学评论。

先秦史卷中的《西周丰镐成周说》是一篇重量级的论文，它探讨的是西周史上的大问题：宗周和成周到底在哪里？学术界的普遍说法是：宗周指丰镐（今西安），成周指洛邑（今洛阳）。这似乎已成定论。而臧君则认为宗周指周原（今扶风岐山），成周指丰镐（今西安）。从文献记载看，宗周是周王和贵族经常活动之处，毫无疑问，那里应该有城、有大建筑、有大量的青铜礼器。考古发现证明，只有周原具备这些条件，丰镐无城，缺乏大建筑，青铜礼器虽有发现，其质量和数量远不能与前者相比。因此宗周应该在周原。新出土的何尊铭文又为丰镐成周说提供了最可靠的根据。铭文云："维王初迁宅于成周。""王诰宗小子于京室。""唯王五祀。"这是说："成王五年，'成周'丰镐的'京室'落成，成王由岐阳'宗周'迁宅于此；同时继承武王遗志，开始了'新邑洛'的规划和建设。"洛邑是周平王东迁后才成为国都，随之，有人将成周之名移至洛邑。文中对于各种旧说，均一一给予有力的辨驳。宗周、成周之辨，至此可以结束了，西周史的首章应据此改写。接下来的任务应该是，对上百件涉及"成周"的金文，做新的解读。臧君在文末指出，金文中的"京宫"、"康宫"都在丰镐，而不在洛邑。笔者联想到，唐兰、于省吾等大专家曾经激烈争论过的西六师、成周六师问题，据此可以做新的解释了，即成周六师的驻地在丰镐，而不是洛邑，西六师的驻地则在宗周。

在思想史卷中，有两篇讨论凤的论文，很有见地。一篇说凤德不是王之德，而是士大夫之德。另一篇谈凤鸟不是周人的崇拜对象，也不是王权象征，更没有大一统的特色。我觉得说的都在理。唯有一处提及"上古三代"都讲"德"，我有些不同看法，"德"字在商与周代，含义是不一样的，在商代的甲骨文中，德表示巡视之意，或仅作祭名。在西周金文中则多作为一个道德观念加以强调。

本卷中还有两篇论述五行思想起源问题，文中驳斥了五行起源于朴素唯物主义的说法，因为它在朴素唯物主义出现以前已经有了，又将容易混淆的早期五行思想与战国晚期邹衍五行思想的区别开来，并进而探讨五行思想的演变和影响，分析很透彻。

在古玉文化与考古学卷中，有十一篇研究古玉的论文，这是自成系统的一家之言，特别令人瞩目。如以制造精美绝伦的玉器而闻名的良渚文化，为什么突然兴起，在绵延千年后，又骤然消失？学者们对此有种种猜测，洪水说、北上说，等等，这一切都缺乏说服力。臧君通过对考古发掘资料的仔细分析，又吸取诸家论文中的合理成分，最后认定：其玉不是就地取材，而是来自遥远的辽宁岫岩。在距今四五千年前，有过一条玉石之路：从浙江良渚北上经过今江苏、山东、再穿越长山列岛，到达辽宁岫岩。一批良渚人跋涉千里到那里开采玉矿、装运到良渚，良渚文化由此兴起。待到一千年后，玉矿枯竭，良渚文化也就随之消亡。在此之后，后人又开辟了一条通往昆仑山的新的玉石之路，历史也翻开了新的一页。

在对古玉的功能研究上，臧君认为今人的许多解释是错误的，我们不该用今天的认识水平去观察古人，而应从古人所处的环境以及可能达到的认识水平去理解。臧君利用考古学、文献学、民俗学、人类学等多方面的知识，去客观地观察、分析。他坚信，古人将各种玉器埋入土中，是为了供鬼神食用的。他们在祭祀时，贡上这些美味佳肴，是希望从鬼神那里得到回报：天旱时下雨，天涝时止雨，等等。我觉得臧君的说法有道理，是可以信从的。

臧君只追求论著质量，不讲究出版单位，已发表的论著都不是知名的出版社、刊物。这在古代和近代是平常事，但在现代，却会影响到人们的关注度。香港研究巫文化的学者王章伟，曾送给笔者一部书《在国家与社会之间——宋代巫觋信仰研究》（中华书局 2005 年版），他在书中列举了内地八部有关巫的著作，得出结论说："这些著作都有一个共通点，即深受西方社会（文化）人类学的影响。"（第 3 页）并批评道："中西方文化迥然不同，硬套理论自有其不足与弊病。"可惜，他没有见到臧君这本书，否则，将会加一句：只有臧氏书例外，那是自出心裁的、富有创见的学术著作。

本来，货好不好就看货本身的质量，最近却盛行一股不正常的评价风：只看包装，不问内囊。这样一来，有些次货设法贴上名牌的标签，就成了上等品，评奖、升职称，什么都有了。而一些好货因为没有贴名牌标签，被冷落一旁。臧君一向淡泊名利，对知音多少，并不在乎，但对学术的进步而言，实在是个损失。我希望，有志于学术的同仁们，在关注外包装的同时，不要错过了无名牌标签的似臧君那样的论著，那可是经得起火炼的真金。

品尝到一道佳肴，自然希望再来一盘。读完臧君的论著，收获多多，也自然还想看更多的产品，一饱眼福。然而，这几乎就是全部了。依他的水平，在这几十年中，写出比现在多上一倍的论著，本非难事，但是，有几个因素制约了他。第一，是他对自己要求比较高，不愿轻易出手。第二，是身体跟不上，大学里，一次手术之误，使他的呼吸机能受到损坏，现在每年都得有几个月去海南、广东休养才能缓过来。第三，是帮助陈高傭、斯维至两位老先生出书，费了几年时间。第四，是他太专注于教书这一职业了，恨不得倾注全部心血。他给本科学生、研究生上的课比一般教师多，备课特别认真。课余学生来请教，他都热心接待，像对自己的儿女一样。他成天在工作室待着，双休日也不例外，我每次去看他，总有学生在那里，他的工作室几乎成了学生的家。而他对许多学生的了解，辅导员都无法与之相比，辅导员只熟悉本班学生，他对全系历届学生都相当了解，不光叫得上姓名，甚至知道学生的老家、学生的特点、毕业后的工作单位。他的脑子里好像存了一部活档案。他还经常与往届的学生发短信、打电话或上网联系。为了提高教育质量，他整顿了文物室，收集了千百件文物，他最得意的是，竟然收集到了秦宫超大型凤纹空心砖、武则天时太子李弘的管家闫庄墓志，那是大型博物馆中都难以见到的、够得上一级的文物。他搞科研，一半为学术，一半也是为了提高教育质量。像他这样全心全意为学生服务的教授，恐怕在全国也是不多见的。

值得高兴的是，臧君现在比较注意养生，且原来的体质是很好的，又小我三岁，属羊，羊乃吉祥之祥的本字，汉代铜器上常见“大吉羊”三字，那就是大吉祥。我相信不久还会欣赏到他制造的新的精品。

李裕民

2014年10月17日于西安

目录

序

先秦史卷

思想史卷

古玉文化与考古学卷

史学评论卷

后记

先秦史卷

宗族社会初论

一、马、恩对社会形态的研究

马克思主义关于社会形态理论的形成是一个过程，而且直到马、恩去世，这一理论尚未成熟。回顾这一过程，是很能给人启迪的。

1848年，共产主义者同盟委托马、恩起草的《共产党宣言》问世。《宣言》第一章第一句说："到目前为止的一切社会的历史都是阶级斗争的历史。"这里没有提无阶级的原始社会。因为当时"社会的史前状态，全部成文史以前的社会组织，几乎完全没有人知道"[①]。

到19世纪50年代，马、恩注意到东方（或者说亚细亚）普遍存在土地公有的村社。1853年6月2日，马克思在致恩格斯的信中说："正确地看到，东方……一切现象的基础是不存在土地私有制。这甚至是了解东方天国的一把真正的钥匙。"[②]恩格斯立即复信赞同，并认为："这是东方全部政治史和宗教史的基础。"[③]那么，这种"不存在土地私有制"的社会是不是原始社会呢？马、恩当时并没有这个疑问，因为当时还没有"社会的史前状态"这个概念。

1857—1858年，马克思在《政治经济学批判》手稿《资本主义生产以前的各种形式》中，介绍了亚细亚的、古典的和日耳曼的土地所有制特征，提出了"亚细亚形态"的概念。[④]1859年，马克思在《政治经济学批判·序言》中提出了他对社会形态演进的看法："大体说来，亚

---

① 《马克思恩格斯选集》第1卷，人民出版社1972年版，第251页。

② 《马克思恩格斯全集》第28卷，人民出版社1973年版，第256页。

③ 同上书，第260页。

④ 《马克思恩格斯全集》第46卷，人民出版社1979年版，第472页。

细亚的、古代的、封建的和现代资产阶级的生产方式，可以看作是社会经济形态演进的几个时代。”[①] 这里所谓“亚细亚的生产方式”就是1853年通信中提到的东方的土地公有的村社。马、恩把当时见到的“农村公社”当作“土地所有制的第一种形式”，但仍然没有认为这种形态属“原始社会”。看1857—1858年手稿就可以知道，马克思所谓“土地所有制的第一种形式”——亚细亚的土地公有的村社之上，还凌驾着一个“更高的所有者”，“作为这许多共同体之父的专制君主”[②]，这当然不是什么原始社会。

一直到了19世纪70年代，美国民族学家路易斯·亨·摩尔根“在北美印第安人的血族团体中找到了一把解开古希腊、古罗马和德意志历史上那些极为重要而至今尚未解决的哑谜的钥匙”，“发现和恢复了我们成文历史的这种史前的基础”[③]，马、恩对原始社会才有了清楚的认识。马克思以极大兴趣研究摩尔根的《古代社会》，认真审查自己的历史理论体系。1883年马克思逝世，恩格斯继承马克思遗志，撰写了《家庭、私有制和国家的起源》，完成了马克思未能完成的工作。与此同时，在1883年《共产党宣言》德文版《序》中，恩格斯在“全部历史都是阶级斗争的历史”前加上了一个括号，说明阶级社会开始于原始土地公有制解体之后。[④]1888年，恩格斯在英文版《共产党宣言》“一切社会的历史”下面加了一个注，说得更为清楚：

> 摩尔根发现了氏族的真正本质及其对部落的关系，这一卓绝发现把这种原始共产主义社会的内部组织的典型形式揭示出来了。随着这种原始公社的解体，社会开始分裂为各个独特的、终于彼此对立的阶级。[⑤]

---

① 《马克思恩格斯选集》第2卷，人民出版社1972年版，第83页。

② 《马克思恩格斯全集》第46卷，第473页。

③ 《马克思恩格斯选集》第4卷，人民出版社1972年版，第2页。

④ 《马克思恩格斯选集》第1卷，第232页。

⑤ 同上书，第251页。

由此可见，到19世纪80年代，恩格斯才有了这样一个基本的认识，即阶级社会开始于原始土地公有制解体之后。

本文已经说到，马克思当年论述的“亚细亚形态”不是原始社会。那么，“亚细亚形态”是否属于阶级社会呢？从1888年版《共产党宣言》的那条注解看，恩格斯显然倾向于不属于阶级社会。因为该注在前引“摩尔根发现了……”之前，恩格斯还提到“土地公有的村社是从印度起到爱尔兰止的各地社会的原始形态”。这里所谓“土地公有的村社”即50年代所谓“亚细亚形态”。这种既不是原始社会又不是阶级社会的“亚细亚形态”该是什么社会呢？意识到问题复杂，所以恩格斯承认自己只是在“试图加以探讨”。①

事实证明恩格斯的谨慎是十分必要的。1890年，俄国学者马克西姆·柯瓦列夫斯基《家庭及所有制的起源和发展概论》发表。恩格斯发现了50年代把土地公有的农村公社即“亚细亚形态”当作原始形态的公社的错误，于是在1891年版《家庭、私有制和国家的起源》中做了一系列十分重要的修改和补充。恩格斯说：

> 我们感谢马克西姆·柯瓦列夫斯基，他向我们证明了……家长制家庭公社……乃是一个由群婚中产生并以母权制为基础的家庭到现代世界的个体家庭的过渡阶段。②
>
> 不久以前，柯瓦列夫斯基提出了一种见解，说这些genealogiae都是大家庭公社，土地在它们之间进行分配，农村公社只是后来才从他们当中发展起来的。③

“农村公社”是按地域关系组织起来的后起的经济组织，而以血缘关系为纽带的父权制大家庭公社才是原生态的公社。由于这种公社组织的发现，许多古代文献都可以得到更合理的诠释。但是，“这种解释又

---

① 《马克思恩格斯选集》第1卷，第251页。
② 《马克思恩格斯选集》第4卷，第54页。
③ 同上书，第131—132页。

造成了新的困难和引起了新的需要解决的问题”。[①] 恩格斯这里所谓新困难新问题，主要是指父权制大家庭公社与原始氏族、与农村公社的区别及其如何解体、分裂为单个农户。[②]笔者认为，随之而来的新问题还有：在当时所了解的依次演进的社会形态中，“亚细亚形态”还能不能作为一种独立的社会形态？而柯瓦列夫斯基发现的这种大家庭公社又处于什么位置？是原始社会？阶级社会？还是既非原始社会又非阶级社会的一种社会形态？

恩格斯说：“关于这些问题将来还会长久争论”[③]，“在这里只有新的研究才能解决”[④]，“还需要做进一步研究”[⑤]。

1892 年，恩格斯在对 10 年前发表的《马尔克》一文做说明时再次说道：柯瓦列夫斯基提到共耕土地的“包括几代人的庞大的宗法制家庭公社”的问题，“也许是完全对的，不过问题还是 sub judice（在讨论中）”。[⑥]1895 年恩格斯逝世，完善社会形态理论的任务，就这样留给了后人。

二、列宁的“宗族社会”与斯大林的“五阶段”论

1894 年，俄国杰出的马克思主义者列宁发表了《什么是“人民之友”以及他们如何攻击社会民主主义者》。列宁实事求是地指出，马克思《政治经济学批判 · 序言》中关于社会形态演进的几个时代的思想，“在那时暂且还只是一个假设”。此后马克思花了 20 多年的功夫研究商品经济体系，详尽分析了资本主义的生产方式，写出了《资本论》。列宁特别指出：“马克思只说到一个‘社会经济形态’，即资产阶级社会经

① 《马克思恩格斯选集》第 4 卷，第 139 页。
② 同上书，第 138 页。
③ 同上。
④ 同上书，第 139 页。
⑤ 同上书，第 132 页。
⑥ 《马克思恩格斯全集》第 22 卷，人民出版社 1965 年版，第 338 页。

济形态；换句话说，他研究的只是这个形态而不是别的形态的发展规律。”马克思的伟大在于他提供了这样一种方法，即“把社会经济形态的发展看做自然历史过程”。①

1917年，十月革命前数月，列宁在秘密状态中撰写了《国家与革命》。在论及国家与旧的社会组织的不同特征时，列宁刻意在恩格斯1884年版《家庭、私有制和国家的起源》原文“旧的氏族组织”氏族一词后面加上了“或宗族”几个字。②在谈到阶级社会的武装力量与此前的武装力量的区别时，列宁说：

> “居民自动组成的武装”同使用棍棒的猿猴群、原始人类或宗族社会的原始组织比较起来，只是程度上复杂些，技术上高明些……③

请注意：列宁在这里将阶级社会以前的人类的原始组织分为原始人类和宗族社会的两个阶段。④其思路与上段引文在恩格斯“氏族”一词后面加上“或宗族”几个字是一致的。这就是说，列宁是用“宗族社会”一词代表柯瓦列夫斯基发现的父权制大家庭公社阶段，以区别于摩尔根所讲的氏族概念。⑤同时可知，宗族社会是既不同于原始人类也不同于阶级社会的一个阶段。

---

① 《列宁全集》第1卷，人民出版社1955年版，第119、116页。

② 《列宁全集》第25卷，人民出版社1958年版，第376页。俄文原文见莫斯科1962年版第33卷，第9页：старой гентильной（родовой или кланвой）организацей. 恩格斯1884年原文为德文，1902年英文版原文为：old gentile organization。

③ 同上书，第377页。

④ 俄文原文见莫斯科1962年版第33卷，第10页，是将猿猴群、原始人类和宗族社会三者平列置于“原始组织”之后：от прпмитивной организации стада обезьян,берущих палки,или первобытных людей,или людей,объединенных в клановые общества.

⑤ “宗族”，列宁用的是流行于苏格兰等地的部族组织“клан”（克兰）的名称。当代俄国学者多用 патронимия 或 патриархальный род。随着时代推移，人们对这些词的内涵的认识在变化。“氏族”是摩尔根时代的概念。19世纪80年代以前，克兰与氏族（род）或恩格斯用的 gentile、gens 等，在表示种族、血缘关系的意义上，尚无明显差别。1891年的恩格斯和1917年的列宁对于原始组织有了新认识，所以列宁在恩格斯1884年版“旧的氏族”后面加上了“或宗族”一词。

十月革命后，列宁投入了与国内外敌人的殊死搏斗中。1919年7月，列宁在斯维尔德洛夫大学的讲演《论国家》中将人类历史做了如下简略的说明：

世界各国所有一切人类社会数千年来的发展都向我们表明，这种发展的一般规律和次序是这样的：起初是无阶级的社会，即氏族社会，没有贵族的原始社会；然后是以奴隶制为基础的社会，即奴隶占有制社会……①

这段话没有将阶级社会以前的人类社会分为两个阶段。由于列宁谈得比较笼统，所以容易产生分歧。我们试看上引中间一句的另外两种中文译法：

起初是无阶级的社会，即始初的宗法的社会，原始的、没有什么贵族存在的社会。②

起初是无阶级的社会——父权制原始社会，即没有贵族的原始社会。③

这里关键是 патриархальное 一词，1953年维真译为“宗法的”，1956年《全集》译为“氏族”，1972年《选集》译为“父权制的”。三者比较，以晚出的《选集》较妥，但仍不准确。原文：

В начале мы имеем общество без классов—первоначальное патриархальное,первобытное общество,в котором не было аристократов.

① 《列宁全集》第29卷，人民出版社1956年版，第432页。

② 维真译：《列宁论马克思恩格斯及马克思主义》，人民出版社1953年版，第410页。

③ 《列宁选集》第4卷，人民出版社1972年版，第45页。

笔者认为应译为：

> 起初是无阶级的社会——最初阶段的父权制的原始社会，在这个社会中还没有贵族。

显然，列宁这里谈及的只是几千年内以父系血缘关系为特征的宗族社会，不涉及数千年之前的原始人类。对于不了解此问题学术背景的人来说，列宁原文比较费解。即使是俄国人，也容易将“父权制的”误解为“老旧的”、“保持古风的”等义，这大概也是中文《全集》径直译为“氏族社会”的原因。

只要了解1919年对于新生的苏维埃政权意味着什么，就可以理解列宁对一批刚入革命队伍的年轻人应当如何讲话。只要翻一下《列宁全集》第29卷就可以知道，3月到8月半年中，列宁几乎每天都在各种会议上做报告或演讲。总之，这不是一个可以争论学术问题的时候，所以列宁只能简略地从数千年来“父权制的原始社会”谈起。

遗憾的是，列宁再没有时间从事学术研究了。列宁逝世后，由于东方民族解放运动如火如荼，其社会形态及革命性质问题摆在马克思主义者面前。马、恩早年发现并认定是“解开东方天国的一把真正的钥匙”的“亚细亚形态”，立即吸引了人们的注意。20年代末到30年代，苏联学者展开了争论。一些人认为东方在原始社会之后就是“亚细亚形态”的社会，一些人则认为东方也经历了奴隶制，只是东方属“早期奴隶制”，古希腊罗马属“古典世界的奴隶制”。1938年9月，斯大林《辩证唯物主义与历史唯物主义》发表，随即收入《苏联共产党（布）历史简明教程》第4章，成为每个干部的必读经典。其中提出了人们耳熟能详的“五阶段”论。原文为：

> 历史上有五种基本生产关系：原始公社制的、奴隶制的、封建制的、资本主义的、社会主义的。

只要了解了马、恩、列对社会形态问题的探讨过程，就可以明显地看出，“五阶段”的提法是多么草率，而用行政命令的方式将它强加给学术界又是多么鲁莽。

三、中国学者的“亚细亚形态情结”

“十月革命一声炮响，给我们送来了马克思列宁主义。”[①]运用马列主义关于社会形态的理论研究中国先秦史，以郭沫若《中国古代社会研究》[②]一书影响最大。该书1929年版《序》结尾这样说：

> 对于未来社会的待望逼迫着我们不能不生出清算过往社会的要求。

这话说出了国难深重时代史学工作者的心声。但问题出在郭老认定社会进展依“五阶段”而叠进，没有例外。这样，“清算过往社会”就是力图把历史与“五阶段”联系起来。这样的方法最终会被证明是不科学的。在该书1954年新版《引言》中，作者说：

> 掌握正确的科学的历史观点非常必要，这是先决问题。

这里讲的也不是要用马克思提供的“把社会经济形态的发展看作自然历史过程”的方法审视史料，而是把前人运用这一方法得出的尚待讨论的具体观点“掌握”起来，当作研究历史的先决条件。形式是先验的，内容势必是被扭曲的。理论步入误区，预伏了中国上古史研究的不幸。

斯大林“五阶段论”这样叙述奴隶社会：“享有完全权利的人和

① 《毛泽东选集》第4卷，人民出版社1960年版，第1476页。

② 《郭沫若全集·历史编》第1卷，人民出版社1982年版。

毫无权利的人，他们彼此间残酷的阶级斗争——这就是奴隶制度底情景。”①人们在多等级的阶梯式的殷周时期社会中，看到的不是两大阶级对抗的情景；即便在“无义战”的春秋时期，残酷的斗争也多发生在贵族之间。②文献中俯拾即是的是当时人们以血缘关系为纽带组成宗族，靠祖先崇拜和鬼神观念凝聚在一起。这究竟是什么社会？学者们费尽心思，力图将它与“五阶段”说吻合起来，然迄今尚未找到合理的解释，无法取得一致意见。

在20世纪30年代和40年代，学术界主要争论中国有没有奴隶社会。主张“原始社会——氏族社会——封建社会”，即以氏族社会取代奴隶社会的观点③，或者讲原始社会分为原始共产主义社会与氏族社会两阶段，而奴隶制度不构成一个社会发展阶段的观点④，直到80年代还被人认为是“胡诌”，是“对马、恩原意的粗暴歪曲”，是“反对用马克思主义来指导中国的历史研究和革命实践”。⑤

到了50年代，争论的问题就不再是中国古代有没有奴隶社会，而是起止于何时和有什么特点。可以说，从50年代到70年代的30年间，中国先秦史学界就在为论证中国上古史之符合“五阶段论”的迷宫之中挣扎，所有先秦史学者和几乎所有古代史专家都在这个问题上绞过脑汁。

试想搞一辈子古史，却弄不清当时社会的形态或性质，算是什么学问？这就是为什么那么多学者“明知山有虎，偏向虎山行”的原因。而在当年要想越过“五阶段论”的“雷池”而免遭批判，最好的办法是举起马、恩曾经讲过的“亚细亚形态”这面旗帜。可以说，从20世纪30

① 联共（布）中央特设委员会：《苏联共产党（布）历史简明教程》，人民出版社1954年版，第163页。

② 列宁讲的没有贵族的“父权制的原始社会”，这是宗族社会的“最初阶段”。在中国，约当从炎黄时期到夏王朝建立。而出现贵族、形成多等级阶梯的宗族社会，则在殷周时期。此当另文详论。

③ 胡秋原：《略复孙倬君并略论中国社会之性质》，《读书杂志》1932年第2卷第3期。

④ 陈邦国：《中国历史发展的道路》，《读书杂志》1932年第4卷第5期。

⑤ 林甘泉、田人隆、李祖德：《中国古代史分期讨论五十年》，上海人民出版社1980年版，第56、51页。

年代起，凡认真读过先秦典籍而又研究过马克思主义理论的人，不论赞成还是反对，都有一个“亚细亚形态”情结。

马、恩在19世纪50年代所看到的“亚细亚形态”，实际是一种次生形态的农村公社。恩格斯晚年依据柯瓦列夫斯基的发现，已对其存在时间做出了新的判断，指出农村公社是在大家庭公社之后发展起来的。然而20世纪60年代以前翻译成中文的《家庭、私有制和国家的起源》，就笔者所见，未对1884年的原稿和1891年恩格斯修改的部分做出区分标记，以致诸多学者如堕五里雾中。正如列宁对斯维尔德洛夫大学的学生们所讲的，“读这部著作时不能立刻全部了解”，“这种情形几乎是每个人都会遇到的”。[①]这就是为什么20世纪四五十年代受到马克思主义熏陶的老先生大多将殷周时期的家庭公社称作“农村公社”，并且与“亚细亚形态”联系起来讨论的原因。

在20世纪80年代，随着改革开放和检验真理实践标准的提出，先秦史学界思想解放，出现不少新景象。众说纷纭，难以逐一评点。略举二例，管窥而已。

《学术研究》1980年第1期吴大琨先生《关于亚细亚生产方式研究的几个问题》，认为“按照马克思的原意，历史上的社会生产方式应该是六种而不是五种”，“应该把亚细亚生产方式作为一种独立的生产方式来研究”。[②]明确提出“六种”生产方式，这在五六十年代是不敢想象的。这不由让人想到早在1952年，吴先生就从地租形态出发，提出马克思“认为在亚细亚存在着一种特殊的地租形态”，其土地所有者不是奴隶主、不是农奴主，而是“代表着‘共同体的个人’或代表着国家，作为‘最高地主’的‘国君’”[③]，那么这种地租形态属哪一种社会形态呢？吴先生认为（1952年的吴先生只能这样认为）：“是由原始公社制末期过渡到原始阶段奴隶制社会中的一个特殊生产形态。这种特殊生产形态与原始公社制的生产形态固然不同，与希腊罗马发达了的奴隶制社会的生

① 《列宁选集》第4卷，第44页。

② 吴大琨：《关于亚细亚生产方式研究的几个问题》，《学术研究》1980年第1期。

③ 吴大琨：《论前资本主义社会地租的三种基本形态》，《文史哲》1953年第1期。

产形态也不同。”[①] 这就是所谓“过渡形态说”。

到了1956年，大概为了在与“西周封建论”诸学者的辩论中有一个较为稳定的立足点，吴先生放弃了“过渡形态说”，而站到了亚细亚形态即“古代东方的奴隶占有制国家”[②] 的立场上。到80年代，吴先生“觉得有必要重新考虑这个问题了”，他又回到1952年对马克思遗稿的认识，并且坚决地提出了“六种社会形态说”。具体到中国，他认为，“夏、商、周三代所建立起来的国家就是马克思所说的亚细亚式的国家”。尽管用马克思所说“亚细亚生产方式”来比附宗族社会不很妥当，但吴先生筚路蓝缕，功不可没，且其追求真理、勇于探索的精神实令人钦佩。

《历史研究》2000年第2期发表了12位学者就他们对社会形态及历史规律再认识所做的笔谈。异彩纷呈，各有高见。与本文关系最近的一篇，是田昌五先生的《中国历史发展体系新构想》。

笔者注意，田先生是因为他过去的著作中有过“宗族社会”的提法[③]，并且对这一社会的结构有过系统的探讨[④]。田先生说，“中国古代社会可以统称为宗族社会，即以宗族为基本单元构成的社会”，此可谓真知灼见！田氏“古代社会”指约公元前3000年至战国时代各国变法（约公元前4世纪）[⑤]，这也对笔者极有启发。所谓“同声相应，同气相求”吧！

然而令人十分遗憾的是，田先生又持古代社会奴隶制说，而且据说是“发达”的奴隶制。[⑥] 他所谓“宗族社会”不是一种社会形态，而是一种“社会结构”。那么像宗族社会这样的结构，怎么又会是“发达的奴隶制”呢？是不是田先生不明白什么叫奴隶呢？不是，田先生很清楚，

① 吴大琨：《论前资本主义社会地租的三种基本形态》，《文史哲》1953年第1期。
② 吴大琨：《关于西周社会性质问题的讨论》，《历史研究》1956年第3期。
③ 田昌五：《中国历史体系新论》，山东大学出版社1995年版，第31页。
④ 田昌五、臧知非：《周秦社会结构研究》，西北大学出版社1996年版，第1—95页。
⑤ 田昌五：《中国历史体系新论》，第31页。
⑥ 同上。

奴隶没有任何人身权利，与牲畜相比，只是会说话而已。[①] 按笔者的理解，以血缘关系为核心“结构”而成的宗族社会，绝大多数人都在一定宗族中生存，族姓地位血缘亲疏决定了他的权利和义务；而且宗族群体通过祖先崇拜、鬼神观念凝聚在一起，其间存在一种相互保护和依存的力量；有时候，被征服的宗族还可以参与国君的废立，这怎么算是奴隶呢？田先生对此的解说是：

> 殊不知这是宗族奴隶的特点，他们凭借着自己的宗族也能参与国君的废立。如“翼九宗、五正、倾父之子嘉父逆晋侯于随，纳诸鄂。晋人谓之鄂侯”（《左传》隐公六年）。其中的“九宗、五正”即唐叔受封的“怀姓九宗，职官五正”。这种宗族奴隶的头目有时还能当低级的管事，参与废立国君有什么可奇怪的呢？[②]

田先生发现了所谓“宗族奴隶制”的提法是有些特殊“特点”的，是有些让人奇怪的地方的。所以，让笔者说一句：称之为“奴隶制”，是以扭曲“奴隶”概念为代价的，是有些不妥当的。

上述引文，是田先生20年前的文字了，田先生苦苦思考中国古史特点，又有20年了。1994年，他已有了“突破性的进展”，将中国历史分为洪荒时代、族邦时代、封建帝制时代。[③] 如果这三者是讲社会形态，那么看来田先生是用“族邦时代”代替了奴隶制。很遗憾，田先生的“族邦时代”还是“发达的奴隶制”！这叫什么“突破”呢？那么，到了2000年，他能否放弃奴隶制说而直接将宗族社会作为一种社会形态呢？笔者急切地翻到《历史研究》2000年第2期第7—8页，很失望！田先生又抛出了他的“发达奴隶制”说。看来，中国学者的“亚细亚形态”情结或者反“亚细亚形态说”的情结，实在太难解开了！

解开这一情结的关键，在于重新认定：列宁当年提出的“宗族社

---

① 田昌五：《中国历史体系新论》，第20—21页。

② 同上书，第112—113页。

③ 田昌五：《中国历史体系新论》前言。

会”，实在是一种基本的生产关系或社会形态。

宗族社会进入了文明时代，因而不同于原始人类；它不存在土地的私人所有制，不能将人划分为阶级，因而也不是阶级社会。它以血缘关系为纽带，依血缘亲疏形成多等级的阶梯。宗族是社会的基本单位，例如《左传·定公四年》所谓“殷民七族”、“怀姓九宗”，“帅其宗氏，辑其分族”即是。这种社会形态在几乎所有民族的历史上都存在过[①]，而且延续时间往往长达数千年，因而它应当是一种基本的社会形态。在中国，它产生于五帝时期，到西周时发展为典型形态，春秋战国时期走向衰落，然其余绪不绝如缕，纵贯数千年，成为中国古代文化一大特色。以上这些结论不是从某种理想的或权威的理论推导出来，而是依据历史文献和考古资料分析得来。它不符合时下流行的许多“定论”，因而有待于一系列新的论证。笔者愿与学术界朋友们共同努力，去完成这一重大的课题。

是为初论。

（原载《陕西师范大学学报》2001 年第 3 期）

① 宗族的形成是一个自然历史过程，只要条件适宜，它随时都可以产生。请参见臧振：《白家甲的家族公社》，《陕西师范大学学报》1987 年第 3 期。

白家甲的家族公社

自从柯瓦列夫斯基发现家族公社，近百年来，学者们已经从民族学、考古学和古文献资料中找到大批证据来说明家族公社的存在形式和历史地位。笔者在这里再提供一个在20世纪中期汉族聚居地区还存在着的家族公社的实例，希望对它的土地公有形式的介绍，对它的存在及社会性质的探索，会有助于早期文明史的研究。

一、白家甲的土地制度

白家甲村坐落在陕北佳县南区一条幽深的沟壑里。这里北距佳县城80华里，西距米脂县城110华里，南距吴堡县城150华里，东距黄河10余里，隔河距山西临县县城百余里。周围丛山峻岭，环境十分闭塞。全村现有约200户、700余口人，散居在高家圪落、前凹、山上、柳沟、沟岔、桃沟条、中凹沟、中湾、圪堵上、后上甲等10余个小村里。从西头沟掌到东头前村，长约5华里。全村有地800垧，分布在村周围各个山头。本地习惯以“垧”、“咀”计土地面积，一垧合5咀，1咀约半亩，800垧计2000亩。另有荒坡、石凹及林地、草地不计，任本村及邻村人游牧。全村现有6姓：白姓土著约140户，全属一位老祖宗的后代；其余贺姓一老家约30户、高姓两老家20余户、冯姓一老家五六户，加上刘、乔姓共约60户，为移居本村之外姓，多系租种白姓土地而后安家本村者。

1947年土改前，800垧土地全属白姓公有。按“祖宗家法”，白氏土地能典能租不能卖。每年夏历十月初十（此时各家地里庄稼收打完毕），为“办户事”之日。当年满60虚岁者将地交公，称“撂地”，“办户事”者将老人所撂之地与去年未分之地分为若干份，每份大小与当时各丁所种份地大小相等。全村当年满14虚岁的男子，在办户事者即“村头”主持下抓阄，领得一份份地（亦称丁地）；次年15岁成丁，开始经营。有外出未归者，可等到次年二月初二（春耕开始前）补抓。所分份数总是多于抓阄者。剩下若干份地，二月二再次抓阄，各户均可参加，抓得者分种，使用期一年，并须按预先商定之数额（根据当年的情况决定，称“打租子”）交出部分产品，不论“完粮”或“出银”均可。收来的钱、粮，作全村唱戏、乞雨及其他开支，供白姓全体共餐数日。届时各家扶老携幼来吃，尽量吃饱。

土地有限，人口渐增，为不使份地少于抓阄者，又规定20年一大分，即将全村土地收回打乱重分。每隔20年，“村头”领全村老少跟上认地，边走边讲。因人们数十年来在此耕耘，对本村山水沟渠、地块四至，了如指掌，故无须地图。重分时，留出未来20年中可能增加人丁需分之地（留出之地亦不抛荒，在来年二月二抓给各门户分种）。十月十所抓之地，使用期可达20年；二月二所抓之剩余份地，使用期一年，且产品须按定额交公。《诗·小雅·大田》“雨我公田，遂及我私”，所谓“公田”、“私田”究属何义？学者们多有辩难。这里笔者想，说十月十所抓之地相当于《诗》中的“私田”，二月二所抓之地相当于“公田”，似无大谬。

恩格斯曾谈到塔西佗说过的话：日耳曼人“每年更换（或重新分配）耕地一次，同时还留下充分的公有土地”。[①] 对塔西佗这句费解的古拉丁语，学者们争议颇多，甚至怀疑这是塔西佗的想象，如孟子之言井田。如果依白家甲之例，则“每年更换”可理解为每年二月二再抓之地，“留下充分的公有土地”实即指十月十抓剩的公有地。公社为什么要频繁地重分土地呢？显然是为了防止纠纷；既要保留充分的公有地，又不将耕地闲置。这里应注意空地与耕地的不同，即便轮作，也是熟地

① 《马克思恩格斯选集》第4卷，第137页。

而不是生荒地。恩格斯认为，“由于人口稀少，荒地总是很多的，因之任何争夺土地的纠纷，就没有必要了”，每年更换耕地，只好从农学意义上去理解。[①] 看来恩格斯所说是不妥当的。翻耕熟地与开垦荒地费力不同，是会有纠纷的。在白家甲，正是为了防止可能的纠纷，才频繁地重分土地。更换耕地是维持公社生存的基本制度，它隆重地以公社民主的形式举行，这绝不能从农学意义上去理解。马克思在谈到俄国公社的土地分配时就说过，这种制度“毫无疑问是和农艺学的要求矛盾的”。[②]

白家甲人年龄到60岁而无男儿者，可不撂地，自种或雇人伙种，“养老归终”。不到60岁死者，地即归公，子弟不得继承。无子者，可抚养本姓弟兄之子来“顶门户”；若抚养外姓，只要经手续正式改姓白，族人予以承认。本村抚养出去成外姓者，不得再占有份地。出门在外无法耕种的人可将地典出，到重分时，亦可写信来请人代为抓阄。后来村人不满，提出一条新规定：要出典者，须给全村人杀一头猪，才让参与抓份地。

1983年暑假，笔者访问了全村大多数老人，对土改前本村这套制度，可谓众口一词。50岁以上都记得分地的事。1944年最后一次抓地者为白发山、白建海、白光武。1983年村中最高龄者为白发亮，时年81岁，因曾外出多年，所述欠详。次高龄者白发花，时年74岁，精神旺健，记忆清晰。他说：小时见大人们分地，要抓两次，“头分子”是好地，“二分子”是差地。到他14岁时（1923年）就没“二分子”了，二分子都打成正地分了。一人可分9垧。白庆光（64岁）说：最早时1份地有十几垧（按：正合古亩制“一夫百亩”之数），到他自已抓时（1933年），1份4垧多。当时，不好的地有1份五六垧的。余下10多份约100垧地，由劳力强的几家分去种了。白发岱（68岁，1935年参加红军，此时任大队保管员）告诉笔者，最后一次抓地时“村头”为白光清（已去世）；此时份地好地3垧，中地5垧；大约只余六七份。1945年掀倒，1947年国民党来时又立起，第二年又掀倒。后来成立了

① 《马克思恩格斯选集》第4卷，第138页。

② 《马克思恩格斯全集》第19卷，人民出版社1963年版，第452页。

变工队、合作社，1956 年成了高级社。白发时（59 岁，1960 年前曾任村党支部书记）说：1945 年停了“户事”，土地分死；1946 年，离本村最远的王宁山一块背山地被个人卖出去了，这事在村中引起很大震动。土地改革时，本村白发银在县上当民运干事，和区上研究：因本村与别村不同，决定封死不再分，就算是土改了。人在外地的，不管了。划成分时，本村无地主、富农；劳力多粮多的定了中农，一般定贫农。当时全村 70 来户人家，连外姓共十七八户中农，生活水平差别不大。

二、白家甲探源

当笔者初闻白家甲这套制度时，曾想当然地以为它延续了数千年之久。继而疑惑：这里虽是山高沟深，交通闭塞，终是地近中原，开化甚早。西去百里到无定河谷，有米脂、绥德、镇川、鱼河等古寨，北方民族与中原政权在此拉锯争夺，不可能有那么一块世外桃源。如今公路开通，黄河航运凋零；然半世纪前，上溯河套，下通平阳（临汾），也曾是纤歌入云，舟行如织。为弄清其起源时间，笔者进行了多方考察。

在佳县城借得县志，通读竟一无所获；到村中打听族谱，惜乎经“文化大革命”之劫，已无处查找；残碑断碣亦不可得。访诸耆老，说是老祖宗弟兄二人，由黄河对面天洪村渡河而来，占下这片山林开荒耕种。后来老二搬到距此 40 里外另事开发，死后归葬在这里山上；其后代发展为现佳县大佛寺乡白家硷村。

白家甲之白姓，又分“四老门头”，据称系老祖宗所养四子之后代。抓地时全村统一不论门头，故各门头间关系融洽。因人口渐多，各门头花插着住开了。大门头人最多，住的也最不集中；二门头约 30 户，沟岔一带较多；三门头约 40 户，前凹、山上较多；四门头二三十户，桃沟条、中凹沟较多。古书有“换土易居”或“爰田易居”的记载，“易居”原因，人们尚未说清。在白家甲，窑洞与宅旁园圃已属私有，但仍常常“易居”：抓阄之后，地块远近不一，人们为今后 20 年间耕作方便，就互换窑洞，取其离地较近。“各门头花插着住开了”，原因就在这里。

陕北的窑洞是可以住若干世纪的。笔者立即打听老祖宗的窑洞。白建华同志将笔者引到山上，指着沟岔的半空说：“老村就在这里。”见笔者不解，他说，他小时，沟岔的沟掌在现在沟掌之前约10丈。年年洪水将沟掌向后切割，同时将沟壑加宽；人们不断向后退去，现在沟北悬崖上还残留着不少塌了前半的窑洞。说老祖宗住过的窑洞就在沟岔上空二三十米处，是一点不假的。如果洪水切割高原的速度是一定的，那倒是可以根据沟长计算出老祖宗开山的年代，可惜笔者缺少这方面的知识。

从户数推算其存在年代，虽很不准确，可以有个大略。大门头由1户发展为40户，在艰难的生活和医疗条件下，加之兵荒马乱，至少得七八代才行。按孔子后代至今有80代了，平均约30年一代。白家甲的存在应当有200年以上了。白氏有规定之字辈，现在村中有了文（咸）、发、庆、建、振及振后近年未定字辈者，计6辈人。据老人说，文前有树、长、有、玉；玉字之前，不得而知。即以所知10代计，可追溯到300年前。或许白家甲开山祖宗，即为玉字辈？

白发岱告诉笔者，白家硷村民在20年前，曾来本村将其祖迁葬白家硷。本村人死后，即使外出千里，也归葬在白氏公共墓地里。笔者立即在白发岱带领之下，登山来到墓地。这是一片坐北朝向南的山坡，总面积约三四十亩。白发岱指着梯田说，原先这些地方全是墓地，现在仅存靠东面约十几亩了。老人饶有兴致地告诉笔者他“老”了以后应埋的位置。那位可敬的、白家甲令人惊叹的制度的创始者，安眠在墓地中央。四周是他的儿孙们。距此约200米远，是白家硷始祖墓址；原墓门拱条石，横七竖八地放在田边。根据墓葬密度，估计墓地葬人不下千人（此地流行夫妇合葬，这里只计男子）。如果以每户两个儿子计，四老门头发展至千人，也需八九代；加上老祖宗，又是10代。

坑镇中学教师白本铭告诉笔者，据他们白家硷村老人说，白姓来自山西洪洞大槐树下。这样看来，白家甲的开创不可能早于明初了。《明史》卷77《食货志》载“太祖……迁山西泽、潞民于河北”，又“成祖核太原、泽、潞、辽、沁、汾，丁多田少及无田之家，分其丁口以实北平”。洪洞大槐树的传说即始于此时。可能白氏祖先经有明一代，渐迁至山西临县天洪，后又渡河来此间垦辟。同时，里甲制的推行亦始于明代。据此，白家甲之立村，定在明代了。

在佳县，与白家甲类似的土地制度曾在许多村落存在过。县教育局柴如玉同志告诉笔者，他家所在乌镇柴家老庄，就曾有定期重新分配的公有土地，但不是全部耕地。又通镇中学教师艾宏斌说，兴隆寺乡黄石克村也有公有地，叫作“社会地”。至于祠堂的地与学田，那是几乎每村每镇都有过的，不过操纵在族长和官绅手中，性质不同于白家甲。

白发岱说：坑镇的峁上，店镇的勃牛沟，都曾实行过抓地，后来都倒塌了。问为什么倒了？答有两点：一是祖宗家法不严，二是地少人多。笔者认为，“家法”之严与否与环境闭塞程度关系极大，而能否延续的关键还在土地与人口的关系。白家甲经300年发展，每丁尚有中地4垧即10亩，亩产谷100斤，加上豆类瓜菜，算粮150斤，10亩为1500斤，四口之家尚可维持。由于基数增大，户口将迅速膨胀。据白发花、白庆光所讲，1923年至1933年10年间，由约40户200人增至约70户300人。1933年至1944年，由于土地革命（“闹红”）和抗日战争，人口增加变慢；1944年最后一次抓地时，全村仍不过70户人家。近40年来，特别是“合作化”和“公社化”之后，由于集体耕作和基本按人头分粮，白氏人口迅速增加了一倍，饥饿已经降临。假设白家甲家族公社的发展不被外界巨变打断，它大约最多还能维持一个世纪。恩格斯曾经说到，“经过数世纪之后，当家庭成员的人数大大增加，以致在当时的生产条件下共同经营已成为不可能的时候”，这种家族公社就会解体。[①] 恩格斯所说的“数世纪”反映了历史的实际情况。通过白家甲的实例，笔者发现，家庭公社的寿命是可以大致估算的：一个男子带着他的妻子来到一段河谷从事垦辟，他能占有多少土地呢？徒步往来于田野，以半小时路程为半径，他能占有10华里长的河谷。考古工作者

① 《马克思恩格斯选集》第4卷，第138页。

在渭、汾等河流沿岸发现的新石器时代村落遗址，村与村间的距离，即是十余里。为便于浇灌，可耕河谷台地约半华里宽；不算与邻人共处的山林，占地大约2000亩。以类似白家甲的生产力水平发展，经过三四个世纪，他的子孙们就会面临饥饿危机，公社解体的日子也就来临。

家族公社的寿命与生产力水平是成反比的。原始氏族公社亦应同此理。考古学家证明，属新石器早期的裴李岗、磁山遗址，可能延续上千年的时间；[①]属新石器中期的仰韶文化半坡类型（半坡下层）大约延续了千年左右；[②]其后的庙底沟类型（庙底沟下层），可能经历了七八百年时间；[③]新石器晚期龙山文化村落，从晋南、关中来看，地下堆积较仰韶文化薄，延续时间更短，这与生产力水平的提高相关。[④]孟子所谓“五百年必有王者兴”，曾被人讥为“历史循环论”，其实是很有道理的。建立在家族公社之上的古王朝的兴衰，与家族公社的兴衰周期，能说毫无关系吗？

三、白家甲性质试探

白家甲的土地公有制，适应着充足的土地、闭塞的环境、自给自足的自然经济和生产力水平较低的粗放农作。这里自然条件差，巉岩峻峭，土壤瘠薄，干旱少雨，无霜期短；可以说既不宜农，也不宜牧。葭州旧志《序》称此地“地不亩计，虽九等无所施”，人民“穴处衣皮，似上古遗俗；人烟寥寥，鸡鸣犬吠不相闻。登眺其间，悄然游无何有之乡也”。[⑤]人们年复一年在倾斜的土地上掏地下种，肥料是一种“干粪”，下种时与种子一道施入，此后便靠天等雨，直到收获。如果雨水好，偶尔也锄草。土地“20年一大分”，说明有可能适当地改良土壤和

---

① 安志敏：《中国新石器时代论集》，文物出版社1982版，第45页。

② 同上书，第41页。

③ 同上书，第42页。

④ 同上书，第74页。

⑤ 《陕西葭州志·艺文志》。

深耕细作，但还不需要永久性的农田基本建设。农具全适于坡地，锄把只有七八十公分长，若在平地使用就得弯着腰。割谷的镰刀只有 1 寸见方，安着细长的柄。因土壤瘠薄，谷苗稀疏，棵间距近 2 尺，收割时只能一根一根地割，亩产量可想而知。割高粱穗和谷穗的“爪刀”长约 6 厘米，中有一至二孔，还有用瓷片做成的，两侧带缺口，其形制及使用方法与考古发现新石器时代的石刀几无二致。多年来，人们最强烈的愿望，是吃饱。笔者在山上碰见老乡在地头午餐，当村姑挑着六七个陶罐来到地边时，男人们便一人抱一罐喝起粥来。这情景令人想到《诗》所谓“馌彼南亩”、“有嗿其馌”。那陶罐的形制、大小颇似古代的鬲，只是没有那三个尖脚。笔者由此想到史学界一个小小的争论，在此附带一说：西周文献称被赐人口为“人鬲”，郭沫若推测称鬲乃取其色黑；嫌此解迂曲者不在少数，然迄今未见更恰当的解释。窃以为鬲乃古时炊具，一鬲之粥恰够一人食用。庶民家中添了一丁即须添一鬲。近代老百姓每育一子便叹道：“又添了一张嘴”；遥想古代庶民，便叹曰：“又得添一鬲”。古之称人鬲，犹今之称人口；不同者，鬲为庶民专用，因而成为贱称；士以上，想必用甗，宴飨之时更有青铜鼎、盘、簋、豆之属，不必用鬲的。

白家甲没有地主，村民谈不上依附或半依附于某个主人。公社与国家的关系，仅仅是税收关系；说这种关系类似三代的“贡”、“助”、“彻”法，似未尝不可。白发岱说税收起自嘉庆年间，不知确否。由村里主事人管收，按 800 垧地计，上交粮或银。据清代修《葭州志》载，“每亩科本色粮 5 升 1 合”，粮每石折银 2 两 7 钱 6 分；无主荒地免粮银。

笔者极力搜寻公社内部分化、宗族压迫的例证，但是令人失望。“村头”并非辈分最高者，且不连任。白庆光说，选办户事的人，大家在一搭商量，由村里活跃些好样些的人，能遵守户里制度的人来办。白发花讲，众人商量，推选日子过得可以些的人，有能力领料户事的人；也有过抓阄，四门头的人，谁抓着谁操办。问到长辈的权威，答与外村没有不同。白庆光说：“有儿子和老子鸡斗得和仇人似的。”那么，如果儿子要卖地呢，老人严峻地说：“不敢！不行！一村人跟他不行，外村人也不会买。”看来在这里，最高的权威就是“祖宗家法”了。

帮助维护这祖宗家法的是神权。几十户人家的小村，山顶山谷，大小庙宇不下 10 处。供奉诸神：香火最盛者为观音，因其能治病；其次为龙天及其五子青、白、赤、黑、黄龙，因其管下雨；再次，有关公老爷（布雨兼治病）、火神、佛祖、祖师、九天圣母（镇九曲黄河）、土地、山神、牛王、马王、子蛾八蚱……唯独没有文庙，不祀孔子。原始多神教，没有最高的主神。凡全村宗教方面的事，如乞雨，由“纠首”[①]组织，“纠首”亦由众人推选。这里的人们不分为阶级，却都是神的子民，是实际上的“非自由人”。现在有个别不信神者，仍会受到众人指责甚至威胁。

凌驾于白家甲家族公社之上的，是明清王朝和国民党政府。那么，这里的社会能否属于“封建社会”呢？笔者认为不能。国家政权没有对白家甲的生活加任何干涉，公社的生产力和人们的相互关系没有发生相应的变化，应该说，白家甲还处在前封建社会。但同时，当国家政权把属于“阶级社会”的印记——赋税强加到他头上时，家族公社就发生了本质的变化；他不得不把剩余劳动创造的价值提供给它的主人——征服者。看来，它也不应属于原始社会。那么，它是什么社会呢？笔者认为，似应属奴隶制社会形态的范畴。奴隶社会完全的人身占有并不是只有镣铐皮鞭才能体现的。在这里，人身占有是以无法改变的宗族血缘和无法摆脱的鬼神观念来体现的。精神的束缚丝毫不亚于肉体的控制。由于“祖宗家法”和鬼神观念，家族公社每个成员的全部人身都属于这个血族组织；离了这个组织，他就失去一切。当一个政权凌驾于公社之上时，个人也就在实质上成为“作为公社统一体的体现者的那个人的财产，即奴隶”；公社性质发生了质变，但是“奴隶制在这里并不破坏劳动的条件，也不改变本质的关系”。[②]

家族公社的土地制度曾在世界上许多民族中广泛存在，它是生产

---

① 疑为“甲首”音转。《明史·食货志》：“里长一人，甲首一人，董一里一甲之事。”

② 《马克思恩格斯全集》第 46 卷，第 493 页。

力发展到一定阶段时自然而然形成的。白家甲土地制度的产生，说明生产力水平决定生产关系是客观规律；不论在上古还是近代，只要符合特定的条件，特定的生产关系就会像生物学上的“返祖现象”一样被人们“发明”出来。

20 世纪 70 年代，集体耕作 20 年之后的白家甲人面临着饥饿。除了“等、靠、要”国家救济外，他们采取了两个办法：一是毁林造田，一是四出移民。试想，如果事情发生在 3000 年前会怎样呢？没有更高的生产力，处在广阔的定居农业经济的环境中，没有发达的商业，更没有奴隶贸易，血缘纽带十分牢固，而内部又不存在非自由人，白家甲人是不可能创造像罗马和雅典那样的奴隶制的。那时候，善良好客、在宁静中度过了若干世纪的白家甲人，将会联合胞族白家砭及周围“诸侯”，踏上讨伐“失德”的“桀纣”们的道路，抑或在战败之后，由“四老门头”“帅其宗氏，辑其分族，将其类丑”[①]，服为臣虏，开始新的漫长的跋涉。

时代不同了，今天的白家甲人，正把他们的红枣、肉羊、蝎子贩运到西安、北京、广州，正把公路和电线引向那幽深的沟壑。愿白家甲人早日富裕起来。

（原载《陕西师大学报》1987 年第 3 期）

① 《左传·定公四年》。

“礼义之邦”的形成及其现代价值

——兼论人类伦理的一分为二与合二而一

笔者12年前曾给台北的辅仁大学《哲学与文化》杂志社送去一份稿件，题为《礼义之邦探源》，文中谈及这样的观点：中华民族之为礼义之邦乃历史之必然，“礼义”乃东方文化之精髓。若抛弃了礼义，中华之振兴，民族之凝聚，都将成为清谈。该文认为：“礼义之邦的基本特征，是统治者在民心与财货之间，选择了重民轻财。这种选择是中华民族凝聚力的根源所在，也是东方文化的精髓所在。”由于种种原因，该文在搁置10年之后于2005年5月发表在该刊第32卷第5期上。该刊之讲信用令笔者感动；同时，也感谢主编之慧眼，指出笔者关于东方文化精髓所在的观点，“值得对中华文化之今古对比研究者的注意”。

一、“礼义之邦”的形成

（一）群聚是人类的本性

《荀子·王制》：“人……力不若牛，走不若马，而牛马为用，何也？曰：人能群。”《吕氏春秋·恃君》发挥此说：“凡人之性，爪牙不足以自守卫，肌肤不足以捍寒暑，筋骨不足以却猛禁悍，然且犹裁万物、制禽兽、服狡虫，寒暑燥湿弗能害，不惟先有其备，而以群聚邪！”

这里讲到人没有单独生存的能力，只有“有其备”（使用工具）和“群聚”，才能对付险恶的环境。这是其他猛兽所不需要的，也正是人类社会得以组建的根本原因。群聚是人类的本性。

不少动物也形成群体，与人类群体最为接近的是猿群。在猿类群体中，雄兽对雌兽和幼兽占着优势，强兽对弱兽占着优势。这种“个体优势”是协调猿群成员关系的唯一依据。而在人类群体中，由于掌握了武器，个体间的差距相对缩小，个体优势受到公共意志的限制，新的关系以“社会规范”的形式出现，代替生物学优势原理，维系群体的稳定。诸如给妇女和儿童分配食品，禁止个人占有剩余物资等。这些所谓“社会规范”，是人类群聚性与作为个体的人的动物性斗争的结果，其基本精神是给弱者以生存的条件，它的出现标志着人类社会的诞生。

（二）与渔猎经济、游牧经济相对而言，农业经济对于群体的稳定有更高的要求

在四季分明的温带，农业经济要求人群稳定的周期以年为单位，稳定的范围则要求扩及整个农耕区。考古工作者在中国发现的各类新石器时代文化遗址，其延续时间长者上千年，短者数百年。[①]由此可知那是一个相当稳定的时代。长期的稳定需要完备的社会规范，也有利于社会规范的完备。随着人口繁衍，土地日蹙，原始群之间会有周期性的争战发生。孟子所谓“五百年必有王者兴”，大约便是这一周期性规律的反映。但农业经济的特点决定了稳定仍占主导地位。孟子所谓“王者”，其任务便是制定和维护有关的社会规范。

这社会规范，在中国古代典籍中，被称作“礼”。

荀况说：

> 礼起于何也？曰：人生而有欲，欲而不得则不能无求。求而无度量分界则不能不争。争则乱，乱则穷。先王恶其乱也，故制礼义以分之，以养人之欲，给人之求。[②]

---

① 安志敏：《中国新石器时代论集》，文物出版社 1982 版。

② 《荀子 · 礼论》。

礼的基本功能就是抑制人们的贪欲，以保证群体的生存与稳定。

“先王”所谓“礼义”，最初极可能是以巫术仪式或祭祀神灵的形式来体现的。王国维说“礼”字像“二玉在器之形”。[①]这玉，应是献给神灵的食品。[②]原始时代萌芽状态的“礼”，考古工作者多有发现。如大汶口文化墓葬中成排的黑陶高柄杯[③]，红山文化的“神庙”[④]，良渚文化的“祭坛”和成批的琮、璧[⑤]，等等。至于其如何凝聚族众意志、维护群体稳定，尚有待深入探讨。

（三）“礼义之邦”的形成是一个漫长的过程

中国人“能群”，“礼”起着关键的作用。在黄河长江冲积而成的广阔农业区内，很早就形成了一整套社会规范——礼制。这“礼”由产生到完善，是一个漫长的过程。这一过程与华夏万邦逐步统一的过程大体同步，始于新石器时代，完成于西汉。其中又可分为两阶段。第一段由上古到西周，以周初分封和周公“制礼作乐”为标志；第二段由春秋时礼坏乐崩，经孔子创立儒家学派，到汉武帝巩固中央集权、“独尊儒术”，“礼义之邦”大体定型。

本文将“礼义之邦”的形成分为三段来叙述：A是上古三代，B是春秋时期，C是从孔子到汉武帝时期。

1. 从“安民”到“明德”

依据文献记载，可以追溯到中华大地第一个王朝夏的初期。《尚书·皋陶谟》载禹受部落联盟议事会之命平治水土。禹将洪水导入河海，又与稷一道教民稼穑，使“烝民乃粒，万邦作乂”（人民生活有了保障，万千个家族或部落得以安定）。在此基础上，禹“弼成五服”，

① 王国维：《观堂集林》卷6《释礼》。

② 臧振：《玉琮功能刍议》，《考古与文物》1993年第4期。

③ 例如山东省文物考古研究所、莒县博物馆：《莒县大朱家村大汶口文化墓葬》，《考古学报》1991年第2期。

④ 郭大顺等：《辽宁省喀左县东山嘴红山文化建筑群址发掘简报》，《文物》1984年第11期。

⑤ 浙江省文物考古研究所：《余杭瑶山良渚文化祭坛遗址发掘简报》，《文物》1988年第1期。

“咸建五长”，确立了各部落对于国家政权的臣服关系。禹这一系列工作，可以概括为“安民”二字。禹说：“安民则惠，黎民怀之。”

《尚书·皋陶谟》应是周史官根据传说整理而成。其中难免渗入儒家思想，但那基本事实应不是凭空编造。因为政治统治必定以执行某种社会职能为前提，“安民”是以农业为基础的早期国家建立的基础。

当尧舜之时，华夏号称“万邦”。万邦之中，为什么偏由禹建立了“家天下”的夏王朝呢？除了禹部所在地理位置等物质因素之外，关键还在于禹具有当时历史所需要的一种精神。这种精神由孔子做了概括：

> 菲饮食而致孝乎鬼神，恶衣服而致美乎黻冕，卑宫室而尽力乎沟洫。①

在个人物质享受与群体稳定生存之间，禹选择了后者。于是历史选择了禹。

夏商两代历时千载。按流行的观点，这是中国“奴隶制社会”由诞生到成熟的过程。西周初年，周公总结前代统治经验，认为桀、纣之亡亡于不能“保民”：“有夏诞厥逸，不肯戚言于民”（夏桀恣意淫乐，不能关心人民）；“多士大不克保享于民，乃胥惟虐于民，至于百为”（其臣下也不能保民，相与为虐，无恶不作）。②纣王也是“逸厥逸，图厥政，不蠲烝”（放纵享乐，政治黑暗，没有美德升闻于天）。③周公认识到，“保民”是周王朝赖以维持的基本国策。他反复强调：“欲至于万年惟王，子子孙孙永保民。”④

“保民”的办法，是“明德”⑤。“德”是中国上古一个十分重要的概念。《左传》隐公八年：

---

① 《论语·泰伯》。
② 《尚书·多方》。
③ 同上。
④ 《尚书·梓材》。
⑤ 《尚书·康诰》。

天子建德，因生以赐姓，祚之土而命之氏。

各部落得姓得氏，取得赖以生息繁衍的那片土地，全凭这“德”。这种所谓“德”，如像今日所谓“执照”，是各部族在自己的土地上生存的依据；所谓“明德”，就是承认和重视各族人民的这一权利。“德”的观念是农业部落与土地密不可分这一事实的反映。“明德”保证了各部族的定居和生息繁衍。“明德”是“礼”的理论基础。

周公又用“慎罚”二字，作为统治集团的行为准则。这是十分中肯的。须知在“奴隶制”时代，民众犹如初生婴儿（“赤子”），毫无自卫能力。“慎罚”，就是对待人民要“若保赤子”[①]。在位者若不慎罚，人民遭殃，统治也不能长久。“慎罚”是“以礼治国”的基本要求。经周公提倡，“明德慎罚”成为周王朝治国大纲。

周公是否制“礼”？学术界聚讼纷纭，这里无法详论。笔者只想说，与商代迷信鬼神的政治相比，周人“敬鬼神而远之”[②]，必然要加意注重民事。从周公发布的一系列诰命来看，将当时官制民俗整理成文，即“制礼”，是很有可能的。《左传》文公十八年载季文子对鲁宣公说“先君周公制周礼”云云，可证周公确曾制礼。孔子说：“夏礼吾能言之，杞不足征也；殷礼吾能言之，宋不足征也。文献不足故也。足，则吾能征之矣。”周代的文献足不足呢？孔子说：“周监于二代，郁郁乎文哉！吾从周。”[③]看来周代的礼是可以详细谈论的。

2. “贰”与“不贰”

春秋时期，随着人口繁衍、生产力发展，以姓氏血缘为纽带的上古社会逐渐崩溃。王室衰微，诸侯争霸；公室衰微，大夫操纵礼乐征伐；大夫无能，士阶层“执国命”。脱离氏族属籍的自由民队伍迅速扩大。下属对上级来说，不再是周公所谓“赤子”，而是随时可能出走的

① 《尚书·康诰》。
② 《论语·雍也》。
③ 《论语·八佾》。

"少年"。笔者所谓"出走"，用当时流行的词语来说，叫"贰"；打算"走"，叫作"贰心"或"贰志"。如何让下属不怀"贰志"，如何在贵族间的争斗中赢得民众支持，如何依据新的历史条件损益周礼，成为当时思想家们反复讨论的课题。

当年周公所谓"慎罚"适用于毫无权利的"赤子"。"罚"无论怎样"慎"，只能纠民之过而不能吸引那已可生出"贰心"且在贵族争战中举足轻重的民众。春秋前期，齐国管仲用"劝之以赏赐，纠之以刑罚"[①]代替周公的"明德慎罚"，由此九合诸侯，成就了桓公的霸业。管仲"不知礼"[②]，他的"赏赐刑罚"属于法家先驱者的思路，其致命弱点在于"刑"、"赏"皆出于私意，掌权者一旦昏庸就会走向反面。管、桓一死，齐国的霸权就丧失，原因即在此。400年后的秦国也曾步入这条思路，同样是人亡政去。历史证明，治理农业大国首先需要的是保持稳定，需要的思路是损益周礼，安定人心。

春秋中叶，晋为霸主；诸侯朝聘，例须纳贡。晋卿范宣子执政时，求贡贪多。郑国不堪重负，于是郑国执政官子产致书范宣子说：作为统治者，不患财货不多，而患没有好名声！（"非无贿之患，而无令名之难！"）如果你把财货聚敛到晋国公室，那么诸侯就会有贰心；如果你自己也从中渔利，那么晋国大夫就会有贰心（"诸侯之贿聚于公室，则诸侯贰；若吾子赖之，则晋国贰"）。诸侯一离心，晋国就会受害；晋国一分裂，你也会遭殃（"诸侯贰，则晋国坏；晋国贰，则子之家坏"）。好名声是道德的载体（"夫令名，德之舆也"）。有了好名声，远方诸侯来朝，近邻诸侯也安心（"令名载而行之，是以远至迩安"）。宣子听了，深表赞同，于是减轻贡纳。[③]

公元前539年，晏子谈到齐国处于"季世"，公室"弃民"、陈氏"得民"的情况说：公室是"民叁其力，二入于公而衣食其一"，将人民三分之二的劳动剥削去了；"公聚朽蠹而三老冻馁"，公室聚敛多得用不完，老百姓却在挨饿受冻。与公室相反，陈氏则"以家量贷而以公量收

① 《国语·齐语》。
② 《论语·八佾》。
③ 《左传·襄公二十四年》。

之”；陈氏的家量大于齐国公室的量制，“大斗出、小斗进”的结果，是人民“爱之如父母而归之如流水”。陈氏财富的分散带来的是民心的归附。晏子预见到，姜氏之齐将被陈氏取而代之。[①]

鲁国季氏争夺民心的手法与齐国陈氏类似。季文子“妾不衣帛，马不食粟”[②]，力戒奢侈。至季平子时，人民多归于季氏门下，“隐民多取食焉，为之徒者众矣”[③]。鲁昭公欲杀季氏，因不得民心，败逃出国；又七年之后，死于国外。晋国史墨就此事评论说：“鲁君世从其失，季氏世修其勤。民忘君矣。”鲁君之失，失在争权夺利，自相残杀；季氏之勤，勤在兢兢业业，收罗人心。“礼”与“义”在新的历史条件下以新的形式显示出力量，以致史墨得出了“社稷无常奉，君臣无常位，自古以然”的结论。那意思是说：“谁有礼、义，民众就归附谁，谁就成为国君，历史便是这样过来的。”

3. 损益周礼，悦近来远

春秋末年，身处新旧转换关头的孔子，担当起了损益周礼，解释礼义的历史重任。

晋国新贵将刑书铸于鼎上，孔子持否定态度，认为这将造成“贵贱无序”、“弃礼、征书”。[④]季氏违礼，“八佾舞于庭”，孔子说：“是可忍也，孰不可忍也！”[⑤]齐国陈氏弑简公，孔子要求鲁哀公出兵讨伐。[⑥]现代人往往据这几件事，认定孔子代表旧贵族的利益。历史是复杂的，变革时代更是如此。简单化的论调只会导致谬误。孔子维护的“礼”，属“上层建筑”，与生产关系、社会制度不是一个概念。礼的作用是“经国家、定社稷、序民人、利后嗣”[⑦]，礼为一定时代的国家社稷服务，但不等同于国家、社稷。任何时代的统治者都需要“礼”，而“礼”较之经

① 《左传·昭公三年》。
② 《左传·成公十六年》。
③ 《左传·昭公二十五年》。
④ 《左传·昭公二十九年》及杜氏注。
⑤ 《论语·八佾》。
⑥ 《论语·宪问》。
⑦ 《左传·隐公十一年》。

济关系有更大的稳定性，其相当多的成分可以也必然被新时代继承。认真考察孔子维护礼的一系列言行，可以看出他有一个总倾向，即反对下僭上礼，主张礼下庶人。与此相适应，他主张对周礼进行“损益”①。损益的原则，一是“宁俭不奢”，二是“宁戚不易”。②宁可俭约些，不要奢侈；宁要感情上的真诚，不要摆样子。孔子这个总倾向，实质上是要缩小人与人之间的差距，而这正是符合那个时代前进的方向的。③

在孔子思想体系中，被用来调节生产关系的概念叫作“仁”。曾经有一种说法：孔子的“仁”是用来调节统治集团内部矛盾的，理由是：统治阶级不可能爱被统治阶级。然而事实是：孔子所主张的恰恰是以“仁”待民。至于善处统治集团内部矛盾，则未必属于“仁”的范畴。④管仲相桓公，霸诸侯，不倚仗武力，“民到于今受其赐”，这叫作仁。⑤子产不毁乡校，允许乡人发表政见。孔子说，就凭这件事，“人谓子产不仁。吾不信也”。⑥子贡问孔子：“如有博施于民而能济众，何如？可谓仁乎？”孔子说：“何事于仁，必也圣乎！”⑦这岂但仁，若真能做到，那就达到圣人的境界了。孔子还说：“民之于仁也，甚于水火。”⑧民众需要仁，甚于需要水火。行“仁”于民的思想，在孔子那里是“一以贯之”的。

孔子以“义”的概念作为贯彻“仁”的具体办法，主要用于解决生产关系中产品分配问题。“义者，宜也”（《论语·子路》“上好义”、《论语·公冶长》“使民也义”等处皇侃《疏》）。《论语·里仁》“君子喻于义，小人喻于利”，意即君子把握适宜，小人则贪得无厌。《论语·述而》“不义而富且贵，于我如浮云”：通过不正当的途径达到富贵，君子不屑一顾⑨。

---

① 《论语·为政》。

② 《论语·八佾》。

③ 臧振：《孔子仁学的历史地位》，《孔子思想研究论集》，齐鲁书社 1987 年版，第 221—223 页。

④ 详见臧振：《孔子仁学的历史地位》，载《孔子思想研究论集》，第 224 页。

⑤ 《论语·宪问》。

⑥ 《左传·襄公三十一年》。

⑦ 《论语·雍也》。

⑧ 《论语·卫灵公》。

⑨ 义，古有义、仪二义。《说文解字》：“义，已之威仪也。”段注本改仪为义，注云：“古者威仪字作义，今仁义字用之。仪者度也，今威仪字用之”。古经传写既久，义、仪二字肴杂难辩。《诗·关雎·序》“礼义废”，孔疏云：“俗本有作仪字者，非也。”今人多有称礼义之邦为“礼仪之邦”者，实误。

形成了自己的思想体系，孔子拿出他的治国纲领："礼以行义，义以生利，利以平民，政之大节也。"[①]用礼来确定各阶层的适当利益，人民按照适当的方案得到物质利益，心理便平衡了。这是国家政权的基本任务。

这样的政权，便是所谓"礼义之邦"。其显著特点，是具有凝聚力，可以令"近者悦，远者来"。[②]孔子说，只要统治者注重"礼"、"义"且讲信用，"则四方之民襁负其子而至矣"。[③]当季氏想通过讨伐颛臾谋取私利时，孔子说："丘也闻有国有家者，不患寡而患不均，不患贫而患不安。盖均无贫，和无寡，安无倾。夫如是，故远人不服，则修文德以来之。"[④]统治者所担心的，不是人口少，而是分配不均。没有这"均"，打乱了人们心态的平衡，结果便是离心离德。有这"均"，人们就不会感到贫；上下和谐，就不愁人口不多；人民安定，国家就没有倾溃的危险。如果还有不愿来归的，就"修文德"以来之。"文"者，晓之以礼；"德"者，怀之以惠。其含意与"礼"、"义"相类似。孔子谴责他的弟子求与由，作为季氏的助手，"远人不服而不能来也，邦分崩离析而不能守也"，竟然"谋动干戈于邦内"，妄图凭武力镇压异己，谋取私利，孔子说："吾恐季氏之忧，不在颛臾而在萧墙之内也。"[⑤]真正的忧患不在被统治的民众，而在统治集团的不知礼义，争权夺利。

孔子的政治思想，因其致思于悦近来远之大业而在七雄兼并的战国时代成为"显学"。第一流的思想家如孟轲、荀况等都以孔子为宗师而对其学说做了充分发挥。秦始皇统一中国后，抛弃礼义，摧残文化，结果是新统一的帝国迅速崩溃。厄运中的儒生们对儒学进行了殚精竭虑的整理。当华夏万邦终于凝聚为一个强大稳定的汉王朝时，孔子的学术体系也被确立为中国的正统思想。此后两千年间，孔子思想以无与伦比的魅力教化一代又一代的"近者"、"远人"。中国之被称为"礼义之邦"，

---

① 《左传·成公二年》。
② 《论语·子路》。
③ 同上。
④ 《论语·季氏》。
⑤ 同上。

实在是历史的必然。

二、“礼义之邦”的基本特征

先秦儒家所谓“礼义”有特定内涵，与宋明以后有用“礼”剥夺民众人格与人权，因而被斥为“以礼杀人”者，不同。

先秦“礼义”所回答的基本问题是：在人心与财货之间，作为统治者应该有怎样的选择。

在现存最古老的文献中，可以找到发人深思的事例。公元前14世纪，殷王盘庚率众迁都。《尚书·盘庚下》盘庚对贵族们说：我不任用那些贪财的人（“朕不肩好货”），我举用那些能注意民众生息繁衍的人（“敢恭生生，鞠人谋人之保居，叙钦”）。盘庚要求各级官员勿贪恋货宝，要多考虑人民生计（“无总于货宝，生生自庸”）。注意了人民的生息繁衍，人民就同我们一心了（“式敷民德，永肩一心。”）。按通行的说法，商代是“奴隶制社会”，盘庚是奴隶主头子。可是，他要求各级官吏（“邦伯师长百执事之人”）在自己的财货与民众的生计之间选择后者。现代人看来，这是一种违反“常识”的选择。再联想到禹的“尽力乎沟洫”，周公的“明德”，以及范宣子的减轻贡纳，陈氏的“大斗出、小斗进”等，这种种“违反常识”的选择犹如一条红线，一脉相承。这就令人反思：是不是现代人的“常识”有些问题呢？

不妨再看看盘庚对被统治的“畜民”是怎么讲的。《尚书·盘庚中》盘庚说：我的先王无不唯民意是从（“古我前后，罔不惟民之承”），不求苟安其所居止，总是根据民众的利益实行迁徙（“不怀厥攸作，视民利用迁”）。我现在也是顺承你们，造福于你们，希望你们同享安乐（“承汝俾汝，惟喜康共”）。盘庚这一席话，是否又如论者所谓是在“欺骗”呢？笔者以为不是。在险恶的自然环境面前，统治者不能不考虑生产的需要和生产者的生息问题。盘庚甚至号召“畜民”与宗主和衷共济。他说：我们现在的处境，好比在船上。你不渡过河去，坐待船货朽烂，大家都会一齐沉没（“若乘舟，汝弗济，臭厥载……惟胥以沉。”）。盘庚的比喻是恰当的。在这里，“奴隶”与主人之间显示出“相互保护与依存”的状况。①

殷墟考古与甲骨卜辞所见商王室频繁的人殉和人祭活动，给人们留下了触目惊心的印象，令人对《尚书·盘庚》篇中的言论产生疑惑。笔者认为，对于浓郁的鬼神观念笼罩之下的商王来说，人殉人祭其实也是以凝聚族众为目的的。原始宗教的狂热会使这种仪式变得“神圣”，与今人想象中的残酷屠杀及其恶果，应当还有所区别。殷周之交，武王伐纣，谴责纣王的罪行，不是人祭与人殉，恰恰相反，是纣王废弃了祭祀活动（“昏弃厥肆祀弗答”），以及破坏宗族关系（“昏弃厥遗王父母弟不迪”），侵暴诸侯（“暴虐于百姓”），还收容四方“多罪逋逃”之人加以任用，这就破坏了各农业部落的稳定。②

西周以后，鬼神观念动摇，宗法观念强化，人祭人殉迅速减少。在西周留下来的农事诗中，可以看到生产者与主人之间的“相互依存”以及社会对弱者生计的关照进一步发展。《诗经·小雅·甫田》：“我取其陈，食我农人，自古有年。”郑玄笺云：“食廪有余，民得赊贳取食之。”“自古者丰年之法如此”。郑解“食”字为“赊贳取食”，不合古训。“食”应训为“供养”。诗原意应是：新谷下来之后，便将陈谷发放给农人；自古以来丰收之后便是如此。《小雅·大田》写庄稼生长过程，贵族关心的不仅是公田，也关心农夫所种的私田：“有渰萋萋，兴雨祈祈；雨我公田，遂及我私。”又：“彼有不获穉，此有不敛穧，彼有遗秉，此有滞穗。伊寡妇之利。”田边地头，未割的、漏收的、成把的、零散的谷穗，专门留给寡妇们收捡。据《礼记·坊记》载：“子云：君子不尽利，以遗民。”下引此诗句，知此乃古时风俗惯例。

在中华民族形成过程中，体现在统治者思想上，存在于产品分配过

---

①〔美〕亨利·摩尔根（Henry Morgan）：《古代社会》，商务印书馆1977年版，第510页。他在谈到父权制家庭时说：“它是一种在族长控制之下为放牧牛羊、耕种土地和相互保护与依存而由仆从与奴隶组成的组织。”

②《尚书·牧誓》。

程中的这些现象，典型地反映出所谓“礼义之邦”的基本特征。那就是统治者与被统治者之间，存在一种“相互保护与依存”的关系；其具体体现，从统治者的角度说，就是在自己的财富与民众的生计问题上，在财货与民心之间，正确的选择应当是：重民轻财。

三、人类伦理的一分为二

不能把“重民轻财”看成是个别统治者的恩赐。其存在于中国上古，不是偶然现象。本文的任务是在现象背后看到其本质，找到其动因。

笔者之所以把中国上古在民心与财货之间的这种选择称作“特征”；那是因为有一个参照系：西方古典文化——古希腊、古罗马文化。

在古希腊、古罗马，在那些半岛、岛屿之间，商业和航海业发展很早；陆上和海上、绿洲和城邦之间，盛行对财货和奴隶的掠夺。个体经济和高利贷的活跃、土地的私有和财产的积聚，使货币显示出巨大的威力。当国家形成的时候，大批脱离氏族属籍的平民涌入手工业、商业中心的城市。在城市生活中，人与人之间的利害关系更多地依职业而不是依血缘关系来划分。这不可避免地引起氏族组织的衰落。人们需要的奴隶，多通过战争掠夺和市场上买进；奴隶本身也脱离了氏族属籍。到了雅典的梭伦（Solon）改革和罗马的土利乌斯（Tullius）改革，以血缘为基础的上古社会制度就被破坏了，代之而起的是以地区划分和财产差别为基础的成熟的国家制度。

在古代东方，人们看到的是完全不同的情景。这里的古文明产生在具有大面积肥沃土地的大河流域。在工具相当落后的情况下，这里就有了剩余产品。这种剩余产品不是单个劳动力创造的，而是由集体提供的。这里没有发达的商业和高利贷活动，更没有航海业和奴隶贸易。在建立国家的时候，征服者不感到那些父权制大家族公社组织与自己的统治存在矛盾；恰恰相反，这里的国家建立在部落征服的基础上，只有保留公社的固有形式，才能有剩余产品（贡赋）的提供和统治的稳定。古代中国正是这样，经过重大的军事征服，战胜者取得了各被征服部落（诸侯）的共主的地位，早期国家宣告诞生。

古代中国的形成途径，造成了有别于古希腊罗马的统治特点：

由于父权家族公社的普遍存在，征服者取得的只是诸侯“共主”的地位，统治与被统治的关系通过贡赋和祭祀活动来体现，从文献记载看，这些贡赋往往只具有象征的意义。可以说，统治者与被统治者之间的关系只是家族内部族长与仆从之间那种“相互保护与依存”关系的扩展。

由于征服者不是土地的直接占有者，他通过国家与生产者群体相对立，西方奴隶制的基本特点——劳动者人身被主人完全占有，奴隶主对奴隶随时可能的杀戮或镣铐和皮鞭那种残酷的形式，在这里基本不存在。这里是由无法打碎的镣铐——宗族血缘关系和无法躲避的皮鞭——天命鬼神观念，起着对民众绝对支配的作用。如何维护民众的血缘组织和天命观念，成为统治者十分关心的问题。祖先崇拜恰好具有这样的功能，于是成为这里宗教观念的主要内容。统治者与被统治者，宗族主与族属，就在祖先崇拜的氛围之中聚集到一起。

黄河流域的早期国家建立在定居农业经济的基础上。这里不存在经常掠夺大批奴隶的条件。如何控制和稳定现有的生产者群体就是明智的君主经常思虑的问题。那依靠战争俘获大批奴隶的商纣王，被认为是暴虐昏君的典型。大量史料向人们展示的，是运用宗法、天命观念维护统治的经验。这些经验之不同于古希腊、古罗马的基本点，是视民众为邦国之本的思想。

由于手工业和农业的结合，公社成员与公社组织的根深蒂固的联系，在这里，生产只是在自给自足的圆圈内打转；其目的不是增殖财富，而是贡献神灵，祈求安稳，或抚恤鳏寡，扶持幼弱。在这里，拿人与财富相比，人更加重要，生产是为了人。与此相反，在西方城邦国家，在人脱离了氏族属籍的地方，作为孤立的个人只有靠自己来生活，财富成为生存的前提，生产是为着财富的积累。前一种情况，是人重于财；后一种情况，是财重于人。反映到政治思想上，在民心与财货之间，西方是重财轻民，东方是重民轻财。

就这样，从地理环境的差异开始，人类群体的伦理道德观念一分为二，表现出东西方文化对人类本性——群聚性、社会性与个体性、动物性的不同张扬。

四、人类伦理的合二为一

不论是孔子所谓“礼义”，还是季氏、陈氏所谓“爱民”，与我们今日提倡的“民主”、“平等”还存在着本质的区别。在民众尚无完全人身身份的时代，孔夫子的“礼义”二字已足以使中华民族屹立于世界民族之林。历史前进到 21 世纪，我们有一种感觉，就是我们所处的时代，又是一个历史的转折关头。中国人已不再是“赤子”或“少年”，独立人格意识已在思想界成为常识。以自然经济为主的农业社会，正在向商品经济为主的工业社会前进。在这种时候，特别有必要认真剖析，那造就了伟大中华民族的力量，在新的历史条件下，是否还是我们的需要？当我们对传统进行改造的时候，什么是不能抛弃的精髓？

古代中国圣人、贤人或开明统治者强调的所谓“礼义”，其基本特征是重民轻财。在若干个国家并存的时期，在各级贵族相互争斗中，特别是在新旧势力的斗争中，对于人心与财货的正确选择就会成为最强有力的武器。这种选择总结到进步思想家们的言论中，便形成了安民、保民、爱民、来民等各种形式的重民思想。其具体措施即是所谓“礼义”。其客观效果是造就和维系了泱泱大国，凝聚并延续了中华民族。应该说，重民轻财思想，是东方文化的精髓。

东方文化的这种重民传统，产生于农业社会。像那深厚辽阔的黄土地一样，它令人想到生存，想到稳定、安全，以及随之而来的温情。

西方文化的“重财轻民”产生于商业社会，像那波涛汹涌的大海，它令人想到危险，想到激情、搏战，以及胜利之后的欣喜。

与人生的需要激情、需要搏战相辅相成，人们也有对于闲适、恬澹、彬彬有礼的向往，这是人类的另一类需要。因为单独的个人和作为群体一员的个人是人的两重性，这是从社会诞生那时起就规定了的人类的本性。

所以，无论是农业社会还是工业社会，无论是自然经济还是商品经济，人类都同时具有这两类需要。对于任何一方面的压抑，都造就不出完整的人格。

当今世界，随着科学技术飞速发展，地球已经缩小为一个“村庄”；东西方文化的碰撞成为历史的必然。“全球化”已是不可阻挡的历史潮流。与此同时，在伦理道德观念上，实际上已很难找到绝对独立的个人和毫无个体意识、完全听命于他人的个人。

因而可以断言，当今世界是东西方文化走向融合的时代，是东西方伦理道德观念走向合二而一的时代。对于思想界，不妨说得绝对一些：西方在向往礼义，在欣赏儒学，摆脱不开东方文化的魅力；东方在钦慕自由，追求独立人格，无法排除西方文化的诱惑。在这种情况下容易发生的偏差是：欣赏儒学发展为欣赏所谓“神秘文化”，排斥科学、反感民主、压抑个性；追求人格独立发展为追求纵欲，蔑视公德、为富不仁、违法乱纪。两种偏向都是人格的扭曲。笔者以为，作为担当道义的文化知识界，不应当随波逐流，扭曲人格。作为东方的学者，尤其不能数典忘祖，抛弃礼义，抛弃东方文化的精髓。

（原载台湾《哲学与文化》第32卷第5期）

也谈“武王葬毕”

《文博》编辑同志让笔者谈谈对目前正在发掘的岐山周公庙侧山坡上西周大墓的看法。本想撰一论文，仓促之间，只好信笔写来，是为“笔谈”。

关心西周王陵之所在，在笔者已有十多年历史。记得 8 年前（1996 年 11 月）在洛阳“西周文明国际学术研讨会”上，听周原博物馆罗西章先生讲《西周王陵何处觅》，颇觉“茅塞顿开”。罗先生指出所谓“西伯初禴于毕”的“毕”肯定不在长安、户县和咸阳一带；“葬武王于毕”之“毕”应在岐周。罗先生论证说：

> 据《今本竹书纪年疏证》记载，帝辛六年，西伯初禴于毕……《唐书·历志》也说：“至纣六祀，周文王初禴于毕。”这说明，帝辛六年，毕地就有周王室的宗庙存在。《今本竹书纪年》又载：“帝辛三十一年，西伯治兵于毕，得吕尚以为师。”从以上两条记载来看，“毕”地肯定不会在长安、户县和咸阳一带所谓的毕原上。因为在帝辛三十四年，周师才取邘及于，遂伐崇，崇人降，即《诗·大雅·文王有声》之“既伐于崇，作邑于丰”……在此之前，今户县、长安一带是崇国的领土。

罗先生又说：

> 《逸周书·作雒解》：“武王既归，乃岁十二月崩镐，殡于岐周……元年夏六月葬武王于毕。”从这条记载可知，武王崩于镐京后，其灵柩被搬运到远离镐京一百多公里以外的岐周停放，直到第

二年六月才埋葬于毕。如果说毕确在今之毕原上，那就又要将武王灵柩长途返运回一百多公里以外的镐京东边去安葬。按当时的交通条件和与运输能力，古人有必要和可能这样来回折腾吗？何况岐周就是周人的发祥地，他们的宗庙和祖坟都在这里，武王葬在这里当是顺理成章的事。所以说，毕原就是埋葬周武王的毕地纯属错讹。①

笔者在这里想为罗先生补充几句：所谓周公葬于毕，“毕在镐东南杜中”也是错讹所致。

《史记·鲁周公世家》：“周公在丰，病将没，曰：‘必葬我成周，以明吾不敢离成王。’周公既卒，成王亦让，葬周公于毕，‘从文王，以明予小子不敢臣周公也’。”

前人皆以成周为洛邑。徐广怀疑道：“《卫世家》云：‘管叔欲袭成周。’然则或说《尚书》者，不以成周为洛阳乎？《诸侯年表叙》曰：‘齐晋楚秦，其在成周，微之甚也。’”徐广的意思是管蔡之叛，在营建洛邑之前；管叔欲袭之成周，只能是丰镐。又《十二诸侯年表》前的叙言，讲到春秋时“政由五伯”，太史公说道：西周之时，齐晋秦楚尚为小国，“其在成周，微甚，封或百里，或五十里”。可见，在司马迁概念里，成周实指以丰镐为首都的西周王朝。徐广之疑，赫然列于“三家注”中，前人却多不在意。

在《周本纪》结尾《太史公曰》中，史迁为驳当时学者多以为“周伐纣，居洛邑”，说明西周政治中心实在丰镐，谈到周公临终欲葬之成周，实指镐京：“所谓周公葬我毕，毕在镐东南杜中。”了解这一点，再读前引《鲁周公世家》，周公要求葬在成周即葬在丰镐，以明不敢离成王。成王为表明“予小子不敢臣周公”，乃葬周公于祖茔之毕，与文王葬在一起。则毕必不在成周——即不在丰镐。丰镐以外，周人祖先宗庙所在，自然非岐周莫属。史迁“毕在镐东南杜中”则应属失考！失考原因，盖西周末年周原被犬戎兵燹，后为秦地，没于荒野，至史迁时已达

① 参见宋镇豪等主编：《西周文明论集》，朝华出版社2004年版，第63页。

600 多年，而镐东南杜中恰有毕原，遂误以为杜中之毕为葬西周诸王之毕，造成这千古之谜。

现在再回到罗先生的演讲。罗先生说，寻找西周王陵的主攻方向，应在周原的黄堆乡，其理由说 :“黄堆就是王堆”，“古时黄王二字音通”。但这一条站不住脚，因为西周是没有坟堆的。罗先生又举黄堆发现“规格很高的西周墓葬区”，其平均体积在 100 立方米以上说明此处为王室成员墓地。记得当时会上陕西历史博物馆尹盛平先生就发表不同意见说，墓葬大小不应以出土立方量计算。因该地墓葬甚深。如此看来，罗先生以黄堆墓为王室墓尚在可疑，说是贵族墓则可以成立。

2004 年春，周公庙发现西周亞字形（即四条墓道）大墓。这回不用考虑土方量了，规格形制就是王侯级，消息传来，令笔者振奋，不久即应邀在陕西电视台“今日点击”栏目率然肯定那是西周王陵。其后又去周公庙考古工地参观，更加坚定认识。返途中绕道五丈原拜谒武侯祠，巧遇原来陕西师范大学历史系学生，为笔者介绍当地一文物考古爱好者于安君，告知他 14 年前上中学时即发表《武王陵址考》。[①] 文中说 :“毕这个地方在岐周的边缘地带。”于安君又示其当年所写《毕为何地——解毕》一文（未刊），其中说到 :“《史记》载，‘伐崇侯虎而作丰邑，自岐下而徙都丰。明年，西伯崩’文王迁丰第二年即逝，武王绝不可能将文王埋在相比较不很巩固的新疆域内，只可能运回岐周安葬。”

该文又推测，武王继位后“上祭”的毕和所葬的毕，与二十八宿的毕宿有关，应在岐山或宗庙遗址的西南方向。

按唐司马贞《索隐》曾言及“毕，天星之名”，“毕星主兵，故师出而祭毕星也”。马融则曰 :“毕，文王墓地名也。”星宿之名能否与岐周地名文王之墓联系上呢？于安君以毕宿位于西南方向来考证毕地，是有一定道理的。这里有三个问题 : 一是西周初年有无二十八宿观念？二是地上方位与二十八宿是如何联系上的？三是周公庙果真在宗庙（凤雏村）的毕宿方向吗？

---

① 见《陕西日报》1990 年 5 月 17 日《三秦文物》栏。

第一个问题，张培瑜、张钟羽先生《〈国语〉天象的初步考查》[①]做了解答。张文考证《国语·周语》中单襄公回答周定王问，有一段话涉及角、亢、氐、房、心五宿和室、壁二宿，又各有对应的物候和应有的农事，国事。据张先生精确推算，“先王之教”的准确物候，恰当西周初年：“单子述说的授时星象标志合于周初时代，乃先王之教，是西周的祖制。”[②]可以相信，周初人对毕宿的位置也应当是清楚的。

第二个问题，本来二十八宿顺着黄道西流转动，无所谓东西南北。如何确定方位？张闻玉先生解说道：“四象表示方位，‘南朱雀、北玄武、左青龙、右白虎’，这仅是就春天的星象来说的。二十八宿配四象，必然就联系着四方。”[③]但张先生认为“四象”与二十八宿的配合是汉代才固定下来的。然而又如张先生所说：“先民尤其重视春分前后初昏时的天象，这是一年活动的开始。事实上，古人心目中的天象图，就是一幅春天的天象图。”[④]这样就有了中国传统的天象图。图中毕宿在申酉之间，亦即正西略偏南。

第三个问题，现今周公庙与凤雏村（宗庙）几乎在同一纬度上，正西略偏北。是否在3000年前的春分初昏时，毕宿正在正西略偏北呢？学力所限，不敢冒失。这恐怕要请天文学家张培瑜先生等做精确推算才行了。

如果毕宿所对应的毕地，恰就是今日考古工作者正在发掘的周公庙侧山坡，那么我们可以毫不犹豫地说，这里就是西周王陵区，亦即中国历史上文、武、周公三位圣人长眠之地，是值得我辈顶礼膜拜的圣地！

（原载《文博》2004年第5期）

---

① 见宋镇豪等主编：《西周文明论集》，第273—295页。

② 同上书，第278页。

③ 张闻玉：《古代天文历法论集》，贵州人民出版社1995年版，第83页。

④ 同上书，第79—80页。

西周丰镐成周说

学术界普遍认为，西周时期，所谓“宗周”指丰镐，所谓“成周”指洛邑。本文认为，西周时期，所谓“宗周”指周原，所谓“成周”实指丰镐；西周时期的洛邑不可称为“成周”。

一、问题的提出

问题是从探讨《诗经》与周原的关系开始的。

人们读《诗经》，多认为《小雅》、《大雅》、《周颂》是周代贵族、王室祭祀朝会宴飨之诗，产生于镐京或者洛邑。洪湛侯《诗经学史》第一编“先秦《诗》学”断言：“《大雅》和《小雅》产生在西周、东周的都城镐京（西安）和洛邑（洛阳）……《周颂》的产生地在镐京（西安）。”① 该书第五编“现代《诗》学”又说：“二《雅》、《周颂》：大都是镐京及其周围地区的作品。”② 似乎这一问题古今概无疑义。

然而，笔者在接触了金石学和考古学的资料之后，对于西周时期王室和诸多贵族的居住和礼仪活动主要是在周原还是在丰镐，产生了疑问。

自汉代以来，周原不断有青铜器出土，如西汉宣帝时出土的尸臣鼎（《汉书·郊祀志》），东汉章帝时出土的酒樽（《宋书·符瑞志》）。自北宋金石学诞生之后，见于著录、出土于岐山之阳的青铜器史不绝书，例如清道光年间出土的大小盂鼎、大丰簋，光绪年间出土的大小克鼎、毛

① 洪湛侯：《诗经学史》，中华书局 2002 年版，第 36—37 页。

② 同上书，第 722 页。

公鼎。近一个世纪以来不断发现青铜重器窖藏，例如20世纪30年代法门康家村出土函皇父诸器100余件，1940年黄堆任家村出土梁其器群100余件，1942年法门任家村出土禹鼎等百余件，1960年扶风齐家村南出土几父壶、柞钟等39件，同年扶风召陈村出土散伯车父器等19件，1974年冬扶风强家出土师臾钟等7件，1975年初岐山董家出土五祀卫鼎等37件，1976年扶风庄白出土微史家族墙盘等103件……笔者不是青铜器专家，在此恕不详细罗列。最值得一提的，是1978年扶风齐村出土的厉王姬胡的大簋，1981年，距此不远的庄白又出厉王“五祀胡钟”，令人不由感到，“钟鼓喤喤，磬筦将将”（《周颂·执竞》），就在这一带响起。①进入21世纪以来，宝鸡地区的西周青铜窖藏还在不断出土。2003年1月，眉县马家镇杨家村出土的27件有铭重器，再一次震动学术界。

自20世纪中期科学的考古学在周原展开以来，这里所发现的周人遗迹面积约30平方公里。岐山凤雏村的大型建筑基址及其厢房地窖的上万片甲骨，扶风召陈村的包含着西周早中晚期高规格建筑遗存的大型建筑基址群，联想到厉王胡簋、厉王胡钟的出土地点齐村和庄白距此不远，让人难以否认，西周贵族的宗庙就在这一带。

与周原遗址令人震撼的发现相比较，所谓西周都城的丰镐遗址，就不免让人失望。据考古发现，丰镐遗址总面积约10平方公里，其中文王丰邑约6平方公里，武王镐京约4平方公里。青铜器窖藏，值得一提的有1961年10月沣西张家坡村东出土的53件，有铭文的32件，但并不属于单一贵族家族。1973年沣西张家坡村东（马王村西）出土20余件，有铭文的10件。至于较大建筑基址，沣西马王村、客省庄一带有10余处，文化内涵稀少，沣东官庄、斗门镇、下泉村等地也发现10余处，可能是天子宫寝宗庙一类建筑。据说镐京东南部因西汉时挖昆明池

---

① 张懋镕先生认为，“周厉王是西周诸王中唯一被废黜的周王，而周原出土的唯一的周王自作器——胡钟、胡簋，被证明是他的器物，这种反常现象或许正说明其他周王的器物不会埋藏在这里”（《古文字与青铜器论集》，科学出版社2002年版，第121页）。张先生此说有理。成康之后，王室宗庙迁到丰镐。但张先生以此证明“西周王陵不大可能在周原附近”则未妥，因为陵墓不必与王室宗庙在一起。

受到破坏，但若镐京当年有贵族聚居，经西周末年犬戎之乱，与周原同理，这里自应有不少青铜器窖藏，西汉挖昆明池时自应有所发现。与当年美阳厂臣鼎出土时的烜赫相比，笔者有理由认为：昆明池原址无青铜器窖藏；很可能，昆明池原址本来就是沣水东浸留下的一片洼地，很可能就是《诗》中所谓“镐京辟廱”或金文中所谓“大池”。也就是说，镐京无贵族聚居。

那么，在儒家经典《诗经》中，作为西周贵族、王室在聚会、祭祀祖先时咏歌的《小雅》、《大雅》和《周颂》，产生这些诗歌和举行这些仪式的地点，主要是在丰镐，还是在周原？

这就有必要重新审视文献所载西周时期丰镐的地位。

二、殷末周初的丰邑和镐京

《小雅》、《大雅》、《周颂》的大部分，是殷末周初成康以前的诗歌。那么，与周人老家周原相比，殷末周初（成王之前）的丰镐是怎样的情景呢？

《史记·周本纪》载，西伯姬昌“断虞芮讼”之年受命称王，“明年伐犬戎，明年伐密须，明年败耆国……明年伐邘，明年伐崇侯虎而作丰邑，自岐下而徙都丰，明年，西伯崩”。

作丰邑必须在灭崇之后，也就是说，营建丰邑不到一年，文王就去世了。从资格讲，文王只能作邑而不能建都。从人力物力讲，文王须有诸侯相助才能动工。由《诗经》咏歌所载看，文王只来得及挖灵沼筑灵台，来不及筑城。

《大雅·灵台》：“经始灵台，经之营之。庶民攻之，不日成之。经始勿亟，庶民子来。”这是“文王《大雅》”中最后一首，也是始作丰邑的第一件事。[①]

① 为何作丰邑先筑灵台？实地考察就很清楚：沣水由秦岭沣峪口冲出，随时威胁丰邑。灵台在丰邑东南、沣河西岸，起到阻挡洪水、保护丰邑的作用。

《诗经》中叙述迁都、作城，总是吟咏赞叹，娓娓道来。如《緜》追述古公迁岐，从“陶复陶穴，未有家室”说起，考察、占卜、丈量、筑室、作庙、立门、立社、通道路，直到诸事停当。又如《嵩高》，王送申伯就封于谢以保南土，安排诸事，从城郭、宗庙、宫室、车马、瑞玉，以及土田测量、粻粮储备等，无不具备。《烝民》送仲山甫徂齐以怀柔东方，《韩奕》送韩侯归国以保障北方，安排均极为周到细致。若丰邑得以从容建设，为何只筑《灵台》，且只有寥寥数语？

《诗经·大雅·文王有声》：

> 文王有声，遹骏有声，遹求厥宁，遹观厥成。文王烝哉。
> 文王受命，有此武功，既伐于崇，作邑于丰。文王烝哉。
> 筑城伊淢，作丰伊匹，匪棘其欲，遹追来孝。王后烝哉。
> 王公伊濯，维丰之垣，四方攸同，王后维翰。王后烝哉。
> 丰水东注，维禹之绩，四方攸同，皇王维辟。皇王烝哉。
> 镐京辟廱，自西自东，自南自北，无思不服。皇王烝哉。
> 考卜维王，宅是镐京，维龟正之，武王成之。武王烝哉。
> 丰水有芑，武王岂不仕，诒厥孙谋，以燕翼子。武王烝哉。

全诗八章，前四章赞文王“作邑于丰”，后四章涉武王宅镐京之事。诗中有些关键词语，毛《传》、郑《笺》、孔《疏》早有详细诠释，后儒出于对文王、武王的敬仰，对于诗人委婉批评之处从未做过认真推究。当代文人读《诗》则往往驰骋臆说，甚至有说此诗与《灵台》同出于穆王时者。[①]现在，在考古材料的逼迫之下，且再读原诗：

三章“筑城伊淢，作丰伊匹”，毛《传》：“淢，‘成’沟也。匹，配也。”淢，不是泛指沟渠，而是特指“成”的沟。郑《笺》云：“方十里曰‘成’。‘淢’，其沟也，广深各八尺。”丰邑的沟洫要与“成”的“淢”相匹配。郑又云：“丰邑之城，大小适与‘成’偶——大于诸侯，

① 马银琴：《两周诗史》，社会科学文献出版社 2006 年版，第 171—178 页。

小于天子之制。”

读《诗》至此，笔者猛然醒悟：“成周”之名，应出于丰邑初建之时。大小合于筑作“成”之规格，故谓之“成周”。这样看来，丰邑之谓“成周”，真在成王之前，与成王生称、死谥无关！然而如果以丰邑为“成周”，这一认识与史籍所谓“成周洛邑”，违牾扞格不少，这有待笔者在下面试着认真清理。

暂且再回到《文王有声》。

那么，丰邑的“城”筑起来没有呢？考古工作者至今未在丰邑找到城垣痕迹。后人以为丰邑有城，可能是对《诗》的误读。“筑城伊淢”的“伊”是“这个”的意思，“筑城伊淢”就是“修建这个城的淢”；诗只讲开始挖沟，并未讲实际筑城。下章接着就说“王公伊濯，维丰之垣”。“公”，郑《笺》云“事也”；“濯”，毛《传》“大”。“王公伊濯”就是“王事如此大”。为何作丰邑未筑城先筑宫室的墙垣？孔《疏》答曰：“王事伊大，则从小至大。”可见是城墙没有动工，先修宫室。

从下文看，挖沟和筑墙都受到了时人的批评。对于要开挖深广八尺、方十里的“淢”这样的大工程，诗人解释说，“匪棘其欲，遹追来孝”，不是急于满足私欲，而是为继承先王遗志。对于为何尚无城垣先筑宫室？诗人解释说：“四方攸同，王后维翰。”郑《笺》：“立宫室，乃为天下所同心而归之。”有了宫室，君王就有了“正其政教、定其法度”的资格，所以要先修。

人们注意到，诗的一、二章结句是“文王烝哉”，三、四章结句是“王后烝哉”。这种区别意味着什么？郑《笺》：“变谥，言‘王后’者，非其盛事，不以义谥。”孔《疏》：“作文有体，章类宜同。今半谥半否，故知变之有义。以相比较，无谥之章，其事皆劣。”一章言文王有令闻（好名声），二章言文王有武功（伐崇），这是盛事，故称“文王”；三、四章言挖沟、筑墙，不是“盛事”，诗人还勉强替文王辩护了一番，实际是“烂尾工程”，所以不称“文王”而称“王后”。

再说镐京。《史记·周本纪》载武王即位之后，“修文王绪业，九年，武王上祭于毕，东观兵至于孟津”，又二年，即十一年，东伐纣，二月，战于牧野，灭殷，分封诸侯。数年间，《周本纪》无一字涉及镐京的营建。武王承文王事业，观兵、伐纣，实际上也无暇建设。克殷后二年，天下尚未安集，武王崩。这二年，武王也不可能大规模修筑镐京。

再看《文王有声》写武王占卜选择修建镐京的后四章。五章六章是些空话，无“盛事”可言，故不称谥，称“皇王”。七章“考卜维王，宅是镐京，维龟正之，武王烝哉”。按古人筑城，必先占卜稽疑，选择“风水宝地”，卜兆得吉，方可成就事业。这是大事。此事是武王完成的，故《诗》用谥，云“武王烝哉”。孔《疏》还强调了“武王成之”不是筑成镐京，迁宅于此，而是“伐纣以定天下，成此龟兆之占”。“武王所疑而卜者，其宅居於是镐京之地。维此所契之龟，则出其吉兆以正定之，言居此必吉，故得天下。”然而后儒多以此章证明武王筑成镐京。包括郑玄注《礼记·孔子闲居》所引此诗时也说：“……武王筑成之。”孔颖达纠正他，说：“引诗断章，多异于本。此顾上下之文，言‘武王烝哉’是武王之盛事，不宜直言其筑作而已，故以伐纣为‘成之’。”如此看来，武王并未筑成镐京，仅仅是卜居得吉。所谓“成之”，指的是伐纣成功。

《左传》庄公二十八年“凡邑：有宗庙先君之主，曰都；无，曰邑。邑曰‘筑’，都曰‘城’”。孔《疏》：“小邑有宗庙则虽小曰都；无乃为邑。”至诗人作诗时，丰邑仍称为邑，可见当时此处尚无宗庙。待有了宗庙，就可改称“丰京”了。

由此，笔者认为，至少在文、武、周公时期，丰镐并未建成都城，王公贵族更没有舍周原而迁丰镐。丰镐只是政治军事前哨，而经济与宗教的根据地，还在周原。这时的周原，自应称“宗周”，而王室之迁宅于丰镐，在成王五年，说见后。

三、丰镐成周说

这样一来，就有必要重新审视儒生们纠结了两千多年的“成周”、

“宗周”问题。

《史记·鲁周公世家》载，武王崩，成王少，周公摄政，管、蔡、武庚及淮夷反。周公东征平叛，二年而毕定。“成王七年二月乙未”，“使太保召公先之雒相土”，三月，“周公往营成周雒邑，卜居焉”。“及七年后，还政成王”。“周公在丰，病将没，曰‘必葬我成周，以明吾不敢离成王’。周公既卒，成王亦让，葬周公于毕，从文王，以明予小子不敢臣周公也。”这段话里的疑问太多了！古人早已多有质疑，现在，让笔者试试逐步清理。

首先要釐正的是：太保“之雒相土”的“成王七年”，实际是在周公摄政的第五年，亦即成王五年。

《史记·周本纪》说“成王在丰，使召公复营洛邑，如武王之意”的这一年，是“周公行政七年”。而《鲁周公世家》说“成王七年”，“使太保召公先之雒相土”。结合起来看，周公摄政七年就是成王七年。也就是说，周公摄政，并无另外纪年，这是首先要确认的。

然而，“七年”又应该是“五年”。早于史迁约百年的伏胜《尚书·大传》说：“周公摄政，一年救乱，二年克殷，三年践奄，四年建侯卫，五年营成周，六年制礼作乐，七年致政成王。”战国秦汉之际的伏胜所说的“营成周”就是营建洛邑。其说“五年”，应当较为可信。王国维《观堂别集·周开国年表》解释说，“《洛诰》曰‘惟七年’是岁为……武王克商后之七年，成王嗣位，于兹五岁”。王氏此解可从。

然而，伏胜也把“营洛邑”说成“营成周”。为什么？笔者认为，平王东迁之时，出于习惯，人们把“成周”之名转移到了洛邑，东周人即称洛邑为“成周”了。成文于周初的《尚书》《召诰》、《洛诰》、《多士》涉及营建洛邑之事，皆称“新邑”或“新邑洛”。到东周人给《尚书》做《小序》时，就把“营洛邑”变通而成为“营成周”。

《鲁周公世家》周公曰“必葬我成周”，唐张守节《正义》引东晋徐广质疑：“《卫世家》云‘管叔欲袭成周’，然则或说《尚书》者不以成周为洛阳乎？《诸侯年表叙》曰‘齐、晋、楚、秦，其在成周，微之甚也’。”徐广质疑有两点：第一，周公平定管、蔡、武庚叛乱之后才开始营建洛邑，《史记 · 卫世家》却说“管叔欲袭成周”，此“成周”怎么可能是洛邑呢？第二，《史记 · 十二诸侯年表》叙言中说：“齐、晋、楚、秦，其在成周，微甚，封或百里，或五十里。”这里说春秋时期的几个“霸主”在西周时期尚甚微小。史迁用“成周”指代西周。西周时的行政中心，当然是丰镐而不是洛邑，显然，史迁这里所谓“成周”，只能是丰镐。在《周本纪》最后，太史公还有一段话专门就这个问题进行过解释：“学者皆称‘周伐纣，居洛邑’，综其实不然。武王营之，成王使召公卜居，居九鼎焉，而周复都丰镐。至犬戎败幽王，周乃东迁于洛邑。”

问题本来已经清楚了：成周就是丰镐。但是史迁自己也还有“存疑”的地方，那就是他说的“周公往营成周雒邑，卜居焉”，似乎成周就是雒邑的别称。史迁这句话，可能来自《逸周书 · 作雒》，说周公“及将致政，乃作大邑成周于土中”。“成周”二字，从上下文及此篇前之《度邑》篇看，《作雒》这句话的意思，应如清人陈逢衡所解，“周至大会诸侯于东都而王业成，故曰‘成周’”。[①] 由此可见，《作雒》作者的本意，并非当时已将此大邑命名为“成周”。

“周公往营成周雒邑”这句话，是太史公本人所说。我们知道，司马迁曾经读到过《尚书 · 小序》。《尚书 · 洛诰》篇《序》说：“召公既相宅，周公往营成周，使来告卜，作《洛诰》。”《尚书 · 多士》篇《序》：“成周既成，迁殷顽民，周公以王命诰，作《多士》。”影响史迁说出“周公往营成周雒邑”的，其实就是这些所谓《小序》。《小序》的影响，延续了上千年。东晋徐广质疑：“或说《尚书》者不以成周为洛阳乎？”并未引起人们注意，直到南宋朱熹才明确指出：“某看得《书 · 小序》不是孔子自作，只是周、秦间低手人作。”（《朱子语类 · 尚书一》董铢录）正是这些《小序》影响了史迁，使他不能分清西周成周为丰镐和东周成周为洛邑。

问题尚未全部解决，还有一个复杂的问题，就是文王、武王、周公

① 陈逢衡：《逸周书补注》，转引自黄怀信等：《逸周书汇校集注》，上海古籍出版社 1995 年版，第 560 页。

所葬的“毕”在什么地方?

周公临死，说“必葬我成周，以明吾不敢离成王”。成王说自己不敢臣周公，于是“葬周公于毕，从文王”，将周公归葬于“毕”，与文王葬在一处。我们已证明“成周”在丰镐，周公希望葬在丰镐附近，以示在冥冥之中还要辅佐成王，成王不敢以周公为自己的臣下，就将周公与文王葬在一起。“毕”就不应该在丰镐。然而太史公却又说，“毕在镐东南杜中”(《周本纪》)。这的确令人迷惑。

先分析文王可能葬在什么地方。

《史记·周本纪》“西伯崩”，唐张守节《正义》引《括地志》说“周文王墓在雍州万年县西南二十八里原上”。按唐雍州在今长安西北，万年县即隋大兴县，其西南二十八里原上，与史迁所说“镐东南杜中”实为一地，可见《括地志》依据的就是《史记》“镐东南杜中”的说法；其地，大致在今长安区郭杜镇南。然而，这一带经多年考古调查，未发现西周大墓。

这就令人反思：文王自岐阳东来，“伐崇而作丰邑”，不过一年就去世了，怎么可能葬在伐纣前线的“镐东南”？今人尚且有“狐死首丘”、“叶落归根”观念，安土重迁的农业民族，特重血缘宗族关系和讲究“族坟墓”(《周礼·地官·大司徒》)的周人，岂能把文王葬在初步据有的沣东而不与太王、王季一道葬在周原?

再看《周本纪》载，武王“修文王绪业”，在观兵孟津之前，曾经“上祭于毕”。这个“毕”能否在镐东南?

古人视北为上、南为下，由镐至镐东南的“毕”，不能言“上”。唐司马贞《索隐》也注意到“上祭”的“上”字，指出:“文云‘上祭于毕’，则‘毕’天星之名，毕星主兵，故师出而祭毕星也。”“毕”星在二十八宿中属西方白虎，方位正西略偏南。所以不论以毕为文王墓地还是天星名，“上祭”都不会在镐东南。

武王墓地，《史记》《集解》、《正义》都说与文王、周公同在，这是可信的。具体地点，《逸周书·作雒》透露了十分重要的信息:“武王既归，乃岁十二月崩于镐，肂于岐周。”又说“元年夏六月，葬武王于毕”。“殔”，《说文》：“瘗也，从歺隶声。”桂馥《说文解字义证》引古字书与古注解殔：“埋柩谓之殔”，“下棺置地中谓之殔”，“假葬于道侧曰殔”（殔字右半或作聿）。殔即浅埋待葬。半年之后，正式葬于毕。

如果“毕在镐东南杜中”，武王崩于镐，何必运往镐西北三百余里的岐周瘗埋，半年后再运回来？对此，古人早有疑惑。朱右曾《逸周书集训校释》无奈之下，将“殔于岐周”的“岐周”解为“镐京之周庙”。这显然不妥。如果肯定丰镐即成周，周公、文王之墓肯定不在丰镐附近，那么，武王所葬之毕也就肯定不在“镐东南”了。毕在哪里？当然在岐周——宗周。

确定了丰镐即成周，对于西周金文中涉及“成周”的一些疑问，也就涣然冰释了。

四、《何尊》铭文和“康宫”问题释疑

1963年出土于陕西宝鸡贾村塬的“何尊”，在其器底清理发现铭文12行122字，引起学术界极大关注。人们最感兴趣的是其中第5、6行说武王“既克大邑商，则廷告于天，曰：‘余其宅兹中国，自兹乂民。’”据说这是最早出现的“中国”二字，为人们津津乐道。这句话说的显然就是《周本纪》所载武王曾对周公说过希望“营周居于雒邑”的事。然而学者们更关注的是铭文第一行“隹王初迁宅于成周”，第三行“王诰宗小子于京室”和最后一行的作器时间“隹王五祀”。

在认定洛邑（雒邑）就是“成周”的中国学术界，无法解说成王五年就“迁宅于成周”且成周已有“京室”的现实。因为不论是五年还是七年“营洛邑”，成王都不可能在这年初就“迁宅于成周”。何尊铭文又绝对不可能造假，那么怎么解释呢？

面对“隹王初迁宅于成周”，唐兰先生在论证了周初“确实已经把成周定为正式的国都了”之后无可奈何地说，“后来不知由于什么原因，周王朝的政治中心，还是在宗周，一直到幽王时西周王朝覆灭，平王才

真正东迁”。[1]

马承源先生认为金文“遷”（迁）字的本义是“升高”，他引朱骏声《说文通训定声》，认为这个字也就是“堙”字。堙，在这里“说的是把土垫得和城一样高，是人工堆土为山”，铭文中的遷字，“指的是堆土造城”。最后，先生将铭文第一句大致译为“成王开始在成周营造都城”。[2]“遷”字勉强曲解为“营造”，那“宅”字呢？不见了。

张政烺先生针对第一行第四字“遷”，“顺着声音的线索追求”，遷的读音，据段玉裁、朱骏声说，和信、西等字相近，也就和“省”、“相”二字“声音既近，可以通假”了。《召诰》有“惟太保先周公相宅”，《洛诰》有周公“来相宅”，又有“孺子来相宅”。“孺子指周成王，这和何尊铭文第一句‘隹王初迁宅于成周’相合。”于是，迁宅的“遷”字就被“通假”为“当省视讲的相字”。[3]“迁宅”被解为“相宅”。

杨宽先生认为“隹王初迁宅于成周”不应作一句读，“隹王初迁”是一句，“宅于成周”又是一句，这样就把“迁宅”二字分开了。又谓遷字（去掉偏旁）“原义为升登”。“隹王初迁”“应该是说成王初次升登阼阶，也即初登王位之意”。“宅于成周”就是“成王初次来到新邑听政”，“居住在成周”。结论：“成王迁都成周之说是不能成立的”。[4]

徐喜辰先生另辟蹊径，认为《何尊》铭文中的王当指周公。即便这样，初营洛邑，为何便要“迁宅”？又如何能有“京室”？徐先生也未能解释。[5]

此外解说尚有多家，恕不一一罗列。总之，各家皆以《何尊》铭文之“成周”为洛邑，陷于困惑之中，勉为其难地做一些解说。如果认同西周时期“成周”指的是丰镐，“宗周”指的是周原，《何尊》铭文的解说应该会豁然开朗：成王五年，“成周”丰镐的“京室”落成，成王由岐阳“宗周”迁宅于此；同时继承武王遗志，开始了“新邑洛”的规划和建设。

---

① 唐兰：《何尊铭文解释》，《文物》1976 年第 1 期，第 61—63 页。
② 马承源：《何尊铭文初释》，《文物》1976 年第 1 期，第 65、93 页。
③ 张政烺：《何尊铭文解释补遗》，《文物》1976 年第 1 期，第 66 页。
④ 杨宽：《释何尊铭文兼论周开国年代》，《文物》1983 年第 6 期，第 53、54、57 页。
⑤ 徐喜辰：《〈何尊〉铭中的“王”当指周公说》，《人文杂志》丛刊 1984 年 8 月第 2 辑，第 308—316 页。

据张亚初先生编著《殷周金文集成·引得》，西周青铜铭文中，涵“成周”二字者近百件。“成周”一旦被解说为丰镐，影响面会很大，也许，许多铭文都有必要重新解说。

笔者不是青铜器和金文专家，这里只能冒失地提出一点看法。

下面再讨论一下所谓“康宫”问题。

大家知道，唐兰先生那篇著名的论文《西周铜器断代中的“康宫”问题》涉及的关键器铭是《令彝》。器铭中说到“隹十月月吉癸未，明公朝至于成周……甲申，明公用牲于京宫，乙酉，用牲于康宫”，癸未、甲申、乙酉，三天连接，显然，“京宫”、“康宫”都在成周。“康宫”在昭王之后历经诸王，在器铭中就又有了诸多“康某宫”如“康昭宫”、“康穆宫”等。假若依洛邑为“成周”说，则整个西周时期，“京宫”、“康宫”、“康某宫”都在洛邑，器铭中涉及的事件，也多发生在洛邑了！假若真如唐兰先生所说，“明公……代替周王控制百官和四方诸侯，所以应该坐镇在当时天下的中心——成周”[①]，这与史迁所强调的西周“都丰镐。至犬戎败幽王，周乃东迁于洛邑”岂不矛盾？这与唐兰先生所说“周王朝的政治中心，还是在宗周，一直到幽王时西周王朝覆灭，平王才真正东迁”（见上文引《何尊铭文解释》）岂不自相矛盾？

并且，“康宫”一词，在平王东迁洛邑之后的金文中再未出现。难道平王东迁洛邑之时，竟将“成周洛邑”的祖先宗庙“京宫”、“康宫”、“康某宫”一概毁弃？

由此可见，西周金文中的“京宫”、“康宫”、“康某宫”，一概都在丰镐，丰镐才是“成周”！

西周时的洛邑是什么地方？读读《多士》就清楚了：

> 周公初于新邑洛，用告尔商王士。王若曰：“尔殷遗多士……今朕作大邑于兹洛……今尔惟时宅尔邑，继尔居，尔厥有干有年于兹洛。”

① 唐兰：《西周铜器断代中的“康宫”问题》，《考古学报》1962年第1期，第17页。

洛邑根本不是“迁宅”周王的地方，而是迁宅“商王士”、“殷遗多士”的地方。

值得注意的是，考古工作者在洛阳涧水东、瀍水东、西，当年周公占卜得吉的地方，发现不少西周时期的带有“腰坑”的殷人墓[①]，这证明《多士》的记载是确切可信的。在涧水东和瀍水东、西，迄今为止尚未找到西周城址[②]，也可从旁证明所谓“成周”洛邑有“京宫”、“康宫”之说，实属误解。

（原载周原博物馆《周原》第一辑，三秦出版社 2013 年版）

① 参见〔日〕饭岛武次：《洛阳西周时代的遗址与成周、王城》，北京大学考古文博学院编：《考古学研究（五）》，科学出版社 2003 年版，第 557—571 页。

② 参见王占奎：《成周、成𠂤、王城杂谈》，北京大学考古文博学院编：《考古学研究（五）》，科学出版社 2003 年版，第 572—580 页。

“价人维藩”解

《诗经·大雅·板》第7章：“价人维藩，大师维垣，大邦维屏，大宗维翰。怀德维宁，宗子维城。毋俾城坏，毋独斯畏。”这段文字，是论证西周宗法制度的宝贵材料。古今凡讲宗法者，几乎都要引用这章。引用最多的，是其中“大宗维翰”、“宗子维城”两句，而对其余六句则忽略不取。究其原因，一是其余句中无“宗”字，二是其中有难以训释之处，不如绕开它。殊不知，这一断章取义，西周宗法体系和诗人完整的思路就被割裂；这对了解西周政治特点是十分不利的。

为弄清宗法制度，对这章文字作出准确训释是十分必要的。

问题主要出在开首二句中，“价人”和“大师”究竟指什么人。

就笔者所见，“价人”一词，在古代典籍中，仅此一见。因此，历代解释分歧甚多。现列举如下：

一、《诗》毛传：“价，善也。”

二、郑玄《笺》：“价，甲也。被甲之人，谓卿士掌军事者。”

三、颜师古注《汉书·诸侯王表》所引此章，从毛传，但有具体化：“以善人为藩篱，谓封周公、康叔于鲁、卫。”

四、苏辙《诗集传》：“价，大也。大人，众所服也。”

五、范处义《诗补传》指出价与介通用，“古者行礼，有宾则有介，盖介有辅佐之义”。范氏没有追究礼仪中介人之“介”字本义，而认为诗人“取喻言志”。范氏认定介本义一定是“大人”，又因藩篱与墙垣相对而言是在外面的设施，就推想：“价人，意其大臣之在外为方伯连帅者，故曰‘维藩’。”

六、朱熹《诗经集传》从苏辙说，但嫌“大”太笼统，于是增一“德”字：“价，大也，大德之人也。”

七、元人刘玉汝《诗缵绪》调合“大”、“介助”二说，“愚谓价兼介助意，盖言大德之辅臣也”。

八、明人季本《诗说解颐》另辟蹊径：“价人，边界之人也”，“价人远，故以为藩篱，使之为外护也”。

九、清牟庭《诗切》再申介字“助”、“副”，“次”之意：“价人即介卿也，太师以下诸卿皆价人也。”

综上所述，“价”字有善、甲、大、助、界五解而“价人”有九说（其实还远不止九说）。

范处义驳“善”字说：“观诗人藩垣屏翰及维城之喻，则是五者皆所以固国；若以价为善，则五者皆当用善人，岂特维藩者乎？”此一驳很有力，可断定价人不能直译为善人。

近人黄焯《毛诗郑笺平议》议毛、郑间是非，引汪中《异义》：“稽之经典，无以甲人称卿、大夫、士者”，否定了郑说。

苏辙、朱熹既以价人为“大人”，便不得不解下文“大师”为“大众”。这又面临一个问题，即德高在上者为“藩”，而大众反以“垣”称。按常识，藩篱在外而墙垣在内，藩篱疏、轻而范围广，墙垣坚、重而范围小。价人不应当高于大师。混言藩垣屏翰而不顾其有上下远近亲疏之别，不是解决问题的办法。

如此看来，解“价人”必须顾及“大师”的解法。

上列九说对“大师”的解释分别是：

一、“大师维垣”即“众志成城”（如陈奂《诗毛氏传疏》、黄焯《毛诗郑笺平议》）。

二、“大师，三公也。”

三、“谓封太公于齐也。”

四、“大师，大众也。”

五、“大臣之在内者。”

六、“师，众。”

七、“价人、大师以上下言”，大师为价人（辅臣）之下级。

八、“大师，万民之众也。”

九、“太师”。

一、四、六、七之不妥，已如上述。五以价人为诸侯，三以价人、大师为诸侯，使下句“大邦”成为多余，无法解释。九将价人、大师局限在公卿以上，又使“藩”、“垣”之喻变得不伦不类。三、五、九将本章内容局限在公卿诸侯以上，也不是《板》诗作者劝王敬德保民的本旨，且与其余各章不协调。二解大师为三公，按周礼，三公地位高于诸侯（大邦），也不应低于大宗，以远于“屏”、“翰”的“垣”来比喻三公，也是不合适的。八分民为“边界之人”与“万民之众”，这跟《板》诗主题、跟宗法制度，实在没有什么关系，因此也十分牵强。

看来，还得先弄清“价人”身份才行。

据《荀子·君道篇》、《汉书·诸侯王表》、《王莽传》引文均作“介人”，可知古本“价”原作“介”，郑玄所见本，价即作介。探寻介字古义，是解开“价人”本义的钥匙。

近见裘锡圭先生《关于商代的宗族组织与贵族和平民两个阶级的初步研究》（《文史》第17辑）一文，认为卜辞中许多“帝”字，与典籍中“嫡庶”的“嫡”字关系极为密切，“可以说‘帝’字就是‘嫡’字的前身”，而“在商代语言里，跟表示直系的‘帝’这个词相对的词是‘介’”。裘先生以卜辞中许多“介子”、“介兄”、“介父”、“介母”，说明“介”字相当于周人的“庶”。

这对笔者大有启发：“介人”是否就是“庶人”呢？

裘先生举《礼记·曾子问》一例，说明周代仍有以“介”为“庶”的用法：

> 曾子问：“宗子为士，庶子为大夫，其祭也如之何？”孔子曰：“以上牲祭于宗子之家，祝曰：‘孝子某为介子某荐其常事。’”

此处借孔子之口，指出在庄重场合，得将周人所谓“庶子”称为“介子”以示恭敬。我们推测，“庶人”为周时“白话”，而“介人”为周时“文言”，“介人”在商代为常用语而在周代则成为敬辞。

《左传》襄公二十六年载，楚国伯州犁上下其手，抬高王子围，对郑国皇颉介绍说："夫子为王子围，寡君之贵介弟也。"杜预注"介"为"大"，甚为不妥。围，楚共王之子，康王之弟，即后来的楚灵王。鲁昭公四年，灵王将杀齐庆封，庆封骂他"楚共王之庶子围"，可见"庶"为贱称而"介"为贵称。

前引范处义《诗补传》提到"上古行礼，有宾则有介"。再看看周代礼仪中"介"的身份：《仪礼·乡饮酒礼》"主人就先生而谋宾、介"，郑注："宾介，处士贤者。"所谓"处士"，郑云："君子有大德行不仕者，以其有德自处，故名处士。"《玉藻》将处士列为大夫、士之下，弟子之上。贾公彦疏："贤者为宾，其次为介，又其次为众。"可知"介"为庶人中较有德行者，低于士而高于众人。由此看来，毛传注"介"为"善"，在介人身分属常识的时代，是不误的。翻译成现代汉语，"介人"就是"良民"。

古书中又有以"介"与"众"合称"介众"以尊称国人者。《左传》昭公二十四年，载晋侯派士伯去了解周景王与王子朝的是非曲直。士伯"立于乾祭而问于介众"，即站在王城北门向老百姓了解情况。杜预又注："介，大也。"说明晋代已不懂周时言。

回到先秦。《荀子·君道篇》对《板》七章一、二句有明确解说："君人者，爱民而安，好士而荣，两者无一焉而亡。《诗》曰'介人维藩，大师维垣'，此之谓也。"十分清楚，介人就是庶民，而大师就是"士"。后代经师想当然，"善人"一定是"大人"，于是曲解《荀子》，说"介人"指当官的，而"大师"指民众。于是一池清水被搅浑了两千年。

介人身份既明，大师身份就清楚了。

处于战国末的荀子说大师指"士"，亦即指百官。而在春秋以前，宗法制尚未崩溃。在《板》诗作者语言中的百官，就应包括卿、大夫、士三级。"师"指"百官"，例证很多。《左传》昭公七年，郯子论少皞氏鸟名官，就称百官为"师"："黄帝氏以云纪，故为云师而云名；炎帝氏以火纪，故为火师而火名……"西周金文中，大夫一级官员多称"师某"。《周礼》中，有乡师、县师、遂师、族师等等。《洪范》："王省惟岁，卿士惟月，师尹惟日”，可证明师与尹是卿士之下官吏的通称。

至此，已可将“价人维藩”章今译如下：

善良的百姓是王室的藩篱，
大小官吏是王室的墙垣，
邦国诸侯是王室的屏障，
本族大宗是王室的栋梁。
天子怀德则国家安宁，
宗族长子犹如国都城防，
万不能让城防毁坏，
没有比孤独更可怕的事情。

这样，从“价人维藩”章可以看出，周代的宗法组织下至庶人，上至天子，通过宗族血缘关系纽带，形成一牢固整体。各级都有拱卫王室的义务，而天子则必须以“怀德”来庇护宗族、诸侯、百吏、庶民，换取他们对周室的拥戴。这就是“价人维藩”章的主题。

（原载《孔子研究》1990年第1期）

春秋时期一个被遗忘的改革家——郭偃

春秋时期，奴隶制宗法崩溃，诸侯图谋霸业。齐桓公委政管仲，改革经济、民政、军制，以“赏赐刑罚”代替周公时代的“明德慎罚”，使齐国迅速强大，造就了一代霸业。两千多年来，管仲的业绩被人们津津乐道。管仲、桓公去世之后，齐国霸业很快丧失。晋文公与齐桓公齐名，晋国的强大维持了一个多世纪，说明晋国的改革比齐国更加成功。应该说，要了解春秋时期的社会改革，晋国的改革更值得研究，而佐文公改革的郭偃则是个更值得研究的人物。郭偃身为掌卜大夫，以占卜算命为事，说他主持改革，有何证据？说他倡导改革，原因何在？晋国改革的内容如何？郭偃改革的事迹又为何泯没？本文拟就这些问题做一解答。

一

首先要弄清楚的问题是，晋国的改革是否由郭偃主持？

战国时代，郭偃曾是有名的历史人物。他的事迹和言论，曾不时出现在诸子的辩论中。《墨子·所染》：

> 齐桓染于管仲鲍叔，晋文染于舅犯高偃……故霸诸侯，功名显于后世。

高偃即郭偃。俞樾《诸子平议》卷九引王念孙说，高即城郭之郭。高与郭一声之转，高亦可读如郭。《吕氏春秋·当染》抄《墨子》此文，高偃作郄偃，“郄”系“郭”之讹。墨子将郭偃与管仲、鲍叔及晋文公舅氏狐偃相提并论，可见郭偃在成就晋国霸业中是一个十分重要的人物。《韩非子·南面》：

管仲毋易齐，郭偃毋更晋，则桓文不霸矣。

韩非将郭偃与管仲并提。这里韩非专讲“更晋”即晋国改革，故不提舅犯，正像讲“易齐”不提鲍叔一样。可知文公返国后实行改革，郭偃起着比舅犯更重要的作用。《商君书·更法》能够进一步证明这一点：

《郭偃之法》曰：“论至德者不和于俗，成大功者不谋于众。”

郭偃在晋国改革中曾经制定了成文法典，商鞅在说服秦孝公实行变法时曾加引用。这一法典战国时曾经流传开来。《战国策·赵策》：

客曰：“《燕郭之法》有所谓桑雍者，王知之乎？”王曰：“未之闻也。”“所谓桑雍者，便辟左右之近者，及夫人优爱孺子也。”

据清人黄丕烈校《战国策》札记：“燕郭之法，吴氏补曰：‘一本标刘本，作郭偃之法。’”“客”（冯忌）在游说赵王时，随口引用了《郭偃之法》中“桑雍”两个字，这两个字是章节标题还是郭偃专门使用的名词，不得而知，但无论如何，作为郭偃曾主持晋文公时的改革并制定成文法典的证据，则是肯定无疑的。

西汉以后，郭偃改革的事迹渐渐泯没，而星星点点地出现在《史记》、《左传》、《国语》中的，则是一个神秘的预言家——卜偃。仅有《国语·晋语四》记文公问郭偃治国之难易，寥寥40字，留下了郭偃佐文公治国的蛛丝马迹：

文公问于郭偃曰："始也吾以治国为易，今也难。"对曰："君以为易，其难也将至矣；君以为难，其易也将至矣。"

郭偃高论伊始，戛然而止。疑有阙文，无以证之。

《史记》有《管晏列传》、《商鞅列传》，关于占卜，则为司马季主作《日者列传》。而郭偃，仅在《晋世家》中载有卜偃的一些预言，不过抄自《左》、《国》而已。《汉书·古今人表》将郭偃置于中上，竟在介子推，舟之侨等人之下。宋郑樵《通志》为郭偃作了传，但也只是汇抄《左》、《国》，只字不涉改革，不取诸子议论，更不用说探微索隐，考其行状了。其中原委，耐人寻味，待本文探讨了晋国改革的内容之后，再做议论。

一个成功的改革家，一定要能超脱于腐朽势力集团之外，有着对于国家弊病的深切感受和实行改革的权力地位。三者缺一不可。根据《左传》、《国语》中提供的材料，考察郭偃的出身、经历和思想，笔者发现，在当时的晋国，恰恰是郭偃，在这三方面具有充分的条件。

《国语》、诸子书中的郭偃，就是《史记》、《左传》中的卜偃。这点历来无异议。《左传》闵公元年"卜偃曰"，东汉贾逵注："晋掌卜大夫郭偃也。"《国语·晋语一》"郭偃曰"，三国韦昭注："晋大夫卜偃也。"

按掌卜大夫世袭其职，然而从《左传》看，卜偃之前，晋无卜官。有理由认为，郭偃不是晋国宗室，也不是世居晋国的贵族。这一点，应是郭偃能在改革中实施某些坚决措施的重要原因，因此，有必要加以考证。

鲁定公四年（前506），卫国祝佗谈周初分封，说分给鲁公"祝宗卜史"齐备，尽有周礼；分给晋人祖先唐叔"怀姓九宗，职官五正"，命其"启以夏政，疆以戎索"[①]。所谓"职官五正"，据《曲礼》，指司徒、司马、司空、司士、司寇。周初"五官"未必即此，但"五正"不同于祝卜之类是可以肯定的。鲁昭公十五年（前527），晋国籍谈对周王抱怨说："诸侯之封也，皆受明器于王室以镇抚其社稷……晋居深

---

① 见《左传·定公四年》。本文凡鲁公纪年的引文皆出《左传》，不另作注。

山，戎狄之与邻，而远于王室，王灵不及。”籍谈说王室无赐于晋，此话不妥，但说晋与戎狄为邻，其所得赐不同于鲁卫，则是有根据的。所谓“启以夏政，疆以戎索”也正是这个意思。晋国没有祝宗卜史，另一个证据是晋史董氏春秋初才来到晋国。晋国典籍原先由籍氏掌管，平王东迁时，周大史辛有之子至晋，“晋于是乎有董史”[①]。专职人员至某国，仍操其祖业，可视为春秋惯例。掌卜大夫郭偃来自他国，是完全可能的。

晋文公返国后整顿内政，籍氏和春秋初年来的董氏都成了晋国最显要的贵族，而郭氏，大约只能算“掌其中官”的“诸姬之良”[②]，亦即二等贵族。郭偃来晋国时间不长，相对而言，他应当比较超脱于盘根错节的旧贵族集团之外。而这一点，是他坚决推进基于整个晋国利益的改革的必不可少的前提。

下面考察郭偃的经历和思想。

《通志·氏族略二》“郭”：“《春秋》有郭公，遂以为氏。”清人刘文淇《春秋左氏传旧注疏证》庄公二十四年“郭公”条下指出：郭公不见于《左传》，《公羊传》、《谷梁传》中虢、郭多有混用，知郭、虢音近义通，郭公即虢公。虢为公爵，周王王季之子虢仲、虢叔后人封于西虢、东虢，是为虢公。按东虢在今荥阳附近，东周初年为郑所并。西虢原在今宝鸡县东部，东迁到今河南三门峡市及山西平陆一带，鲁僖公五年（前655）为晋所灭。虢亡后，其宗族子孙乃以郭为氏。据此推知，西虢亡前郭偃以技为氏称卜偃，虢亡之后，以国为氏，为郭偃。虢亡之前，虢公昏乱，有识者皆谓虢将亡。如周内史过说：“今虢公动匮百姓以逞其违，离民怒神而求利焉，不亦难乎！”[③]“虢必亡矣！虐而听于神。”[④]虢公梦神告之晋将袭虢，乃使国

① 《左传·昭公十五年》，周景王对籍谈说：“昔而高祖孙伯黡司晋之典籍……及辛有之二子董之，晋于是乎有董史。”又据鲁僖公二十四年传：“平王之东迁也，辛有适伊川……”可知辛有为平王时人。

② 《国语·晋语四》。

③ 《国语·周语上》。

④ 《左传·庄公三十二年》。

人“贺梦”。舟之侨对其族人说：“众谓虢不久，吾乃今知之。”[1] 他认为虢公内外无亲，倒行逆施，强国来诛，不惧反贺，必亡无疑，于是率其族适晋。此前，虢贤臣已纷纷离去。郭偃是如何离开虢国的，不得而知。但从他作为晋献公随军参谋参加灭虢战斗来看，离开虢国必有一场斗争，惜史无载。不过这里有一条旁证：鲁庄公三十二年（前662），有“神”降于莘，虢公“使祝应、宗区、史嚚享焉”。此时虢国有祝、宗、史而缺卜。十分迷信的虢公无故不会不请卜。这说明卜偃已举族迁往晋国。

卜偃来到晋国，晋国公室也开始腐朽。从献公后期到文公之立，十多年间，外有霸齐强秦威慑左右，内有骊姬、里、丕结党争权。作为掌卜大夫的郭偃，只好凭借其世代传习的哲理和渊博的学识，随时做出各种预言，影响国君。

献公五年（前672），晋伐骊戎，获骊姬，献公宠之，立为夫人。晋大夫史苏认为，献公此举有如夏桀伐有施，有施进妹喜，殷纣伐有苏，有苏送妲己；幽王伐有褒，褒人以褒姒女焉。史苏的结论是，晋国“亡无日矣”。郭偃则认为，时代不同，国家所处的环境也不同。桀、纣、幽三王乃天下之主，他们淫纵无度遭到灭亡，是必然的；晋国是个“偏侯”，有大国在侧，有诸卿大夫师保之，晋国“惧则甚矣，亡犹未也”。郭偃认为，骊姬可以惑乱一时，但不能得人服众。他指出，骊姬趁乱结帮，不可谓善谋；玩弄谗口害人，不能得人心；乱一国而利一己，不可谓懂礼；自不量力，求迂远之欲，不可谓知义；恃君宠而招怨众人，不可谓有德行；其族人少，树敌过多，经不起时间考验。结论是：“吾观君夫人也，若为乱，其犹隶农也：虽获沃田而勤易之，将不克飨，为人而已。”[2] 骊姬至多不过像那扛长活的，虽得到了良田沃土精心经营，最后收获轮不上她享用。后来的事实证明，郭偃的判断是正确的。作为掌卜大夫的郭偃，他的远见却完全建筑在现实基础上，看不到卜筮术士通常的“原逻辑思维方式”的痕迹。可以说，郭偃的思想方法是颇有些“唯物”的。

---

① 《国语·晋语二》。
② 《国语·晋语一》。

献公十六年（前661），晋作二军。太子申生将下军，赵夙御戎，毕万为右，灭耿、霍、魏三国。献公赐毕万魏，列为大夫。万是个盈数，魏是大的意思。史载卜偃根据毕万的名字和所赐封邑名，预言“毕万之后必大”[①]，即将来魏会成为大国。表面看来，郭偃根据抽象的名词概念判断具体事物的未来变化，似乎陷入了唯心主义，然而很难说郭偃不是看到了与公室的腐朽形成对照的私家大夫的真老虎气势，有感而发。事实证明，后来魏果然壮大。看来早在此时，郭偃就以其敏锐的政治洞察力，已经看准振兴晋国的希望在私家大夫身上。

献公十九年（前658）夏，晋假道于虞以伐虢，灭下阳。此后不久，虢公败戎于桑田。郭偃指出：“虢必亡矣！亡下阳不惧，而又有功，是天夺之鉴，而益其疾也。必易晋而不抚其民。不可以五稔。”[②]春秋列国频仍的兴亡，给郭偃提供了总结治乱兴衰经验的丰富资料。说虢公败戎令其失去鉴戒，好事包涵着恶果，这里闪烁着辩证法的光辉，显示出郭偃思想的深邃。

献公二十二年（前655）八月甲午，晋大军围虢上阳。献公问卜偃晋能否胜，偃对曰：“克之。”问时间，对曰：“童谣有之，曰：‘丙之晨，龙尾伏辰。均服振振，取虢之旂。鹑之贲贲，天策焞焞。火中成军，虢公其奔。’其九月、十月之交乎？丙子旦，日在尾，月在策，鹑火中，必是时也。”[③]郭偃利用“童谣”坚定了献公灭虢的决心。事实上，郭偃这次预言并没有应验，大约是攻虢受挫，不得不推至下一个丙子日决战，故灭虢迟至十二月丙子朔。但他利用自己的职业和学识，取得了献公的信任，在灭虢战斗中，郭偃成为献公的主要参谋。

灭虢前后，骊姬羽翼渐丰，与优施合谋，谮杀太子，逐重耳、夷吾，立己子奚齐。献公卒，里克、丕郑杀奚齐及其弟卓子，迎立惠公夷吾。惠公不讲信用，不予秦“河外列城五”，又不予里、丕汾阳、负蔡之田，又杀里、丕及七舆大夫。对晋公室这一系列事变，郭偃似乎都处

---

① 《左传·闵公元年》。
② 《左传·僖公二年》。
③ 《左传·僖公五年》。

在旁观地位。从后来的改革中可以看出，郭偃目睹现实的弊病，思考着将来应有的制度。

针对批评惠公的舆论，郭偃指出："君子省众而动，鉴戒而谋，谋度而行，故无不济。内谋外度，考省不倦，日考而习，戒备毕矣。"这似乎是对惠公的规谏，又似乎是对改革的思考。这里反复强调考、省、谋、度、鉴、戒，说明客观事变逼使人们不能不重新认识治国方略。而这种认识的基础，是舆论反映的众意。郭偃感叹说："善哉！夫众口祸福之门。"[①]

惠公为重耳返国，听冀芮之言杀重臣里克，既而悔之曰："芮也使寡人过！杀我社稷之镇。"郭偃闻之曰："不谋而谏者芮也，不图而杀者君也。"惠公、冀芮君臣，不谋不图，毫无远见，只知杀戮异己。郭偃预料他们都没有好的下场，并说："志道者勿忘：将及矣！"[②]所谓"志道"，就是探寻人事变化规律。对社会变动作深沉思索的郭偃已经确信，以权利争夺为事的公室，是不会变得明智起来的。

流亡在外十余年、历尽险阻艰难、尽知民间情伪的公子重耳君臣，成为国人众望所归。惠公改葬申生，本想做出为善的姿态，国人借题发挥，说尸体之臭是侥幸为君的人（惠公）造成的，那狄公子（重耳）才是我们所倾心的。郭偃叹道："夫人美于中必播于外而越于民，民实戴之；恶亦如之。故行不可不慎也！"惠公倒台、重耳入国已有征兆。郭偃说："欲先导者，行乎！"[③]赞成、支持重耳返国。

鲁僖公二十三年（前637），惠公卒，其子怀公（子圉）立。怀公仍然不思改革，以为只要翦除重耳及其羽翼，统治便可稳固。于是令国中从重耳亡者之家：到期家人不返，尽灭其家。狐突之子狐偃（舅犯）、狐毛随重耳在秦。狐突不召。怀公杀狐突。卜偃指出怀公杀人以逞，难以服人："民不见德，而惟戮是闻，其何后之有？"于是称病，隐居不出。

① 《国语·晋语三》。
② 同上。
③ 同上。

重耳入，是为文公。文公其人，孔子称“谲而不正”[①]。虽气度不如齐桓，清醒则有过之。从亡之二三子，亦有诈伪与贪功之嫌。吕甥、郤芮等贵臣以忠于惠公为名，反对重耳；介之推认为重耳君臣“上下相蒙，难与处矣”[②]。卜偃既反对吕、郤之流的私心，又不赞成介之推之狷介。他欣戴文公，善处狐偃等人，共谋振兴晋国。

从对骊姬及对献、惠、怀、文等的不同态度上，可以看出郭偃已是一个睿智的政治家。在文公霸业中的一系列重大事件上，他利用文公的迷信和自己预卜吉凶的职业地位，实际上成了晋国的最高决策人。

试举二例证之：鲁僖公二十四年（前636），周王室内乱，王子带攻襄王，襄王避难于郑地汜。次年，秦穆公会师于河，准备纳王入朝。狐偃看出这是称霸诸侯的大好时机，劝文公纳王。文公疑惧，使卜偃卜之。卜偃得“黄帝战于阪泉”之兆，曰：“吉！”文公认为自己不配此兆。卜偃以黄帝喻周王解之。公又令筮。筮之，遇“大有之睽”，偃曰：“吉！遇公用享于天子之卦。战克而王享，吉孰大焉！”卜偃利用《易经》的威望，利用经典本身所具灵活解释的底蕴，说服文公放弃疑虑。于是晋辞秦师而南下，杀王子带，纳襄王入于王城。诚如后人所论，“晋伯所基，惟在定王一举”[③]。而这关键的一步，掌卜大夫郭偃起着关键的作用。

鲁僖公三十二年（前628）冬，晋文公卒。晋国霸业面临的最大威胁，是雄心勃勃企图向东方扩张的秦国。卜偃清楚地看到这点，果断地决定抓住秦军偷袭郑国的时机，给秦以沉重教训。然此时文公初丧，难以统一人心。于是卜偃利用殡葬中的异常现象，发出击秦动员令。史载：“将殡于曲沃，出绛，柩有声如牛。卜偃使大夫拜，曰：‘君命大事，将有西师过轶我。击之，必大捷焉！’”尽管晋将对于是否击秦还有争议，然主战气氛已占上风。殽之战，大败秦军，虏秦三帅。秦惨败之后，曾试图报复，然不能得逞，不得不掉头向西方发展。殽之战为晋

① 《论语·宪问》。

② 《左传·僖公二十四年》。

③ 高士奇：《左传纪事本末》卷25。

在西方赢得上百年稳定，对于中原政治经济的发展，产生了极其深远的影响。

二

晋国改革后持久的强大和改革措施事迹的泯没，吸引笔者去钩沉索隐，探其究竟。由于材料有限，只能知其末节，窥其大略。

郭偃变法言论，遗存至今者，唯有两条。一是《商君书·更法》所引，一是《战国策·赵策》所存。商鞅在动员秦孝公实行变法时，劝孝公"无顾天下之议之"，"苟可以利民，不循其礼"，甚至不在乎"见负于世，见訾于民"。为说明此旨，他引用《郭偃之法》："论至德者不和于俗，成大功者不谋于众。"郭偃既有此论，可想其改革必有突破流俗，不与旧势力妥协的内容。这内容，《赵策》所存提供了线索。赵策中虽然仅留下"桑雍"二字，但"客"的解释却给了我们宝贵的启示：

> 所谓桑雍者，便辟左右之近者，及夫人、优爱、孺子也。此皆能乘王之醉昏而求所欲于王者也。是能得之乎内，则大臣为之枉法于外矣。故日月辉于外，其贼在于内；谨备其所憎，而祸在于所爱。

国君左右、夫人、优爱、孺子，"承王醉昏而求所欲于王"，这不正是当年骊姬、优施之类所为吗！晋国之乱，始于骊姬，利用献公"醉昏"，求其私欲，以至国无宁日达二十余年。"桑雍"，《战国策》高诱注为"柔痈"。郭偃用癌肿痈疽比喻国君周围的小人，认为他们是国家最危险的祸害。外官的枉法，根源是"贼在于内"。变法图强，一定要有抑制"桑痈"的制度。骊姬之乱给郭偃的印象太深了。《郭偃之法》中以"桑雍"为重要内容是必然的。

然而，如果说抑制国君左右的小人的条文，导致《郭偃之法》的泯没，那是不能服人的。战国诸子以至历代思想家，对于君侧奸邪小人危害国家多有深刻认识，在强调君主专制的战国秦汉，统治者是决不讳言及“桑雍”的。《郭偃之法》必定另有封建君主们讳莫如深的内容。

让我们摆脱战国说士法家们的思路，从春秋中叶历史实际出发来考索晋国当时的改革。

孔子分析春秋历史，指出西周是“天下有道”，“礼乐征伐自天子出”。入春秋，王室衰微，“天下无道”，“礼乐征伐自诸侯出”；诸侯专征伐，少有能维持十世的。接着是归政大夫，再过不了五世，发展为“陪臣执国命”[①]。据此可将春秋历史大致分为三个阶段：一是王室衰微，大国争霸。在争霸过程中，大夫势力上升，于是进入第二个阶段，各国公室衰微，大夫专政。三是大夫开始腐朽，士阶层活跃，这已经到春秋末年了。这一过程，实质是宗法制度自身矛盾导致自上而下逐级崩解的过程。齐国管仲改革，在经济、民政及军制上颇有成效，然而不制止公室的腐朽，不扶植私家大夫而将军权交给国、高二贵族及国君把持，所以管仲、桓公一死，公室混战，国势转衰。经过一个半世纪的较量，才由田氏取姜氏而代之。晋国情况大不相同。骊姬之乱后，国内不留群公子，公族势力大衰。献公“作二军”，赵夙、毕万佐申生将下军，私家大夫得掌军权，郭偃曾据此预料“毕万之后必大”。晋文公四年（前633）“作三军”，由随重耳流亡的功臣、私家大夫赵衰主持“谋元帅”。衰任人唯才，不计家世，以至诸卿相让。次年，又作“三行”，私家大夫荀林父以贤得将中行。又三年后“作五军”，赵衰将新上军。文公以后，强大的晋军多由卓著战功的私家大夫统帅[②]，因而能有效地制止国君的荒淫及其诛戮大夫、夺回实权的企图。[③]晋国维持了一个多世纪的强大，最后以“三家分晋”宣告新兴势力的彻底胜利。从文公前后公室

① 《论语·季氏》。

② 如《左传·成公三年》载：“十二月甲戌，晋作六军，韩厥、赵括、巩朔、韩穿、荀骓、赵旃皆为卿，赏鞍之功也。”

③ 如鲁宣公二年（前607），赵穿攻灵公于桃园；成公十七年（前574），栾述、中行偃执厉公、杀胥童。

私家力量对比的明显变化，有理由认为，《郭偃之法》中必定有抑制业已腐朽的公室，扶植正在兴起的私家的内容。例如“无畜群公子”[①]，文公诸子雍在秦、乐在陈、黑臀在周，是实行了的。

再回到《赵策》提供的线索上来。战国说士以强化君权为宗旨，因此着眼点只能放在如何割除“桑雍”上。而思想比较近古，尚未受“忠君”观念熏陶的郭偃，却把着眼点放到了“醉昏”的国君身上。若国君不醉昏，则夫人、优爱无从谋私，或国君虽醉昏，但受制于大夫，不能为所欲为，则国运仍可昌盛。这才是解决“桑雍”问题的正确途径。从现存文公改革的史料之中，可以找到这方面的证据。

《汉书·刑法志》：“齐威［桓］既没，晋文接之，亦先定其民，作《被庐之法》，总帅诸侯，迭为盟主。然其礼已颇僭差，又随时苟合以求欲速之功，故不能充王制。”这里讲晋文时作“被庐之法”，颜师古注引应劭曰：“搜于被庐之地，作执秩以为六官之法，因以名之也。”可知“被庐之法”即《国语·晋语四》所谓“大搜于被庐”时所颁之法。《左传》僖公二十七年“于是乎搜于被庐……大搜以示之礼，作执秩以正其官，民听不惑而后用之”，亦即此事。建议“大搜”的是狐偃，而在大搜中“改政令”、“作执秩”者，据《墨子》“晋文染于舅犯高偃”和《韩非子》“郭偃毋更晋则……文不霸矣”，笔者认为，非郭偃莫属。很可能，“被庐之法”即是《郭偃之法》。

《国语·晋语四》为我们提供了文公时“改政令”的具体内容：

> 公属百官，赋职任功。弃责薄敛，施舍分寡，救乏振滞，匡困资无，轻关易道，通商宽农，懋穑劝分，省用足财，利器明德，以厚民性。举善援能，官方定物，正名育类。昭旧族、爱亲戚、明贤良、尊贵宠、赏功劳、事耇老、礼宾旅、友故旧。胥、籍、狐、箕、栾、郤、柏、先、羊舌、董、韩，实掌近官；诸姬之良，掌其中官；异姓之能，掌其远官。公食贡、大夫食邑、士食田、庶人食

---

① 见《左传·宣公二年》。

力、工商食官、皂隶食职、官宰食加。

从这段文字字面上看，找不到《汉志》所谓“其礼已颇僭差”，“不能充王制”的内容。显然，这不是《被庐之法》的原文，而是后世史家整理删削过的文字。然而史家委婉的措辞还是透露着某些历史的真实。

这是全面的政治改革：前九项为经济、民政措施，大约即《刑法志》所谓“先定其民”。“举善援能”三句，是改革官制的指导思想，其中已包含着对世卿世禄的否定。接下来八项调解人事关系的基本原则，其中“明贤良”、“赏功劳”二项，是对旧宗法关系的突破。旧关系与新原则混杂，正是郭偃那个时代的特征。此下十一姓贵族掌所谓“近官”，而“中官”、“远官”则以品德、能力取人。所谓“近”、“中”、“远”官，含糊其词，大约指距国君远近而言。一旦国君失权，近官未必较远官有实权。最值得注意的是后面七个等级赖以生存的那个“食”字。过去的研究者往往把这段话与鲁昭公七年（前535），楚国芋尹无宇所讲西周等级制度“人有十等”[①]那段话平列起来，认为讲的是一回事。冯友兰先生独具慧眼，指出“这是文公的新制度”[②]。“臣”字与“食”字的区别，反映出深刻的政治变动背景，反映出由完全的人身依附，向借助于一定物质媒介的分配制度转化。冯友兰先生认为，大夫和士保留了“分封制”，而主要改革是“公食贡”。由于国君没有保留土地，收入主要是大夫们的“贡”，“后来，韩、赵、魏‘三家分晋’，并不需要像鲁国那样‘三分公室’、‘四分公室’，只需要三家各自独立就行了”。[③]在春秋时代，失去封邑就是失去人民，失去土田就是失去仆庸，实际上也就是失去军队，“公食贡”，国君被完全架空。看来，郭偃着意使国君失去肆无忌惮生杀予夺臣下的权力，加上“无畜群公子”，使国君逐渐受制于上升中的二等贵族私家大夫们。这是顺应历史潮流的大胆改革，这是其

① 《左传·昭公七年》：“王臣公，公臣大夫，大夫臣士，士臣皂，皂臣舆，舆臣隶，隶臣僚，僚臣仆，仆臣台。”

② 冯友兰：《中国哲学史新编》第一册，人民出版社1982年版，第120页。

③ 同上。

后整个封建社会不曾有过的法规，倒颇像近代史上的所谓“君主立宪”，无怪乎《刑法志》称“其礼已颇僭差……不能充王制”。这是郭偃改革的精华所在，也是郭偃改革事迹泯没的主要原因。

郭偃那些远见卓识的预言，在谶纬盛行时代史官们整理的史书中保留下来。人们把那些预言神话为龟筮的启示，他们感叹卜偃“道术”已经失传[①]。他们哪里知道，是那个风云突变的岁月造就了这个聪明的掌卜大夫，也造就了这个大胆而成功的改革家。

（原载《人文杂志》1988 年第 6 期，人大复印《先秦秦汉史》
1989 年第 1 期转载）

① 《汉书》卷 30《艺文志》：“数术者……其书既不能具，虽有其书而无其人。《易》曰：‘苟非其人，道不虚行。’春秋时……晋有卜偃……”

思想史卷

“凤德”辨析

《宝鸡师院学报》1987 年第 1 期载刘亮同志《“凤德”考》一文，提出“凤德”作为一种比喻始于西周，这是很有见地的。但作者认为“凤德”源于文王、用指周德则是很有问题的。至于什么是“凤德”，刘文也没有做出正确的解释。

一、凤德不是王德而是士大夫德

刘亮同志的文章（以下简称“刘文”）开始时指出，凤德“旧时多喻士大夫的德行名望”。但刘文置“旧时多指”于不顾，另作新解，说凤德是“周德”，是“文王之德”。就是说，凤德是王德而不是士大夫之德。作者引用《诗·大雅·卷阿》，认为《卷阿》中的凤凰比喻周天子，“凤凰就是周天子的象征”。作者对《卷阿》的这种理解显然是错误的。《卷阿》10 章，章章言贤士君子来游王所。其主题，不是如刘文所说颂美周天子，而是如《诗序》所说告诫周王注意“求贤用吉士”。第 7、8、9 章进入高潮，以凤凰来集喻王朝多善士：

> 凤皇于飞，翙翙其羽，亦集爰止。蔼蔼王多吉士，维君子使，媚于天子。
>
> 凤皇于飞，翙翙其羽，亦傅于天。蔼蔼王多吉人，维君子命，媚于庶人。
>
> 凤皇鸣矣，于彼高冈。梧桐生矣，于彼朝阳。菶菶萋萋，雝雝喈喈。

7、8章前句设喻，后句实指。从逻辑上看，凤凰自然比喻君子。若依刘说，7章中的凤凰指天子，那么，8章中凤凰就应指庶人。显然，刘亮同志也不会同意。前句行为主体是凤凰，后句行为主体是君子与吉士、吉人，而天子、庶人是客体。以凤凰指天子，君子、吉士就突如其来，不可理解。再看9章，若以凤凰喻天子，那么梧桐喻什么呢？喻天子宫室吗？与主题无关。喻贤士君子吗？不伦不类。还是让我们回到传统训释上来吧："亦集爰止"，郑《笺》，"众鸟慕凤皇而来，喻贤者所在，群士皆慕而往仕也"，孔《疏》："凤与众鸟俱集所止，犹贤与群士俱在王朝，众鸟慕凤似群士慕贤，故以为喻。""于彼高冈"句，郑《笺》："喻贤者待礼乃行"，孔《疏》："喻贤者将仕也"。"梧桐生矣"，郑《笺》："犹明君出也"，孔《疏》："凤皇兴贤者。梧桐……因凤所集，故以兴明君焉。"无论从字面逻辑上，还是据历代训诂，都不可将凤凰解为比喻周天子。

"凤鸣岐山"是众所周知的典故。然而此"凤"所喻何物？很少有人详论。刘文认为，据此"可断定周人崇拜凤凰"。这断语也下错了。原典出自《国语·周语上》，惠王十五年（前662），内史过谈神降于莘之征兆。为说明问题，笔者将上下文多引几句在此：

> 昔夏之兴也，融降于崇山；其亡也，回禄信于聆隧。商之兴也，梼杌次于丕山；其亡也，夷羊在牧。周之兴也，鸑鷟鸣于岐山；其衰也，杜伯射王于鄗。

内史过一气说了六个神，涉及夏商周三代兴亡，加上降于莘（虢国）的神丹朱，共四国七神。暂不论鸣于岐山的鸑鷟，考其余诸神，有没有一个是该国统治集团本族崇拜的对象呢？没有，恰恰相反，除祝融尚有疑点外，其余神都是外族，甚至可以说，都是敌对部族的神。先看夏：据《礼记·祭法》，夏后氏"禘黄帝而郊鲧，祖颛顼而宗禹"，可见夏出黄帝族。融，其族源有两说。《山海经·大荒西经》："颛顼生老童，老童生祝融。"此融与夏同宗；另一说，《山海经·海内经》："炎帝之妻，赤水之子，听訞生炎居，炎居生节并，节并生戏器，戏器生祝融。”此融属炎帝族。很可能黄炎各有祝融。降于夏族老家崇山的融，应属炎帝族，因为此融与鲧禹事迹联系密切。接上引《海内经》，下文是“帝令祝融杀鲧于羽郊。鲧复生禹，帝乃命禹卒布土以定九州”。帝命祝融杀鲧，帝又命禹治洪水定九州。那么，降于崇山而为夏兴征兆的融，自然就是杀鲧的融即炎帝族的祝融了。令夏亡的“回禄”，韦昭注：“火神。”又《左传》昭公十八年“禳火于玄冥回禄”，孔《疏》：“楚之先吴回为祝融，或云回禄即吴回也。”是回禄亦即祝融。令商朝兴起的征兆“梼杌”，韦昭注：“鲧也。”此即夏人祖先鲧。又《左传》文公十八年载史克曰，“颛顼有不才子……谓之梼杌”。是黄帝族的梼杌降于东夷族商人的丕山，为商兴之祥。“夷羊”，韦注曰“神兽”，未详出处，疑为羌人之神。古西羌以羊为图腾，羌人被商王作为牺牲，肆意杀戮，夷羊现于牧野，预兆商亡。射杀周宣王的杜伯，韦注“陶唐氏之后也”，即帝尧之后代。降于莘的神丹朱，帝尧之子。综上所述，内史过所讲，皆非本族之神。那么，鸑鷟是否为周人崇拜对象，可否象征周天子呢？当然不能。《旧唐书》卷149《张荐传》载张荐之祖张鷟：“聪警绝伦，书无不览。为儿童时，梦紫色大鸟，五彩成文，降于家庭。其祖谓之曰：‘五色赤文，凤也；紫文，鸑鷟也，为凤之佐。吾儿当以文章瑞于明廷。’因以为名字。”若鸑鷟（凤鸟）为图腾或祖先崇拜或帝王本身之兆，鷟之祖父绝不会说此梦兆“以文章瑞于明廷”。同理，“凤鸣岐山”之凤（鸑鷟），既不象征周天子，也不象征周宗族王室，而应是周族之外的人或物，将以其神力助周兴起。笔者断言：鸑鷟与周人的崇拜，了不相涉。它不过是将有贤人君子率其族群士归服于周人的象征。

“凤德”一词，源出《论语·微子》：“楚狂接舆歌而过孔子，曰：‘凤兮凤兮，何德之衰。往者不可谏，来者犹可追。已而已而，今之从政者殆而。’”历来古注皆认为楚狂以凤比孔子。刘文承认古注“似亦无不可”，但又曲为之解，说楚狂的意思，“是谓周人崇凤，以凤德得天下，……今凤德颓衰，今非昔比，周人将失掉天下”。如果先入为主，以为凤德即周德，从现有文字字面看，此解可通。考之古本，“何德之衰”句，汉石经“何”字下有“而”字，“衰”下有“也”字。“而”在此通“尔”即“你”，“何而德之衰也”即“你的德行怎么这样堕落啊”。楚狂当面讲“你的德行”，这“凤德”无论如何也不能解为“周德”了。又《庄子·人间世》引文作“何如德之衰也”，“如”字古与“而”通，亦即“尔”或“汝”。成玄英《疏》亦云“哀叹圣人，比于来仪应瑞之鸟也”。凤德指孔子之德，再无通融之余地。

二、何谓凤德？

以凤德为文王之德，已经很不妥了。作者又引申说，凤德后来被周王朝作为愚民的政策，作为周代贵族对平民专政的工具，这就与凤德的本义南辕北辙了。凤德，作为古代士大夫的一种德行，恰恰不是统治者专政的工具，而是智识阶层独立人格和纯洁操守的体现。

《论语·微子》共 11 章，其中第 5 章楚狂讥孔子德衰，已见上引，最后一章“周有八士”意义不明，第 10 章，是从国君的角度谈任用大臣，不弃故旧，于人才勿求全责备。其余各章全讲士大夫品行，集中在如何处身乱世的问题上。《微子》篇的中心思想，可以用“凤德”二字来概括。1 至 9 章涉及古今士人 20 余名，有商纣时的微子、箕子、比干，时贤柳下惠，隐士楚狂接舆、长沮、桀溺、荷蓧丈人，武王时的伯夷、叔齐，古公亶父时的虞仲，鲁哀公时乐师挚、干、缭、缺、方叔、武、阳、襄，及不明身份的夷逸、朱张、少连，还有孔子师徒等。这些人身份地位不同，但都不失为贤士或有超逸于常人之德行者。他们处乱世各有其方，或出走，或为囚，或强谏而死，或屡次丢官，或避世隐居，或另寻生计，其不与邪恶势力同流合污，不贪图名利丧失尊严，则是一致的。士大夫们的这样一种品德，便是所谓“凤德”。如果说《微子》还没有将这些品德直接与凤联系起来，那么，《庄子·秋水》就明确地用凤的操行来比喻贤士的品德了：

惠子相梁，庄子往见之。或谓惠子曰："庄子来，欲代子相。"于是惠子恐，搜于国中三日三夜。庄子往见之，曰："南方有鸟，其名为鹓鶵，子知之乎？夫鹓鶵，发于南海而飞于北海，非梧桐不止，非练实不食，非醴泉不饮。于是鸱得腐鼠，鹓鶵过之，仰而视之曰：'吓！'今子欲以子之梁国而吓我邪？"

鹓鶵，成玄英《疏》"鸾凤之属，亦言凤子也"。王夫之《庄子解》注"凤之别名"。《庄子》精练的笔触，形象的比喻，把凤德说得十分明确：非梧桐不棲，非练实不食，非醴泉不饮，这就是凤德。

《微子》篇和《庄子》都只谈到处乱世，这是凤德的一方面。凤德还有"现则天下安宁"的一面。《韩诗外传》卷8，天老曰："天下有道，得凤象之一，则凤过之；得凤象之二，则凤翔之；得凤象之三，则凤集之；得凤象之四，则凤春秋下之；得凤象之五，则凤没身居之。"所谓凤象，当即《山海经·南次三经》所说凤皇"首文曰德，翼文曰义，背文曰礼，膺文曰仁，腹文曰信"。天下有道，凤凰来仪，喻士君子处有道之邦当有所作为。孔子说："邦有道，贫且贱焉，耻也；邦无道，富且贵焉，耻也。"(《论语·泰伯》)又说："君子哉！蘧伯玉邦有道则仕，邦无道则可卷而怀之。"(《论语·卫灵公》)身处乱世而又立志济世的孔子，只好哀叹"凤鸟不至……吾已矣夫"(《论语·子罕》)了。

"凤德"作为旧时代知识分子强调其独立人格、纯洁操守的精神，是对奴隶制、封建专制的一种制约和反抗，其历史作用是应当充分肯定的。"凤德"的历史局限，在于古代士人缺少也不可能有主人翁精神。天下是天子的天下，人臣能做到"择主而居"，进退自如，也就不错了。

三、凤德溯源

从现有材料看，"凤德"一词源出《论语》，但将"凤"与"德"相联系，则应远在此前。刘文认为凤德的比喻始于西周，笔者觉得此论很有道理，但必须证明。由于刘亮同志误解凤德为“周德”，又认为殷商尚无德的观念，“凤德”真成了从天而降的“神”了。这就画地为牢，为探寻“凤德”观念的源头设置了障碍。

事实上，“德”的观念和“凤”的观念都有一个长期的演变过程。从国家观念在以黄河流域为中心的广袤原野上萌芽开始，它们就产生了。《左传》隐公八年众仲论“族”曰：“天子建德，因生以赐姓，胙之土而命之氏。”原始时代由氏族而胞族、部落，分化繁衍，亦同此理：得姓得氏，皆因其“德”。有能力者率族人到新居从事垦辟，因地得氏，又因其祖先诞生之特异而得姓。氏，乃是得以在该地生息繁衍的特许证。姓，乃是其族特性即“德”的标志。一般说，姓所标志的便是该族的图腾。原始图腾大多是与该族生存关系密切的动物（亦有以植物或其他自然物为图腾的）。族民相信自己与图腾为同一祖先的后代，寻求自己与图腾物之间的认同，模仿图腾的行为，求得图腾的保护。图腾物的特性便是该族的德性。这是“德”的观念最原始的含义。《国语·晋语四》说：“昔少典娶于有蟜氏，生黄帝、炎帝。黄帝以姬水成，炎帝以姜水成。成而异德，故黄帝为姬，炎帝为姜。二帝用师以相济也，异德之故也。异姓则异德，异德则异类，异类虽近，男女相及以生民也。同姓则同德，同德则同心，同心则同志，同志虽远，男女不相及，畏黩敬也。”所谓“黩敬”，指亵渎其敬畏之物，即图腾。图腾内禁止通婚。“同姓则同德”，不能通婚，相反，“异姓则异德”，可以通婚。此“德”，颇带神秘色彩。用现代科学的眼光看，“异德”可以说就是不同的血缘，不同的遗传因子。异“德”相及（通婚），有利于后代的兴旺，故曰“以生民也”。由此可见，“德”的观念在原始氏族关系中至关重要（就这点看，那象征周人将兴的征兆——鸣于岐山的鹙鷟，也不应是周人的图腾）。

下面再看“凤”的观念。《左传》昭公十七年郯子说：“我高祖少昊挚之立也，凤鸟适至，故纪于鸟，为鸟师而鸟名。凤鸟氏，历正也。玄鸟氏，司分者也；伯赵氏，司至者也；青鸟氏，司启者也；丹鸟氏，司闭者也……”古东夷集团少昊部族以鸟为图腾。其中凤鸟氏定天时，司正朔，最为高贵。下属四鸟：玄鸟即燕，春分来，秋分去，故司“分”；伯赵即伯劳，夏至来，冬至去，故司“至”；青鸟即鸧，立春鸣，立夏止，故司“启”；丹鸟，丹雉，立秋来，立冬去，故司“闭”。原始农业民族对于季节是很敏感的。观察候鸟以定季节，是关系民族生息的大事，因此鸟成为东夷少昊部崇拜的对象。玄鸟，是东夷一支商部族的图腾。《诗·商颂·玄鸟》：“天命玄鸟，降而生商。”又《长发》：“有娀方将，帝立子生商。”有娀氏女简狄吞玄鸟卵而生商始祖契，故商人以玄鸟为图腾。大约在后来，玄鸟氏发展取代了凤鸟氏的地位，后人遂径以玄鸟为凤鸟。屈原《天问》说：“简狄在台喾何宜？玄鸟致贻女何喜？”又《离骚》：“望瑶台之偃蹇兮，见有娀之佚女……凤鸟既受诒兮，恐高辛之先我。”同一故事，同一作者，一作玄鸟，一作凤鸟。可见玄鸟即凤鸟，黑色变成了五彩。

商族以鸟为图腾，还为商代铜器铭文和甲骨文所证明。此可以说已是学术界的公论了。大约在商人成为中原各族的首领之后，凤鸟成为综合性的图腾。其形象，也由如《山海经·南山经》所说“其状如鸡，五彩而文”变为如《说文》所说“麟前鹿后，蛇颈鱼尾，龙文龟背，燕颔鸡喙，五色备举”了。

凤鸟既为商人的图腾。则“凤德”的本义，便是“殷人之德”的意思。孔子是殷商后裔，楚狂讥孔子，便说“凤兮凤兮”，这在古人乃是十分明白的事情，不会误解的。再看鸣于岐山的鸑鷟，它也不是别族的神，而正是商族的神。如果说，“夏之兴”的征兆，是与黄帝后裔对立的炎帝族首领融，“殷之兴”的征兆是与商族敌对的夏人先祖鲧，那么，“周之兴”的征兆理所当然地应是与周敌对的殷人先祖了。不过，在商代灭亡之前，这“凤德”一词还没有成为臣服于王者的士大夫之德的意思。我们所理解的“凤德”含义的出现，当然是在周人灭商之后。

四、凤德与周德

王国维《殷周制度论》指出，夏商时期，“诸侯之于天子，犹后世诸侯之于盟主，未有君臣之分也。周初亦然，于《牧誓》、《大诰》皆称诸侯曰‘友邦君’，是君臣之分亦未全定也”。殷商时，天子诸侯间还没有君臣关系。所谓诸侯，实即各地的各部族，各姓氏。“诸侯”与“百姓”可以说是同义词。

商朝灭亡的主要原因，如《尚书·牧誓》所说，是商王“暴虐于百姓”，“奸宄于商邑”，就是说，不尊重“百姓”之德，令其无法生息；也不尊重商族之德，“沈酗于酒，用乱败厥德”（《尚书·微子》）。概括为两个字，就是“失德”。

周建立之后，以殷亡为鉴。周初诰命，其中心思想就在“敬德”二字。《召诰》云：有夏、有殷，“惟不敬厥德，乃早坠厥命”；周王最紧迫的任务是敬德，“王其疾敬德！王其德之用，祈天永命”。周王不同于其他各族者，在于“位在德元”；其治天下之法，在“明德”，在“以小民受天永命”，亦即尊重各族图腾，令天下各族皆得以生息繁衍。

“德”的观念由此发生一重大变化：由图腾特性之“德”，经周人之“敬德”，引申为指能令小民生息繁衍者为“有德”。此“德”遂有“道德”、“德行”之义。甲骨文中“德”字，表示图腾特性本身，故无“心”。周金文加“心”表意，转为指敬德之心。王国维说周王深知“夫一姓之福祚与万姓之福祚，是一非二。又知一姓万姓之福祚与其道德，是一非二。故其所以祈天永命者，在德与民二字。……文武周公之所以治天下之精义大法，胥在于此”。王氏此论，便是“周德”一词的正解。周人所以有这种观念，与中国为农业民族，需安土定居，可共生共存，关系甚大；若在游牧或商业民族，就谈不到“以德治国”了。

灭殷之后，周人注重吸收殷商文化。《尚书·康诰》载周公诰命康叔，要他“往敷求于殷先哲王，用保乂民”，“丕远惟商耇成人，宅心知训”，即要康叔学习殷先哲王保民之术，遍访商遗贤老成人，求训民之方。《尚书·多士》记周公对殷遗民说“自成汤至于帝乙，罔不明德恤祀”，至纣王才“不明厥德”。殷人“有册有典”，文化很高，因此，我“求尔于天邑商”，为你们臣服于我周，来朝方便，我在洛河边作大邑，让你们“尚有尔土”，“尚宁干止”，“有干有年于兹洛”。又《多方》记周公对殷及其盟国贵族士人训话说：如果你们不生邪念，和睦相处，努力管好农田，那么，“我有周惟其大介赉尔，迪简在王庭，尚尔事，有服在大僚”，我周王室会大大赏赐你们，提拔你们到朝廷，委以重任。

周公之后，社会稳定，出现“成康之治”，说明殷人服从了周人的统治。

上述是周公执政的一个方面。另一方面，鉴于商人迷信天命，终坠厥命的教训，周公用强化宗法制度的一系列措施，弥补了天威动摇造成的缺陷，巩固了统治。王国维说从此“天子之尊非复诸侯之长而为诸侯之君”，也就是说，周公以后才有了明确的君臣之义，“尊尊”、“亲亲”之外，添了“贤贤”之义。前二者用以治子孙昆弟，后者用以治官吏，治天下。不任贤，无以治天下。有贤贤之义而后有为臣之“德”。为臣者，自然以“有册有典”文化较高者为宜。考古资料证明，周人克殷之后，明显地承袭了殷商文化。想来殷遗民中有各种文化专长者是曾经效力于周朝的。

综上所述，本文同意刘文所说“凤德”作为一种比喻始于西周。“凤德”与“周德”相辅相成，有“周德”而后有“凤德”。“周德”即天子之德，“凤德”即为臣之德。

（原载《宝鸡师院学报》（哲学社会科学版）1987 年第 4 期）

论凤鸟在周文化中的地位

《人文杂志》1994年第5期发表王晖先生《论周文化中朱鸟赤凤崇拜的原型、蕴义及演化》一文，对“朱鸟”、“赤凤”的原型、蕴义做了深入的探讨，论证赤凤原型是鹑鸟，鹑鸟的职司是秋收等，甚为精辟，笔者从中获益匪浅。然该文对于题目和文中反复提到的“崇拜”一词，却未见论证，似乎周文化中有朱鸟、赤凤的概念，就理所当然的是周人的“崇祀对象”。循此思路，至该文第四段，又得出朱鸟、赤凤后来演化为“大一统王权仁德之象征”的结论。依笔者拙见，凤鸟不是周人崇拜、祭祀的对象，在后来也没有演化为“王权”的象征。试简论如下，以就教于王晖先生及诸位同好。

一、凤鸟不是周人的崇拜对象

王晖先生的文章（以下简称“王文”）开宗明义，引《史记·封禅书》“周得火德，有赤乌之符”，接下来便说，朱鸟“是周人崇祀的对象”。我们读《封禅书》，找不到周人崇拜或祭祀朱鸟的内容。且不说所谓“火德”云云，应是邹衍五行说兴盛以后“怪迂阿谀苟合之徒”的附会，不能用来说明西周时期周人的观念，就凭这“符”字，赤乌就不能成为崇拜对象了。按“符”在古文献中有“信”、“征兆”、“瑞应”等义。《说文》：“符，信也。”可以认为赤乌是上帝的信使。崇拜上帝不等于崇拜信使。《史记·苏秦传》之“焚秦符”，《正义》解为“征兆”；《汉书·外戚传上》“梦日符”；师古注曰“犹瑞应”。所谓“征兆”、“瑞应”是哪一类事物呢？《礼记·仲尼燕居》“万物服体”，郑注"万物之符长皆来为瑞应也"，孔疏"符谓甘露醴泉之属"。甘露醴泉之属自然不应是崇拜对象。王莽时，符瑞多如牛毛，所谓齐郡新井、巴郡石牛之类，岂能皆是崇拜对象？

王文认为，周人鸟崇拜产生于周兴之初，其证据是《国语·周语上》"周之兴也，鸑鷟鸣于岐山"。我们来分析这鸣于岐山的凤是否是周人崇拜对象。按《周语上》，惠王十五年（前662），有"神"降于虢国之莘地，惠王问于内史过。内史过谈此事之征兆。为便于分析，笔者将上下文多引几句：

> 昔夏之兴也，融降于崇山；其亡也，回禄信于聆遂。商之兴也，梼杌次于丕山；其亡也，夷羊在牧。周之兴也，鸑鷟鸣于岐山；其衰也，杜伯射王于鄗。

内史过一气说了六个神，涉及夏商周三代兴亡，加上降于莘（虢国）的神丹朱，共四国七神。暂不论鸣于岐山的鸑鷟，考其余诸神，有没有一个是该国统治集团本族崇拜的对象呢？没有。恰恰相反，诸神都是外族，甚至可以说，大多是敌对部族的神。先看夏，据《礼记·祭法》，夏后氏"禘黄帝而郊鲧，祖颛顼而宗禹"，可证夏出于黄帝族。融，其族源有两说。《山海经·大荒西经》："颛顼生老童，老童生祝融。"此融与夏同宗。另一说，《山海经·海内经》："炎帝之妻，赤水之子，听訞生炎居，炎居生节并，节并生戏器，戏器生祝融。"此融属炎帝族。降于夏族老家崇山的融，应为炎帝族之融，因为此融与鲧禹事迹关系密切。接上引《海内经》，下文是"帝令祝融杀鲧、帝又命禹治水定九州"。那么，降于崇山而又成为夏朝兴起的征兆的融，自然应是杀鲧的融即炎帝族的融。"回禄"，韦昭注："火神"。又《左传》昭公十八年"禳火于玄冥回禄"，孔《疏》："楚之先吴回为祝融，或云回禄即吴回也。"若是，则回禄亦即祝融。上引《海内经》，下文正是"祝融降处于江水"。徐旭生先生认为，此融"南入苗蛮集团，成了那边的宗教的和政治的首长”[①]，这便是此“融”被称为“楚之先”的原因。不论此融属炎帝族还是黄帝族，既已成为“楚之先”，在夏朝末年，就不应是夏人崇拜的对象。再看令商朝兴起的征兆“梼杌”。原文下韦昭注“鲧也”，即夏人祖先鲧。又，《左传》文公十八年载史克曰，“颛顼有不才子……谓之梼杌”，可知此梼杌属黄帝族，亦是即将被商人灭掉的夏族的祖先。此神降于东夷族商人的据点丕山，成为商兴之祥。“夷羊”，韦注曰“神兽”，未详出处，疑应为羌人之神。古西羌以羊为图腾。羌人被商王作为牺牲，肆意杀戮，甲骨文有大量论据，不必赘引了。夷羊现于牧野，预兆商亡，完全可以理解。鲧与羊不是商人崇拜对象，无可争议。再看射杀周宣王的杜伯：韦注“陶唐氏之后也”，即帝尧之后代。降于莘的神丹朱，乃帝尧之子。综上所述，内史过所讲，皆非本族之神。

既非本族之神，本族能否对其举行祭祀呢？不能。就以上引“神降于莘”为例，莘地属虢，虢为姬姓。惠王问神降于莘预兆什么，内史过答预兆虢国将亡。王问该如何办，过答：“使大宰以祝史帅狸姓奉牺牲粢盛玉帛往献焉。”这里为什么要让狸姓往献？韦注：“狸姓，丹朱之后。神不歆非类，故帅以往也。”姬姓是没有资格祭祀丹朱神的，所以要请丹朱后代狸姓前往。

话说回来，降于岐山的鹫鷟是否是周人的崇拜对象，周人能否对其进行祭祀呢？

依上述夏兴、商兴征兆之例，在周内史过的理论体系亦即周人的观念中，这鹫鷟便应是即将被周人取代的王族——商人的神灵。商人的祖先神灵——或用文化人类学的概念说，商人的图腾，正是凤鸟。这一点，在史学界可以说是公论了，而王文对此也有介绍。所难以苟同的是，王文在承认商人崇祀凤鸟的同时别立新说，认为在上古，除殷商尊奉凤鸟之外，还有“西方岐周尊奉鹑鸟为凤凰，而东南沿海及长江中下游则尊奉大鹏鸟为凤凰”。作者在论证周人以鹑鸟为凤凰时所引的论据，有师旷《禽经》、《鹖冠子·度万》。以《禽经》谓“春秋时师旷所作”

① 徐旭生：《中国古史的传说时代》，文物出版社1985年版，第125页。

是不妥的。且不论春秋时有无私家著述，单就该书中多有后代地名书名，《四库全书总目》已断其不早于西晋。退一万步，姑信《禽经》。王文所引《禽经》云："赤凤谓之鹑……紫凤谓之鸑"，则降于岐山的鸑鷟与周人鹑鸟，仍是两码事。至于鹖冠子，战国楚人，其所言南方朱鸟，并非"西方岐周"之事，显然不足以证明西周时周人有自己的凤凰，更不能据以证明周人"尊奉"凤凰。

"神不歆非类"是西周春秋时期一个十分重要的观念。《左传》僖公十年，晋国狐突对申生讲："神不歆非类，民不祀非族。"嬴姓的秦人不可能祭祀姬姓的申生。这里说的是祖先神。至于自然神，也不可随意增入祀典。《国语·鲁语上》载展禽论祀"爰居"，是反映周人观念的一段十分重要的谈话。事情起因是一只名叫爰居的海鸟降止在鲁东门之外。臧文仲让人去祭祀。展禽制止说："无故而加典，非政之宜也。"展禽罗列了可以祭祀的祖先神灵之后说到自然神："及天之三辰，民所以瞻仰也；及地之五行，所以生殖也；及九州名山川泽，所以出财用也。非是，不在祀典。今海鸟至，己不知而祀之，以为国典，难以为仁且知矣！"此海鸟"爰居"，据董增龄《国语正义》引樊光注曰"似凤凰"，似有神性。但展禽批评臧文仲违背祀典，文仲亦立即认错，并"书以为三策"，交司马、司徒、司空备案。与此同理，对于降于岐山的鸑鷟，周人不能妄加祭祀。

二、凤鸟不是王权的象征

王文在谈及周人崇拜凤鸟时，引用了《逸周书·王会解》成王成周之会，四方献珍禽异兽，"西申以凤鸟……氐羌以鸾鸟……方炀以皇鸟……方人以孔鸟"。凤、鸾、皇，都是凤鸟之属，王文认为，这"反映了周人凤鸟崇拜之习"。笔者的看法是，作者误会了"四方献凤凰"在周文化中的蕴义。"四方献凤凰"所表示的是四方归顺的意愿。在这里，凤鸟是"四方"的表征，当然不能是王权的象征。在西周时期，

"凤皇来仪"、"凤皇翔"、"凤皇集"，都表达四方归顺的意蕴。凤皇不象征君主，而象征臣下，其原因很简单：凤鸟本是殷人的图腾，殷人被周人征服，由于周公的"明德慎罚"（《尚书·康诰》），殷人表示归附，"凤凰来仪"便成为治世的象征。

我们且看《诗·大雅·卷阿》。据《诗序》，此诗乃"召康公戒成王"之诗，若是，则应为西周前期诗歌。此诗有3章涉及凤皇，可以反映周人的观念。此诗主题，如《诗序》所说，是"言求贤用吉士也"。全诗10章，章章言贤士君子来游王所，第7、8、9章进入高潮：

> 凤皇于飞，翙翙其羽，亦集爰止。蔼蔼王多吉士，维君子使，媚于天子。
>
> 凤皇于飞，翙翙其羽，亦傅于天。蔼蔼王多吉士，维君子使，媚于庶人。
>
> 凤皇鸣矣，于彼高冈。梧桐生矣，于彼朝阳。菶菶萋萋，雝雝喈喈。

7、8章前句设喻，后句实指。7章前句可译为：凤凰一飞，群鸟随从；凤凰所止，众鸟群集。郑玄解上句"喻贤者所在，群士皆慕而往仕也"；孔《疏》："凤与众鸟，俱集所止，犹贤与群士俱在王朝。众鸟慕凤似群士慕贤，故以为喻。"7章后句，郑《笺》曰："王之朝多善士，蔼蔼然。君子，在上位者，率化之，使之亲爱天子，奉职尽力。"由此可知，凤皇指率群士来归附于王朝的君子。第8章，大意相同，不同者，谓贤者率群士安抚庶人。第9章，郑《笺》："梧桐生者，犹明君出也……凤皇之性，非梧桐不栖。"孔《疏》："此以凤皇兴贤者；梧桐……因凤所集，故以兴明君。"这就是周人观念中的凤凰。它不是周人"崇拜"对象，而是天子（明君）招徕的对象，不是王权、君权的象征，而是贤人、君子的象征。

《论语·微子》中有一段话，可以反映春秋后期人们对凤鸟的理解："楚狂接舆歌而过孔子，曰：'凤兮凤兮，何德之衰，往者不可谏，来者犹可追。已而已而，今之从政者殆而。'”孔子是殷人后裔，楚狂讽喻孔子，便说“凤兮凤兮”。这“凤”想要匡扶周室，游说已经腐朽的“今之从政者”，楚狂就批评他“何德之衰”。楚狂提到了“凤德”的观念，这也是《微子》篇的主题。《微子》共11章，其中1至9章涉及古今士人20余名。这些人身份地位不同，但都不失为贤士或有超逸于常人德行者。他们处乱世各有其方，其不与恶势力同流合污，则是一致的。士大夫们的这样一种品德，便是所谓“凤德”。在孔子时代，“凤”还比较专指殷人后裔，到了庄子时代，“凤德”就明确地喻指一般贤士的品德了。《庄子·秋水》有：

惠子相梁，庄子往见之。或谓惠子曰：“庄子来，欲代子相。”于是惠子恐，搜于国中三日三夜。庄子往见之，曰：“南方有鸟，其名为鹓鶵，子知之乎？夫鹓鶵发于南海而飞于北海，非梧桐不止，非练实不食，非醴泉不饮。于是鸱得腐鼠，鹓鶵过之，仰而视之曰：‘吓！’今子欲以子之梁国而吓我邪？”

鹓鶵，成玄英《疏》“鸾凤之属，亦言凤子也”，王夫之《庄子解》注“凤之别名”。《庄子》形象的比喻，把凤德说得十分明确：非梧桐不栖，非练实不食，非醴泉不饮。

《微子》和《秋水》都只谈到处乱世，这是凤德的一方面，凤德还有另一方面，即“现则天下安宁”（《山海经·南山经》）。《韩诗外传》卷8：“天下有道，得凤象之一，则凤过之；得凤象之二，则凤翔之；得凤象之三，则凤集之；得凤象之四，则凤春秋之下；得凤象之五，则凤没身居之。”所谓“凤象”，当即《山海经·南次三经》所说凤皇“首文曰德，翼文曰义，背文曰礼，膺文曰仁，腹文曰信”。天下有道，凤皇来仪，喻士君子处有道之世当有所作为。孔子身处乱世，空怀济世之志，只好哀叹“凤鸟不至……吾已矣夫”（《论语·子罕》）。

由《论语》、《庄子》等书多次谈到的凤鸟、凤德，可以知道，直到战国秦汉，凤鸟都不象征王权、君权，而是象征贤士、臣下，凤德就是贤士之德，为臣之德。这种象征意义，直到南北朝隋唐，都没有发生本质的变化。

《旧唐书》卷149《张荐传》载张荐之祖张鷟“聪警绝伦，书无不览。为儿童时，梦紫色大鸟，五彩成文，降于家庭。其祖谓之曰：‘五色赤文，凤也，紫色，鸑鷟也，为凤之佐。吾儿当以文章瑞于明廷。’因以为名字”。张鷟的名字因梦鸑鷟而得。若鸑鷟是王权的象征，鸑鷟之祖父绝不会说此梦兆“以文章瑞于明廷”，而要说“此儿贵不可言”了。

三、是“异德相及以生民”，不是“大一统”

为什么降临夏人的崇山、商人的丕山、周人的岐山而预兆该族将兴的“神”，恰恰都不是该族自身的崇拜对象呢？这是否是内史过的随意杜撰呢？绝对不是。在上古三代，这是有深远思想根源的观念。这观念，用一个字来表示，就是“德”。

《左传》隐公八年：“天子建德，因生以赐姓，胙之土而命之氏。”从原始时代开始，由氏族而胞族、部落，分化繁衍，得姓得氏，皆因其“德”。有能力者率族人到新居从事垦辟，因地而得氏，又因其祖先诞生之特异而得姓。氏，乃是得以在该地生息的“执照”；姓，乃是其族特性即“德”的标志。一般说，姓所标志的便是该族的图腾，图腾物的特性便是该族的德性。这是“德”的观念的最原始含义。《国语·晋语四》说：“昔少典娶于有蟜氏，生黄帝、炎帝。黄帝以姬水成，炎帝以姜水成；成而异德，故黄帝为姬，炎帝为姜。”黄、炎二帝各经若干代繁衍，变成为异“德”的两族。不同姓意味着具有不同的“德”，“异姓则异德，异德则异类，异类虽近，男女相及以生民也。同姓则同德，同德则同心，同心则同志，同志虽远，男女不相及，畏黩敬也”。所谓“黩敬”，指亵渎其敬畏之物，即图腾。图腾内严禁通婚。同姓（同心、同德、同志）通婚是亵渎神灵的，孕育着绝种灭姓的灾祸：“黩则生怨，怨乱毓灾，灾毓灭姓”，反之，“异姓则异德”，异德通婚，可以“阜姓”，利于子孙兴旺。此“德”颇带神秘色彩。我们可以用现代科学的眼光来看，这“德”实际上就是遗传因子。异德“相及”（通婚），后代才能繁衍，故曰“以生民也”。就从这点看，那象征周人将兴的鸑鷟，就不能是周人的图腾物。联系到由于季历娶了商族女子太任，生下姬昌，“有圣瑞”，古公亶父就说：“我世当有兴者，其在昌乎！”（《史记·周本纪》）对于“凤鸣岐山”在周人观念中的蕴义，我们似可有较为确切的理解了。班固在《汉书·外戚传》中有一段话，有利于我们正确理解内史过的那段话，不妨抄出供参考：

> 夏之兴也，以涂山；而桀之放也，用末喜。殷之兴也，以有娀、又有㜪；而纣之灭也，嬖妲己。周之兴也，以姜嫄及太任、太姒；而幽王之禽也，淫褒姒。

正如班固所说，对于古人来讲，“夫妇之际，人道之大伦也，礼之用，唯婚姻为兢兢”。诚然，内史过所讲未必专指婚姻关系。但上古时代“德”的观念，通过图腾崇拜——祖先崇拜与鬼神联系起来，整合为文化系统，笼罩在先民头脑中，那是丝毫不能含糊，也不能随意发挥的。作为王室内史，过之所言更不会与当时的基本观念发生矛盾。

周人灭殷之后，周公反复强调要“敬德”、“明德”，即尊重各族生息繁衍的权利（见《尚书》的《召诰》、《大诰》、《康诰》等篇）。周公尤其注意尊重殷商文化。《康诰》载周公要求康叔到殷地“往敷求于殷先哲王，用保乂民”，“丕远惟商耇成人，宅心知训”，即要康叔学习殷先哲王保民之术，遍访商遗贤，求训民之方。又《多方》载周公对殷及其盟国贵族说，如果你们不生邪念，和睦相处，那么“我有周惟其大介赉尔，迪简在王庭，尚尔事，有服在大僚”，我周王室会大大赏赐你们，提拔你们到朝廷，委以重任。周公这一思想，用当时的话说，叫作“贤贤”，即尊重贤者。王者有贤贤之心则贤者有为臣之“德”。为臣者，以“有册有典”（《尚书·多士》），文化较高的殷人为代表。由此，臣服于周的殷人的凤鸟之德——凤德，成为为臣之德的象征。

在周人观念中，各部族之间的相互配合是自身安全和兴盛的前提。这一观念在西周末年被史伯表述为“和实生物，同则不继”（《国语·郑语》），到春秋战国时期，这一观念又逐渐发展为相生相克的“五行”思想。①

在周人那里始终未成为“崇拜”对象的凤鸟，即便在秦汉专制政权建立之后，也只是麟、凤、龟、龙“四灵”之一（见《礼记·礼运》），并未成为“大一统”王权的象征。

笔者注意到，王晖先生在谈到凤鸟象征“大一统王权”时在“王权”之后加了“仁德”二字。假如“大一统王权”是“仁德”二字的定语，那么笔者和王晖先生可以没有分歧了。然而从上下文看，作者叙述的中心词是王权。作者认为当秦汉形成大一统国家时，凤鸟被“赋予了大一统的特色”。作者又以此与“独尊儒术”相比附，认为“由先秦神灵崇拜的百川竞流，到汉后的百川归一”，这时凤凰就象征了“思想文化上大一统局面的形成”。与上文所谈把四方献凤误会为周人崇拜凤一样，王晖先生把凤与王权的配合关系合二为一，把“异德相及以生民”误会为“同德同心则同志”了。

笔者认为，在以血缘关系为核心的社会里，人们的思想文化观念是很不同于以阶级关系为核心的社会的。分清这种区别，对于了解先秦文化的特色会有很大的帮助。这是一个很值得探讨的课题。笔者愿与同心同志者共勉，更愿与不同意见者相互商榷，在商榷中使学术研究繁荣兴旺起来。

（原载《陕西师大学报》1998年第1期，人大复印资料《先秦秦汉史》1998年第3期转载）

① 参见臧振：《五行起源新探》，《陕西师大学报》1989年第4期。

五行起源新探

一

两千多年来，五行思想在中国盛行，成为中国传统文化的显著特征之一。每当传统文化成为话题时，学者们免不了探寻五行思想的源头。从梁启超否定黄帝“考定星历，建立五行”的旧说开始，前人对此问题做了许多有益的探索。然迄今为止，学术界尚未得出一致看法，尚未得到科学的解答。这是因为前人在史料运用、历史观点和治学方法上，存在如下问题：

一、五四时期的学者受疑古思潮影响，对史料割弃过多。如顾颉刚先生认为，《国语》、《左传》中凡与五行有关的文字，都是刘歆一辈人的伪造。《史记》、《论语》中有关五行及左氏的材料，也是刘歆们加进去的。《甘誓》、《洪范》实际著作年代都在邹衍之后，因而也不足以说明问题。[①] 这就画地为牢，局限了视野，任十分珍贵的史料从眼皮底下滑过。

近年来，人们已注意充分运用《左传》等书中的史料，如赵光贤先生据《左传》有关材料，证明五行一词在春秋后期已经成立[②]。但在该文中他又把《左传》所述看作春秋当年的事实，没有进一步追究史料反映的史实的时代。他根据昭公二十五年（前 517）讲“用其五行”，昭公二十九年（前 513）讲“五官”、“五祀”，就说“由五行发生出五官，更发展为五祀”，这样就使五行思想的形成轨迹变得混乱起来。

---

① 顾颉刚：《五德终始说下的政治和历史》，顾颉刚编著：《古史辨》第五册，上海古籍出版社 1982 年版。

② 赵光贤：《新五行说商榷》，《文史》1982 年第 14 辑。

二、对于原始思维方式的特征注意不够，用今人的物质观审视形成过程中的五行。例如梁启超说："金木水火土之五行，何得云'威侮'，又何从而威侮？"[1]半个世纪后，庞朴先生也袭用此说，认为如果《甘誓》中的五行指金木水火土，"在这里显然说不通，因为对于这五种东西，是谁也无法'威侮'的"[2]。

用今人观念审视五行起源的另一表现，是断言五行起于"朴素的唯物主义"。如刘起釪先生说："由于生活的实践，古人对世界逐渐地获得一些朴素的唯物观的概念，因而把它们概括成几种基本的东西。"[3]赵光贤也认为，五行出于"原始的、朴素的唯物思想"[4]。

实际上，古人对世界的认识并不起于朴素的唯物观。凡关系人民生计的自然物都受到崇拜，都具有神性，且有氏族世守其职，即《左传》昭公二十九年蔡墨所谓"夫物，物有其官"。威侮五行，与威侮世守五行之官的贵族是一回事。这一点，是我们解开五行起源之谜的关键，后文还将详论。

三、没有充分注意到五行思想是深深扎根于华夏大地的一种自然形成的社会文化现象，过分强调个人在五行说形成中的作用，因而五行说的来源，被归之于某些个人的邪念。如梁启超说"造此邪说以惑世诬民者谁耶？其始盖起于燕齐方士，而其建设之、传播之，宜负罪责者三人焉：曰邹衍、曰董仲舒、曰刘向"[5]。邪说既造之于个人，今日要摧毁它，也只需有几个英雄大声疾呼，揭露之、斥责之便可济事。这是五四时期学者尚未接受科学的历史观的表现。然而这就把人们探讨五行起源的目光引向五行的字样和某些个人的言论。五行的源头，变得更加玄妙不可知了。

四、战国后期五德终始说的形成，与春秋后期五行思想的形成不是一回事。五行思想的形成与五行思想的起源也不是一回事。前人往往不

---

① 梁启超：《阴阳五行说之来历》，顾颉刚编著：《古史辨》第五册，上海古籍出版社1982年版。
② 庞朴：《思孟五行新考》，《文史》1979年第7辑。
③ 刘起釪：《释〈尚书·甘誓〉的"五行"与"三正"》，《文史》1979年第7辑。
④ 赵光贤：《新五行说商榷》，《文史》1982年第14辑。
⑤ 梁启超：《阴阳五行说之来历》，顾颉刚编著：《古史辨》第五册，上海古籍出版社1982年版。

注意三个概念的区别。如梁启超文章题目是五行说的“来历”，实际讨论五行说的形成；顾颉刚在《五行说的起源》这一小标题下作的文章，实际是讲五德终始说的形成。由这种概念的混乱，引来诸多不必要的争论，而五行思想的起源，却仍是个谜。

五、由于弄不清五行的来源，一些学者把目光转到“五”字上，见“五”字便拉来做五行思想的源头。甚而至于不是五字，也替它圆场，考订为“五”。只要是“五”，即可证成五行“源头”或“早期五行”说。此风滥觞于郭沫若先生，而在近年来一些学者中刮得更甚。郭老在《中国古代社会研究》中说五行“这种观念的起源应该是起于殷代的五方或五示的崇拜”[①]。郭老没有论证五方五示何以是五行的原生形态，事实上也无法论证。更何况殷墟文字并无“五方”一词。半世纪后，庞朴论证甲文虽无五方字样，殷人却有“确确实实的五方观念”，又以五火、五臣等，证明殷人尚五。结论是“以方位为基础的五的体系，正是五行说的原始”[②]。我们知道，殷人所谓“方”亦即“邦”，而“中商”是断不可称“邦”的。“五方”既不成立，郭老的猜测仍只是猜测。刘起釪则认为，《甘誓》中的“五行”指“五星”：辰星、太白、荧惑、岁星、填星，而“地上的‘五行’是从天上的‘五行’来的”。[③]似乎五星又成了五行的源头。1985年何新撰文《重论“五行说”的来源问题》[④]，断言五行说“植根于数字五的崇拜”。作者用令人眼花缭乱的材料证明不是殷人而是周人才真正尚五，尚五是五行说的来源之一。作者又认为，春秋晚期四方神演变为五方帝，是五行说的来源之二；“物质转化的哲学观念”，是五行说的来源之三。我们看不出前两个所谓“来源”与金木水火土诸物质的概括过程有什么直接联系。而关键的第三条，作者全用今人思想加以解说，无任何史料证明。论了又论，“来源问题”仍然是个问题。

---

① 《郭沫若全集·历史编》第2卷，第133页。

② 庞朴：《阴阳五行探源》，《中国社会科学》1984年第3期。

③ 刘起釪：《释〈尚书·甘誓〉的“五行”与“三正”》，《文史》1979年第7辑。

④ 何新：《重论“五行说”的来源问题》，《学习与探索》1985年第1期。

二

前人的经验教训告诉我们，抛开金木水火土五种物质的概括，顾左右而言他，把战国后期牵强附会拉入五行体系的其他事物当作五行的源头，这种办法是不足取的。要解开五行起源之谜，不能不始终把握住五种物质，从早期五行说的特点入手，追寻它的源头。

《左传》、《国语》中有关五行的思想，不同于邹衍的“五德终始说”，是“五德终始说”形成之前的一种原生形态。它正是且只能是春秋和春秋以前的思想。其中最完整的一段，是《左传》昭公二十五年载郑国子大叔向赵简子介绍子产论“礼”的一段话。子产说：

> 夫礼，天之经也，地之义也，民之行也。天地之经而民实则之。则天之明，因地之性；生其六气，用其五行。气为五味，发为五色，章为五声。淫则昏乱，民失其性，是故为礼以奉之。为六畜、五牲、三牺以奉五味；为九文、六采、五章以奉五色；为九歌、八风、七音、六律以奉五声。为君臣上下以则地义……为父子兄弟姑姊甥舅婚媾姻亚以象天明……乃能协于天地之性，是以长久。……礼，上下之纪，天地之经纬也，民之所以生也。

子产这套经天纬地、纲纪上下的理论用一个字概括，叫“礼”。“五行”在礼中的地位是代表“地义”、“地性”而与“天经”、“天明”所生的“六气”相对应，成为“民之所以生也”的基础。这段话中的“五行”有两个特点：一是要与天之六气配合，才能生发出各类事物；二是这套体系十分现实朴素，反映着天、地、人之间和谐自然的共生关系。可见春秋后期的五行思想，既不同于战国以后经过整理，包容一切，与万物一一对应的“五德终始”那一套，也不同于此前笼罩着宗教鬼神观念的夏、商、西周思想。这就启发我们，应当从原始思维的特点和古人世界观的演化过程中寻找五行思想的源头；应当从上古三代政治思想的基本精神中寻找五行思想的源头；应当在三代社会历史的背景下，寻找五行思想的形成轨迹。

三

五行思想不是某个人心血来潮的发明，而是原始思维方式从万物有灵到自然崇拜、祖先崇拜，经西周末年和春秋时期无神论思潮冲击，而后从神学躯壳中蜕化出来的新思想。

根据民族学、人类学家的研究，原始人起初不能把自己和群体、把人类和朦胧一片的自然界区分开来。他们认为，与他们生活在一起的动植物、山林川泽，都像他们一样可以思考，可以互相感受。原始思维发展的这个阶段可以称作“万物有灵”论。当人们逐渐把人与自然、个体与群体区别开来之后，他们发现了自己的渺小并对神秘的对象产生虔敬之情。在这个阶段，万物有灵论发展为自然神崇拜和祖先崇拜。

认为自然物有“灵”并把这“灵”当作崇拜对象，这在我国古代文献中有丰富记载。《史记·封禅书》说封禅仪式“厥旷远者千有余载”，说明封禅仪式是由原始人对山岳的崇拜转化而来。《礼记·祭法》汇抄古代祭祀之大者，讲到天、地、四时、寒暑、日、月、星、水、旱、四方、山林川谷丘陵，“皆曰神”，“有天下者祭百神”。

诸多自然神中，关系到农业民族生存而最受重视者，是土地神和农作物神，即古文献中的“社”神和“稷”神。出于对土地的崇拜，原始人定期将礼物埋入土中，这就是《祭法》所谓“瘗埋于泰折，祭地也，用骍犊”。《风俗通义》卷8引《孝经说》：“社者，土地之主。土地广博，不可遍敬，故封土以为‘社’而祀之。”稷，是中原主要粮食作物，《风俗通义》引《孝经说》：“稷者，五谷之长，五谷众多，不可遍祭，故立‘稷’而祭之。”社、稷后来成为国家的代称，足见其在农业国中地位之重要。

在中原，与农作物关系密切的自然因素首推雨水。雨神的名称很早便与“龙”联系在一起。《山海经·大荒东经》：“旱而为应龙之状，乃得大雨。”应龙是黄帝族的雨神，其他族还有“风伯”、“雨师”等。雨神之外，还有河神，神名随河而异。从甲骨文可知殷人常祭之河神有“河”、“洹”等。

原始的自然神崇拜，其对象无所不包，大至天地山川，小至鸟兽草木。《礼记·郊特牲》就说到上古有“大蜡八”之祭，“合聚万物而索飨之”。不过，在上古，各氏族所祭自然神往往是具体的某山、某河、某树、某石、某火塘等，还不是抽象的物质概念。

祖先崇拜源于图腾观念。起初，图腾物与其族人的关系是很密切的，随着家长与一般成员差距增大，一般成员渐不能直接感受与图腾物的情感交往。家族首长成为图腾与族民的中介，族民只有靠气氛浓烈的宗教仪式来获得灵感。家长因其与图腾交往的特权而受到人们的崇敬。死去的家长与图腾合一，图腾崇拜就逐渐转化为祖先崇拜。祖先崇拜一产生就显示出特殊的功能：在部族纠纷中，以卓著功勋的祖先的名义来集中族众意志，可以加强其神圣肃穆气氛。由于祖先与某种自然物有特殊的关系，为抬高祖先的地位，这种自然物原有的神就逐渐被祖先取代。例如原属自然神的稷，被善于种植的族长取代，称“后稷”，土地神“社”，被善于平水土的族长取代，称“后土”。具体的自然物神被较抽象的祖先神取代后，祖先的神性又帮助原始人形成更抽象的物质大类概念。金、木、水、火等自然物，原都是各有神灵的，其后都被相应图腾或擅长该职的氏族祖先取代。

《左传》昭公十七年郯子关于上古官名的论述，是上古图腾制向祖先崇拜转化的宝贵资料：

> 昔者黄帝氏以云纪，故为云师而云名；炎帝氏以火纪，故为火师而火名；共工氏以水纪，故为水师而水名；太皞氏以龙纪，故为龙师而龙名。我高祖少皞挚之立也，凤鸟适至，故纪于鸟，为鸟师而鸟名……自颛顼以来，不能纪远，乃纪于近，为民师而命以民事，

则不能故也。

炎帝族以火为图腾，其官以火纪，黄帝、太皞、共工都取了与水有关的自然物为图腾，可以证明这些民族都以农业为主。居于沿海的少皞氏则以鸟为图腾，众多具体的鸟名多属可以指示农业以季节的候鸟，反映了先民对大自然的精细观察。

这段文字最后说到颛顼时的一场变革，使大批离现实生活较远的图腾官名从历史上消失，而改为“民师”，命以“民事”。关于此事，《国语·楚语下》有更详细的介绍：

> 少皞之衰也，九黎乱德，民神杂糅，不可方物，夫人作享，家为巫史……颛顼受之，乃命南正重司天以属神，命火正黎司地以属民，使复旧常，无相侵渎，是谓绝地天通。

颛顼这场改革首先是指定重、黎二氏为南正、火正（一作北正），司天、地，“绝地天通”。二是“制神之处位次主，令“心率旧典”之族担任“神、民、类物之官”，加上天、地之官，总称“五官”。[①]经过这场改革，图腾制转化为以祖先崇拜为中心的原始宗教。

《左传》昭公二十九年载晋史墨论古代“物有其官”，介绍了一批取代自然神的祖先神：

> 夫物，物有其官……故有五行之官，是谓五官，实列受氏姓，封为上公，祀为贵神。社稷五祀，是尊是奉。木正曰句芒，火正曰祝融，金正曰蓐收，水正曰玄冥，土正曰后土……少皞氏有四叔，曰重、曰该、曰修、曰熙，实能金、木及水。使重为句芒，该为蓐收，修及熙为玄冥，世不失职，遂济穷桑。此其三祀也。颛顼氏有子曰犁，为祝融；共工氏有子曰句龙，为后土。此其二祀也。后土为社。

① 《国语·楚语下》，此处“五官”不是春秋时所谓“五行之官”。详后。

稷，田正也。有烈山氏之子曰柱，为稷，自夏以上祀之；周弃亦为稷，自商以来祀之。

这段话涉及五行之神及稷神，分别由少皞氏四叔、颛顼氏、共工氏、烈山氏后代及周祖先弃担任。

反映着中原社会政治现实，这些与自然神结合的祖先神，在三代政治生活中发挥着令各族相互制约的神秘作用。《国语·周语上》载内史过谈“神”降于莘的征兆：

昔夏之兴也，融降于崇山；其亡也，回禄信于聆隧。商之兴也，梼杌次于丕山；其亡也，夷羊在牧。周之兴也，鸑鷟鸣于岐山；其衰也，杜伯射王于鄗。

所说六个神涉及夏商西周三代兴亡。这些神都不是该王朝本族的神，而是外族甚至敌对部族的神。令夏兴的融，据《山海经·海内经》述，属炎帝族；令夏亡的回禄，是楚人先祖。令商兴的梼杌，是夏人先祖鲧；令商亡的夷羊，应为羌人之神。预兆周兴的鸑鷟，应为商族图腾物；兆周亡的杜伯，以及降于莘而预兆周同姓虢国灭亡的神丹朱，都是妫姓唐尧后代。从这段话可看到，三代时期，在神话的外壳中已包裹着萌芽状态的“相生相克”思想。这种相生相克又以异族图腾物的显现为征兆。可以相信，一旦神话外壳被敲碎，这些与祖先神结合的自然神，不但会还原为自然物质，而且将以哲理形式出现，用以说明事物间相互制约的关系。

这个神话外壳在西周末年社会大动荡和春秋时期无神论思潮的冲击下，果然破碎了。与自然神结合的祖先神，纷纷失去了他们的地位。

为节省篇幅，这里不必介绍无神论思潮的发生发展了。仅就诸神“失其官守”略作介绍。《国语·楚语下》载观射父谈到司天司地的重黎氏失其官守：

重、黎氏世叙天地而别其分主者也……其在周，程伯休父其后也。当宣王时，失其官守而为司马氏。

这里透露了一条重要消息：曾经十分显赫的、令诸神有其主次地位的重黎氏在周宣王时失其官守。联系到宣王“不籍千亩”，以及变《风》、变《雅》中怨天、疑天、不信天的思潮，可知厉、宣之际，淡漠于神灵而注意于现实，乃是一股时代潮流。虢文公曾说宣王不籍千亩导致“匮神乏祀”[①]，不籍千亩使一批神职人员失业，可想而知，其他祭祀仪节必定也废弃不少。经幽、平之乱，王室也衰微了。流风所渐，到春秋末年，便有孔子发出“天子失官，学在四夷”[②]之叹，而处于南蛮之地的楚昭王，竟也提出了“祀不可以已乎”[③]的问题。思想家们纷纷挣脱神灵羁绊，用敏锐的眼光审视现实世界。在神学思想世俗化、哲理化的潮流中，五行思想应运而生。

四

子产所谈五行，是互相搭配以生发万物的五种基本物质，不同于邹衍所讲你死我活、“五德终始”的“五行”。子产这一套有序化的天人合一的、万物共生的思想，与上古三代政治思想的基本精神——德治思想，在哲理上是相通的。

当国家观念在中原萌芽的时候，这里生活着许多以农业为主要生计的部族。他们最重视的是土地，最需要的是安定。不同部族之间，一旦地域划定，就可以共生共存。这并不排除部族之间的摩擦，但作为部落联盟酋长或奴隶制国家元首，他必须考虑如何使“烝民乃粒，万邦作

① 《国语·周语上》。
② 《左传·昭公十七年》。
③ 《国语·楚语下》。

义”[①]，如何“安民”。这是农业民族与游牧或商业民族国家政治思想的重要区别。在这里，能令各族生息繁衍的统治者被称为“有德”，否则就是“失德”。

所谓“德”，本指各族图腾所具有的特性，也是该族血统的标志。所以司空季子对晋文公说：“黄帝以姬水成，炎帝以姜水成，成而异德……异德则异类。异类虽近，男女相及以生民也。”[②]尊重各族的“德”，令各族“异德相及”，繁衍后代，是为政的基本原则。商汤胜夏，保留了夏人的“社”，还作了一篇《夏社》，说明不灭其宗族[③]，这是汤的“德政”。盘庚迁殷，反复强调“施实德于民，至于婚友”，“生生自庸，式敷民德”[④]，就是强调注意各族生计，令其繁衍。商纣王频繁发动战争，俘虏“亿兆夷人”，周武王指责他“暴虐于百姓”[⑤]，即不尊重各族之“德”。周初，周公发布一系列诰命，其中心思想便是“敬德”、“明德”。王国维说周王深知“夫一姓之福祚与万姓之福祚，是一非二，又知一姓、万姓之福祚与其道德，是一非二……文武周公之所以治天下之精义大法，胥在于此”[⑥]。王氏此论，把周人“德治”思想概括得十分准确。

由上述可以看出，流行于上古三代的“德治”思想，是一种自然发生的多元共生论政治思想。它正是早期五行思想得以产生的政治思想基础。

西周末年，幽王“失德”。史伯出于捍卫德治思想的需要，在当时兴起的无神论思潮推动下，完成了对德治思想的哲理升华。他说：

> 夫和实生物，同则不继。以他平他谓之和，故能丰长而物生之。若以同裨同，尽乃弃矣。故先王以土与金木水火杂以成百物……声一无所，色一无文，味一无果，物一不讲。[⑦]

---

① 《尚书·益稷》。
② 《国语·晋语四》。
③ 见《尚书·书序》(《汤誓》后附)。
④ 《尚书·盘庚》。
⑤ 《尚书·牧誓》。
⑥ 《观堂集林》卷10《殷周制度论》。
⑦ 《国语·郑语》。

在这里，五种物质已被作为自然界的基本元素，用以说明“和实生物，同则不继”的哲理。在宗法制度即将崩溃，“德治”思想即将失去其存在基础的历史关头，“德治”思想的精髓转移到初期五行思想之中。

平王东迁后，“和实生物”思想在开明士大夫中逐渐普及。《左传》昭公二十年载晏婴对齐景公说：“和，如羹焉。水火醯醢盐梅以烹鱼肉……先王之济五味，和五声也，以平其心、成其政也。”昭公元年载医和论人体与自然的关系：“天有六气，降生五味，发为五色，征为五声，淫生六疾。”晏婴、医和所论与子产论“五行”极相类似，说明天有六气，地有五行之类已是春秋后期流行的概念。

五

数字可以是了解五行源头及形成轨迹的一把钥匙，但不能脱离三代社会历史背景去寻找“例证”。笔者注意到，“九”是夏代以前人们常用以表示多数的概念。如《尧典》“以亲九族”；《皋陶漠》“行有九德”；《禹贡》“九江”、“九州”，“九山”、“九泽”；《国语·鲁语上》“共工氏之伯九有也，其子曰后土，能平九土”。重要的是，“九”与夏人的最高学术活动是联系在一起的。《山海经·大荒西经》“夏后开上三嫔于天，得《九辩》、《九歌》以下”。开即禹子启，嫔即宾。言启三度宾于天帝，取来《九辩》、《九歌》。歌舞是上古传达天意、统一意志的主要方法，人们在如痴如醉、极度兴奋之中感受个体与群体、人与自然的大和谐，领会首长得自上帝的教诲。随着有节奏的音乐和动作，这教诲深深地刻在了记忆之中。

《左传》文公七年载晋国郤缺解释《夏书》所谓《九歌》：“九功之德，皆可歌也，谓之九歌。六府、三事，谓之九功。水火金木土谷，谓之六府。正德、利用、厚生，谓之三事。”六府、三事是祭祀歌舞段落题目。三事，据《周礼·大司乐》“九德之歌”贾逵、服虔注和伪古文《尚书·大禹谟》“六府三事”孔颖达《疏》，应指天、地、人。六府是六大类自然物。以颛顼氏所整理的“天、地、神、民、类物”五官来对照，三事包括了前四者，而六府则属“类物”之官。

六府中，谷不在后世五行之列。谷如何与水火金木土分离开来？史墨论“五行之官”提供了解答此谜的线索。史墨说夏代“物有其官”，实际谈了木正、金正、水正、火正、土正、田正共六正，亦即六祀，但他却说“五祀”。可知原为六祀，后来稷神由六府中上升而与后土并称“社稷”，其余四祀又与土并称“五祀”。其原因，稷神为周人先祖，自然应单独祭祀而有别于其余五者。由六府而五祀，必定是周人的改造。

西周末，史伯论“和”、“同”，已不讲“五祀”，而只讲“先王”以土与金木水火杂以成百物。鲁襄公二十七（前 546）年，宋国司城子罕为说明外部有晋、楚威胁可以令宋国上下慈和，引用尚未定型的五行思想作理论根据，讲“天生五材，民并用之，废一不可”，就不再提“先王”如何如何，只提“天生”、“民用”。鲁昭公十一年（前 531），楚灭蔡。晋大夫叔向认为楚虽胜蔡，必受其咎，也引用“五材”来说明：“譬之如天，其有五材，而将用之……”子罕、叔向对五材的借用，说明这一时期哲理思维迫切需要一种可以说明万物相互关系的世界观的支撑。从神话胚胎中孕育出来的六府—五祀—五材，适应着时代的需要，被改造为五行思想。

“五材”只涉及物质资料，“五行”则利于表达运动和变化的思想，更带哲理意味。《国语·鲁语上》展禽论祭祀：“及天之三辰，民所以瞻仰也，及地之五行，所以生殖也。”用“五行”强调了生发万物的功能。春秋晚期以后，“五行”成为流行的术语，取代了“五材”而被广泛运用。

六

作为一种系统完整的新思想，“五行”，是应该经某大思想家归纳整理的。可惜春秋时期无私家著述，令人难窥全豹。春秋末年两位大思想家——老聃、孔丘都不谈五行，这也曾是梁、顾诸先生否定春秋前有五行说的重要理由。其实这并不奇怪。战国以前的华夏文化本是多元共生体，各族之间政治哲学观念很不相同。老聃，楚人，为周守藏史，受周人学术体系影响，在“正复为奇、善复为妖”、“万物负阴而抱阳”上驰骋他的聪明，其文化渊源在周与楚。孔丘，鲁人，殷商后裔，其所创儒学，如胡适所说，是本于殷商传统而融入周族文化。五行思想，从它的形成轨迹来看，应与夏文化一脉相承。战国五行家整理的《洪范》就说“鲧堙洪水，汩陈其五行，帝乃震怒，不畀洪范九畴……禹乃嗣兴，天乃锡禹洪范九畴”。说明五行源于夏人。周初分封诸侯，诰命唐叔“启以夏政”，可知夏文化系统在晋国得以流传。此外，地处济洛河颍之间的郑国，占据了夏人活动的中心地区。因此，五行思想的形成，是在受夏文化熏陶的晋国和郑国。从上述晋郤缺对《九歌》的解释，晋史墨对“社稷五祀”的介绍，以及子产论礼，讲“五行”，已可断言晋郑是五行思想的摇篮。从整个春秋史上看，没有人比子产更熟悉夏文化。子产近人道、远天道的思想倾向及在内政外交中对五行思想的运用，在春秋史上都是最突出的。限于篇幅，难以对此再做介绍。笔者认为，足以与五行思想形成联系在一起的名字，应该便是子产。

（原载《陕西师大学报》（哲学社会科学版）1989年第4期）

略论五行思想的起源、演变与影响

在中国古代思想史上，五行学说具有十分重要的地位。它是中国人的世界观，是思想家们赖以分析世界的理论武器。这理论大厦奠基于以定居农业为主要生活方式的华夏大地，它不仅渗透到诸子百家，而且深入社会生活各领域。遗憾的是，迄今为止，学术界对于五行学说的起源、演变及影响尚未能有较为一致的认识。笔者不揣浅陋，略陈己见。不妥之处，尚乞指正。

一、起源

不少学者认为“五行”起源于“古代朴素的唯物主义”，这是一种误解。五行源远流长。在它的源头上，“朴素的唯物主义”还没有诞生。五行起源于上古时代“万物有灵”、图腾观念和祖先崇拜。原始人起初不能把自己与群体、把人类和朦胧一片的自然界区分开来。他们认为与他们生活在一起的山林川泽动物植物，都像他们一样可以思考，可以相互感受。《庄子》说那时的人“一以己为马，一以己为牛”（《应帝王》），真心诚意地以为自己与马牛无差别。原始思维的这个阶段可以称作“万物有灵”论。后来，当人们逐渐把人与自然界，把个体与群体区别开来时，人们发现了自己的渺小。在这个阶段，万物有灵论就发展为自然神崇拜和图腾——祖先崇拜。

认为自然物有“灵”并把这“灵”当作崇拜对象，这在古代文献中有丰富记载。《史记·封禅书》说封禅（在泰山筑坛祭天地）仪式“厥旷远者千有余载”，说明后世封禅是从原始人对山岳神灵的崇拜发展而来的。《礼记·祭法》汇抄古代祭祀之大者，讲到天、地、四时、寒暑、日、月、星、水、旱、四方、山林川谷丘陵，“皆曰神”，统治人民的人应该“祭百神”。

在诸多自然神中，关系到农业民族生存因而最受重视的，是土地神和农作物神，即古代文献中的“社”和“稷”神。社、稷二神合在一起，成为国家的代名词，足见其地位的重要。

在中原，与农作物关系最为密切的自然因素首推雨水。雨神的名称又与“龙”联系在一起。龙最初的原形大约是蛇。蛇在降雨前因气压低难以蛰居洞内，所以有“蛇过道，雨来到”的农谚。《山海经·大荒东经》：“旱而为应龙之状，乃得大雨。”应龙是黄帝族的雨神。东方夷族蚩尤部则有“风伯”、“雨师”。雨神之外，还有河神；神名随河流而异。从甲骨文中可知殷商常祭的河神有“河”、“洹”等。

原始的自然神崇拜，其对象无所不包，而且上古氏族所祭自然神往往是具体的某山、某河、某树、某石、某火塘等，还不是抽象的物质大类概念，如金、木、水、火、土等。

以上说的是从万物有灵到自然神崇拜。与此同时，原始观念发展的另一条线索是从图腾观念到祖先崇拜。由于祖先与图腾物有特殊的关系，为了抬高祖先的地位，图腾物所属自然物原先的自然神就逐渐被祖先神取代。例如原属自然神的稷，被善于种植谷物的祖先取代，称“后稷”；土地神“社”，又被善于治水平土的祖先取代，称“后土”。具体的自然物神被抽象的祖先神取代之后，祖先的神性又帮助原始人形成较抽象的物质大类概念。金、木、水、火等自然物，原都各有许多具体的神，其后都被相应图腾或擅长该职的氏族祖先取代。由图腾向祖先崇拜转化的最好证据，是《左传》昭公十七年郯子关于上古官名的一段话。在介绍了黄帝、炎帝、共工、太昊、少昊氏的图腾观念之后，郯子说：“自颛顼以来，不能纪远，乃纪于近，为民师而命以民事。”所谓“纪远”，即图腾名称，“纪近”即用祖先所任“民师”、“民事”作为官名。这里提到颛顼时的一场变革。颛顼“绝地天通”，禁止了民间巫术，同时又整理了诸神灵的“处位次主”，不再用图腾作为官员名称。但是颛顼氏也保留了一部分“类物之官”，掌握物质大类的祭祀。从夏人的

《九歌》列举的神来看，颛顼氏保留的“类物之官”大约就是金、木、水、火、土、谷六大类。

这六大类（夏人称之为“六府”）到了周代，就成了“五祀”。这是因为其中的谷神——后稷是周人的祖先。周人既然成为“天子”，他们的祖先也就不能与其余五官平列。于是夏代的“六府”之官成了周代的“五祀”之官，由五个氏族“世守其职”，世世代代负责祭祀这五类物质，称为“五正”。木正叫句芒氏，火正叫祝融氏，金正叫蓐收氏，水正叫玄冥氏，土正叫后土氏。金、木、水三正由东夷少昊氏的后代重、该、修、熙担任（修与熙前后代替为水正），火正由颛顼氏之子犁担任，土正由共工氏后代句龙担任。这些属于不同部族的、与自然神合而为一的祖先神，在中原政治生活中起着互相制约的作用。这种互相制约，又反映了农业民族要求定居、要求共生共存的愿望。这是后代五行之间“相生相克”功能的滥觞。

西周后期，社会矛盾加剧，王室日渐腐朽，于是社会上出现了一股疑天、不信天的思潮，见于《诗经》中的“变风”、“变雅”。公元前841年，国人暴动，把天子周厉王赶走。14年后，他的饱经忧患的儿子宣王上台。宣王不再重视祭祀活动，废弃了“籍田”仪式，使那批靠祭天祭地祭百神吃饭、“世守其职”的神职人员“失其官守”，流落民间。在这同时，“五正”所反映的事物相互制约、相互影响的思想也就从神学躯壳中摆脱出来，成为一种哲学。原先，人们谈事物间相互制约，就说“五祀”如何如何，现在不祭祀了，就改口说“五材”如何如何，到了春秋中后期，人们觉得称“五材”不如称“五行”能反映事物运动、变化的特点，就选定说“五行”如何如何了。

二、演变

（一）儒家——《洪范》五行

儒家首先把五行作为理论武器。战国时期儒家整理的《尚书·洪范》篇说，周武王找到商朝遗老、商纣王的叔叔箕子向他请教治国大计。箕子说："我听说帝尧时鲧治洪水，把那五行之官摆错了位置，结果洪水泛滥得更凶。帝尧大怒，不把治国大法传给他。正常秩序遭到破坏，帝尧处死了鲧。大禹接着治水。禹疏导了洪水，天把治国大法传给了禹，社会秩序也就恢复了正常。"这治国大法一共有九条，第一条即总纲领，就是"五行"：

> 一曰水，二曰火，三曰木，四曰金，五曰土。水曰润下，火曰炎上，木曰曲直，金曰从革，土爰稼穑。润下作咸，炎上作苦，曲直作酸，从革作辛，稼穑作甘。

水、火、木、金、土这个顺序，唐人孔颖达说是按照万物生成由微小到显著的规律排列的："五行之体水最微，为一；火渐著，为二；木形实，为三；金体固，为四；土质大，为五。"五行又各有"自然之常性"。水流向湿处、低处，其性"润下"；火燃向干处、高处，其性"炎上"；木料任人揉作为轮为辕，其性"曲直"；金可熔铸成为器物，其性"从革"；土可耕种收获，其性"稼穑"。五行又与咸、苦、酸、辛、甘五种味道相联系。这是有点牵强的，但也还是有线索可寻的。

《洪范》其他各条，可以说都由五行推而广之得来。人应该注意的五件事是：貌、言、视、听、思；人应有的五种态度，便是恭、从、明、聪、睿；由此就能达到五种思想境界：肃、乂、哲、谋、圣。在治理国家时，要重视五件大事：食、货、祀、宾、师，如此等等。

战国末年大思想家荀子在总结战国学术时，这样评价儒家代表人物子思和孟子：

> 闻见杂博，按往旧造说，谓之"五行"。甚僻违而无类，幽隐而无说，闭约而无解。[1]

[1] 《荀子·非十二子》。

在荀子看来，思、孟所讲的“五行”东拉西扯不合类别，说不清楚，解释不通。可惜我们不知道思、孟五行的详细内容，否则可以看看荀子的评价公道不公道。不过思、孟既然是儒家，那么当时儒家整理的《洪范》大约也反映出他们的思想。当时齐国“稷下”学宫的学者整理了一部书，名叫《管子》，那里面对五行学说有比《洪范》更为系统的阐释。

（二）道家——《管子》五行

《管子》五行的顺序是木、火、土、金、水。这顺序反映的是事物“相生”的关系：木生火，火生土，土生金，金生水，水生木。这比《洪范》五行“由微至著”的顺序更有道理，更有哲学意味。《管子》把这五行与许多事物相联系，成为指导具体行动的庞大体系和高层理论。这些搭配作为古人的基本常识得到社会公认。与木、火、土、金、水相应，五方：东、南、中、西、北；五色：青、赤、黄、白、黑；五味：酸、苦、甘、辛、咸；五声：角、羽、宫、商、徵；五数：八、七、五、九、六；五时：春、夏、夏秋之交、秋、冬。

《管子·幼官（玄宫）》篇为齐国统治者设计了符合五行原则的“明堂”，要求国君居于明堂，按照五行原则衣食住行。如：夏秋之交，“五和时节”，穿黄色衣服，多吃甜食，听宫声（C 调）音乐，数字以用五为宜，饮中央黄后（帝）井中的水，如此等等。

《管子·五行》以黄帝时代为理想境界，说黄帝时“作立五行以正天时，五官以正人位”，由于人与天协调，所以“天地之美”都充分显示出来了。毫无疑问，后世天子也应按五行原则执政。

这五行指导下的政治，注意运用了五行特点：木德行，贵在生长；火德行，贵在发散；土德行，重视农事；金德行，重视武备；水德行，重在孕育。同时，它又暗合了自然季节的客观规律。尽管用现代历法来衡量，它还不是很准确，然而总算与科学思想有些接近了。

《管子》一书，《汉书·艺文志》将其归入道家，清《四库全书总目》将其归入法家。当代有学者认为应属黄老学派。笔者亦表赞同。这就是说，五行思想渗入道家，成了黄老学派的理论武器。《管子》把五行说引向独立发展，又促成了阴阳五行家的诞生。

（三）阴阳家——邹衍五行

把阴阳与五行结合起来，在地理概念上推演宇宙，在历史领域内囊括古今，企图解释宇宙生成和历史运转的一切秘密的大思想家，是齐国人邹衍。

《史记·孟子荀卿列传》说邹衍看见统治者日益淫侈，不能崇尚德性、给黎民做出榜样，于是"深观阴阳消息，而作怪迂之变。《终始》、《大圣》之篇十余万言"。他讲道理，从"先验小物"开始，推及宏观宇宙，到达无边无际的境界。他又讲到天地剖判以来，五行之间如何转移，及各时代的政治特点。邹子的"五行"，用的是"相克"或者叫"相胜"的顺序：水、火、金、木、土。即水克火、火克金、金克木、木克土、土克水。这个顺序不是邹衍的发明，在他以前，春秋时已经有人谈了。邹衍的创造在于他把五行相克用到历史上，讲"五德终始"：大凡一个王朝将兴，便有自然现象显现。黄帝时，天让大蚯蚓、大蝼蛄从土中爬出来，黄帝见了说：啊，土气旺盛了！土气胜于其他气，所以黄帝时色尚黄，事尚土。到大禹时，天让草木旺盛得秋冬不凋，禹见了说：啊，木气旺盛了！所以夏代便尚青色，尚木德。到商汤时，天让金刃从水中冒出，汤见了说，啊，金气旺盛了！所以商代崇尚白色，尚金德。到周文王时，天让火红的乌鸦衔着丹书聚集在周庙，文王见了说：啊，火气旺盛了！因此，周代便尚赤色，尚火德。现在周室已衰，代替它的必定是奉行水德的，天将要以"水气胜"的兆头显示给下界帝王。在道家看来，水的特点是"至柔"的、润泽万物的。所以，要想取周而代之，办事必须效法水德。

邹衍讲这些道理的目的，是要让人们从蒙昧状态觉悟过来，要帝王们懂得谨慎从事，施仁义、行节俭。王公大人们初听了他的这番启蒙，如梦初醒，很被他吸引，衷心向往着去取代火德，然而过后又恢复故态，不能效法水德，不能改正自己的淫侈的毛病。

三、影响

战国时期，七雄相争，五行思想便成为思想家们的哲学武器。正如近代思想家梁启超所说，五行思想形成之后，“遂以万斛狂澜之势，横领思想界之全部”①。西汉武帝以后，在辽阔的中原大地上，帝国政治一直由极重现实的儒家思想支配。与此同时，五行思想则在民间发展。顾颉刚先生说：“五行是中国人的思想律，是中国人对宇宙系统的信仰，二千余年来，它有极强固的势力。”② 这无疑是很正确的。要对这影响深远的思潮做总体评价，不能简单化。由于没有溯到它的源头，没有注意它产生的背景。五四时期的学者们采取了比较简单的办法。如梁启超就总称其为“妖言”，范文澜先生称之为“五行老妖物”③。我们了解了五行思想的起源，就认识到它乃从上古神学体系中挣脱出来，是西周春秋时期一系列杰出思想家们共同努力的结果。五行思想的形成，是上古世俗思想对官方神学思想的胜利。它成为古代思想史上一股清冽的源头。用五行思想武装了头脑的春秋后期思想家子产、晏婴、史墨、医和等人，他们面前的世界不再是朦胧神秘的，而是清晰的、有序化的现实世界。五行思想的形成，是中华民族思维能力的一次飞跃。

漫长的中世纪，阴阳五行像生命力极强的灌木丛，蔓延在华夏大地。举凡人民生活相关的问题：衣食住行、生丧嫁娶、吉凶祸福、贵贱穷通，无不用它进行解释。梁启超说它是“二千年来迷信之大本营”，不算夸张。但迷信是中国外国、东方西方中世纪的共同特征。没有对阴阳五行的迷信，便会有宗教狂热。阴阳五行吸引人们去了解那取决于五

---

① 梁启超：《阴阳五行说之来历》，顾颉刚编著：《古史辨》第五册，上海古籍出版社 1982 年版。

② 顾颉刚：《五德终始说下的政治和历史》，顾颉刚编著：《古史辨》第五册，上海古籍出版社 1982 年版。

③ 范文澜：《與颉刚论五行说的起源》，顾颉刚编著：《古史辨》第五册，上海古籍出版社 1982 年版。

行规律的命运，允许人们靠自己的努力去掌握命运。就这点说，它比宗教接近科学。两千年间，这土生土长的思想体系顽强地抵制或改造着外来的宗教，也淡化了本土的神学。同时，它的五德终始、五行灾异、天人感应之类，也是思想家们同君主暴虐进行斗争的武器。在历史上，当天下大乱，儒学被统治者抛弃的时代，它立刻泛滥起来，填补精神真空，用它特有的自信，特有的大无畏，调动起人们的激情，去迎接现实中的各种困难。

在那春耕、夏耨、秋收、冬藏便是整个生活的环境中，阴阳五行是农夫们可以达到的最高哲理思维。佛学的深奥哲理，精微的逻辑思辨，在这里是扎不下根的。由此想到，任何一种学说，若不深深根植于人们生活的现实之中，它终究会被抛弃。同样的，要想让一种好的学说为人民所掌握，首先应着力于改变人们物质生活的现状。

（原载《陕西师范大学成人教育学院学报》1999 年第 3 期，人大复印报刊资料《中国哲学》1999 年第 12 期转载）

孔子仁学的历史地位

评价孔子仁学的历史地位，须要弄清三个问题。第一，仁学在孔子思想体系中的地位，具体来说，主要是“仁”和“礼”的关系——此二者谁居于主导地位；第二，仁学与古代宗法制度的关系：它强化了宗法制，还是否定了宗法制；第三，仁学产生的来龙去脉：它在古代政治思想逻辑发展的历程中，是一个怎样的环节。本文试就这三个问题，谈谈自己粗浅的看法。

一

许多评论孔子的文章，都谈到孔子思想具有两面性，这种两面性是春秋时期社会激烈矛盾和阶级斗争的反映。但是他们认为，“礼”体现了孔子思想的保守性，“仁”体现了孔子思想的现实性、进步性。如果在孔子思想体系中，“仁”从属于“礼”而居于第二位，那么孔子思想的保守性就多于进步性。笔者不否认孔子思想存在两面性，在新旧交替时代，由剥削阶级立场决定的孔子思想当然有两面性：一方面承认宗族宗法制度的崩溃和民众地位上升的事实，另一方面又竭力维护统治阶级的利益。在一种剥削制度代替另一种剥削制度的时代，这种两面性是不足为怪的。但笔者不同意把“礼”与“仁”对立起来，作为孔子思想的两面性，也不同意把孔子有关“礼”的思想作为孔子的保守性，特别是说在孔子思想中“仁”从属于“礼”，更是笔者所难以苟同的。

在孔子思想中，“仁”是行动的依据，而“礼”是为“仁”服务的。孔子自己对这点说得十分明白。《论语·述而》篇：“子曰：‘志于道，据于德，依于仁，游于艺。'”“道”是目标，“德”、“仁”是依据，而“艺”则是行仁、德时优游其中的科目。孔门所谓“艺”，指礼、乐、射、御、书、数六艺。“礼”是六艺之一，是行仁、德的工具。子夏问《诗》句中“素以为绚”是什么意思？孔子答：“绘事后素。”先有素绢，然后才有绘画。子夏又问：“礼后乎？”就是说，是不是先有仁德，然后才谈得上礼？孔子很赞赏子夏这一理解，说：“现在谈得上和你讨论《诗》了。”[①] 孔子同意子夏将“仁”喻为素绢，将“礼”喻为绢上绘彩，“仁”、“礼”的先后是很清楚的。孔子曾经慷慨激昂地说：“志士仁人，无求生以害仁，有杀身以成仁。”（《论语·卫灵公》）[②] 为实现“仁”，是可以赴汤蹈火的。可是，孔子却无杀身以成“礼”的打算，遇到不合“礼”的事情，不过发发牢骚而已。陈恒弑其君，孔子请讨，哀公与三家不许，孔子退而告人：“吾以从大夫之后也，故不敢不言。”[③] “不敢不言”，可见孔子何其勉强。遇到“仁”与“礼”矛盾的事情，那是应当按“仁”办事的，因此孔子说“当仁不让于师”（《卫灵公》）。在“仁”面前，师徒之礼是可以不顾的。孔子还说过，如果人的才智可以担任职位，还应当以“仁”守之，以“庄”莅之，以“礼”行之。如果不以“仁”守此职位，那么“虽得之，必失之”，有了“智”、“仁”、“庄”，但是“动之不以礼”，那么事情还“未善也”，不能做得完善。（《卫灵公》）在孔子看来，无“仁”就守不住职位，而无“礼”仅仅是“未善也”，可见为政不可无“仁”，却可以无“礼”。当然孔子并不主张无“礼”，不过在孔子心目中，有“仁”而无“礼”、“未善也”的为政者是存在的——管仲其人便是。孔子赞扬管仲“相桓公，霸诸侯，一匡天下，民到于今受其赐”，“如其仁，如其仁！”（《宪问》）但又根据管仲“有三归”、“树塞门”、“有反坫”，批评说：“管氏而知礼，孰不知礼！”（《八佾》）从上面这些例子可以看出，在孔子思想中，“仁”是第一位的，“礼”是第二位的。

---

① 见《论语·八佾》。

② 以下凡《论语》引文，随文写出篇名，不另作注。

③ 《左传·哀公十四年》。

有同志根据孔子思想中“礼”和“仁”可以脱离的现象，认为对于春秋过渡时期的人来说，“‘礼’是一种先验的支配的力量”，“是独立而不改的超然存在”。[①]笔者认为，这不是“春秋过渡时期”的人的思想，也不是孔子的思想，而是竭力强调孔子思想“保守性”的人们的想象。春秋后期，宗族宗法正在瓦解，体现宗族制的“礼”也被人们加以改造，哪里有什么“独立而不改的超然存在”？博古通今的孔子，当然也不相信什么“超然存在”，相反，孔子是相信礼随时代变化而变化的。孔子说：“夏礼吾能言之，杞不足征也；殷礼吾能言之，宋不足征也，文献不足故也。”（《八佾》）夏礼与殷礼是不同的，杞、宋现在的礼也不是夏、殷的礼。孔子同意对“礼”有所损益，他说，殷对夏礼是有所损益的，周对殷礼也是有所损益的，这是事实，据此可知将来继周而起的朝代，也会对周礼有所损益。[②]孔子主张综合各代礼之长处而用。颜渊问为邦，孔子答“行夏之时，乘殷之辂，服周之冕”（《卫灵公》），可见周代的礼并不那么尽善尽美。又比如社主，夏用松木，殷用柏木，周用栗木，用栗木，取其使民战栗之义。孔子对周礼这点很反感，别人提起，他就说“过都过了的事情，还说它干什么”[③]。按“礼”，冕本用麻制成，后来大家都用丝做，这样可省工，孔子赞成说：“俭，吾从众。”（《子罕》）孔子对礼的态度是灵活的。一些人抓住孔子说过“吾从周”一语，便说孔子主张“复旧”。其实孔子这话，是以周礼与夏、殷二代之礼比较而言的。“吾从周”反映了孔子进步的历史观，却被人们当作了地地道道的“反动言论”。

有的同志断言，孔子所维护的礼，就是“西周奴隶制度”。这里且不论孔子维护的礼不同于西周当年的礼，单问这“礼”能否等于一种社会制度？“礼”是上层建筑，它不同于经济基础，不同于马克思主义用以区分历史上经济演进不同时代的“社会制度”一词。“礼”的作用

---

① 赵纪彬：《论语新探》，人民文学出版社 1974 年版，第 311 页。

② 见《论语·为政》。

③ 见《论语·八佾》。

是“经国家，定社稷，序民人，利后嗣”[①]，礼是为一定阶级的国家社稷服务的，但它不是一定阶级的国家社稷。历史上任何阶级都需要自己的“礼”，但“礼”较之生产力，生产关系有大得多的稳定性，它有相当大的成分可以被新的阶级利用。恩格斯曾说到这种情况，他说：“可以把旧的封建法权形式的很大一部分保存下来，并且赋予这种形式以资产阶级的内容，甚至直接给封建的名称加上资产阶级的含意，就像在英国与民族的全部发展相一致而发生的那样。”[②]

春秋百国无止境的争战，几乎都打着维护“礼”的招牌，而统治者的真实目的，实在于争夺人口城邑。历史就在这种争夺中寻找着前进的道路。哪家能“得民”，哪家能强大，哪家便可出来维护那“礼”，适应于宗族宗法的“礼”也就在这一过程中日渐蜕变。因此，说维护“礼”就是维护奴隶制度，说对“礼”的维护代表孔子的保守性，这种论断都是大可商榷的。

孔子对于“礼”的维护，既有灵活性，又有原则性。他说：“礼云，礼云，玉帛云乎哉？乐云，乐云，钟鼓云乎哉？”（《阳货》）他并不计较玉帛钟鼓的形式，他所坚持的是“礼之本”这个原则。“礼之本”是什么呢？林放问“礼之本”，子曰：“大哉问！礼，与其奢也，宁俭；与其易也，宁戚。”（《八佾》）孔子说了行礼的两条原则：“宁俭”、“宁戚”，没有直接说出“礼之本”。我们只好循着孔子维护礼的一系列言行，来探讨一下这个“礼之本”。

孔子在另一处，把“宁俭”的理由说得具体一些。他说：“奢则不逊，俭则固；与其不逊也，宁固。”（《述而》）就是说，与其显得骄傲，不如显得寒伧些好。鲁君用天子才可用的禘礼，孔子看不下去。季氏八佾舞于庭，孔子斥之曰“是可忍，孰不可忍”。季氏“旅”于泰山，三家以《雍》彻，也是僭天子礼，孔子均加以反对。[③]从这些例子可以看出，孔子不赞成下僭上礼。与此同时，孔子又主张礼下庶人。《为政》

① 《左传·隐公十一年》。

② 《马克思恩格斯选集》第4卷，第248页。

③ 上以四例均见《论语·八佾》篇。

篇载孔子说："道之以政、齐之以刑，民免而无耻；道之以德，齐之以礼，有耻且格。"孔子时代，简单地对庶民"齐之以刑"已经不能保证统治者的安宁了，晏子谓齐国"屦贱踊贵"就是证明。孔子于是主张以道德诱导人民，以"礼"整齐人民。"礼下庶人"是民众地位上升的反映，也是历史前进的必然。孔子看到了这点，并立即主张实行它。子游以礼乐治小邑武城，孔子笑道："割鸡焉用牛刀。"子游提醒老师：以前你讲过，"君子学道则爱人，小人学道则易使"，为什么治武城不能用礼乐呢？孔子立即认错，并让弟子们记住：子游是对的。[①] 这个例子生动地说明，在孔子之前，礼是不下庶人的，孔子主张"小人学道"，主张对民"齐之以礼"，的确是新生事物，以致他自己有时也被习惯迷惑，忘记了新主张。

主张对下用礼，反对下僭上礼，二者结合起来，可以看出孔子关于礼的思想符合一个总倾向，就是要缩小人与人之间的差距。孔子这种对于人与人之间关系的根本指导思想，就是他的"仁"学。因此我们说，"礼之本"就是"仁"。孔子维护"礼"的一系列言行，是围绕着"仁"这个原则的。孔子所谓"克己复礼为仁"，其原意就是说：能够亲身做到对下用礼，不僭上礼的人，就算是"仁"了。事情很清楚，孔子的"礼"与他的"仁"是一致的。把"礼"与"仁"对立起来，是不符合孔子思想的。

二

评论孔子思想的进步或保守，应根据"仁学"在当时历史中所起的作用来决定。关于孔子"仁"的作用，曾经有一种流行的说法："仁"的作用是在"人"即统治阶级的内部调和矛盾。这里所说的"人"是专指统治阶级的；因为孔子说过，"仁"就是"爱人"，难道统治阶级能够爱被统治阶级吗？

---

① 见《论语·阳货》。

但是，摆在面前的历史事实是，孔子的仁学的确不是专对统治集团内部而言的，恰恰相反，孔子所希望、所主张的，正是以“仁”待民。“仁”是孔子用以处理新的人与人关系的总原则。在论述这个总原则时，孔子反复强调的就是统治者应当对民行“仁”。至于善处统治集团内部矛盾，则未必属于“仁”的范畴。例如，子张问孔子：令尹子文得官不喜失官不愠，“仁矣乎？”孔子答：“未知。——焉得仁？”能在统治集团中洁身善处，算不上是仁。子路可以治军于千乘之国，冉求可以为大邑之宰，公西赤可以接应宾客，人问孔子：他们算不算“仁”了？孔子答：“不知其仁也。”能够治军、为宰、接应宾客，也未必是“仁”。（《公冶长》）那么，怎样的人才算“仁”呢？前面提到那个被孔子斥为“不知礼”的管仲，孔子以“仁”许之。管仲“仁”在何处呢？“相桓公，霸诸侯，一匡天下，民到于今受其赐”，“桓公九合诸侯，不以兵车，管仲之力也”（《宪问》）。看来，“仁”之与否还在于“民”能否“受其赐”。兵车会给人民带来死难，“不以兵车”，也就可以算是“仁”了。

子贡问孔子：“如有博施于民而能济众，何如？可谓仁乎？”孔子说：“何事于仁，必也圣乎！尧舜其犹病诸！”（《雍也》）这里的“民”、“众”当然包括了所有被统治阶级的人。

孔子迫切希望统治者对民行“仁”。他说：“民之于仁也，甚于水火。水火，吾见蹈而死者矣，未见蹈仁而死者也！”（《卫灵公》）孔子感叹民众急需仁德急于需要水火。硬说孔子的“仁”与民众无关的人，不知如何诠释此章？孔子以仁待民的思想，在《论语》中是“一以贯之”的，可以曲解此章，又如何曲解彼章？

孔子的“一以贯之”的“道”是“忠恕”。“忠恕”是仁的重要德目。“忠”就是“己欲立而立人，己欲达而达人”，“恕”就是“己所不欲，勿施于人”。这里的“人”是广义的人还是与“民”对举的狭义，本文不来争辩；只要综观《论语》就可以看出，孔子直接间接谈“忠”、“恕”之道时，大多涉及民众。例如：

季康子患盗，问于孔子。孔子对曰：“苟子之不欲，虽赏之不

穷。”（《颜渊》）

季康子问政于孔子……孔子对曰：“……子欲善而民善矣。”（《颜渊》）

季康子问：“使民敬、忠以劝，如之何？”子曰：“临之以庄，则敬；孝慈，则忠；举善而教不能，则劝。”（《颜渊》）

子路问君子，子曰：“‘修己以敬……修己以安人……修己以安百姓”。（《宪问》）

子曰：“上好礼，则民易使也。”（《宪问》）

子曰：“君子笃于亲，则民兴于仁；故旧不遗，则民不偷。”（《泰伯》）

哀公问于有若曰：“年饥，用不足，如之何？”……对曰：“百姓足，君孰与不足，百姓不足，君孰与足？”（《颜渊》）

孔子要求公卿大夫及君子以己之心度民之心，推己及人，以“仁”待民，认为这样就能处理好上下关系。在孔子“仁”学中，这种思想实在是“一以贯之”的。本文的任务不是根据抽象的定义去曲解文意，而是努力揭示这种思想与当时政治、经济结构间的关系。

宗族宗法是周奴隶主借以“完全占有”奴隶人身的主要工具。周王将被征服部族的人民土地分封给诸侯，诸侯又分封给诸大夫，大夫再分封给士，这样层层分封，形成了“王臣公，公臣大夫，大夫臣士，士臣皁，皁臣舆，舆臣隶……”[①] 的等级关系。宗室以嫡长子继承，“大宗百世不迁，小宗五世而迁”，失去爵禄就成为庶人。被征服部族则处于完全臣服地位。春秋时期，生产力的发展冲击着奴隶制宗法赖以存在的基础——父家长家族公社，宗族制的矛盾导致诸侯、大夫、陪臣间的激烈争夺，摧毁奴隶制宗族宗法制度的任务提上了日程。用旧的宗法作为统治手段的人无法得到更多民众的支持，而能够打破宗法关系，承认庶民相对独立的身份地位的人便可壮大势力。鲁哀公二年（前 493），晋

① 《左传·昭公七年》。

卿赵鞅誓师："克敌者，上大夫受县，下大夫受郡，士田十万，庶人工商遂，人臣隶圉免。"[1]充分说明当时庶人、奴隶迫切要求取得部分人身自由，充分说明人与人之间身份地位相对缩小的社会制度出现的趋势，已经被人们感受到了。"行仁于民"这一消灭奴隶制度宗法关系带来的祸害的手段，已经或多或少地存在于变化了的生产关系之中。这种手段，正需要借助杰出人物的头脑，从当前的生产关系中发现出来。发现这种手段的思想家出现了——那就是"多能鄙事"、"博闻强识"的孔子。

有的同志承认孔子"爱人"中包括劳动人民，但他们认为："孔子主张在基本上保留将要退出历史舞台的奴隶制社会形态的情况下去'爱人'，这种'爱人'对当时历史发展是起着阻碍作用。"[2]看来，他们对当时阻碍历史发展的奴隶制的主要特征——宗族宗法制没有注意，而对孔子"爱人"的实质——否定奴隶制的宗法制，也没有认真研究。孔子以"孝"、"悌"之道作为"仁"的根本[3]。人谁无父母兄弟？凡有父母兄弟，便须"孝"、"悌"。因此，孔子的"仁学"对不同宗族、姓氏、血缘的人是"一视同仁"的。孔子第一个提出了关于人的本性是相近的，只是因为习染不同才逐渐悬殊（《阳货》："性相近也，习相远也。"）的光辉思想。因此，孔子愿意对任何人加以教诲而不论其宗族、血缘如何（《卫灵公》："有教无类。"《述而》："自行束修以上，吾未尝无悔焉。"）。对于民众脱离宗族、家族束缚的趋势的认识，使孔子赞成有作为的统治者通过行"仁"去吸引人民（《子路》："上好礼……上好义……上好信……则四方之民襁负其子而至矣。""叶公问政，子曰：'近者悦，远者来。'"）。孔子这些思想反映出一种新的人与人的关系，一个不同于宗族血缘关系决定一切的社会。孔子为统治阶级提供了一件新的统治工具——社会伦理学。孔子的社会伦理学是对奴隶制宗法制度的否定，这一伦理学中的"民"与周公所说的"民"已经有了本质的区别。因此，

① 《左传·哀公二年》。
② 黎谷：《关于孔子'仁'的思想》，《破与立》1979年第2期。
③ 《论语·学而》："有子曰：'孝弟也者，其为仁之本与！'"

说孔子的“仁学”对当时历史发展起阻碍作用是没有根据的。

可是，当人们一想到孔丘当年的处境，就又怀疑起来。孔子因晏平仲之佞，不用于齐；以子西之馋，见弃于楚；不得志于鲁卫；绝粮于陈蔡；遇难于匡、蒲；之晋，伤其类而不济河；过宋，危于桓魋而难习礼；楚狂讥其“何德之衰”；郑人斥为“丧家之狗”。孔子思想不逆时代潮流，怎么会倒霉到这种地步？

在历史研究中，应该注意把事物的现象与本质区别开来，如果事物的表现形式与事物的本质会直接合而为一，那么一切科学研究就都成多余的了。我们只能根据对孔子思想的科学分析，而不是根据当时一些庸人的态度来决定褒贬。历史上常有自己阶级的思想家不被本阶级所接受的事情。因为思想家是这一阶级的积极的、有概括能力的人物。在比较消极的那部分人看来，思想家可能是荒唐甚至是危险的。当思想家的远见成为现实，也许思想家本人早已作古，人们才承认他的伟大。孔子的遭遇也是这样。不过孔子在当时就受到子贡、冉求等弟子的高度评价，时人也有谓“孔子为政必霸”、“所刺讥皆中诸侯之疾”[①]的。一百年后的孟子、二百年后的荀子这些封建阶级思想家看到了孔子的伟大所在，他们对孔子的高度赞赏，远比孔子当时庸人的讥笑更能说明问题。

也许，一些同志的目光还盯在那“爱一切人”的可疑论断上：难道阶级社会真有超阶级的“爱”吗？可以说，爱是有阶级性的，孔子的剥削阶级性也是鲜明的。不过历史上又有这样的情况：一个企图代替旧阶级地位的新阶级，为了达到自己的目的，把自己的利益说成社会全体成员的共同利益，而事实上它的利益的确同其余非统治阶级的某些利益联系着。在它取得统治地位以后，它作为统治阶级的特殊利益逐步发展，就谈不上什么“爱一切人”了。我们的同志之所以发生上述疑虑，主要是因为没有把事情放到当时的历史环境中去。

---

① 《史记》卷47《孔子世家》。

三

“仁学”既不是一产生就“被发展了的历史抛到了后面”[①]的怪物，也不是永恒的超阶级的真理。“仁学”出现于春秋末年绝非偶然。只有把“仁学”放在思想史发展的历史长河中去考察，才能正确地判断它的历史地位。

仁学源于中国古代奴隶制下的“重民”思想。仁学中的许多条目，可以溯源于奴隶制国家建立初期的进步思想。例如在《夏书》中，可以找到孔子“惠民”的渊源：《尚书·皋陶谟》记载，禹把他建国的活动概括为“知人”和“安民”两条。禹说：“知人则哲，能官人；安民则惠，黎民怀之。”安民就能给民以恩惠，使黎民接受统治。商汤在举兵伐桀时宣布桀的罪状是“率遏众力，率割夏邑”，就是说，桀抛弃了禹“安民”的思想，使劳动者无法生存，使各家族公社无法维持。周初，周公总结了夏、殷亡国的教训，认为夏亡于恣意淫乐，不能以善言导民，[②]商亡于“不知稼穑之艰难，不闻小人之劳，惟耽乐之从”，不能“保惠于庶民”[③]。有鉴于夏殷之坠命，周公提出了“人无于水监，当于民监”[④]的英明论断。重民的思想与强化宗族宗法的一系列措施结合起来，成为周公治国的主要工具。周公的重民思想与孔子的“仁学”还有着本质的区别：它建立在视民众为“赤子”的基础上，所谓“赤子”，没有也不可能有人身自由，人人束缚于家长制家族公社之中，一切都属于“村社之父”，上下关系由宗族血缘区分，如天地之不可易移。

春秋时期，在新旧势力的激烈斗争中，重民思想在深度和广度上都得到了充分的发展。“利民”、“得民”成了士大夫开明人士的口头禅。如鲁庄公十年（前684），齐鲁战于长勺，曹刿认为“可以一战”的理

① 黎谷：《关于孔子“仁”的思想》，《破与立》1979年第2期。
② 《尚书·多方》：“有夏诞厥逸，不肯慼言于民。”
③ 《尚书·无逸》。
④ 《尚书·酒诰》。

由，便是庄公能注意民事，“小大之狱，虽不能察，必以情”。① 周襄王四年（前 648），周内史过如晋，看到惠公“陵其民”，认为晋不亡，惠公也将无后嗣。②鲁文公十三年（前 614），邾子曰：“苟利于民，孤之利也。天生民而树之君，以利之也。民既利矣，孤必与焉。”③ 这与重民思想的广泛深入是分不开的。齐国陈氏、鲁国季氏注意收罗民心的例子，更是人们所熟悉的。陈氏“以家量贷，而以公量收之”，家量大，公量小，民获其利，因而“爱之如父母，归之如流水”。④季氏“世修其勤”，竟然做到“出其君而民服焉，诸侯与之，君死于外而莫之或罪”。⑤

总的说来，孔子以前的重民思想并没有从理论上突破奴隶制的宗族宗法关系。当鲁昭公死于外时，有史墨将这臣贰于君之理上升为哲理，说“物生有两，有三有五有陪贰……天生季氏，以贰鲁侯，为日久矣。民之服焉，不亦宜乎……社稷无常奉，君臣无常位，自古已然”⑥。史墨此论，已突破宗族宗法观念，但“君臣无常位”的思想，是未来的封建统治者所无法接受的。

春秋时期，各国税制、军制相继变革，加速了宗族宗法的崩解，大批公社农民不同程度地获得了自由。这时的人民，已经不是“赤子”，而是可以离家的“少年”了。首先探索那代替宗法制的治国方法的，正是孔子许之以“仁”的管仲。管仲“修旧法，择其善者而业用之”⑦。“旧法”，就是宗族宗法制，“业用”就是创新。管仲的创新，以“赏赐刑罚”代替了周公的“明德慎罚”。这反映了旧宗法崩溃的现实，适应了人与人之间在人身身份上的差距相对缩小的趋势，因而在更大程度上调动了士农工商的积极性，造就了齐国的霸业。由此看来，孔子说“民到于今受其赐”是很有道理的。但管仲也没有从理论上解决如何对待有

① 《左传·庄公十年》。
② 《国语·周语上》。
③ 《左传·文公十三年》。
④ 《左传·昭公三年》。
⑤ 《左传·昭公三十二年》。
⑥ 同上。
⑦ 《国语·齐语》。

一定身份的民众，如何处理统治者同他们的矛盾这个问题。

孔子在同他的弟子们的论辩中创立了“仁学”，古代重民思想在孔子这里得到了质的改造。在孔子这里，摆在人们面前的，不再是至高无上的天地鬼神，也不是无法选择的宗族血缘，而是现实的人，是君臣父子，是“仁”与“不仁”的问题。“仁学”因此成为一个承上启下的转折点，它把此后思想家们的目光，引向民政、财政、军政、吏制、法制、道德、刑名等广阔的领域，揭开了战国百家争鸣的序幕。

孔子以后，如何处民仍是思想家们讨论的中心问题。孟子私淑孔子，十分强调人伦，认为孔子之道，无非“仁与不仁而已矣”①。他把孔子的“泛爱”修改为“亲”、“仁”、“爱”三个等级：“君子之于物也，爱之而弗仁。于民也，仁之而弗亲。亲亲而仁民，仁民而爱物。”②“亲”用于统治集团内部，“仁”及于民众，“爱”及于万物。从这种区分中，我们可以窥见新兴地主阶级逐步掌握政权的信息。孟子还抬出了“义”的概念来顶替所剩无几的旧礼。由孔子“仁、礼”体系发展为孟子“仁义”体系，也可进一步证明孔子的“礼”是从属于“仁”的。孟子片面夸大“仁”的作用，提出了“仁政”学说而排斥刑赏武备，故时人称之为迂阔。齐国稷下的思想家综合三晋法术与邹鲁儒学，一方面明确提出“爱民”：“政之所兴，在顺民心。政之所废，在逆民心。民恶忧劳，我佚乐之。民恶贫贱，我富贵之”③，一方面强调“分民”：“圣人之所以为圣人者，善分民也”④。他们以“上下有义，贵贱有分，长幼有等，贫富有度”为“八经”⑤，纠正了孟子“民为贵，社稷次之，君为轻”⑥的偏颇。至于如何“爱民”，他们有了崭新的解释：“上之所以爱民者，为用之爱之也。为爱民之故不难毁法亏令，则是失所谓爱民矣。”⑦以用法为“爱

① 《孟子·离娄上》。
② 《孟子·尽心上》。
③ 《管子·牧民》。
④ 《管子·乘马》。
⑤ 《管子·五辅》。
⑥ 《孟子·尽心下》。
⑦ 《管子·法法》。

民”，这是孔子时代所想不到的。待民处民之道，至稷下学派的《管子》一书，已远远超出了孔子“仁学”而达到精微的地步。在封建制度下，劳动者的部分自由与人身依附缺一不可，稷下先生因能综合诸家而达到了这种认识。随后，是荀子的集大成。荀子提出的一系列光辉命题，显示了刚登上政治舞台的新兴阶级的真老虎气势。荀子说：“虽王公士大夫之子孙也，不能属于礼义，则归之庶人；虽庶人之子孙也，积文学、正身行，能属于礼义，则归之卿士大夫。”①“我欲贱而贵，愚而智，贫而富，可乎？曰：其惟学乎……上为圣人，下为士君子，孰禁我哉！”②这气势，不是孔子唠叨的所谓“民可使由之，不可使知之”、“唯上智与下愚不移”的说教可以比拟的。荀子直接对君提出了很高的要求：“君者仪也，民者景也，仪正而景正。君者槃也，民者水也，槃圆而水圆……君者民之原也，原清则流清，原浊则流浊。故有社稷者而不能爱民，不能利民，而求民之亲爱己，不可得也！”③荀子还借孔子之口说道：“君者舟也，庶人者水也。水则载舟，水则覆舟。”④这些思想对于中国封建社会向汉唐盛世发展所起的历史作用，是有口皆碑的。可以肯定，这些思想与孔子“仁学”是一脉相承，但不是那认为“臣不可言君亲之恶”⑤的孔子所能够说出的。话说回来，要求春秋末年的孔子说出战国末年才可能说出的话，否则就斥之为保守，这就未免太难为古人了！

1983 年 3 月初稿

1984 年 5 月修改

1986 年 2 月定稿

（原载《孔子思想研究论集》，齐鲁书社 1987 年版）

---

① 《荀子·王制》。

② 《荀子·儒效》。

③ 《荀子·君道》。

④ 《荀子·哀公》。

⑤ 《史记》卷 67《仲尼弟子列传》。

董仲舒的历史命运

目前流行的中国通史、学术史或秦汉史，无不涉及董仲舒。对于董子的历史作用，大率不离两条：

第一，汉武帝接受董仲舒的建议，“罢黜百家，独尊儒术”；

第二，董仲舒创立的新儒学“神学”体系，成为两千年封建统治的正宗思想。

然而当笔者认真阅读原始资料时，就发现这两条都是站不住脚的。

第一，汉武帝并未接受董仲舒的建议，当时尊儒的主要人物也不是董仲舒。

第二，董仲舒提倡的所谓“神学”，两千年间并未成为正宗思想。两千年来正宗思想的代表人物，实际上没有董仲舒。董仲舒被捧到这样高，只是近百年来的事情。

这就告诉我们，很有必要对董仲舒的思想及历代论董著述来一番清理，看看董仲舒这个人物的形象，是怎样被人们不断地改造的。

一、汉代：学术人品，褒贬悬殊

第一个对董仲舒学术做出批判的人，可以说是汉武帝。《汉书·董仲舒传》载董仲舒以贤良对策，武帝要求他“科别其条，勿猥勿并”，“靡有所隐，朕将亲览焉”，尽心书之，不必有顾虑。仲舒之《对》，谈天人相与，灾异符命，而后归结到“更化”二字。武帝览毕，嫌其大言空论，不切实际，说：“毋乃牵于文系而不得骋欤？将所由异术，所闻殊方与？”武帝要求再对，要求他“明其指略，切磋究之，以称朕意”。董仲舒第二策上，具体意见有兴太学、求贤士等，这在元光元年（前134）已非创见。①武帝仍不满意，说：你既然明于阴阳造化，习于先圣道业，就应当“征于人”、“验于今”，怎么还是吞吞吐吐，“文采未极”？“岂惑乎当世之务哉？条贯靡竟、统纪未终，意朕之不明与？听若眩与？”于是董仲舒上第三策，承认前二策“辞不别白，指不分明”，并且说明“若乃论政事之得失，查天下之息耗……非臣仲舒所能及也”。董仲舒是一个书生，只能在天人感应、《春秋》瑞应等哲理上驰骋，难以就具体政事出谋划策。此策末尾，董子总算提出了一条具体的建议：“诸不在六艺之科、孔子之术者，皆绝其道，勿使并进。邪辟之说灭息，然后统纪可一，而法度可明，民知所从矣。”此条与赵绾、王臧、公孙弘等不同之处，在于提出要“灭息”“邪辟之说”。其偏激颇似始皇帝“焚书坑儒”，独尊法家。从当时连上三策难称圣意的情势来看，董仲舒出此偏激之论，实是武帝逼出来的。此语武帝是否首肯，史无明言。据汉代实情来看，“尊儒术”实有其事（然首倡者并非董仲舒），“灭息邪说”式的“黜百家”，则无其事。②对于急功近利、好大喜功的武帝来说，

① 关于董仲舒对策时间，《汉书》卷6《武帝纪》载于元光元年（前134）五月之后。武帝隆儒术，罢申、韩、苏、张言，在建元元年（前140），立五经博士在建元五年（前136），令郡国举孝廉在元光元年冬十一月（时以十月为岁首，此事应在前135年底）。若依《武帝纪》，则此数事皆在仲舒对策之前。然班固在仲舒本传结尾又有“推明孔氏，抑黜百家，立学校之官，州郡举茂材孝廉，皆自仲舒发之”之语。《资治通鉴》即据此语将仲舒对策时间移到建元元年（前140）。南宋洪迈《容斋随笔》据武帝策问语气，断定仲舒对策必非武帝即位之始年（建元元年）。历代学者对此多有争议。周桂钿先生《董学探微》（北京师范大学出版社1989年版）详为论证元光元年说，可从。笔者认为，从事物发展逻辑推断，应先有隆儒术、罢申韩苏张言，后有诏贤良对策；至窦太后崩（建元六年），才可能有仲舒“灭息邪说”之论。另据《史记·儒林列传》：“今上即位，赵绾、王臧之属明儒学，而上亦向之，于是招方正贤良文学之士……及窦太后崩，武安侯田蚡为丞相，绌黄老刑名百家之言，延文学儒者数百人，而公孙弘以《春秋》白衣为天子三公，封以平津侯，天下学士靡然向风矣。”建议兴学校、崇儒礼而得到武帝“制曰可”的，实是公孙弘等。总之，武帝时儒学大兴，乃时势使然，不应归诸某一个人。董仲舒之对策有推波助澜的作用，但不应理解为首创者。至于班固“皆自仲舒发之”一语中“发”字，不应理解为“发明”而理解为“发挥”。

② 若将班固在《汉书》卷6《武帝纪》中所说武帝“罢黜百家”理解为董仲舒所说的“灭息邪说”，则两汉间实不曾有过“罢黜百家”。关于这点，吕思勉先生曾做过详细辨证。见《秦汉史》第19章第4节，开明书店1947年版。90年代，则有北大刘桂生教授《论近代学者对“罢黜百家，独尊儒术”的曲解》（《北大史学》第2辑，北京大学出版社1994年

主张“正其谊不谋其利，明其道不计其功”的《天人三策》，实一无所取。武帝贬其为江都相，是不满其对策的明证。①

董仲舒的主要学术成果是《春秋繁露》。此书以《春秋》灾异之变与阴阳五行说相结合，推说吉凶，行求雨止雨之术，讲天人感应。此即今学术界所谓“神学化”的新儒学。其遭遇又如何呢？据《汉书·董仲舒传》及《史记·儒林列传》载，辽东高庙和长陵高园殿火灾，董仲舒推演其意，涉刺讥。主父偃见其稿，窃而奏之天子。武帝以稿示诸儒。“仲舒弟子吕步舒不知其师书，以为下愚”，“于是下仲舒吏。当死。诏赦之。于是董仲舒竟不敢复言灾异”。这便是董仲舒的学术在当时的处境。

吕步舒是董仲舒在景帝时任博士时的学生。他后来官至长史，曾参与断淮南王之狱，颇得武帝赏识。连吕步舒也把董子所言灾异“天人感应”之类视为“下愚”，可见董仲舒之学在当时地位不高。而今人所谓其学在其后上千年间成为“正宗”云云，大有必要重新推敲。②

再看董仲舒的人品。

《汉书》本传载董仲舒在景帝时已是博士，其“进退容止，非礼不行”，“学士皆师尊之”。他潜心儒学，探索新路，“三年不窥园”的精神，两千年间传为美谈，至今令人景仰。这样，在对董仲舒的评价上，就出现了悬殊的褒贬。看重其人品者极力推崇之，探究其学术者则大不以为然。对于董仲舒评价的这种矛盾，早在西汉末年就出现了。

版），论证武帝贬抑申韩苏张之言不自董仲舒对策始，而汉代始终不曾在社会上禁制百家。班固《武帝本纪·赞》中所说“罢黜百家，表章六经”，特指不能通过修习百家之术做官。笔者认为“罢黜百家”与董仲舒所说要“灭息”、“邪辟之说”是有本质区别的。

① 仲舒对策的后果可与主父偃对策作鲜明对照。《史记》卷112《平津侯主父列传》，载偃上书谏伐匈奴，“朝奏而暮召入见”，天子览毕，叹曰：“何相见之晚也！”于是拜为郎中。偃再上“推恩令”之计，又上书建议徙天下豪杰并兼之家于茂陵。武帝诏拜为谒者，“一岁中四迁偃”。与此同时，拨擢于民间或位至于三公者尚有公孙弘、卜式、兒宽、桑弘羊、卫青、金日磾等。班固称“汉之得人，于兹为盛”（《史记》卷112后附）。武帝不重用董仲舒，是十分明显的事。董仲舒遗文，有《士不遇赋》（见《艺文类聚》卷30《怨》），忧心忡忡，一咏三叹，当然不是无病呻吟。

② 今人将大一统说、性三品说、三纲五常等归为董仲舒专利，只要多接触典籍，便知不妥。将这些思想当作董子学术的主要内容，更属不妥。限于篇幅，容另文详论。

西汉末年学者刘向，称董仲舒“有王佐之才，虽伊、吕无以加。管、晏之属，伯者之佐，殆不及也”。其子刘歆大不以为然，认为伊尹、吕尚是商汤、文王的匹耦。可以与孔子匹耦者只有颜渊，子游、子夏等都不够资格。如果说董仲舒在秦火之后能“下帷发愤、潜心大业”，在当时学者中数第一，那是可以的。如果考查他的学术渊源、思想体系，那么他“犹未及乎游、夏”，其父说董子“管、晏弗及，伊吕不加”是“过矣”。刘歆将董子的敬业精神与学术体系区别对待，无疑是正确的。班固在董仲舒传《赞》中引了向、歆的话之后，委婉地表明：他是赞成刘歆的。

评论董仲舒的这种矛盾，随着时代需要的不同而变异，形成了历史上对董仲舒评价的大起大落。到了近现代，特殊的历史条件又促使人们将董仲舒的学术与人品混为一谈，董仲舒的命运就更为变幻莫测了。

二、唐宋元明：渐获殊荣

北魏学者刘献之常对学生说，人之立身，首先要重德行，否则，“虽复下帷针股……博闻多识，不过为土龙乞雨，眩惑将来，其于立身之道有何益乎？”此语可代表当时儒林对董子学术的态度。[①]在魏晋隋唐时人们头脑中，汉儒的代表人物无非大小毛、大小戴、孔安国、刘向、先后郑、马融、服虔、何休等。贞观二十一年（647）诏，褒崇经师，配享尼父庙堂，列举汉代名儒，亦无董子。唐人对董仲舒“天人感应”、“受命之符”之类偶有议论。柳子厚一针见血地指出：“其言类淫巫瞽史，诳乱后代，不足以知圣人立极之体、显至德、扬大功。甚失厥趣。”[②]从三国到唐末，董仲舒被实实在在地冷落了近千年。

北宋初年，理学草创。“宋初三先生”之一的孙明复对于董子的寂寞表示了不平。他认为董子可与孟、荀、扬雄并列，说刘歆贬董是出于“顾已弗及，疾而诋之”，又责怪班固不能斥刘歆之“浮论”是“惑而书

① 《魏书》卷84《儒林·刘献之传》。

② 《文苑英华》卷359《唐贞符解》，中华书局1966年版。

之，失于断矣”，武帝不用董仲舒，是公孙弘等的嫉妒谋害。孙明复此论，显然是不公正的。[①]其所以偏爱董子，盖因董所处秦之后，儒学衰落，与宋初处境颇类似。董仲舒“煜然奋起，首能发圣道之根本”，甚合明复之心。[②]

孙明复之后，欧阳修对仲舒的评价也还客观。他说：“董生，儒者。其论深极《春秋》之旨。然惑于改正朔……不能高其论以明圣人之道，惜哉！惜哉！”[③]与修同时的刘敞，作《西汉三名贤赞序》，称：“读西汉书，爱董仲舒、刘向、扬雄之为人，慕之。”“然仲舒好言灾异，几陷大刑……背于圣人之道，惑于性命之理者也。”[④]

孙明复褒的是董子的人生道路选择，欧阳修贬的是董子的学术理论。刘敞则说得更明确，他慕的是董子的“为人”，批的是董子的学术。

宋代理学家开始抬举董子，都还比较客观。程颐说：“汉儒如董仲舒，最得圣贤之意，然见道不分明。”朱熹强调仲舒“识得本原”，如云“正心可以正朝廷”，便是识“本原”的证明。朱子又将董子与贾谊比较，说“谊有战国纵横之风，仲舒儒者，但见得不透”。弟子问见得不透处何在？朱子答，在“命”、“性”、“情”等观念上，董子“似不识‘性善’模样”。

南宋末年黄震认为，董仲舒“三策”可“炳炳万世”，欧阳修只读了《繁露》就批评董子“不能高其论”，是文人之“不慎”。黄震为将仲舒列入“纯儒”，竟至于武断《繁露》“非真”[⑤]，为抬高董子，竟不敢正视董子学术体系的毛病。尽管如此，他还承认汉武帝“不以初对为然”，“不以再对为然”，“又不以三对为然”，没有接受董仲舒的建议。[⑥]

① 使董仲舒罹罪的《庙、殿火灾对》，有幸保存在《汉书》卷27《五行志》中。我们姑且抽取一两句，看看是否主父偃、公孙弘等谋害董子：“天灾若语陛下：‘视亲戚贵属在诸侯，远正最甚者，忍而诛之，如吾燔辽东高庙乃可；视近臣在国中处旁仄及贵而不正者，忍而诛之，如吾燔高园殿乃可。’”董仲舒利用庙、殿火灾，劝武帝诛戮“不正”的诸侯与大臣，当然是不妥的。吕步舒斥此《对》为“下愚”，有司断仲舒为死罪，是不过分的。

② 《孙明复小集》卷1，台湾商务印书馆1983年版。

③ 《欧阳文忠公集》卷73《书〈春秋繁露〉后》，中华书局1983年版。

④ 《公是集》卷44，台湾商务印书馆1983年版。

⑤ 《黄氏日抄》卷56，台湾商务印书馆1983年版。

⑥ 《古今纪要》卷2，台湾商务印书馆1983年版。

元初郝经出于弘扬儒学、教化蒙元的需要，说董子“所对制策三篇，孟子以来所未有也，本于王道，深识治本，切中当世之病，其渊源纯粹，明于天人之际”。他挑出董子文中重要语句大加宣扬，如“正其谊不谋其利，明其道不计其功”，“道之大原出于天，天不变道亦不变”等。此即所谓“断章取义”也。但对今人所谓“神学化”那部分内容，他仍持批评态度：“首言三代受命之符以启符命谶纬不经之说，为后世奸人篡窃之具。又以《春秋》灾异之变推阴阳错行之故，以行闭、纵之术，流于小道异端，是以不能如孟子之醇而续其传也！”[①]

明中叶，乔宇《重建董子祠记》给了董仲舒更高评价，称“秦汉诸儒，鲜有及者”，“其论道之大原与义利王霸、天人三策之对，皆有合孔门之大旨”，“董子虽不得显于当时，其遗言善行有功于后学者，蔚乎其未泯也”。由于学者们的推崇，至宪宗朝，董子被“追爵广川伯”。[②] 一个儒生，死后千余年，终于显赫起来。

晚明学者冯从吾著《董扬王韩优劣论》，提出应以是否“明道”为评价标准。由于董子有“正谊不谋利，明道不计功”之说，冯氏将他推重到扬雄、王通、韩愈之前。[③] 很明显，这是从晚明政治现实出发的推崇，于学术地位毫无关系。然而董子因此身价倍增，非一般经师可比。

由上述可知，今人所谓被董仲舒“神学化”的“新儒学”，在整个中世纪，根本没有占什么“统治地位”，直到明初，董仲舒也谈不到显赫。理学家们注意到董仲舒，也只是他的“为人”，他的探索精神，对于他的“神学”，则实在不敢苟同。

三、清代和民国：从纬学到“神学”

清乾隆年间修《四库全书》时，《春秋繁露》已几于湮没。海内藏

① 《续后汉书》卷 83 下，《丛书集成初编》，第 3753 册。
② 《江南通志》卷 40，台湾商务印书馆 1983 年版。
③ 《冯少墟集》卷 16，台湾商务印书馆 1983 年版。

书之家，已数百年不见完本。《四库全书总目》将《春秋繁露》置于经部春秋类末尾，作为《附录》，并说明："案《春秋繁露》虽颇本《春秋》以立论，而无关经义者多。实《尚书大传》、《诗外传》之类。向来列之经解中，非其实也。今亦置之于《附录》。"《总目》在经部易类末尾，《易纬坤灵图》后也有一说明："如伏生《尚书大传》，董仲舒《春秋阴阳》，核其文体，即是纬书。"将《繁露》归入纬书，这就给了董子学术以准确的定位。

上引《总目·易纬坤灵图》后的说明，又谈到"纬"与"谶"的区别及其合流的过程：秦与西汉前期，"谶自谶，纬自纬，非一类也"。其后私家撰述"杂以术数之言……益以妖妄之词，遂与谶合而为一"。这应是西汉末和东汉时期的事情。从纬书到谶纬合流是一个过程。《总目》将谶与纬区别开来，称《春秋繁露》为纬书，是很有眼光的。经、纬、谶纬是三个不同的概念。在西汉及其后两千年间，居于主流地位的是经学。由董子结合儒学与阴阳五行创立的学说属"纬"学，它在西汉受压抑，在东汉发展为"谶纬"。由于王莽和刘秀的提倡，谶纬曾盛行一时，到东汉末年便衰落下去了。纬和谶纬的盛衰，本来是十分清楚的事情，然而到了晚清，事情忽然复杂起来。这要从康、梁等人的宣传说起。

康有为是今文经学家，其学术与董仲舒一样以《春秋公羊传》为主。他认为《春秋》是孔子改制之纲；为了维新变法，他撰写了《孔子改制考》、《新学伪经考》、《春秋董氏学》等书。由于深受西学影响，他模仿西方宗教，称孔子为教主，为神明，为"黑帝降精"。又认为汉武帝相当于佛法之阿育大天王，而武帝推明孔氏、罢黜百家，"皆自仲舒发之"。其弟子梁启超又推波助澜，谓"中国自汉武帝表章六艺、罢黜百家，而宗教遂定于一……故中国全境可谓同奉一教"。变法运动中，古文经学家章炳麟也受其影响，曾把董仲舒说成是"教皇"。[①]顺理成章

① 章太炎《学变》(1902)："董仲舒以阴阳定法令，垂则博士，教皇也。"见《章太炎政论选集》(中华书局1977年版，第174页)。1914年，章氏将《訄书》改名《检论》，又将《学变》原文"教皇"二字改为"神人大巫"(同上书，第174页注)。1913年，章氏撰《驳建立孔教议》，指明董仲舒所倡实为巫术，已与孔教论者划清了界限(同上书，第690页)。

地，《春秋繁露》自然是“神学”。董仲舒的学术观点与其事业人品一起，取得了煊赫的地位。

由维新派的孔教说，联系到董仲舒的《春秋繁露》，纬学被看作神学。与纬相比，谶言能预决吉凶，其神秘色彩更为浓郁，于是认定谶与纬是一回事，都是“神学”。既然孔子是教主，儒学是宗教，又何妨认定董仲舒之后的整个儒学，不论经、纬，都是“神学化”了的。这，便是 20 世纪前半叶的学术新潮。包括不承认儒学是宗教的人，都难以否定董仲舒使儒学“神学化”并“统治了上千年”的说法。①

30 年代，冯友兰先生著成《中国哲学史》，其中《经学时代》专为董子立一大章，此外两汉群儒，除刘歆、扬雄、王充见于小标题，其余均不足道。冯先生论董子地位，引《汉书·董仲舒传·赞》中刘向语而不用刘歆否定其父之语，忽视《儒林传》、《公孙弘传》及《武帝本纪》等所反映的汉代儒学全貌，却引《五行志》中称董仲舒“始推阴阳为儒者宗”一语，又无视“始推阴阳”的定语，说“董仲舒在西汉儒者中之地位，观此可见矣”。②

40 年代，侯外庐先生主编《中国思想通史》，第 2 卷第 3 章标出《董仲舒公羊春秋学的中世纪神学正宗思想》的标题。尽管该书第 2 卷第 6 章有《两汉正宗神学的危机》的节目，仍不能抵消“中世纪正宗神学”一语的影响。该第 3 章第 1 节这样说道：“董仲舒不仅是中世纪神学思想的创建者，而且是封建制思想统治的发动者，不仅是中世纪正宗思想的理论家，而且是封建政治的实行家。他的理论，通过了武帝的雄才大略的钦定，实质上确立为神学的正宗，因此他对古代‘子学’作出了否定，为中世纪‘经学’开拓了地基。”

由于冯先生、侯先生在中国哲学史、思想史学界的崇高地位和巨大影响，董仲舒使儒学“神学化”并统治了上千年，成为学术界的“公论”。

---

① 清末有朱一新《无邪堂答问》系统抨击晚清公羊学派（尤其康有为《孔子改制考》）对经学史、对董子学术的曲解。句句在理，痛快淋漓。惜人微言轻，影响不广。（参见苏舆：《春秋繁露义证·附录二》）

② 冯友兰：《中国哲学史》，中华书局 1964 年版，第 502—503 页。

四、近50年：众说纷纭

如果说，由维新派发端，把董子学术乃至整个中世纪经学称为“神学”，是“学习西方，走入误区”，那么，20世纪50—60年代可以称作“学习苏联，走入误区”。

1947年，苏联联共（布）中央组织了一次讨论亚历山大诺夫所著《西欧哲学史》的会议。会上，代表中央讲话的日丹诺夫给哲学史下了一个定义，他认为哲学史就是“唯物主义与唯心主义斗争的历史”。这个定义以“经典”的面貌出现，指导了50年代的中国哲学史研究。学者们着力考究中国古代哲学家在唯物主义与唯心主义两大阵营中的归属。

一些学者在具体研究中遇到了困难，于是对日丹诺夫的定义发生了怀疑，产生了争论。这些争论的实质是要不要用该定义来改铸中国哲学史。争论中的观点我们可以举一个例子：关锋在对贺麟的文章和1957年1月北大哲学系座谈会上的发言进行批判之后做出结论说：“如果我们在研究哲学史的方法论上稍微向混淆唯物主义与唯心主义界限的方向挪动一步，那么我们的哲学史工作也要走入绝境。”[①] 可是，50年代后期和60年代前期的中国哲学史研究，恰恰是为了划清这个界限而走入了绝境。

1962年12期《新建设》发表李民《试论董仲舒的自然观》，对于杨东莼、吕振羽、侯外庐认为董仲舒以天为最高之“神”、在宇宙论上是“有神论”和建立了一个“神学体系”，提出不同意见。李民是认真阅读了《春秋繁露》的。他苦心探讨董仲舒关于“元”、“天”、“神”的论述，看究竟是精神还是物质。他发现董仲舒在许多地方明确、公开地表示了非神论，揭示出人和自然的关系。他对于多年来被认为是董仲舒神学的几个观点作了详尽探讨，如“天人感应”、“谴告”等，结论是：“董仲舒关于天的学说的基本内容似乎不宜列入神学或宗教的范畴”，

① 哲学研究编辑部编：《中国哲学史问题讨论专辑》，科学出版社1957年版，第215页。

“不能单纯地称董仲舒的全部哲学思想是‘神学’”。[①]笔者认为，这结论基本上是正确的。但作者尚不可能跳出唯物唯心的窠臼，因而找不到一种适当的概念来表述董仲舒的“天人感应”学说。他小心翼翼地把董仲舒的自然观归结为“朴素的唯物观点”，这显然是很勉强的。这个刺眼的词组立即引来了一批学者的驳议。例如《新建设》1963年3期《怎样理解董仲舒的自然观的实质》，认为董仲舒的唯心主义是“直接采取着宗教的形式的”，董仲舒的“天”实际上就是上帝。李民关于有些哲学家头脑里唯物主义观点同唯心主义观点“等同地作为‘因素’而并存”的说法，会导致“否认哲学史上两条路线的对立及其斗争”。李民的观点和方法，“对于哲学史的研究的进一步深入，不仅是无益的，而且是有害的”。[②]

李民当然不服，于是有《再论董仲舒的自然观》，对于别人说他“断章取义”做了辩护。事实上，李的文章正是在全面研读董仲舒的基础上写成的。那么他的结论为什么又错了呢？实在令人费解。

在“朴素唯物观点”与“宗教唯心主义”之间，能不能有较为准确一些的概念，可以给董仲舒式的思想体系以较为恰当的定位呢？这在当时的中国尚不可能。争论的双方只好在困惑中回到各自的营垒。

“文化大革命”中，董仲舒忽然成了一场闹剧中的丑角。事情是由“林彪事件”引发出来的。因为林彪曾用过董子“天不变，道亦不变”的话，于是一场声势浩大的“万炮齐轰”对准了董仲舒。1973年10月到1975年初，发表在各地报刊上的批董文章有50多篇，其中很多篇是几乎所有报刊同时登载的。“万炮齐轰”的学术价值几乎为零，我们就不必提它了。

近年来的文化热中，对董仲舒的研究也在升温。毫无疑问，董仲舒是中国思想史上一个十分重要的人物，是一个从一开始就引起争议而现在仍须重新评价的人物。可以说，只要没有给出一个准确的定位，这个被搅扰了两千多年的灵魂就仍然不会安宁。

---

① 李民：《试论董仲舒的自然观》，《新建设》1962年第12期，第56—63页。

② 张岂之：《怎样理解董仲舒的自然观的实质》，《新建设》1963年第3期，第33—40页。

限于篇幅，本文不能详引近年来的论著，只能取几篇文章中的有关观点略加评述。

何光亀《中国宗教改革论纲》说："董子使儒学神学化，并推动其与传统宗教的结合和国教化……这些都是学术界（包括'反儒教论者'）公认的事实。"这是比较有代表性的观点，但自封"公认"则有欠妥当。

冯契在《秦汉哲学的特点与民族传统》一文指出，"汉代儒学的造神运动并未成功"，"儒学由神学恢复到圣学，孔子由'神'恢复到'圣'"。[①]冯先生用"圣学"一词代替了所谓"神学"，是很正确的。而在实际上，"圣学"即是"经学"。

李定生在《董仲舒与黄老之学——儒学之创新》[②]一文中把董仲舒儒学的新特点归结到"黄老之学"上，其证据是薄弱的。事实上，《春秋繁露》中吸收的主要是阴阳五行家的思想，而不是道家思想。40年代，缪钺先生与钱穆先生曾就汉初"新儒家"的特点进行过讨论。钱氏认为新儒家之宇宙论（阴阳说）主要受道家影响，缪先生指出，司马谈《论六家要旨》说道家"因阴阳之大顺"，此处"阴阳"二字，"意指'阴阳家'，非谓阴阳之说，更非专以阴阳归之道家也"。缪先生此一卓见，钱先生深表赞同。这就告诉我们，董仲舒所谓"阴阳"，不是黄老之学而是阴阳家的思想。缪先生进一步指出，天人相应，灾祥徵应之论，"战国哲人孟荀庄老所不道，惟邹衍吸取之"。[③]事情很清楚，天人感应学说不是黄老道家思想，而是阴阳五行家的基本命题。

孙叔平《中国哲学史稿》一段似乎矛盾的话颇能给人以启发："董仲舒的'天人感应'论是……神学理论。董仲舒还依据他的'天人感应'论制定了求雨止雨的方法，这些简直是巫师的骗术，甚至够不上说是神学理论。"[④]孙先生近乎随意发挥的叙述却揭示了真理：董子"天人感应"论在思想体系上说应属巫术，而巫术"够不上说是神学理论"！

---

① 冯契：《秦汉文化和华夏传统》，学林出版社1993年版，第37—45页。

② 李定生：《董仲舒与黄老之学——儒学之创新》，《复旦学报》1995年第4期。

③ 缪钺：《冰茧庵丛稿》，上海古籍出版社1985年版，第8—21页。

④ 孙叔平：《中国哲学史稿》，上海人民出版社1980年版，第284页。

目前中国学术界将巫术与宗教神学严格区分开来的学者尚不多见。很重要的一个原因是文化人类学形成和发展的情况介绍到国内的时间很短，况且在美、日等国家，仍有不少学者把巫术归入宗教。我们根据中国思想史研究的实际，认定巫术与宗教是两种不同的文化形态。只有认清他们的区别，才能使思想史发展的脉络变得清晰。[①] 在中国思想史发展的历程中，由于不同的历史背景，儒学曾向巫术、宗教和抽象哲理摇摆。这就是西汉前期董仲舒那里的巫术化、西汉末年和东汉的谶纬化、魏晋时期的玄学化、宋明时期的理学化以及近代史上的孔教化等，这几个“化”都没有能够把儒学的本质和主流化掉。坚持正统儒学的学者们一次又一次使它回到伦理政治学说的轨道上来。一些学者片面夸大这几化的影响，而且不注意巫术、宗教与科学的区别，甚至笼而统之称儒学为“神学”，为“儒教”，这是很不妥当的。

众说纷纭中，笔者也想为董仲舒说几句。

当一种学说较为高远，或在政治上受到压抑，或因民众不擅长作理论思维而在社会上缺少基础时，它就要面对人们的现实生活，用人们看得见的事实来比附学术观点。董仲舒所追求的，不是儒学的神学化，恰恰相反，是儒学的世俗化、巫术化，用吕步舒的话来说，就是“下愚”化。在那个时代，由上古巫术理论发展而来的阴阳五行学说是普通人所能达到的最高哲理思维。董仲舒为了弘扬儒学，为了让儒学易于为人主和百姓接受，糅合了阴阳五行和儒学，创立以“天人感应”为基本特征的学说。清人将其归入“纬学”，是十分正确的。

纬学介于经学与谶纬之间。如果用文化人类学的概念来比附，则谶纬接近宗教神学，董仲舒的纬学接近巫术，经学接近科学。纬学在中国思想史上始终处于末流。董仲舒在学术上是失败的。然而，董仲舒的人格力量，他的探索精神，却具有永恒的魅力。这就是为什么到明清时期，《春秋繁露》几乎湮没，而董仲舒其人的形象却越来越高大。笔者相信，一旦将学术观点与人格人品区分开来讨论，董仲舒就能得到公正

① 臧振：《蒙昧中的智慧——中国巫术》，华夏出版社 1994 年版，第 4—6 页。

的评价。

推而广之，笔者认为，对于所有在学术体系上误入歧途的学者，都应当如此区分开来讨论。

（原载《陕西师范大学学报》1999年第2期，人大复印报刊资料《中国哲学》1999年第10期转载）

略论诸葛亮在思想史上的地位

目前，国内流行的思想史、哲学史专著，均未提及诸葛亮的思想，而有关中国通史则仅称其为政治家、军事家，也没有论及其思想体系。笔者试就诸葛亮的思想及其在思想史上的地位，略述已见，就教于专家、读者。

一、诸葛亮的思想属黄老学派

在先秦百家争鸣环境中，诸子有一个共同的倾向，即力图使主观思维合于客观存在，用荀子的话说，叫作“称数”①，用《老子》的话说，叫作“辅万物之自然而不为”，使自己的学说正确揭示自然、社会变化的规律，能够“恢然如天地之苞万物”②，诸子都力图弃各家所短，取各家所长，因此战国后期各家出现综合的趋势。《尸子·广泽篇》说：“墨子贵兼，孔子贵公，皇子贵衷，田子贵均，列子贵虚，料子贵别囿，其学之相非也数世矣，而已弇弇于私也……若使兼、公、虚、均、衷、平易、别囿一实也，则无相非也。”③《荀子·解蔽篇》说：“墨子蔽于用而不知文，宋子蔽于欲而不知得，慎子蔽于法而不知贤，申子蔽于势而不知知，惠子蔽于辞而不知实，庄子蔽于天而不知人……此数具者，皆道之一隅也。夫道者，体常而尽变，一隅不足以举之。”诸子思想发展的必然结果，就是综合。不过，不同学派进行综合的主体不同。韩非以商

① 《荀子·富国》。

② 《荀子·非十二子》。

③ 《尔雅·释诂第一》“大也”《疏》引。

君之法为主体，吸取慎子的“势”，申子的“术”，也从道家接过“道”的旗帜，但他又主张以行政权力排斥异端，把除法家外的各家一概斥为“入则乱民，出则不便”之学①，认为“贤尧舜汤武而是烈士，天下之乱术也”，“恍惚之言，恬淡之学，天下之惑术也”，这就画地为牢，扼杀了促进自身发展的条件。荀子以孔子思想为主体，综合各家所长，也改造了儒学本身，使自己的学说堪称集战国思想之大成。但其思想仍有不少空想成分，如认为只要行仁，敌国之民“亲我欢若父母”②，作战之时，就毋需乎诈术了。因此，在战国末血雨腥风中，荀学未得见用。

先秦诸子，最能统摄诸家，以不变应万变者，应当说是道家。司马谈《论六家之要旨》说道家“因阴阳之大顺，采儒墨之善，撮名法之要”，这是各家所不能的。明初宋濂也说：“聃书所言……其所该者甚广，故后世多尊行之。”以老子《道德经》为理论基础，引“黄帝”作为政治准则，以兼容并蓄为特色的“黄老”学派，在战国后期形成自己独立的体系。黄老学派由老子学说派生而来，它是先秦诸家在秦以后一度能与儒学抗衡的唯一学派。《史记·孟子荀卿列传》中提到“慎到，赵人；田骈、接子，齐人；环渊、楚人，皆学黄老道德之术”。正是这些人，在齐国稷下讲坛上活跃一时。近来不少学者指出，《管子》一书成书于齐国稷下，此书正是黄老学派形成的标志。

《管子》其书，曾被人认为是一部大杂烩，思想“芜杂”之余，又加字句难读，因此不被后人注意。但在战国后期，它在东方有着深远的影响，它是深植于当时以齐、鲁为中心的社会经济生活和政治斗争中的。所谓芜杂，实际是黄老综合性的体现。

用几句话来概括《管子》思想是困难的。其政治思想的中心是法治，其哲学依据是“道”，因此，班固列《管子》为道家，而《史记》注云在法家，然都似是而非。《管子》的法治，中心环节在吏治，如《重令》主要讲“谨修法令而得奸吏”，这与商韩之法是有所不同的。与韩非不要德治不同，它既贤尧舜汤武，也谈恬淡虚无，读《霸形》、《霸

① 《韩非子·诡使》。

② 《荀子·议兵》。

言》、《兵法》等篇，又绝非儒家言论。《管子》也不是原始道家，它突破老子旧说，明确以“精气一元说”解释老子的“道”：“精也者，气之精者也”[①]，又将这统万物之“道”，运用到社会生活各个领域，儒家的礼，法家的法，都被“道”包容进去。《管子》的思想方法，是尽力循乎天道自然，主张“无为”即勿人为。如《宙合》篇说：“景不为曲物直，响不为恶声美，是以圣人明乎物之性者必以其类来也。”在《心术》、《内业》、《白心》等篇中，它提出了基本的思想方法——“静因之道”。《心术》篇说：“人皆欲智，而莫索其所以智。”求智，先得在“静”字上下功夫，静则能“虚”，“虚其欲，神将入舍”，去掉妨碍正确观察事物的尘垢、阴影，使思维清晰，才谈得到思考问题。“洁其宫，开其门，去私毋言，神明若存”，这里“宫”指心，“门”指耳目，心神耳目虚静，然后能化育万物。万物“纷乎其乱若”，我“静之而自治”，这便达到了“因”。“因也者，无益无损也”，“因也者，舍己而以物为法者也”。循乎“静因之道”，便可达到“若影之象形，响之应声”，避免犯错误。

先秦诸子，《管子》而外，《申子》亦倡黄老。申不害相韩，“虽用术于上，法不勤饰于下”[②]。从现存资料看，申子思想主流应属黄老一系，《史记·老庄申韩列传》说申子“本于黄老”是有道理的。秦相吕不韦曾试图以黄老之学治天下，罗致文人著《吕览》，讲“因者，君术也；为者，臣道也。为则扰矣，因则静矣”[③]，“君也者处虚”[④]之类，这当然不合那自以为皇位可传万世的秦始皇的口味。农民大起义的风暴，给汉初统治者以深刻教训，黄老之学终得行时，并带来了中国封建政治史上少有的黄金时代。但不久，黄老之学便被不甘“清静”的汉武帝抛弃，天下再度由治而乱。东汉初，反对泛滥一时的神学目的论的王充也曾发现，只有“违儒家之说，合黄老之义”，才能战胜“虚妄”。黄巾起

---

① 《管子·内业》。

② 《韩非子·定法》。

③ 《吕氏春秋·审分览·任数》。

④ 《吕氏春秋·似顺论·分职》。

义之后，“九州鼎沸，四海渊涌”，仲长统著《昌言》，叹“不知来世圣人救世之道，将何用也？”他指出：法家之法，实非善法，因为“君子用法制而至于化，小人用法制而至于乱……苟使豺狼牧羊豚，盗跖主征税，国家昏乱，吏人放肆，则恶乎论损益之间哉！”结论是要综用各家，掌握“天道常然之大数”。当此之时，“乱世之奸雄”曹操应运而生。在儒书谶纬破产之后，曹操能另寻济世之方，“度外用人”，“唯才是举”。当“名教”败乱之际，用人唯才是历史的必然。没有一帮“卓行绝俗”而又努力进取的在野青年豪士的支持，他就无法收拾割据地方的豪强。然而曹操淡泊道德，崇尚武力，很有步法家后尘，致使“豺狼牧羊豚，盗跖主征税”的倾向，于是敦行笃学之士如诸葛亮等望而却步，不肯北向归附，遂致有天下三分，未能一统中国。

建安二年（197）到十二年（207），诸葛亮17岁到27岁，正是他世界观形成定型的年代。他隐居隆中，静观天下大局，每晨夕，抱膝长啸，恨不能得遇汤武，一逞壮志。对于经书，他仅“观其大略”（《蜀书》本传引《魏略》），而自比管仲、乐毅，希望有功于中国。《管子》思想，及来自故乡胶西乐臣公、盖公一系的“黄老”之学[①]，应当说对这个青年学者产生了决定性影响。诸葛亮论诸子，“老子长于养性，不可以临危难；商鞅长于理法，不可以从教化；苏、张长于驰辞，不可以结盟誓”，可见他对诸子得失是经过审慎分析的。时人司马徽曾对刘备说，诸葛亮不是儒生，“儒生俗士，岂识时务，识时务者在乎俊杰”。然而诸葛亮对儒学也取其所需，如为后帝伐魏诏称“天地之道，福仁而祸淫……汤武修德而王，桀纣极暴而亡”，甚至不惜利用图谶：“昭烈皇帝体明叡之德，光演文武，应乾坤之运……奉顺符谶，建位易号。”宋儒极力要拉孔明入儒学阵营，但又怪其“不以经子辅导少主，而乃以刑名法术，何也？”明杨慎认为，“后主宽厚，襟量有余而权修智谋不足，识者咸以为忧。六韬述兵权，多奇计，管子贵轻重，慎权衡，申子核名实，

---

① 《史记》卷80《乐毅列传》载，乐毅后人乐臣公看到“赵且为秦所灭，亡之齐高密，乐臣公善修黄帝老子之言，显闻于齐，称贤师……乐臣公教盖公，盖公教于齐高密、胶西，为曹相国师”。

韩子切事情，施之后主，正中其病”[1]，似乎孔明仅对后主因病施药而已，其实此时，儒学不只治不了后主之病，亦治不了大病中的国家社稷。

那么，孔明是不是法家呢？当然也不是。晋人习凿齿曾将诸葛亮之法与法家之法区分开来，他说：“昔管仲夺伯氏骈邑三百，没齿而无怨言，圣人以为难；诸葛亮之使廖立垂泣，李平致死，岂徒无怨言而已哉！……法行于不可不用，刑加乎自犯之罪……诸葛亮于是可谓能用刑矣，自秦汉以来未之有也。”[2]秦始皇难道不能用刑吗？答曰，秦皇是滥用，非习氏所谓“能用”。原因很简单，秦始皇是法家，而诸葛亮不是法家。

陈寿称孔明为“管萧之亚匹”[3]，袁宏说孔明“遐想管乐，远明风流，治国以礼，民无怨声，刑罚不滥，殁有余泣”[4]，都在说孔明治国，是以《管子》之道作为指导思想的。治国如此，治学治家亦不外乎此。诸葛亮《诫子书》云：“夫君子之行，静以修身，俭以养德，非澹泊无以明志，非宁静无以致远。夫学须静也，才须学也。非学无以广才，非志无以成学。”这与《管子·心术》实出一辙。又《诫外生书》云：“夫志当存高远，慕先贤，绝情欲，弃疑滞，使庶几之志，揭然有所存，恻然有所感，忍屈伸，去细碎，广咨问，除嫌吝，虽有淹留，何损于美趣，何患于不济。”这又俨然是《道德经》的正解了。

黄老之学在蜀国复兴，阇弱沉寂的益州居然“政修民理，威武外振……摄乎大国之间，以弱为强”[5]。遥想当年荆州同学孟公威思乡欲北归时，亮谓之曰“中国饶士，丈夫遨游，何必故乡邪！”[6]当时的诸葛亮，已把《管子》黄老之学这颗暗投的明珠捧在掌心了，而千余年来，论者犹以“儒家”、“法家”窥之，这正是司马相如所谓“鹍鹏已翔于辽廓，而逻者犹视于薮泽”。

---

① 《升庵集·孔明写申韩书》。

② 《三国志·蜀书·李严传》裴注引。

③ 《三国志·蜀书·诸葛亮传》。

④ 《文选》卷47，转引自《诸葛亮集》附录卷2。

⑤ 《华阳国志》卷7《常璩·诸葛丞相赞》，转引自《诸葛亮集》附录卷2。

⑥ 《三国志集解》卷35裴松之引《魏略》。

二、诸葛亮在思想史上的地位

在东汉经学和魏晋玄学之间，即从黄巾起义到正始玄风刮起，有一个短暂的黄老之学的复兴。这在思想史上应是必不可少的一环。与汉初需要休养生息一样，军阀混战，生灵涂炭的局面，儒学不能收拾，法家不能收拾，玄学更谈不到收拾，只有黄老之学，可以在人心思定之际出来挽救社会危机。历史需要这样的人物，这样的人物出现了，这就是诸葛亮，以及所学不纯的曹操。诸葛亮治蜀，达到“道不拾遗，强不侵弱，风化肃然”[①]。在人民心中留下了难忘的记忆。这难得的治世在以后数百年间不复再现。诸葛丞相溘然长逝，美好的事物在它似乎接近胜利之前被扼杀了，这就成为一出催人泪下的悲剧。对于追求真善美而不得的人民来说，这悲剧的魅力是永恒的。

诸葛亮时代，大乱之后的士大夫知识分子向两极分化：积极的一翼以最有利于社会由乱归治的学术黄老之学作为旗帜，此一翼的成员大多为士大夫下层。消极的一翼多为世家贵胄子弟，农民大起义打破了他们世袭袍泽的美梦，盛极而衰，遂卑视礼法，放达不拘。统治集团你死我活的争斗，逼使他们逃避现实，不求有功于国家，又不甘于凡庸无闻，于是或变易服饰，纤步顾影，以“神”自况；或旷达不羁，介然不群；或玉柄麈尾，纵才辩，论清理，致思于玄远哲理，在作为道家右翼的老庄思想中找到避难所。这就是所谓“玄学”。公元234年，“鞠躬尽瘁，死而后已”的诸葛丞相去世了，黄老之学也告别了历史舞台。蜀国对魏国的威胁基本解除，偏安江南的孙吴也在走下坡路，中原地主豪强在九品中正制下与皇权携手，农民则由徒附经造反、流离再转为屯田民，重新稳定下来，司马氏与曹氏的争斗加剧起来，老庄玄学大兴的历史环境形成了。

过去学者们多注意到玄学是对皓首穷经烦琐章句的反动，但未注意

① 《三国志集解》卷35《进诸葛亮集表》。

到它也是对黄老之学的反动。玄学之后，统治者找到了作为“精神鸦片”的宗教这个更为精致的武器。佛教在中国勃兴，坚持朴素的唯物论的黄老之学也就最后从中世纪政治思想舞台上消失。诸葛亮式的聪明，却永远地留在人们的记忆里，人们盼望着有一天，这种正确的思想方法再次在政治生活中发挥威力。这一天，则是在封建制度的末日到来之后。

（原载《河北师院学报》1987 年第 2 期）

诸葛亮北伐失败原因再探

一

诸葛亮这个使自己的名字成为中华民族语汇中“智慧”的代名词的伟人，竟然未能一逞壮志，统一中国，这引得千余年来无数仁人志士为之扼腕长叹。历史学家们对诸葛亮北伐失败的原因，从各种角度做过许多探讨，但迄今还没有得出一致的结论。

大体说来，学者们的意见有如下几种：第一，诸葛亮长于治国，短于将军，“理民之干，优于将略”；而在将略方面，诸葛亮“于治戎为长，奇谋为短”[①]，不用魏延奇袭长安之计，便是明证。第二，关羽大意失荆州，刘备小器争夷陵，非诸葛亮当初所能料及。[②]第三，诸葛亮不重视经济生产，致粮馈不继，是军事上失败的根本原因。[③]第四，诸葛亮用人苛严，求全责备，致蜀中无人。[④]第五，诸葛亮并无过失，只因早亡，壮志未酬，若天假之年，则大业可成。[⑤]第六，汉运当终，天不爱刘[⑥]，“天命有归，不可以智力争也”[⑦]。近年亦有学者认为，北伐不代表先进阶级与进步势力，得不到人民支持。[⑧]

上述几种解释都有欠妥当、难服人之处。第一，对于北伐无功，陈寿说：“盖应变将略非其所长欤？”[⑨]一“盖”字，一“欤”字，可见良

---

① 《三国志》卷 35《诸葛亮传》。

② 见缪钺：《漫谈政治家诸葛亮》，《成都晚报》1983 年 10 月 30 日。

③ 见李西成：《论诸葛亮在历史上的地位和作用》，《山西师院学报》1958 年第 2 期。

④ 见李淳、新材：《诸葛亮的重大失误》，《晋阳学刊》1981 年第 1 期。

⑤ 尚驰、裴度等持此说，见《诸葛亮集》，中华书局 1960 年版，第 125、126 页。

⑥ 《诸葛亮集·刻武侯碑阴》。

⑦ 《三国志》卷 35《诸葛亮传》。

⑧ 马植杰：《诸葛亮论》，《新史学通讯（一）》1956 年第 8 期。

⑨ 《三国志》卷 35《诸葛亮传》。

史陈寿不敢妄断。吴人张俨指出，孔明“提步卒数万，长驱祁山”令“仗兼并之众，据牢城，拥精锐”的司马懿“无擒敌之意，务自保全而已”。[①]诸葛亮面对强敌，来去自如，司马懿拥有重兵，却处处被动。如此看来，不可谓孔明短于将略。至于诸葛亮没有用魏延奇计，能否影响魏蜀间大局呢？笔者认为不能。因为魏计成功与否，都只是局部的战役上的问题，诸葛亮按自己的计划行动，稳扎稳打，并没有大的失误。唐人裴度说得好：“以变诈之略，论节制之师；以进取之方，语化成之道，不其谬欤！”[②]“变诈之略”、“进取之方”指魏延奇计，“节制之师”指诸葛亮治军稳重，“化成之道”指蜀魏间战略形势的变化。裴度认为，以魏延奇计用之与否论灭魏大业的成败是不妥的。第二，关羽失误，刘备惨败问题，隆中对策时诸葛亮当然不可能料及。但料及与否，是不能为北伐失败解说的，因为战略家不是算命先生，它应当估计事业成败的大势，无须乎料及此类细节。第三，把北伐失败与否归咎于粮馈不继的看法，应该说是只看到现象。粮馈继与不继，是有深刻的政治经济背景的。说诸葛亮没有注意发展生产，也不符合史实，问题在于无论蜀汉如何发展生产，也不能战胜魏国。第四，平心而论，诸葛亮是善于用人的。亮身后蜀中无人，并非识人用人不善所致。把后继有人无人归结为纯主观方法问题是不妥的。第五，不少人认为，如果诸葛亮能享天年，则“四海可平，五服可倾”[③]。笔者认为，这也只是一厢情愿。诸葛亮所敌对者，前有曹操、曹丕，后有曹睿、司马懿，都是当世英豪，诸葛亮死之后，魏仍然强盛多年，直至西晋统一中国之后，统治集团才迅速腐朽。设西晋时诸葛亮尚在西蜀砥砺，司马氏恐怕不会那么迅速腐朽的。可以说，若诸葛亮仍在蜀，则中原仍有司马懿，因为中原产生司马懿的机遇，远大于蜀汉产生诸葛亮的机遇。第六，把诸葛亮强调刘汉正统，而刘汉已不得人心作为北伐失败的原因，或者说北伐非正义进步，也难以服人。魏蜀之争，实质上并非刘汉与曹魏之争，而是益州地主集团与

---

① 《三国志》卷35《诸葛亮传》裴松之注引张俨《默记·述佐篇》。

② 《诸葛亮集·蜀丞相诸葛武侯祠堂碑铭并序》。

③ 同上。

中原地主集团的较量。统一中国是大势所趋，由一代贤相诸葛亮来统一中国，未尝不能得到人民拥护。总而言之，前述诸家所列北伐失败原因，都给人以隔靴搔痒的感觉，似乎尚未触及诸葛亮的要害。

二

值得注意的是，前人在研究北伐失败原因中，提到了“审时定势”的思想。如唐人吕温说：“务开济之业者，未能审时定势，大顺人心，而克观厥成，吾不信也。”[①]那么是什么原因，造成魏胜蜀败的形势，而睿智如诸葛亮，却又为什么未能审及“势”会有这样的变化呢？吕温未能说明。有一些学者涉及了“势”的内容，如唐人沈迥指出：“惟武侯遭时昏乱……以区区一州，介在山谷，驱羸卒，辅孱主，衡击中原，撑拒强敌，论时则辛癸恶稔，语地则燕齐势胜……”由此看来，魏胜蜀败的形势是清楚的。但沈迥又认为，如果“天假之年”，诸葛亮便可以“席卷西邑”、“祀配汉天”[②]，以诸葛亮的睿智神明，是可以逐步扭转乾坤的。张俨《默记·述佐篇》有一段“或曰”说：“诸葛丞相诚有匡佐之才，然处孤绝之地，战士不满五万……魏司马才用兵众未易可轻……”因此，诸葛亮的北伐“非明哲之谓”[③]。张俨驳斥说：“盖闻汤以七十里、文王以百里之地而有天下，皆用征伐而定之……夫兵以奇胜，制敌以智。土地广狭，人马多少，未可偏恃也。”张俨驳论，实际上是站不住脚的。因为曹魏非桀纣，而蜀汉无商汤文王之势，不应以新造之强魏喻末世之桀纣，亦不可以初建之蜀汉，喻蕴蓄多年之商汤、周文王。曹操、刘备之时，北方大乱初平，刘备还可侥幸取胜，至诸葛亮出祁山之时，则北方已安定，屯田粮足，流民返乡，时势更有利于曹魏，即使再有擒夏侯、获于禁的便宜事，也无改于大局了。

---

① 《诸葛亮集·诸葛武侯庙记》。

② 《诸葛亮集·武侯庙碑铭并序》。

③ 《后汉书》卷 50《陈敬王羡传》。

沈迥、张俨的见解说明，如果仅仅识“势”而不能分析“势”的根源和“势”的未来变化，还是不能说明北伐失败的原因。

三

诸葛亮时代，知道蜀汉“势”不如魏的人是不少的。例如徐庶辞备北去，实出于见刘备霸业势在不可。何以见得？徐母被虏是暂时的事，而徐却说“从此别”。“从此别”三字，明确表示无再返之心。可见徐庶所谓“方寸已乱”，并非乱于暂时之事，而是乱于识“势”之后。再如章陵太守蒯越及东曹掾傅巽等劝刘琮降曹操说：“逆顺有大体，强弱有定势。以人臣而拒人主，逆道也；以新造之楚而御中国，必危也；以刘备而敌曹公，不当也……”[①] 蒯、傅二人也可以说是识“势”的。那么，能说诸葛亮不注意分析“势”吗？《隆中对》、《后出师表》都是分析天下大势的杰作。因此，不能说诸葛亮不识“势”。但是，同张俨、沈迥一样，他也不能审察造成这“势”的根源和“势”的未来趋向。诸葛亮不同于“散志岩穴，以养其命”的识势者，也不同于“趋炎附势”者。他寄希望于时势的变化，希望经过自己的努力来实现理想。遗憾的是，时势的变化与他的主观愿望相反，时势不允许他实现理想。他在奋斗中死去，作为一个失败的英雄死去。他为后人留下了造蜀治蜀的一系列典范政绩，他在中国历史上的地位和作用是不可贬抑的。在当时的历史条件下，诸葛亮不可能解开造成《后出师表》中若干“未解”之事的症结，也不可能看出《隆中对》中所谓“天下有变”将向什么方向变去。是历史局限了他，使他无法达到这点。

那么，怎样才能看出时势变化的原因和趋向呢？那就是，必须透过英雄豪杰驰骋的烟尘，看到历史的主人——人民群众的愿望和要求。必须根据历史发展的总趋势，去分析当时阶级矛盾的演化。而这两者，都

① 《资治通鉴》卷65“建安十三年”条。

是千余年前的诸葛亮所不能做到的。

四

在这里，问题涉及对农民战争历史作用的认识。只有正确估价农民战争的历史作用，才能正确地观察隆中对策时代的天下大势。笔者认为，人们对诸葛亮北伐失败的原因的诸多解说，之所以力量不够，难以服人，与没有正确地或充分地估计到农民战争的历史作用很有关系。

由于论题所限，本文在这里不能展开辩论，只能简单谈谈笔者对农民战争历史作用的看法。人们常说农民起义"反对封建制度"，这是很难自圆其说的。反对封建制度的任务，只有在资本主义生产关系在旧社会的胎胞里产生之后才能提上日程。至少在封建前期，在封建生产关系还能容纳生产力发展的时期，农民阶级是不会反对封建制度的。那么，封建前期农民革命的目的是什么呢？答案只能是：反对地主阶级的腐化或向奴隶主阶级的蜕化，维护封建秩序，要求得到自己在奴隶制下所没有而在封建社会才能有的人身地位。只要这一目的达到了，就不能说农民革命完全失败了。只有这样理解农民战争，才能解释农民革命对封建社会前期历史的推动，也才能理解黄巾起义对三国形势演化的深远影响。

为说明黄巾起义的这种作用，笔者不得不再来谈谈黄巾起义的原因和经过。

刘秀建立东汉政权，多次释奴释囚，禁止炙灼虐待奴婢，多方制止宗室及地方豪强肆无忌惮地兼并土地、侵夺人民。这一切的目的，都在于维护正常的封建秩序。一百多年之后，这个政权腐朽了，官吏放肆聚敛，世族豪强任意兼并土地，使成批农民沦为徒附和奴婢。沈迥说此时"高光之泽已竭，桓灵之虐在人"[①]。所谓"高光之泽"，即汉高祖、光武

① 《诸葛亮集·武侯庙碑铭并序》。

帝建立的封建制度，已被破坏殆尽。桓、灵的倒行逆施造成了封建制度的总危机。统治阶级中的开明集团企图挽救危机，却遭到反动集团外戚、宦官的杀戮禁锢。这时，人民起来表达了他们的意愿，黄巾大起义显示了历史创造者的力量。只要抹去封建文人涂在史实上的色彩，不难看到黄巾起义所建立的丰功伟绩：

> 会黄巾盛于海岱，山寇暴于并冀，乘胜转攻，席卷西南；乡邑望烟而奔，城郭睹尘而溃；百姓死亡，暴骨如莽。①
>
> 诸国无复租禄，而数见虏夺。并日而食，转死沟壑者甚众。②
>
> 盗贼群起，杀刺史二千石者往往而是。③

农民大起义的暴力切开了社会肌体上的痈疽，中原大地，脓和血一起流淌。外戚、宦官集团崩溃了，腐朽的世家豪族失去了土地和人民。危机解除了，中原社会得以在新的基地上重建。

重建什么样的社会？人民继续表达他们的意愿。

当时，袁绍姑息腐朽的世家豪族势力，如曹操所说："袁氏之治也，使豪杰擅恣，亲戚兼并，下民贫弱，代出租赋，衒鬻家财，不足应命……欲望百姓亲附，甲兵强盛，岂可得耶？"④曹操则代表地主阶级中较为开明进步的势力。例如当时济南青州诸郡祀西汉朱虚侯刘章，"奢侈日甚，民坐贫穷，历世长吏，无敢禁绝者"。⑤曹操任济南相时，"禁断淫祀，奸宄逃窜，郡界肃然"。又，当地长吏"多阿附贵戚，脏污狼籍"，曹操"奏免其八"。⑥人民在袁、曹之间选择了曹操。史载，曹操由东郡来领兖州牧，与黄巾战。黄巾移书操："昔在济南，毁坏神坛，其道乃与中黄太乙同，似若知道。"⑦青州黄巾兵众认为曹操维护封建秩序

① 《三国志》卷2《文帝纪》注引《典论·自叙》。

② 《后汉书》卷50《陈敬王羡传》。

③ 《后汉书》卷25《卓鲁魏刘列传》。

④ 《曹操集译注》，中华书局1979年版，第91页。

⑤ 《三国志》卷1《武帝纪》注引《魏书》。

⑥ 《三国志》卷1《武帝纪》。

⑦ 《三国志》卷1《武帝纪》注引《魏书》。

的作为是与黄巾同“道”的。当曹操“数开示降路”[①]之后，黄巾归操，“降卒三十余万，男女百余万口”，操“收其精锐者，号为青州兵”。[②]二十七年后，曹操死时，青州兵“以为天下将乱，皆鸣鼓擅去”[③]，由此可见曹操之能得民心。

地主阶级及其知识分子也有同样的动向。例如：零陵高士刘巴，曾不就刘表辟举而北诣曹操。[④]颍川郭嘉，深通筹略，亦去袁归曹，他将袁、曹详加比较，认为操必胜绍。[⑤]河间邢颙对避董卓乱率族入徐无山中的田畴说：“黄巾起来二十余年，海内鼎沸，百姓流离。今闻曹公法令严。民厌乱矣，乱极则平。请以身先，遂装还乡里。”[⑥]田畴听罢，称赞邢颙为“天民之先觉者也”[⑦]。此前，袁绍曾“数遣使召田畴于无终，又即授将军印，使安辑所统。畴皆拒之”。而当曹操派人请田畴出山时，田畴唯恐怠慢。门人问：“昔袁公慕君，礼命五至，君义不屈，今曹公使一来而君若恐弗及者何也？”田畴笑道：“此非君所识也。”[⑧]其实道理很简单，袁绍是姑息破坏封建秩序的腐朽势力，而曹操则能够维护封建秩序。

为适应中原重建封建秩序的需要，曹操立场鲜明地任用进步人士。建安十三年（208）六月，“曹操以冀州别驾从事崔琰为丞相西曹掾，司空东曹掾毛玠为丞相东曹掾……琰、玠并典选举，其所举用皆清正之士。虽于时有盛名而行不由本者，终莫得进。拔敦实、斥华伪，进冲逊，抑阿党，由是天下之士莫不以廉洁自励”。[⑨]曹操的用人路线影响深远，如魏文帝黄初元年（220）选侍中、常侍，“王左右旧人讽主者，便欲就用，不调余人”，司马懿之弟司马孚立即反对说：“今嗣王新立，当

① 《三国志》卷1《武帝纪》注引《魏书》。
② 《三国志》卷1《武帝纪》。
③ 并见《三国志》卷15《贾逵传》、同书《臧霸传》裴注引《魏略》。
④ 《三国志》卷39《刘巴传》。
⑤ 《三国志》卷14《郭嘉传》及裴注引《傅子》。
⑥ 《三国志》卷12《邢颙传》。
⑦ 《资治通鉴》卷65“建安十二年”条。此语《三国志》卷12《邢颙传》中作“民之先觉也”。
⑧ 同上。
⑨ 《资治通鉴》卷65“建安十三年”条。

进用海内英贤，如何欲因际会，自相荐举邪！官失其任，得者亦不足贵也！”[①]同年，吏部尚书陈群因当时“选用不尽人才”，“乃立九品官人之法：州郡皆置中正以定其选，择州郡之贤有识见者，为之区别人物，第其高下”。这样的用人路线，促使北方社会经济迅速恢复发展。话说回来，如果没有农民大起义摧毁“衣冠士族”特权，造成“四民错杂，详核无所”的现状，是很难产生上述用人路线的。

人才荟萃的同时，中原经济迅速发展。《晋书·食货志》载：“建安初，关中百姓流入荆州者十余万家，及闻本土安宁，皆企望思归，而无以自业。”于是卫觊建议以官营盐铁收入买牛供百姓耕种，“流人果还，关中丰实”。《三国志·魏书·任峻传》载：“羽林监颍川枣祗建置屯田，太祖以峻为典农中郎将。数年中，所在积粟，仓廪皆满。”又《通鉴》载此事，谓任峻“募民屯田许下，得谷百万斛，于是州郡例置田官，所在积谷，仓廪皆满，故操征伐四方，无运粮之劳，遂能兼并群雄”。[②]

曹操在北方澄清吏治、发展经济能那么得心应手，实在是因为农民战争为他扫清了道路。大乱后的北方，表面看来是“出门无所见，白骨蔽平原”[③]，无法跟“沃野千里”、“民殷国富”的益州相提并论。可是，排除了毒脓的中原大地面临无限生机，摆脱徒附奴婢地位的农民屯垦荒地，带来了“经济起飞”。就在诸葛亮等待中原“天下有变”的这些年月，中原否极泰来，确实大变了！

五

现在，让我们来看看益州的情况。

“天府之土”表面看来是“沃野千里”，令人羡慕，实际上是毫无生机的一潭死水。如诸葛亮所说，这里“文法羁縻，互相承奉，德政不

① 《资治通鉴》卷69“黄初元年”条。
② 《资治通鉴》卷62“建安元年”条。
③ 王粲：《七哀诗》。

举，威刑不肃。蜀土人士，专权自恣，君臣之道，渐以凌替”[①]。中平五年（188）六月，据《后汉书》卷75《刘焉传》，这里也曾发生黄巾暴动：

> 时益州贼马相亦自号‘黄巾’，合聚疲役之民数千人……旬月之间，破坏三郡，马相自称天子，众至十余万人……州从事贾龙先领兵数百人在犍为，遂纠合吏人攻相，破之。

这次起义，波及三郡，众至十余万，然为时不过旬月即戛然而止，其影响真是死水微澜而已。

对于蜀中腐朽势力，诸葛亮不可能来一个如黄巾起义似的震动，相反，他必须对蜀中大族加意笼络。刘备集团入蜀后，诸葛亮刑法稍严，法正就以“客主之义”责以“未垂惠抚”，要求“缓刑弛禁”，诸葛亮立即回答要以加爵与刑法并济，表示不会一味“假借威力”。[②]

再说用人。诸葛亮知马谡言过其实，仍使督前军；知张裔“性不公平”，仍委以留府长吏大任；知来敏乱群，复擢为将军祭酒；知法正太骄横，亦不许抑其威福；知杜微老病耳聋，还苦作挽留；知关羽刚愎自用，只能称其“绝伦逸群”以安之；知杨仪狷狭且与魏延不睦，至死难做取舍。对李平，诸葛亮更是“相知久矣”[③]。李平贻误军事，是蜀中暮气影响战争进程的典型例证。王夫之《读通鉴论》说“武侯之任人，一失于马谡，再失于李严，诚哉知人之难也”[④]。其实武侯何尝不知人？蜀中更无人，知之又奈何？

人事上，历史是如此为难武侯，经济上又未尝不如此。曹操在北方“急农”、“屯田”，蜀汉武侯未尝不知“军以粮食为本”[⑤]！但“沃野千里”多为世家豪强霸占，人民多是徒附奴婢，要屯田，哪来荒地、哪有

---

① 《三国志》卷35《诸葛亮传》裴注引郭冲五事之一。按“郭冲五事”裴氏疑其伪，然其驳难法正谏亮一事最为无力，故此第一事应可不疑。

② 《三国志》卷35《诸葛亮传》裴注引郭冲五事之一。

③ 《三国志》卷40《李严传》裴注引《诸葛亮集》。

④ 王夫之：《读通鉴论》卷10《三国》。

⑤ 《诸葛亮集·便宜十六策·治军第九》。

流民？前人曾努力搜求蜀国屯田资料，仅得建兴十二年（234），诸葛亮临终前“分兵屯田”，“杂于渭滨居民之间”① 一条，实在可以忽略不计。又诸葛亮曾对杜微提及“闭境勤农，育养民物”②之策，但“勤农”的结果，国家又能得益几何？

历史是这样的无情，对于诸葛亮这位“旷世奇才”，它丝毫也不偏爱。诸葛亮率军北伐，希望效高祖之出陈仓、定三秦，效光武之起南阳、破昆阳，以诸葛亮之才，此望不为奢望。然而，由于农民战争的伟大历史作用，由于中原上层建筑的更新和生产关系的重组对中原生产力的巨大推动，使得诸葛亮那改良后的旧邦无论如何无法战胜中原那革命后的新邦，结果就不能不是“下国卧龙空误主，中原逐鹿不由人”③，“出师未捷身先死，长使英雄泪满襟”④。历史再一次证明，不是英雄造时势，而是时势造英雄。

成都武侯祠有一副对联：“两表酬三顾，一对足千秋。”“两表”指前后《出师表》，“一对”即《隆中对》。《隆中对》脍炙人口，雄据文坛千有余载。今日读来，实未尽善。读到“非惟天时，抑亦人谋”便觉味淡，至益州“民殷国富”云云，更感欠然，至“天下有变”以下，不足观也。

（原载《宝鸡师院学报》1986年第1期）

---

① 《三国志》卷35《诸葛亮传》。

② 《三国志》卷42《杜微传》。

③ 温庭筠：《经五丈原》。

④ 杜甫：《蜀相》。

《诗》古训在文化史研究中的价值

《论语》记载了孔子对他的儿子鲤谈《诗》的两段话。《季氏》：孔子问鲤"学《诗》乎？"鲤答："未也。"孔子说："不学《诗》，无以言。"《阳货》：孔子问鲤："女为《周南》、《召南》矣乎？人而不为《周南》、《召南》，其犹正墙面而立也与！"孔子还对他的学生们说："小子何莫学夫《诗》？《诗》可以兴，可以观，可以群，可以怨；迩之事父，远之事君，多识于鸟兽草木之名。"孔子认为，不学《诗》就不会表达思想；连《周南》、《召南》都没有读，那就好比面对一堵墙，对社会交往常识一无所知。《诗》有兴、观、群、怨四种功能。不学诗，就缺少士大夫的共同语言，无法理解别人言谈中的引语譬喻（兴）；就缺少见识，不能通过风俗察觉国运之盛衰（观）；就无法与同僚聚会，切磋探讨（群）；更谈不上运用诗句发表政见，讽喻上司（怨）。不学《诗》，近不能事父，远不能事君，也缺少关于自然界的常识。

拿今人的观念来读今人对《诗经》所做的注解，很难想象出不学《诗》会有孔子所说的那么严重的后果。然而孔子所谈的正是春秋时代的文化氛围。清人劳孝舆《春秋诗话》，由《左传》中辑录出列国公卿大夫宴享赠答赋诗者32例，言谈中为诗作解者34例，引诗为证者75例。引诗者不止公卿大夫，舆台贱卒乃至戎狄首领，皆能引诗以畅其意旨。由此可见，"《诗》为当时家弦户诵之书。凡周家之所以维系八百年之人心，酝而酿之，以成一代之风气，胥是物也"[①]。孔子评价《诗》在春秋思想领域的地位说："诗三百，一言以蔽之，曰：思无邪。"[②]孟子则说："王者之迹息而《诗》亡，《诗》亡然后《春秋》作。"清儒王先谦

① 劳孝舆：《春秋诗话》卷3。

② 《论语·为政》。

解释孟子这话："《诗》之与《春秋》，固相与维持世道也。"[1]意即春秋时期维持世道的是《诗》，战国时期维持世道的是《春秋》。由此可见《诗》在当时社会生活中的影响，是举足轻重的。这里不妨做个比喻：在"文化大革命"中，不会背《语录》，别说打派仗，就是逛商店、乘公共汽车都会遇到麻烦。每个时代都有其特定的文化风尚。《诗》句的特定含义，是春秋时代中原知识界的共识。不了解这种含义，就不能深入了解那个时代的文化精神风貌。

孔子时代，已开始了"礼坏乐崩"，经战国和秦火，用《诗》来表达思想的风气便从日常生活中消失。然而作为民族文化的精华，《诗》被儒家学派承传下来。《诗》古训，即春秋时代人们对诗句含义的理解，在学术思想界是继续得到公认的，去古未远的太史公就说："《诗》三百篇，大抵圣贤发愤之所为作也。"[2]唐孔颖达《毛诗正义·序》则说："《诗》者，论功诵德之歌，止僻防邪之训。"这就告诉我们，直到唐代，《诗》仍有"维持世道"的作用。我们今天在周秦汉唐文献典籍中见到的与《诗》有关的议论，都应当依据古人对《诗》的理解去诠释。

《诗经》的古训，保存在今文经齐、鲁、韩三家和古文经毛氏的《序》、《故》、《说》、《传》中。毛诗，经东汉郑玄作《谱》、作《笺》，唐孔颖达作《疏》，得以传留至今。三家诗，据《隋书·经籍志》称，齐诗亡于曹魏，鲁诗亡于西晋，唯韩诗存。唐宋人尚多据韩诗立说。入南宋，韩诗亦亡。宋末王应麟网罗遗轶，作《诗考》，开始了搜集三家诗遗说的工作。清人长于考据和辑佚，有范家相《三家诗拾遗》、魏源《诗古微》、陈乔枞《三家诗遗说考》、王先谦《诗三家义集疏》等，使今人已可略知三家诗原貌。三家诗和毛诗，颇有"公说公有理，婆说婆有理"的味道。笔者认为，它们的分歧，只不过是"横看成岭侧成峰，远近高低各不同"而已，它们对于研究周秦汉唐时期的文化，都有着不可忽视的价值。

到了宋代，适应着当时社会的需要，理学家们致力于创建新儒学，

---

① 王先谦：《诗三家义集疏·序例》。

② 司马迁：《报任安书》。

大多崇义理而疏考证。一些学者遂以新眼光审视《诗》古训。欧阳修撰《毛诗本义》，在尊重先儒的前提下，力求“得诗人之本志”。其态度还是平心静气的。其后郑樵作《诗辨妄》，恃其博学，傲视群儒，称《诗》古训为“妄”，由此开数百年以臆测说《诗》之风。大儒如朱熹，也受郑樵影响，弃《诗序》不用，力图直接由《诗经》本文寻其“古始”。此风渐浸，一些学者不仅不理《诗序》，连毛《传》、郑《笺》一并攻驳。更有甚者，如朱熹三传弟子王柏著《诗疑》，竟指《国风》中不合己意者 32 篇为“汉儒窜入”，建议删去。清儒如姚际恒、崔述、方玉润等，都是擅废古训而欲睹《诗》之真相。20 世纪 20 年代，“古史辨”派学者们推波助澜。如顾颉刚先生以“爬满古碑的蔓草和葛藤”喻“战国以来对于《诗经》的乱说”[①]。郑振铎先生则以“瓦砾”喻历代注疏，认为只有把这一切“爬扫开来而别起炉灶”，才能显出“《诗经》的真相”[②]。到了当代古典文学家们手中，《诗》古训几乎一文不值了。50 年代到 70 年代，学者们努力寻找《诗》中的“现实性”与“人民性”，古训当然可以不顾。八九十年代，文学史家仍有不少人在致力于“掸却《毛序》蒙上的灰尘”，要把《诗》“从《经》的桎梏中解脱出来，恢复文学的本来面目”[③]。以致今天的青年学子，往往不知《诗序》为何物，更不知毛氏故训传和三家诗遗说。靠这类新注阅读了《诗经》，若要了解周秦汉唐时期《诗》在社会生活中的影响，要了解传统文化的来龙去脉，那就难免如孔子所说的“正墙面而立”的尴尬。

试举数例证之。

《召南·鹊巢》，《诗经今注》[④] 按今人观念，“鹊巢鸠占”，鹊自然不满的，便解此诗为“一个国君废了原配夫人，另娶了一个新夫人。作者写这首诗叙其事，有讽刺的意味”。《诗经注析》则说 :“此诗言鸠占鹊巢，只作妇归夫室之喻，并无深意。”前后两注，均属臆说，用来读古

① 顾颉刚 :《〈诗经〉在春秋战国间的地位》，顾颉刚编著 :《古史辨》第三册，上海古籍出版社 1982 年版。

② 郑振铎 :《读毛诗序》，顾颉刚编著 :《古史辨》第三册，上海古籍出版社 1982 年版。

③ 程俊英 :《诗经注析 · 序》，中华书局 1991 年版。

④ 高亨 :《诗经今注》，上海古籍出版社 1980 年版。

书，都会“面墙而立”。《左传》昭公元年，“郑伯享赵孟。穆叔赋《鹊巢》”。赵孟曰：“武不堪也”。穆叔以鸤鸠比喻晋国正卿赵孟。若按前注，穆叔是在讽刺赵孟；按后注，是以妇归夫室喻赵孟为卿，“并无深意”。赵孟为何说自己“不堪也”呢？看毛《序》及郑《笺》，知此诗喻“夫人有均壹之德，而后可配国君”。意即能与众妾和谐相处，才能成为国君夫人。穆叔以夫人喻正卿赵孟，以众妾喻晋诸卿。如果我们对当时盛行的媵妾制及其中发生的矛盾有所了解，就知道这“有均一之德”是何等重要，也就能理解赵孟谦辞的深意了。

春秋时期的媵妾制及其矛盾之中产生的诗歌，在《诗经》中还有不少。例如《召南》中的《小星》、《江有汜》都是这种环境的产物，它们在当时都有“维持世道”的功能。这样的道理今人是难以理解的。然而这正是我们了解文化传承与变迁的宝贵资料。如果把古人对《诗》的解说抛弃而以今人观念释之，今人可以喝彩，古人却是通不过的。例如“小星”已成为“妾”的代词，今注说那是“小官吏出差赶路”，古人就会不知所云。朱熹不信小序，仍解《小星》为“众妾美之”，“贱妾安于其命”，那是因为朱子那个时代，富人仍是妻妾成群的。

《周南·汝坟》，其末章“鲂鱼赪尾，王室如毁。虽则如毁，父母孔迩”，《诗经今注》解为“一个在王朝做小官的人逃难回到家中”，其妻烹鲂鱼给丈夫吃，安慰丈夫：“回家，就靠近父母了。”《诗经注析》解：“这章是诗人设想丈夫回家之后怎样劝他不要再去服役的话。”单从字面看，今人解释是可通的。然而如果读古书，就出问题。《后汉书·周磐传》说磐“居贫养母，俭薄不充。尝诵《诗》至《汝坟》之卒章，慨然而叹，乃解韦带，就孝廉之举”。周磐读了《汝坟》，就决计出仕做官。以今人之注面对周磐之举，那就真如“面墙而立”了。试查毛《序》云：“妇人能闵其君子，犹勉之以正也。”妇人劝丈夫效力于王室。《韩诗》云：“《汝坟》，辞家也。”“王室政教如烈火矣，犹触冒而仕者，以父母甚迫近饥寒之忧，为此禄仕。”[1]《鲁诗》云：“其妻恐其懈于

① 臧庸：《韩诗遗说》卷上，中华书局1991年版。

王事……言国家多难，唯勉强之，无有谴怒，遗父母忧。生于乱世，迫于暴虐，然而仕者，为父母在也。”[①] 由此可知汉人理解的《汝坟》的主题，是勉励丈夫为王室尽力。再读《周磐传》，豁然贯通，且对于当时人们解决出仕与尽孝的矛盾，有了新的认识。

《小雅·鹿鸣》写的是宴飨宾客。《史记·十二诸侯年表》云：“仁义陵迟，鹿鸣刺焉。”知此诗亦讽刺之意。按史迁曾向孔安国请教，孔安国为鲁申公弟子，知史迁之说来自鲁诗[②]。蔡邕《琴操》说：“《鹿鸣》操者，周大臣之所作也。王道衰、君志倾，留心声色，内顾妃后，设旨酒嘉肴，不能厚养贤者。尽礼极欢，形见于色。大臣昭然独见，必知贤士幽隐，小人在位，周道凌迟，自是始，故弹琴以风谏，歌以感之，庶几可复。”[③] 蔡邕书鲁诗石经，其《琴操》亦多鲁说[④]。今人的《诗经注析》认为《鹿鸣》“刺诗”说“与全诗气氛不合”。因而，“今不取”，十分武断。我们读《新唐书·郭山恽传》，中宗昵宴近臣，诏臣下各陈伎艺。“山恽奏：‘无所习，惟知诵诗’，乃诵《鹿鸣》、《蟋蟀》二曲，未毕，中书令李峤以其近规讽，止之”。[⑤]“翌日，帝嘉山恽之意，诏曰：‘郭山恽……志在匡时，潜申规讽，謇謇之诚弥切，谔谔之操逾明，宜示褒扬’”[⑥]。若依今人，抛弃《鹿鸣》“刺”诗之说，就无法读懂这段历史，对于郭山恽、李峤、中宗所作所为，就会莫名其妙。问题在于，古今文化氛围是不同的，今人读不出“刺”的“气氛”，不等于古人也读不出。由此可见，在文化史研究中，过分自信与不尊重古人的态度，才真是“不可取”的！

《诗》古训在古代文化史上的影响是十分深远的。即便是在著述中弃《小序》不用的朱熹，也不能完全摆脱它的影响。如《子衿》，《小序》：“刺学校废也。”《菁菁者莪》，《小序》：“乐育才也。”若从字面上“就诗论诗”，《子衿》是一首地道的情诗，朱子《诗集传》就定为“淫

---

① 范家相：《三家诗拾遗》卷3。
② 范家相：《三家诗拾遗·源流》。
③ 《太平御览》卷578。
④ 范家相：《三家诗拾遗·源流》。
⑤ 《新唐书》卷109《郭山恽传》。
⑥ 《旧唐书》卷189《郭山恽传》。

奔之诗”，《菁菁者莪》朱子认定为燕饮宾客之诗。但朱子在《白鹿洞赋》中，却又吟出“广青衿之疑问”，“乐菁菁之长育”的诗句。门人问其故，朱子答曰：“旧说亦不可废。”[①]朱子没有说明“不可废”的原因。其实很明白，《诗》古训在中古文化界已是约定俗成的观念，尤其在诗赋中，不可能视而不见。又如唐人刘长卿诗句“蜀郡满青衿”，即以青衿指莘莘学子。若以今人注析解之，刘长卿此句当译为“蜀郡到处有我的情人”，岂不令人哑然失笑！

《诗经注析》断言古人以《子衿》为教育性质的诗“是错误的”，以此为例，说明对《诗经》有两条必须掌握的“原则”。一是“就诗论诗”，二是对《序》要“择善而从”。这两条所谓“原则”，其实就是要以今人理解的字面意义为标准，抛弃古训。这一观点在目前古典文学研究者中颇有代表性。笔者的意见是，不论研究历史，还是研究文学，这种态度都是不严谨的、不负责任的。

研究周秦汉唐时期的文化精神风貌，不应当以今人对《诗》的臆说为标准，而应当重视《诗》古训的宝贵价值，认真借鉴清人如阎若璩、毛奇龄、阮元、陈启源、陈奂、段玉裁、马瑞辰、魏源、王先谦等治《诗》的态度和方法，吸取他们的成果。今天的文化史研究，不同于过去所有的儒学研究。我们不是要从眼前的需要出发去改造经学，改造《诗》，而是要用历史的、发展的眼光看待《诗》，尊重古人，尊重古训，从中探讨我们民族传统文化的特征及其演化。有了这样的基础，进而才谈得上寻找传统与现代化接轨的契机。

对于今天的文化史研究来说，事情仍如孔子当年对鲤所说的那样，“不学《诗》（古训），无以言”。

（原载《贵州社会科学》1998年第2期）

① 陈启源：《毛诗稽古篇》卷10《菁菁者莪》。

《尚书》概述

一、何谓《尚书》

《尚书》是中国最早的政治文件的汇编，其时代从尧、舜、禹经夏、商、西周到春秋中期。作为上古文献，它成为其后两千多年时间里儒家学派政治学说的基本经典。在儒家思想占统治地位的中国，它在国家政治生活中的地位可以说是至高无上的。它是帝王们的政治教科书，也是士大夫们日夜诵读的“圣经”。今天，它是我们研究上古三代历史的基本材料，也是研究其后两千多年间政治思想史、传统文化史的基本材料。

所谓“书”，在上古专指史官的记载。史官的职掌是记载君主的言论与重大事件。史官的记录汇集成册，便称为《书》。记载春秋时期史事的《左传》中已出现过《虞书》①、《夏书》、《商书》、《周书》的名称。（战国时代，“书”有泛指书写品，不必专指史官所记者。）到了汉代，学者们将幸存下来的这些《书》统称为《尚书》。王充《论衡·正说》：“《尚书》者，以为上古帝王之书；或以为上所为，下所书。”如王充所说，其解有二：一是尚指上古，由来久远；二是尚指帝王，高居在上。这比那些“依违作意以见奇”的解说平实近真，可以信从。

由于年代久远，它命途多舛；由于多人解说，它歧义纷出；由于辗转传抄，它错讹百出；由于语言文字习惯的变迁，它字句古奥，难以诠

---

① 顾炎武《日知录》卷2“古文尚书”条：“窃疑古时有《尧典》无《舜典》，有《夏书》无《虞书》，而《尧典》亦《夏书》也。”孙氏志祖曰：“按《左传·文十八年》明云《虞书》，数舜之功曰‘慎徽五典’云云；安得谓之‘有《夏书》无《虞书》’乎？窃意古人盖以二典为《虞书》，《大禹谟》以下为《夏书》也。”见《日知录集释》，岳麓书社1994年版，第73页。

释；又由于在社会政治生活中影响巨大，先秦文献与后世儒家的解说或编造混杂而下，真伪难辨。尽管如此，历代学者不敢轻视、不予回避，默默诵习，孜孜考索，终使《尚书》不断流传，历两三千年以至于今日。

《尚书》之难读，是不争的事实。唐代文学家、古文运动首领韩愈曾有"周《诰》、殷《盘》，佶屈聱牙"的感叹。近代国学大师王国维《与友人论〈诗〉、〈书〉中成语》云：

> 《诗》、《书》为人人诵读之书，然于六艺中最难读。以弟之愚暗，于《书》所不能解者，殆十之五，于《诗》亦十之一二。

国学大师王国维，竟称于《书》所不能解者近半！此虽自谦之词，实亦无奈之叹。

《尚书》研究之艰辛，《尚书》命途之多舛，真可令人浩叹！过去两千年间的情景，在后文介绍《尚书》文字今古、版本真伪、篇目存佚、章句疑惑时自将涉及。本文仅以晚近学者的研究经历略举数例，可见一斑。

清代《尚书》学之被誉为"集大成"者孙星衍，自乾隆五十九年（1794）至嘉庆二十年（1815），历时20余年，撰成《尚书今古文注疏》，自知"必多疏漏谬误之处"；之所以匆忙付梓，实因：

> 既有厥逆之疾，不能夕食，恐寿命之不长，亟以数十年中条记《书》义编纂成书……人之精神自有止境，经学渊深，亦非一人所能究极。（《尚书今古文注疏·序》）

匆忙出书，目的在"聊存梗概，以俟后贤"，并且承诺"或炳烛余光，更有所得，尚当改授梓人，不至诒讥来哲也"。

山东栖霞人牟庭（1759—1832），穷毕生精力完成两部大著：一是《诗切》，一是《同文尚书》。后者自30岁左右始撰，至基本脱稿时已63岁，又继续修改至74岁辞世，尚未定稿。其子牟房将书稿携至浙江刻版，遇太平军攻浙，急将书稿移回山东。数十年后王懿荣得到书稿，亦想校刻，因八国联军入京，身死书亡。又数十年王献唐得到书稿，清抄一本，将要排印，七七事变又作。到了1958年，王献唐先生高兴地为之作序，以为终将印行，不料稍一耽搁，“文化大革命”又起。历时百余年，三位想刻印之人四遇厄逆，竟都未能如愿。所幸者1982年，齐鲁书社终令此书问世，实现先贤遗愿。

现代国学大师顾颉刚先生立志将《尚书》彻底整理一番，编辑一部《尚书学》。其先期工作分四步：

> 第一是把各种字体的本子集刻成一编，看它因文字变迁而沿误的文句有多少。第二是把唐以前各种书里所曾引用的《尚书》句子辑录出来，参校传本的异同，并窥见逸《书》的原样。第三是把历代学者讨论《尚书》的文章汇合整理，寻出若干问题的结论。第四是研究《尚书》用字造句的文法，并和甲骨金文作比较。最后才下手去作《尚书》全部的考定。（《尚书通检·序》）

而在此四步之先，还有《尚书通检》的编定，这是1936年的事。然顾先生萃其大半生精力，亦未能完成宏愿。其四项任务中第一项，顾先生与版本目录学家顾廷龙先生合作，于30年代已着手摹写刻版，并于1935年发出《出版预告》（见《古史辨》五），有“着手已历三年”，“刊刻逾半，年内可望出版”之语。旋因日军深入华北，未能成书（其惊险经过及同人顽强努力之情，可阅顾廷龙先生《尚书文字合编·后记》）。其后动乱不止，至1982年顾廷龙先生重新整理编纂，由上海图书馆孙起治先生协助，历时又12年；在《出版预告》60年之后的1996年，终于由上海古籍出版社出版。其时顾颉刚作古16年，而顾廷龙先生已92岁高龄矣！

顾先生计划中最后一项，其实只完成《尚书》中一篇《大诰》的译证工作。《尚书大诰译证》历时8年，四易其稿，成书约70万字，惜又遇“文化大革命”，至今尚未能按原貌出版。

由此数例，足可见《尚书》诠释难度之超常和文化价值之超常。其所以有如此强大的生命力，是因为中华民族的文明进步不能缺少《尚书》这块宏大而坚固的基石。历代学者不惜付出毕生精力诠释它、保存它，我们也为能有机会加入这一行列而庆幸，而自豪！

二、《尚书》的流传

《尚书》既从上古传下，篇目自应极多，字形自是奇古。遥想当年官府柱下，典册累积充栋。然竹木简册易为虫蛀断烂，而量大又难以重新抄写。年代久远，史料难免残缺。虞夏之世传下者，寥若晨星。商代传世史料亦不可多得。周代“郁郁乎文哉”[①]，文献本是很丰富的。王室衰微后，天子失官，礼乐卜史流散四方。陵夷至春秋末年，孔子“闵王路废而邪道兴，于是论次《诗》、《书》，修起礼乐”[②]。司马迁于《史记·孔子世家》叙，孔子整理古籍，“追迹三代之礼，序《书传》，上纪唐虞之际，下至秦缪，编次其事”[③]。然作为教材，亦不可能有很大部头。

到了战国时期，大国纷争，诸侯对典籍中不利于自己的部分自然不满。《汉书·艺文志》说：“及周之衰，诸侯将逾法度，恶其害已，皆灭去其籍。”法家自商鞅便有“燔书”之议。韩非则认为世之愚学“多诵先古之书，以乱当世之治”（《韩非子·奸劫弑臣》），“儒以文乱法，侠以武犯禁”，“故明主之国无书简之文，以法为教；无先王之语，以吏为师”（《韩非子·五蠹》）。延及秦始皇三十四年（前213），丞相李斯建言：

> 臣请史官非秦纪皆烧之。非博士官所职，天下敢有藏《诗》、《书》、百家语者，悉诣守、尉杂烧之。有敢偶语《诗》、《书》，弃市！以古非今者，族！吏见知不举者，与同罪。令下三十日不烧，黥

① 《论语·八佾》。

② 《史记·儒林列传》。

③ 有学者认为孔子与《书》关系不大，认为史迁此语是汉武帝时社会上渐渐产生出的论调。笔者认为既然孔子“以《诗》、《礼》、《乐》教弟子”，且孔子对诗、礼、乐都进行过整理，“序（编次）《书传》”亦应可信。至于其所编次是否即汉伏生传出的本子，尚可讨论。

为城旦。所不去者，医药卜筮种树之书。若欲有学法令，以吏为师。[①]

始皇帝制曰："可！"

此为中国上古文化之最大浩劫！始皇帝欲使其政权"传之万世"而焚书，其实是使政权失去了精神支柱，使人人尽可为豺虎。烧书之后不到六年，秦王朝土崩瓦解。此李斯、嬴政辈始料所不及者也！

汉王朝建立之后，有识之士便致力于先秦文献的搜集。正如西汉末年刘歆所说：

汉兴，去圣帝明王遐远，仲尼之道又绝，法度无所因袭……至孝惠之世，乃除挟书之律……至孝文皇帝，始使掌故朝错从伏生受《尚书》……天下众书，往往颇出，皆诸子传说，犹广立于学官，为置博士……至孝武皇帝，然后邹鲁梁赵，颇有《诗》、《礼》、《春秋》先师，皆起于建元之间。[②]

又《史记·儒林列传》云：

汉兴，然后诸儒始得修其经艺，讲习大射乡饮之礼……及今上即位，赵绾、王臧之属明儒学，而上亦鄉之。于是招方正贤良文学之士。自是之后，言《诗》，于鲁则申培公，于齐则辕固生，于燕则韩太傅；言《尚书》，自济南伏生；言《礼》，自鲁高堂生；言《易》，自淄川田生；言《春秋》，于齐鲁自胡毋生，于赵自董仲舒。

由史迁此处所列，可知武帝之世已立有五经博士。《诗》有鲁（申公）、齐（辕固）、韩（太傅）三家，《书》有伏生，《礼》有高堂生，《易》有田生，《春秋》有胡毋生、董仲舒两家。

以上诸家博士，皆"诸子传说"，即由先师传讲，用西汉当时流行

① 《史记·秦始皇本纪》。
② 《汉书·楚元王传》所附刘歆：《移让太常博士书》。

之隶书写成（后世为区别隶书写成的书与出于“山岩屋壁”、用先秦文字写成的古书，即称博士所掌隶书所写为“今文经”）。诸家各有所掌，其师从有自，不敢有一字之出入。且其老师之列于学官，往往经过出生入死的政治斗争。例如传鲁《诗》的申公，得罪楚王刘戊，遭腐刑，其弟子王臧（景帝时为太子少傅，武帝时为郎中令）、赵绾（武帝时为御史大夫），因窦太后好《老子》言，迁怒至绾、臧，下狱死。又如传齐《诗》的辕固生，景帝时博士，因贬《老子》书为“家人言”（犹今人说是“农夫之见”），窦太后怒，令“入圈刺豕”（试以“家人”之事），幸有景帝给以利刃得免一难。这里表面是一语惹祸，实质上涉及治国方略。窦太后死后，儒学得兴。各级官吏，多用能诵儒经者。西汉初年公卿大臣如绛、灌之属，多介胄武夫，武帝建元六年（窦太后崩）之后，“则公卿大夫士吏，斌斌多文学之士矣”。[①]

今文《尚书》，出自济南伏生。伏生，秦时博士，遇焚书，藏书壁中。汉立，求其书，得29篇，教授于齐鲁之间，传济南张生及欧阳生。文帝欲召伏生进京，时伏生90余岁，老不能行，于是诏太常，使“掌故”朝错（即晁错或作鼂错）往受之。其后，以《尚书》得显者，有兒宽、周霸、孔安国、贾嘉等。

武帝之后，宣帝、元帝时，五经博士续有增列，皆为“今文”，计14家。其中《尚书》为欧阳、大小夏侯三家。

伏生之孙曾以治《尚书》见征召，然其不能讲诵，故无“伏氏”《尚书》，而由欧阳生与张生传下。欧阳生，名容，字和伯[②]，授千乘（今山东广饶附近）兒宽。宽以《尚书》教欧阳生之子，其后累世相传，因此《尚书》欧阳氏学最有势力。济南张生教夏侯都尉，传夏侯始昌。始昌传胜，胜又学于兒宽门人简卿。胜为学务于精熟，又能打破门户之见，故自成一家。胜传从兄之子夏侯建。建又受学于欧阳高，且又向五经诸儒请教与《尚书》有关内容，遂自成一家，大（胜），小（建）夏侯于宣帝甘露三年（前51）列为《尚书》博士。

① 《史记·儒林列传》。

② 张金吾：《两汉五经博士考》卷3引欧阳修族谱，商务印书馆1937年版，第20—21页。

再说景帝时之孔安国，为孔子后裔，曾从兒宽受伏生所传“今文”《尚书》。景帝前元三年（前 154），景帝子刘余徙封于鲁，是为鲁恭王。恭王好治宫室，欲广其宫，坏孔子宅，于屋壁得古文《尚书》及《礼记》、《论语》、《孝经》等凡数十篇，皆先秦古字。安国为孔子后人，悉得其书。孔安国以古文《尚书》与伏生今文29篇对照，发现多出16篇。武帝建元之后，儒学大兴，孔安国将书献于朝廷，不巧适逢陈皇后巫蛊之案，相连及诛死者300余人，仓促之间未及讨论，更未能列于学官。不久孔安国卒，古文《尚书》遂藏于中秘，外人不复得见。[①]

古文《尚书》的发现，本为学术史上一大收获。但因今文《尚书》已流行达数十年，在学术界取得统治地位，而时人多不识古文，又未列于学官，尽管孔安国曾“以今文字读之”（《汉书·儒林传》），或在民间已有所流传，今文经学家们却不予注意。

至西汉成帝时，刘歆受诏与父刘向领校中秘图书。刘歆发现中秘所藏左氏《春秋》、毛《诗》、逸《礼》、古文《尚书》，内容详于今文，文字多有不同，便想促其列于学官。哀帝时，令歆以古文与五经博士讲论经义，诸博士竟不肯置对。歆愤然寄信责让诸位太常博士，其中说：

> 孝成皇帝闵学残文缺，稍离其真，乃陈发秘藏，校理旧文……以考学官所传，《经》或脱简，《传》或间编。博问民间，则有鲁国桓公、赵国贯公、胶东庸生之遗学，与此同，抑而未施。此乃有识者之所惜闵、士君子之所嗟痛也。往者，缀学之士不思废绝之阙，苟因陋就寡、分文析字；烦言碎辞，学者罢老且不能究其一艺；信口说而背传记，是末师而非往古……犹欲抱残守缺，挟恐见破之私意，而无从善服义之公心。或怀妒嫉，不考情实，雷同相从，随声是非……深闭固距而不肯试，猥以不诵绝之，欲以杜塞余道，绝灭微学。夫可与乐成，难与虑始，此乃众庶之所为耳，非所望士君子也。且此数家之事，皆先帝所亲论，今上所考视。其古

① 陈皇后巫蛊案在元光五年（前 130）。见白新良：《孔安国献书考》，中国历史文献研究会编：《中国历史文献研究集刊》第四集，岳麓书社 1984 年版。

文旧书，皆有征验，外内相应，岂苟而已哉？夫“礼失求之于野”，古文不犹愈于野乎？……若必专己守残，党同门，妒道真，违明诏，失圣意，以陷于文吏之议，甚为二三君子不取也！[①]

刘歆一番议论击中了今文经学的要害。故虽言辞恳切，却招来诸儒怨恨。光禄大夫龚胜以辞职相要挟，大司空师丹上奏称刘歆“改乱旧章，非毁先帝所立”。刘歆惧诛求退，以病免官。

平帝时王莽擅权。莽少时与歆俱为黄门郎，颇看重歆，遂召回，累迁至封红休侯，典儒林之官。莽称帝，封刘歆为“国师”、“嘉新公”。除古文《尚书》外，逸《礼》、毛《诗》等古文经都得到重视。凡“通知其意者，皆诣公车”进京，“记说廷中”，“将令正乖缪、壹异说”。[②]

东汉建立，光武中兴，全盘否定王莽所立古文经学，仍立十四博士（《易》有施、孟、梁丘、京氏，《尚书》欧阳、大小夏侯，《诗》齐、鲁、韩，《礼》大小戴，《春秋》严、颜。见《后汉书·儒林列传》），皆今文。章帝建初年间，大会诸儒于白虎观，考论五经同异。其结果是由班固起草，以章帝名义著为定论的《白虎通义》。《白虎通义》是今文经学与阴阳五行思想结合的产物，可以说，对于东汉时期愚昧虚妄的谶纬神学的盛行，它起了推波助澜的作用。

与此同时，章帝也诏高才生受古文《尚书》、毛《诗》、《谷梁》和左氏《春秋》等。“虽不立学官，然皆擢高第为讲郎，给事近署，所以网罗遗逸、博存众家”。[③] 可以说，古文经学的地位，也开始得到官方承认。而此时期保持清醒头脑的正宗儒家学者，自然地把注意力转向了古文经学。

据《后汉书·儒林列传》，习古文《尚书》而成为“博士”者有二人。一为“荐补博士”，一为“特征博士”。汝南人周防，初习今文，后师事徐州刺史盖豫，受《古文尚书》，撰《尚书杂记》32 篇 40 万言。太

① 《汉书·楚元王传》。

② 《汉书·王莽传》。

③ 《后汉书·儒林列传》。

尉张禹荐周防为补博士。陈留人杨伦，师事司徒丁鸿，习《古文尚书》，后特征博士。杨伦先后三次得以公车征，皆因直谏不合，归，闭门讲授。史评其“志乖于时”，“不能人间事”。大将军梁商当权，征为常山王傅，辞疾不就。诏敕催促，伦曰：“有留死一尺，无北行一寸。刎颈不易，九裂不恨。匹夫所执，强于三军。”由是观之，其志在于道，而不在仕进。习古文经学者，往往如此。

古文《尚书》既是西汉景帝时出自孔安国家壁中，孔安国以此学传授人是可以相信的。《后汉书·儒林列传》说：“鲁人孔安国传古文《尚书》，授都尉朝，朝授胶东庸谭，为《尚书》古文学，未得立。”此庸谭应即刘歆《移让太常博士书》中所提到的胶东庸生。既未列学官，便在民间流行。而孔氏自孔安国下亦世世传习古文《尚书》。孔僖曾祖父子建，曾对仕王莽千乘郡守的友人说：“吾有布衣之心，子有衮冕之志，各从所好，不亦善乎！道既乖矣，请从此辞。”[①]由此语可见古文经学与今文经学在致思方向上是有区别的。这种区别也是今、古文经学者长期相争难以相容的重要原因。

东汉初，扶风茂陵人杜林从西州（今甘肃境）得漆书古文《尚书》一卷，“常宝爱之，虽遭难困，握持不离身”，以授东海卫宏、济南徐巡，曰：“林流离兵乱，常恐斯经将绝。何意东海卫子、济南徐生复能传之，是道竟不坠于地也。古文虽不合时务，然愿诸生无悔所学。”[②]于是古文《尚书》遂得流行。

杜林所传古文《尚书》，与孔安国家传出者似有不同，因其缺少所谓“逸十六篇”。但林之所以“宝之”，文字语句自有诸多不同于今文者。不能说是杜林参照其中“一卷”，用古文字体写今文 29 篇，就宝贵了。《后汉书·儒林列传》载：“扶风杜林传古文《尚书》，林同郡贾逵为之作训，马融作传，郑玄注解，由是古文《尚书》遂显于世。”当时一流学者如此服膺杜林，绝非偶然。

贾逵，扶风人，贾谊九世孙。其父徽，从涂恽受古文《尚书》。逵

① 《后汉书·儒林列传》。
② 《后汉书·杜林传》。

承父业，且兼通今文五经，章帝时入讲北宫、白虎观及南宫云台。他批评刘歆不该恃其义长，轻率移书责让太常博士，以致诸儒不服，相与排斥，致古文经遭埋没厄运。因逵多次为章帝讲到古文《尚书》，帝诏令逵撰《欧阳、大小夏侯尚书、古文尚书同异》。逵纂集为三卷，帝给予肯定。

马融，扶风人，博通经籍，拜校书郎中，诣东观典校秘书，注《孝经》、《论语》、《诗》、《易》、《三礼》、《尚书》等。融才高博洽，为世通儒，教养诸生常有千数。

郑玄，字康成，北海高密人。入太学，师京兆第五元先，始通京氏《易》、公羊《春秋》等今文经，又师事东郡张恭祖受《左氏春秋》、《古文尚书》等。以山东无足问者，乃西入关，师事扶风马融。融素骄贵，玄在门下三年不得见，而由高业弟子传授。融集诸生考论图纬，闻玄善算术，乃召见。玄因得质疑诸疑义。问毕辞归，融喟然叹曰："郑生今去，吾道东矣！"

时任城何休好公羊学，著《公羊墨守》、《左氏膏肓》、《谷梁废疾》。《春秋》公羊传为今文，左氏传为古文。郑玄乃著《发墨守》、《针膏肓》、《起废疾》，其融合今古文，打破门户之见的能力，由此可见。正如其《戒子书》所说："但念述先圣之元意，思整百家之不齐，亦庶几以竭吾才。"（《后汉书》本传）玄所注，有《尚书》、《尚书大传》、《毛诗》等十余种，又著《驳许慎五经异义》、《毛诗谱》等凡百余万言。

在贾逵、马融、郑玄等人努力之下，古文经学遂得显明于世。然终汉世，官方仍以今文经为定本。汉灵帝熹平四年（175），诏诸儒正定《五经》，刊于石碑，"为古文、篆、隶三体书法以相参验，树之学门，使天下咸取则焉"（《后汉书·儒林列传》）。熹平石经的《尚书》参校了古文《尚书》字体，但用的还是今文。[①]

十年之后，黄巾大起义爆发。董卓之乱，中国古代文献又遭浩劫。

① 若据《后汉书》字面，则熹平石经为三种字体。据《水经注》，郦道元身在北魏，得目验原碑，记汉石经不言三体，下言曹魏正始中又立古、篆、隶三字石经，可知汉石经字应为一体。如是则南朝刘宋范晔著《后汉书》时所记有误。至于刻石经所用今文经是欧阳氏抑或大夏侯《尚书》的文字，学者们各持有故，尚未可遽定。

《后汉书·儒林列传》说：

> 初，光武迁还洛阳，其经牒秘书载之二千余两，自此以后，参倍于前。及董卓移都之际，吏民扰乱，自辟雍、东观、兰台、石室、宣明、鸿都诸藏典策文章，竞共剖散；其缣帛图书，大则连为帷盖，小乃制为縢囊。及王允所收而西者，裁七十余乘，道路艰远，复弃其半矣。后长安之乱，一时焚荡，莫不泯尽焉。

及至曹魏代汉，采掇遗亡，藏于秘书中外三阁，且设中经秘书监管理典籍，收集群书近三万卷，又得汲冢中竹书，略具规模。

曹魏建国不久复立五经博士。此时古文经学已占上风，郑玄诸注最为流行。其后王肃以散骑常侍领秘书监，兼崇文观祭酒。肃女适司马氏生晋武帝司马炎，权势煊赫不可一世。肃年十八时，读扬雄《太玄》而更为之解，竟得传世。[①]肃习古文经，肯定贾、马之学而不容郑玄，于是采会同异，另为《尚书》、《诗》、《论语》、《三礼》、《左氏》等书之解，以及其父王朗所作《易传》，皆列于学官。如清人张惠言所言："肃著书，务排郑氏。马郑不同者则从马，马与郑同则并背马。然其训诂，大义出于马郑者十七。疑出于马郑者，其父朗之学也，掊击马、郑者，肃之学也。"[②]

以今文古文言之，则如皮锡瑞所云：肃"杂糅今古与郑君同，而立意与郑君为难。郑注书从今文，则以古文驳之；郑从古文，则又以今文驳之"。[③]

平心而论，肃难郑，往往言之成理。试举三例：其一，郑玄说孔子纂《书》，乃尊而命之曰《尚书》，"尚"者"上"也。肃谓"上所言，史所书，故曰《尚书》"。肃说平实。其二，玄以为舜"流四凶"在禹治水之后。肃谓"若待禹治水功成后以鲧为无功，殛之，是为舜用人子之

① 《隋书·经籍志》有《扬子太玄经》七卷，王肃注。又《华阳国志·蜀郡士女·扬雄·赞》云："其玄源渊懿，后世大儒张衡、崔子玉、宋仲子、王子雍皆为注解。"按：王肃字子雍。

② 转引自卢弼：《三国志集解·魏书·王朗传》注，中华书局1982年版，第287页。

③ 皮锡瑞：《经学通论》，中华书局1954年版，第85页。

功而流放其父，则禹之勤劳适足使父致殛。为舜失‘五典克从’之义，禹陷三千莫大之罪。进退无据，亦甚迂哉！”肃说有理。其三，“曰若稽古”，玄解“稽古同天，言尧同于天”，肃解为“顺考古道而行之”。肃解较妥。①

《隋书·经籍志》有王肃注《尚书》11卷、王肃撰《尚书驳义》5卷。《旧唐书·经籍志》有肃注《尚书》10卷、肃撰《尚书释驳》5卷、《尚书答问》3卷，及《易》、《诗》、《周官》、《春秋左氏传》、《仪礼》、《孝经》等，肃皆有注。肃又撰《圣证论》以讥短郑玄。肃与郑皆治古文经，然不相能至于此。史家评肃“好下佞己”，喜欢下属恭维自己。其意欲贬郑扬己，取而代之，然终未能得逞。

曹魏正始年间，再刻石经，每字用三种字体古文、篆书、隶书写成。《尚书》和《春秋左氏传》，已采用了古文经经文。然此时所谓博士，率皆粗疏，弟子则往往为避兵役，饱食终日无所用心，高才子弟则醉心“三玄”（《周易》、《老子》、《庄子》），这是为逃避曹氏与司马氏的权利之争，也是对深受谶纬渗透的东汉经学的反叛。魏晋时期，儒学演变为“玄学”。

政治腐败、儒学衰败的结果，是中原文化的又一次浩劫。

继晋惠帝时“八王之乱”后上台的晋怀帝，年号永嘉（307—313）。时东海王司马越专政，司马氏诸子弟继续攻杀无已。匈奴人刘渊据有今山西中部自立。永嘉五年（311），渊侄刘曜攻入洛阳，掳晋怀帝，焚烧宫室，诸王公及百官士庶死者3万余人。史称“永嘉之乱”。《隋书·经籍志》所说：“惠怀之乱，京华荡覆，渠阁文籍，靡有孑遗。”魏晋藏书，毁于一旦。今文“欧阳、大小夏侯《尚书》并亡”。

据《晋书·荀崧传》，西晋置博士19人。《尚书》有郑玄、王肃二家②，皆为古文。到了东晋，元帝践阼，简省博士，置“《尚书》郑氏，《古文尚书》孔氏”等9人。此处“《古文尚书》孔氏”是马融、郑玄都

① 以上三例子，转引自卢弼：《三国志集解》，第287页。

② 依王国维《汉魏博士考》，《书》有贾、马、郑、王四家，依蒋善国考，则为郑王二氏。参见蒋善国：《尚书综述》，上海古籍出版社1988年版，第129—130页。

没有见过的“安国注”《尚书》，是东晋忽然新出之书，至唐时竟取郑氏而代之。其后流传上千年，至明清才被学者判为“伪书”（《尚书》篇目真伪，详见第3节）。

东晋《尚书》博士无王氏之学，可知永嘉丧乱之后，王氏之学渐废。南朝“孔安国传”渐行，北朝则流行郑玄注本。《北史·儒林传》说：

> 大抵南北所为章句，好尚互有不同。江左：《周易》则王嗣辅，《尚书》则孔安国，《左传》则杜文凯。河洛：《左传》则服子慎，《尚书》、《周易》则郑康成……南人简约，得其英华，北学深芜，穷其枝叶。考其终始，要其会归，其立身成名，殊方同致矣。

“江左”即南朝，“河洛”即北朝。北朝流传郑玄所注《尚书》，不知南朝有“孔氏注本”。至陈时，费彪《尚书义疏》传到北朝，方为“二刘”（刘焯、刘炫）所瞩目。

刘焯，字士元，信都（今河北冀州）人，以儒学知名。隋开皇中，举秀才，射策甲科，参修国史。开皇六年（586），洛阳石经运至京师（隋大兴，今西安），文字磨灭莫能知者，焯奉敕与刘炫等考定。焯、炫二人论议深挫诸儒，诸儒咸怀妒恨，遂为飞章所谤，除名。焯于是“优游乡里，专以教授为务。孜孜不倦，贾马王郑所传章句，多所是非”，有《五经述议》等行于世，“论者以为数百年已来，博学通儒无能出其右者”。①

刘炫，字光伯，河间（今河北献县）人，少与刘焯结盟为友，闭户读书，十年不出。隋开皇中奉敕同修国史。尝自为《状》曰：“《周礼》、《礼记》、《毛诗》、《尚书》、《公羊》、《左传》、《孝经》、《论语》，孔、郑、王、何、服、杜等注，凡十三家，虽义有精粗，并堪讲授；《周易》、《仪礼》、《谷梁》用功差少；史子文集，嘉言故事，咸诵于心；天文、律历，穷核微妙。”在朝知名之士10余人，保明炫所陈不谬。著述

① 《北史·儒林列传》。

甚多，有《尚书述议》20卷行于世。

唐贞观年间，太宗因经籍文字多讹谬，儒学门派多，章句繁杂，诏国子祭酒孔颖达与诸儒撰定《五经》义训，令天下传习。

孔颖达，字冲远[①]，冀州衡水人，8岁就学，日诵记千余言。及长，尤明服虔《春秋左氏传》，郑氏《尚书》、《毛诗》、《礼记》，王氏《易》，兼解算历，善属文。往刘焯门下，请质疑滞，多出焯意表，令焯刮目相看。隋大业初，举明经高第，授河内郡博士。唐贞观初，封曲阜县男，十二年，拜国子祭酒，与颜师古等受诏撰定《五经》义训，凡180卷，诏定名曰《五经正义》。

孔颖达认为，《孔传古文尚书》虽然流行最晚，然"其辞富而备，其义弘而雅"[②]，奉敕撰《尚书》义训，即以孔安国所注之本为据。

《尚书正义》20卷，成书于贞观十六年（642），高宗永徽二年（651）复有增损，成为定本，即我辈今日《尚书辞典》所据之本。当年太宗下诏："卿等博综古今，义理该洽，考前儒之异说，符圣人之幽旨，实为不朽！"

《正义》成书至今1300多年，真可谓"不朽"矣！

《尚书》的文字字形，在殷周时期应与今日所见殷周青铜器铭文一致。到战国则应与出土战国简牍帛书一致。西汉初，伏生用当时流行的隶书写成。后来孔壁中出书系以先秦古字写成，藏于中秘，西汉末古文经学派出现，于是称伏生书为"今文《尚书》"。东汉杜林在西州所得漆书古文《尚书》，郑玄以其笔划形似蝌蚪称之为"科斗书"。汉熹平石经用"今文"隶书写成。曹魏正始石经用古、篆、隶三体写成，其章句所依据则是古文《尚书》。东晋时依古字笔划，用隶书写成，称"隶古定"，时人范宁又曾将"隶古定"写成当时通行的正体隶书，以便诸生诵读。唐玄宗天宝三载（744），"诏集贤学士卫包改古文从今文"[③]，这里所谓"古文"，实为"隶古定"，这里所谓"今文"实为唐时流行之楷

① 据《旧唐书》卷73《孔颖达传》校勘记。

② 孔颖达：《尚书正义序》。

③ 《新唐书·艺文志》。

书。唐文宗开成二年（837），又据卫包写本刻成石经，以免传写错讹。五代以下千有余年，《尚书》刊本文字悉依此经。此经2.7万余字，至今基本完整，藏于西安市碑林博物馆。其价值自应在宋明以来各种版本甚至敦煌石室经卷之上。本词典即以唐开成石经拓本附于书后，作为《尚书》正文。

《尚书》的“今古文之争”，到孔颖达这里告一段落。它留给人们的遗憾是很多的。这里有文字诠释之争，有治学方法之争，也有门户派别之见。许多本可以讨论清楚的文字、训诂，变得无法判别，变成永久的困惑。

形式上，古文经学取得了胜利。后来人们逐渐发现，它是以“伪古文尚书”和“伪孔安国传”的形式取得的胜利。真正的古文《尚书》失传了。后人剥去作伪的成分之后，发现真实可靠的先秦史料，即伏生所传的“今文”《尚书》，被伪“孔安国”注之《古文尚书》保存下来。

三、《尚书》“经”、“传”的真伪问题

《尚书》经文的真伪问题，学术界多以秦始皇焚书为界。凡形成于先秦的文献典籍皆认为“真”，秦火之后，后人编造而冒称《尚书》经文者为伪。解说《尚书》经文的《传》，也有后人所撰而冒称前贤所撰的现象，因其所冒者为西汉武帝时的孔安国，故被称为“伪孔《传》”。

始皇焚书，《尚书》首当其冲。《诗》305篇，人多能讽诵；《易》为卜筮之书而得免；《礼》本不完整，虽因秦焚而散亡，后人可陆续搜集整理；《春秋》经文，本有瞽史口授之传统，其所寓褒贬刺讥之义，亦由口授而不必书具，故受害较小。唯有《尚书》遭焚禁最严，亡数十篇。《汉书·艺文志》说：

> 《书》之所起远矣，至孔子纂焉，上断于尧，下讫于秦凡百篇……秦燔书禁学，济南伏生独壁藏之。汉兴，亡失，求得

二十九篇。

西汉之世，多方征求遗书，献书有赏，便有作伪者出。《汉书·儒林传》载：

世所传《百两篇》者，出东莱张霸，分析合二十九篇以为数十，又采《左氏传》、《书叙》为作首尾，凡百二篇。篇或数简，文意浅陋。成帝时求其古文者，霸以能为《百两》征，以中书校之，非是。

按西汉成帝时，征求为《尚书》学者。山东莱州人张霸根据传说孔子所作的百篇之《序》，编造了《百两》之篇所谓《尚书》，献于成帝，帝命找出宫中秘藏之古文《尚书》校对，不能对应。于是将霸交有司处理。有司认为霸欺君罪当至死。成帝惜其才高，不诛，且不灭其文。故《百两篇》居然还在世间流传。

据此，可知《尚书》或许本有百篇之多，因残缺不全难以解说，遂秘藏宫中书库。世间徒闻有百篇而不得见，遂有张霸起而作伪。张书未毁，传在世间，有可能躲过赤眉、董卓、永嘉诸乱。有人认为东晋时忽然出现伪古文《尚书》，很可能是在张霸伪书基础上改作而成。然从文辞看，霸书浅陋（例如《论衡·感类篇》引霸书《百两篇》有“伊尹死，大雾三日”语，王充不信，马、郑诸儒亦不信）。东晋所出古文《尚书》浅则浅矣，却丝毫不陋。说后者承袭前者，证据不足。

所谓《孔传古文尚书》，东晋元帝时出。据隋陆德明《经典释文·叙录》说：

江左中兴，元帝时豫章内史枚赜[①]奏上《孔传古文尚书》，亡

① 段玉裁谓“赜”当作“颐”。黄焯据唐写本《尚书音义·舜典》下作“梅赜”，认为“赜”即“赜”之变体。宋本《释文》及注疏并讹作“颐”，段说不可从。黄焯：《经典释文汇校》，中华书局1980年版，第6页。又朱骏声《说文通训定声》“臣部第五”“颐”字下云：“古人名颐者字真。晋枚颐字仲真，作梅赜者误；李颐字景真。”然则唐代已讹？本文暂从唐人，定作“梅赜”。

《舜典》一篇，购不能得，乃取王肃注《尧典》从‘慎徽五典’以下分为《舜典》篇以续之，学徒遂盛。

此《孔传古文尚书》前有一篇《序》(后人为与每篇前《小序》区别，称之为《大序》)，其中讲到“先君孔子，生于周末”，则作《大序》的应是孔子后人。其中又有“承诏为五十九篇作《传》……会国有巫蛊事，经籍道息，用不复以闻。传之子孙，以贻后代，若好古博雅君子，与我同志，亦所不隐也”。据此，陆德明、孔颖达均认为作《传》者乃汉武帝时孔安国。《孔传古文尚书》由此得名。

为弄清《孔传古文尚书》真伪问题，让我们先熟悉一下此“孔传”《尚书》的篇目：

1. 尧典，2. 舜典，3. 大禹谟，4. 皋陶谟，5. 益稷，6. 禹贡，7. 甘誓，8. 五子之歌，9. 胤征，10. 汤誓，11. 仲虺之诰，12. 汤诰，13. 伊训，14. 太甲上，15. 太甲中，16. 太甲下，17. 咸有一德，18. 盘庚上，19. 盘庚中，20. 盘庚下，21. 说命上，22. 说命中，23. 说命下，24. 高宗肜日，25. 西伯戡黎，26. 微子，27. 泰誓上，28. 泰誓中，29. 泰誓下，30. 牧誓，31. 武成，32. 洪范，33. 旅獒，34. 金縢，35. 大诰，36. 微子之命，37. 康诰，38. 酒诰，39. 梓材，40. 召诰，41. 洛诰，42. 多士，43. 无逸，44. 君奭，45. 蔡仲之命，46. 多方，47. 立政，48. 周官，49. 君陈，50. 顾命，51. 康王之诰，52. 毕命，53. 君牙，54. 冏命，55. 吕刑，56. 文侯之命，57. 费誓，58. 秦誓。

58 篇加上书前“大序”，凡 59 篇。

孔颖达曾见到郑玄所注《尚书》。此 58 篇目有 33 篇与郑注本同，余 25 篇是《孔传古文尚书》新增者。孔颖达在《尧典》“虞书”二字下有一《疏》，列出新增的 25 篇篇名：

> 大禹谟一，五子之歌二，胤征三，仲虺之诰四，汤诰五，伊训六，太甲三篇九，咸有一德十，说命三篇十三，泰誓三篇十六，武成十七，旅獒十八，微子之命十九，蔡仲之命二十，周官二十一，君陈二十二，毕命二十三，君牙二十四，冏命二十五。

篇目与郑注本相同的33篇，大体就是伏生所传29篇。29篇何以成为33篇？《孔传古文尚书·序》这样解说：

> 伏生又以《舜典》合于《尧典》，《益稷》合于《皋陶谟》，《盘庚》三篇合为一，《康王之诰》合于《顾命》。

这就是说，《孔传古文尚书》中的《舜典》是从伏生的《尧典》中分出来的，《益稷》是从《皋陶谟》中分出来的，《盘庚》一分为三，《康王之诰》是从《顾命》中分出来的。这样就增多了5篇。伏生所传29篇，本来《顾命》与《康王之诰》就是分开的，因汉武帝时民间有得《大誓》一篇献上，经博士读说而列入《尚书》，其后便将《顾命》与《康王之诰》合为一篇。《孔传古文尚书》不取《大誓》（另撰《泰誓》上中下3篇），伏生所传就成了28篇，加上5篇即是33篇。

伏生29篇（即《孔传古文尚书》中的33篇）与其余25篇经文之间的差异很快就引起了人们的注意。

南宋吴棫在其所撰《书稗传》中说：

> 安国所增多之书，今书目具在，皆文从字顺，非若伏生之书佶屈聱牙至有不可读者。夫四代之书，作者不一，乃至二人之手而遂定为二体乎？其亦难言矣！[①]

晚出的所谓“古文”25篇，文从字顺，伏生所传写为“今文”者，

① 见梅鷟：《尚书考异》卷1引。

反而佶屈聱牙，此事甚可怪，难道《尚书》文句是由两个人手定的？

到朱熹这里，他首先怀疑所谓西汉孔安国所作的《传》及《传》前那篇《大序》：

某尝疑孔安国《书》是假书，比毛公《诗》如此高简大段争事（似）？汉儒训释文字多是如此：有疑则阙。今此却尽释之。岂有千百年前人说底话，收拾于灰烬屋壁中与口传之余，更无一字讹舛？理会不得……况先汉文章，重厚有力量，今《大序》格致极轻，疑是晋宋间文章。况孔《书》至东晋方出，前此诸儒皆不曾见，可疑之甚！①

朱子疑及《孔传》及《大序》，且认为其出于东晋、刘宋年间。朱子又疑及晚出25篇经文：

孔壁所出《尚书》如《禹谟》、《五子之歌》、《胤征》、《泰誓》、《武成》、《冏命》、《微子之命》、《蔡仲之命》、《君牙》等篇皆平易，伏生所传皆难读。如何伏生偏记得难底，至于易底全记不得？此不可晓！②

《孔传古文尚书》另有置于各篇之前的《小序》。从熹平石经残石看，这些《序》是集中附在29篇之后的。《大序》说：

《书序》，序所为作者之意，昭然义见，宜相附近。故引之各冠其篇首，定五十八篇。

朱子对这些《小序》亦有疑问。汉时诸儒多以为《小序》是孔子“序《书传》”时所作。朱子说：

---

① 《朱子语类·尚书一》余大雅录。

② 《朱子语类·尚书一》万人杰录。

> 某看得《书·小序》不是孔子自作，只是周、秦间低手人作。[1]

宋以后人多从朱子，不信《小序》为孔作。但《小序》出自史迁之前，对于理解经文帮助甚大，不应轻视。

朱熹门人蔡沈作《书集传》，不依《孔传古文尚书》将《小序》置于各篇之首，而是依汉代例仍将所有《小序》合为一卷置于书末。且在今文经33篇前注明“今文古文皆有”字样，于晚出古文25篇则注明“今文无，古文有”。蔡氏《集传》将所谓“孔安国注”和孔颖达《疏》仅视作参考，而以宋儒心性义理“二帝三王之心法”为主旨。至元明两代，蔡《传》“宋学”取代了以二孔《注》、《疏》为代表的“汉学”，成为士子科考的主要依据。

元人吴澄撰《书纂言》，因25篇之不可信，乃弃去古文，专释今文。他说：

> 夫以吴氏及朱子所疑者如此，顾澄何敢质斯疑，而断断然不敢信此二十五篇之为古书，则是非之心不可得而昧也。

且撰一诗：

> 先汉“今文”古，后晋“古文”今。若论伏氏功，遗像当铸金。[2]

宋元疑《书》“古文”为伪者尚有多家。至明梅鷟《尚书考异》，确切指斥所谓“古文”为伪书，且具体指出25篇“皆杂取传记中语以成其文”。这在吴棫、朱熹的基础上又迈进了一步。梅鷟又揭示所谓“孔安国传”之晚出。例如“瀍水”，《汉书》、《后汉书》中的《地理

---

① 《朱子语类·尚书一》董铢录。

② 转引自阎若璩：《尚书古文疏证》卷8第113。

志》皆谓出谷城县，晋代才省谷城并入河南县，而《孔传》乃云“出河南北山”。又如“积石山”，在西南羌中，汉昭帝始元六年（前81）始置金城郡，而《孔传》乃云“积石山在金城西南”。孔安国武帝时早卒，载于《史记》，史迁约卒于武帝晚年，孔安国岂能得知昭帝时地名？

梅氏据孔颖达《疏》引臧荣绪《晋书》中皇甫谧《传》，认为25篇为皇甫谧伪造。然其证据尚嫌不足。又梅氏将伪古文与鲁恭王坏孔壁所出之孔壁《古文》混为一谈，而连带否定孔壁曾出古文《尚书》事，亦未妥。

至清初，诸多学者分别找出《孔传古文尚书》作伪的不少证据，至阎若璩（1636—1704）集其大成。若璩字百诗，太原人，徙居山阳（今江苏淮安）。他集30余年，本朱子之说，汇前贤成果，条分缕析，以抉《古文尚书》之罅漏，引经据古，一一指出其矛盾之处。由此，《古文尚书》之伪大白于天下。

阎氏所列，共128条。时人毛奇龄著《古文尚书冤词》，为《古文尚书》辩护，然“百计相轧，终不能以强词夺正理”。[①]其后，阎氏当有所修正。其书缺第二卷之28、29、30计3条，第三卷全卷33至48计16条，第七卷102、108、109、110计4条，第8卷122至127计6条，共缺29条，实存99条。很可能，凡是证据尚欠充足或《冤词》所驳之有理者，径删去。如此，仍以祛千古之大疑而足以不朽，“考证之学，则固未之或先矣！”[②]

阎氏辨“古文经”25篇之伪，首先指出其与孔壁所出16篇古文（郑玄将其中《九共》分作9篇计24篇）不同。“不独篇名不合者其文辞不可得而同，即篇名之适相符合者其文辞亦岂得而尽同哉！”[③]又指出25篇伪古文外之33篇，亦多有不同于伏生今文之处。伏氏今文保存于蔡邕书熹平石经，残碑遗字收入宋洪适《隶释》中有547字。洪氏以之校伪

① 《四库全书总目·经部书类二》。

② 《四库全书总目·古文尚书疏证》条。

③ 阎若璩：《尚书古文疏证》卷1第3。

《孔书》，其间多10字，少21字，不同者55字，借用者8字，通用者11字。阎氏云："余然后知此晚出于魏晋间之《书》盖不古不今非伏非孔而欲别为一家之学者也。"① 阎氏发现伪"古文"具体叙述中有违史书体例的破绽多处，一一揭示其伪。例如：朱子说到古史例不书时（即不写季节），28篇中书年、月、月相、干支而不书季节，《春秋》则书年，时、月、干支。阎氏曰：

大抵史各有体，文各有例；《书》不可以为《春秋》，犹《春秋》不可以为《书》。今晚出《泰誓上》开卷大书曰"惟十有三年春"，岂古史例耶？②

又如，据刘歆《三统历》引《武成》"辛亥祀于天位，粤五日乙卯乃以庶国祀馘于周庙"，辛亥越五日为乙卯，可知"粤五日"是连带首尾而数。现晚出《书》之《武成》说："丁未祀于周庙……越三日庚戌，柴，望，大告武成。"丁未到庚戌应书"越四日"才是。阎氏曰：

古人之书时记事有一定之体。《召诰》篇"惟三月丙午朏，越三日"则为"戊申"，《顾命》篇"丁卯，命作册度，越七日"则为"癸酉"。所谓"越三日、七日"者，皆从前至今为三日七日耳，非离其日而数之也。今丁未既祀于周庙矣，"越三日柴望"则为己酉，岂庚戌乎？甲子之不详而可以记事乎？③

阎氏之辨《孔安国传》之伪，承前人所见而更深入。他指出，汉武帝时代，《经》与《传》是分别成册的。《传》附于《经》文之下随《经》为注，始见于东汉马融为《周礼》作注。所谓《孔安国传》称出于汉武帝时，却已"就经为注"，显系后人伪托。

---

① 阎若璩：《尚书古文疏证》卷2第23。

② 同上书，卷4第54。

③ 同上书，卷1第5。

西汉孔安国曾为《论语》作注。《论语》“虽有周亲，不如仁人”安国注云：“亲而不贤不忠则诛之，管蔡是也；‘仁人’谓箕子、微子，来则用之。”“周亲”指管蔡，“仁人”指箕子、微子。东晋所出《尚书·泰誓中》“孔”《传》却说：“周，至也：言纣至亲虽多，不如周家之少，仁人也。”据此，说《尚书》孔《传》非西汉孔安国所作，断断不误！[①]又，伪古文《泰誓》经文原文是武王在誓词中说“予有乱臣十人，同心同德”之后说到“虽有周亲，不如仁人”，这里仁人却指周之“乱臣”。由此亦可推知此《泰誓》经文必非当年孔安国壁中所得。

经阎氏反复疏证，《孔传古文尚书》之为伪书，已成定论。

毛奇龄撰《古文尚书冤词》，力辩“孔安国”作《传》之《古文尚书》经文为真。毛氏知安国《传》中有安国以后地名，他据《隋书·经籍志》“至东晋，豫章内史梅赜始得安国之传，奏之”之文，不顾《经籍志》上下文皆在讲经文存亡，将“传”(chuán)字改为《传》(zhuàn)字，谓赜所得《传》中有《传》无《经》，说梅赜所上的是孔《传》，不是《古文尚书》经文。他又不顾《史记》、《汉书》等载《逸书》为16篇，无25篇之说，认为25篇为真孔壁古文。

《四库全书总目》讲到收录毛氏之书的原因，说奇龄“才辨足以移人，又以卫经为辞，托名甚正”，如果不录存其书，“恐人反疑其说之有凭，故并存之，而摄论其大旨，俾知其说不过如此，庶将来可以互考焉”。

事情正如清末学者皮锡瑞（1850—1908）所说，“阎若璩毛奇龄两家之书互有得失当分别观之”。皮氏具体列出阎证之误13处：

> 阎证古文之伪甚确。特当明末宋学方盛，未免沾染其说。夫据古义以斥孔《传》可也，据宋人以斥孔《传》则不可。阎引金履祥说，以《高宗彤日》“典祀无丰于昵”为祖庚绎于高宗之庙，其误一也。引邵子书以定“或十年”等年数，其误二也。引程子说

① 阎若璩：《尚书古文疏证》卷2第19。

谓武王无观兵事，其误三也。驳《武成》篇，并以文王受命改元为妄，其误四也。驳孔《传》以居东为避居，不为东征，其误五也。信金履祥以为武王封康叔，其误六也。信金履祥以《多方》为在《多士》前，其误七也。知九江在寻阳，又引《水经》云九江在长沙下隽西北，未免骑墙之见，其误八也。解三江亦以为有二，与九江同，其误九也。信蔡氏说，以《康诰》属武王，其误十也。移易《康诰》、《大诰》、《洛诰》以就其说，其误十一也。谓伏生时未得小序，其误十二也。以金履祥更定《洪范》为文从字顺、章妥句适，其误十三也。①

毛奇龄之后，众多学者继阎氏之业，陆续研究补证，揭露《孔传古文尚书》之伪。其著名者如惠栋（《古文尚书考》）、程廷祚（《晚书定疑》）、王鸣盛（《尚书后案》、《蛾术编》），段玉裁（《古文尚书撰异》）、江声（《尚书集注音疏》）、崔述（《古文尚书辨伪》）、孙星衍（《尚书今古文注疏》）、皮锡瑞（《今文尚书考证》）等10余家。《孔传古文尚书》之伪，终成铁案。

此后各家多弃伪“古文”25篇不再讲说。然今日我辈将《尚书》作为古代思想史、学术史研究的对象，25篇却断不可废置不顾！《四库全书总目·古文尚书冤词》提要如是说：

梅赜之书行世已久，其文本采掇佚经、排比联贯，故其旨不悖于圣人，断无可废之理。而确非孔氏之原本，则验证多端，非一手所能终掩。

皮锡瑞于《经学通论·书经》中说：

伪孔《古文尚书》自宋至今，已灼知其伪矣，而犹相承不废，

① 皮锡瑞：《经学通论·书经》。

是亦有故。宋之不废者，“人心惟危”四句，宋儒以为“道统”相传，其《进〈尚书〉注表》，首以“三圣传心”为说。而四语出伪《大禹谟》，故宋儒虽于伪《传》献疑，而于伪《经》疑信参半……此其远因一。且古文虽伪而言多近理，非止“人心惟危”四句……此其远因二……阮元曰，《古文尚书孔传》出东晋，渐为世所诵习。其中名言法语以为出自古圣贤，则闻者尊之……君臣父子之间，皆得陈善纳言之益。是知其伪而欲留为纳言之益，此近因一，龚自珍述庄存与之言曰：……《大禹谟》废，“人心道心”之旨、“杀不辜宁失不经”之诫亡矣！《太甲》废，“俭德永图”之训坠矣！《仲虺之诰》废，“谓人莫己若”之诫亡矣！《说命》废，“股肱良臣启沃”之谊丧矣！《旅獒》废，“不宝异物贱用物”之诫亡矣！《冏命》废，“左右前后皆正人”之美失矣！……是知其伪而恐废之无以垂诫，此其近因二。有此四故，故得相承不废。

清末学者王先谦（1842—1917）撰《尚书孔传参正》。他认为，《孔传古文尚书》虽经官方承认论定为伪书，“然功令所布，家传僮习，莫敢废也”，他“仍用其《经》、《传》原文，附诸考证”，“以便读者雅才好博，亦或取斯。”他又说明：“今文有伪俗，不妨以古文参考。古文无说解，仍兼采三家所长，庶为尽善。”王先谦于《尚书孔传参正·序例》中说道：

自熹平石经亡后，今文遂无本。二十九篇反借伪《传》而存。古书遗碣，可以参证文字同异。马、郑《传》、《注》亡佚，宋以来颇有辑本，所当全采以畅《经》旨。众家疏解，冶为一炉。时有管窥，弗忍割弃。

正因如此，我们本《辞典》解伪古文二十五篇经文，多以王氏此书为据。

最后还有一个问题：《孔传古文尚书》之作伪者，究竟是谁？此真乃千古之谜！

朱熹疑是撰《孔丛子》之人伪作。按《孔丛子》是孔氏子孙杂记其先祖言行之书，托为陈涉时博士孔鲋撰。其末卷为《连丛子》，载有所谓汉武帝时孔臧事及东汉末孔季彦等独家世世承传《古文尚书》事。此书可能为孔季彦编撰，其后又有窜改，亦有人认为是齐、梁时好事者所为。

明梅鷟则疑是西晋皇甫谧作。孔颖达《尧典·虞书·疏》引《晋书·皇甫谧传》云"姑子外弟梁柳边得《古文尚书》，故作《帝王世纪》，往往载《孔传》五十八篇之书"。孔《疏》又引《晋书》更重要一段：

> 晋太保公郑冲以《古文》授扶风苏愉，愉字休预，预授天水梁柳字洪季，即谧之外弟也。季授城阳臧曹字彦始，始授郡守子、汝南梅赜字仲真，又为豫章内史，遂于前晋奏上其书而施行焉。

梅氏认为是皇甫谧造《书》二十五篇、《大序》及《传》，冒称孔安国古文以授梁柳，柳授臧曹，曹授梅赜，遂献上而施行。（见《尚书考异·自序》）

因疑谧证据薄弱，不少学者疑到王肃。肃有《书》注及《尚书驳义》、《尚书答问》等，其释义多与孔《传》同。陆德明《释文·叙录》说："王肃亦注今文，而解大与《古文》相类，或肃私见《孔传》而秘之乎？"有此依据，清儒疑肃者不少，如惠栋、戴震、王鸣盛（认为不外乎肃、谧二人之手）、丁宴、皮锡瑞、王先谦等。但王肃说疑点甚多，近人多有揭示，且肃当时权势煊赫，没有必要伪造一部书又秘藏起来。

因《孔传古文尚书》由东晋梅赜所上，阎若璩引黄宗羲语曰：

> 原来当两汉时，安国之《尚书》虽不立学官（平帝时暂立），未尝不私自流通，逮永嘉之乱而亡。梅赜上伪书，冒以安国之名，则是梅赜始伪。

由是观之，阎氏似疑梅赜本人作伪。

东晋时另有一名孔安国。《晋书·孔愉传》附其子孔安国传：

> 安国……以儒素显。孝武帝时甚蒙礼遇，历仕侍中、太常……再为会稽内史、领军将军。安帝隆安中下诏曰："领军将军孔安国贞慎清正，出内播誉，可以本官领东海王师，必能道达津梁，依仁游艺。"后历尚书左右仆射。义熙四年卒，赠左光禄大夫。

此东晋时之孔安国有才华，通儒学，操守直亮，得到孝武帝赏识，活动时代为东晋后期，略晚于上书之梅赜。他有条件广采马、郑、王诸家以作《传》，且不必刻意作伪。后人很容易将他的《传》误会为西汉临淮太守孔安国作。加之其受礼遇之孝武帝与汉武帝同谥，极易混淆。很可能，后来浅人补撰一《大序》来说明这部《书传》的原委，造就了这千古之谜。

持东晋孔安国作《传》说者有清儒冯登府。近人陈梦家力证此说，认为梅赜所上者大约是东汉马、郑之徒的古文，与《孔传》无关，《孔丛子》不伪，《大序》最后一段"自'书序'至'不复以闻'疑是齐、梁、隋、唐间人所窜入"。

然此说仍有难以弥缝处。如西晋郭璞注《尔雅》，已引有伪《孔传》文，《晋书》中只字未提孔安国"奉诏作《书传》"事。

今人蒋善国承近人范寿康说，疑伪《孔传》为西晋博士孔晁所作。其所论吸取前人之失，据汲郡出竹书之时代背景及孔晁本人治学经历，疑《晚书》二十五篇"经文"及《孔传》皆孔晁所作。蒋氏之论，或许近真？

四、《尚书》篇目章句选释

孔颖达在《尧典》题目下有一《疏》，将《尚书》体例分为十类：

一曰典，二曰谟，三曰贡，四曰歌，五曰誓，六曰诰，七曰训，八曰命，九曰征，十曰范。

直接从篇名看，孔《传》古文《尚书》五十八篇中，有典二篇、谟二篇、贡一篇、歌一篇、誓八篇、诰八篇、训一篇、命九篇、征一篇、范一篇。此外各篇归类：《益稷》，谟也；《太甲》三篇、《咸有一德》、《高宗肜日》、《旅獒》、《无逸》，训也；《盘庚》三篇、《西伯戡黎》、《武成》、《梓材》、《多士》、《君奭》、《多方》、《周官》、《吕刑》，诰也；《君陈》、《君牙》，命也；《金縢》自为一体，其中祝辞，可归于诰类。另有《微子》、《立政》二篇，孔疏未提到，但《小序》言"微子作诰"，《微子》亦诰也；《立政》周公告成王用臣之法，应亦诰类。

孔氏分类似嫌琐细。此前《书·大序》已将《尚书》文体约略概括为典、谟、训、诰、誓、命六类。而征、贡、歌、范各只一篇，未必可据以为体例。

伪古文《尚书》25篇，约成书于晋宋年间，已见上节。至于伏生所传今文33篇，其成书年代亦值得探讨。20世纪20年代，学者顾颉刚、钱玄同等已展开讨论。

顾氏认为，今文《尚书》二十八篇（以《顾命》、《康王之诰》为一篇）可分为三组：

第一组，《盘庚》、《大诰》、《康诰》、《酒诰》、《梓材》、《召诰》、《洛诰》、《多士》、《多方》、《吕刑》、《文侯之命》、《费誓》、《秦誓》等十三篇，各为该时代之产物，可信为真。

第二组，《甘誓》、《汤誓》、《高宗肜日》、《西伯戡黎》、《微子》、《牧誓》、《洪范》、《金縢》、《无逸》、《君奭》、《立政》、《顾命》等十二篇，或文字较为平顺，不似当年原文，或思想观念较晚，有似后世追记。这一组，定为东周间史官追记整理出来的作品。

第三组，《尧典》、《皋陶谟》、《禹贡》三篇，顾氏认为"决是战国至秦汉间的伪作”。[①]

对于顾氏所分之三组，争议较多的是第三组。

1925年秋冬，王国维在清华国学研究院讲《古史新证》，认为：

《虞夏书》中如《尧典》、《皋陶谟》、《禹贡》、《甘誓》，《商书》中如《汤誓》，文字稍平易简洁，或系后世重编，然至少亦必为周初人所作。

王氏并认为，顾氏等疑古似有过头及欠严谨之处。他说：

疑古之过，乃并尧、舜、禹之人物而亦疑之，其于怀疑之态度及批评之精神不无可取，然惜于古史材料未尝为充分之处理也。[②]

20世纪二三十年代之后，学者们对于今文《尚书》之制作时代多有向下拉的倾向。《虞夏书》四篇自不必说，甚至《盘庚》、《高宗彤日》、《西伯戡黎》、《微子》、《牧誓》、《洪范》等篇都认为出自战国时期，甚至秦汉年间。我们的看法，还是王国维先生之说较为平允：除《虞夏书》和《商书》中《汤誓》为后世（西周）所作外，其余诸篇，应视作各该时代史官所记。至于曾经后人辑定整理，亦不可否认。

学者们对今文各篇成书时代的讨论，我们将选择有代表性的篇目，在下文摘要评介。

赖梅赜所上之伪孔《传》、《古文尚书》，伏生所传29篇（析为33篇）幸得保存。伪古文25篇较为易解，33篇今文，章句欲得通诂，殊非易事。前人所解，有伪孔安国《传》、唐孔颖达《疏》、宋代蔡沈《书集传》、清王引之《经义述闻》、孙星衍《尚书今古文注疏》、王先谦《尚书孔传参正》等。以上所列是我们诠释《尚书》章句的主要依据，

① 顾颉刚编著：《古史辨》第一册，上海古籍出版社1982年版，第201—202页。

② 王国维：《古史新证》，清华大学出版社1994年版，第2—3页。又见顾颉刚编著：《古史辨》第一册，第265页。

至于近人新说，或依新出甲骨金文，或依新兴学科成果，或许有超越前人之处，我们择善而从。

以下即按篇目顺序，择有争议或有必要说明之处略加解说。

《尧典》

首句，“曰若稽古”。“曰若”：说到那。“稽古”：考察古事。四字证明，《尧典》是后世史官所追记。然其所据史料，应当视为可信。如，尧命羲和钦若昊天，四仲四星，其中有“厥民析”、“厥民因”、“厥民夷”、“厥民隩”，与殷墟甲骨文中四方风名相近，与《山海经》中有关记载一致或暗合。竺可桢《论以岁差定尚书尧典四仲中星之年代》，认为所中之星位置应是殷末周初天象。这有利于证明《尧典》此段文字成于周初。《尧典》中强调“克明俊德，以亲九族”、“协和万邦”的思想，很明显的是周初思想，可是却被一些学者说成是战国时期思想。我们知道，战国时宗族宗法崩解，七雄争相兼并弱国。说“明德”、“亲族”、“和万邦”是战国思想，令人难以苟同。

顾颉刚先生说《尧典》、《皋陶谟》“取事实于秦制”、“取思想于儒家”（儒家讲“禅让”），认为《尧典》中的“人治思想”、“德化思想”不合于商周，故“考定为秦汉时书”。[①]试问“人治”、“德化”是秦时思想吗？秦人无神权思想？不崇尚武力？《尧典》反映的是秦王朝式的“中央集权思想”吗？今人多有认为《尧典》是秦末禁书之后“整编”的。始皇既禁《诗》、《书》，“皆烧之”，又何必“整编”它？保留那些“人治”、“德化”思想干什么？

陈梦家先生也认为，“《尧典》为秦官本《尚书》”。因其文内有“十有二州、十有二山、十有二牧”（今见《舜典》中），秦“数以六为纪”，十二为六的倍数。又有“同律度量衡”、“五载一巡守”等语，遂认其为“秦代官本”。[②]疑古过头，陈先生亦未能免。《尧典》中的思想竟然源于秦代实践，不知秦代思想又源于何处？不仅逻辑欠周，亦且有诬秦代史

① 顾颉刚编著：《古史辨》第一册，第203—204页。

② 陈梦家：《尚书通论》，中华书局1985年版，第135—146页。

官篡改伪造典籍之嫌。

《舜典》

先秦时本有《舜典》。如《孟子·万章上》中孟子引《书》曰："祗载见瞽瞍，夔夔斋栗，瞽瞍亦允若。"所言舜事，今本《尧典》无，伪孔《传》《舜典》中亦无（辑入《大禹谟》中）。可知先秦《舜典》原文已亡逸。

梅赜所上《孔传古文尚书》中，《舜典》是从伏生所传《尧典》后半"帝曰钦哉"之后"慎徽五典"以下分出来的，且缺少"孔氏"的《传》。时人因王肃注颇类"孔氏"，遂取王氏注补充孔《传》文。

齐萧鸾建武四年（497），吴兴人姚方兴称从大航头购得"孔《传》、《舜典》"，可能是他本人采马融、王肃注伪造而成。且其所献《舜典》经文，在"慎徽五典"之前有"曰若稽古帝舜曰重华协于帝"十二字。其所献尚未施行，却因罪致被杀。至隋朝开皇初年购求遗典，方兴所献始得列入《孔传古文尚书》之内。然此时所见之本，在十二字之后又有十六字"濬哲文明，温恭允塞，玄德升闻，乃命以位"，不详来历，清儒臧琳、王鸣盛等疑其为刘炫所增。

从《尧典》后半分出来的《舜典》篇首的二十八个字，也可以说是"伪古文经"。阎若璩友刘理说："欲黜伪古文，请自二十八字始。"阎氏亦云："'慎徽五典'直接'帝曰钦哉'之下，文气连注如水之流，虽有利刃亦不能截之使断！"（《尚书古文疏证》卷5上第65）

因《舜典》系由《尧典》分出，文中舜"咨四岳"前之"帝"皆指尧；"奋庸熙帝之载"之"帝"，仍是尧；此以下"帝曰"之帝，才是指舜。

"舜生三十征庸三十在位五十载陟方乃死"

《舜典》末句，依伪《孔传》，前人断句作："舜生三十征庸，三十在位，五十载陟方乃死。"清儒如孙星衍、皮锡瑞改为："舜生三十，征庸三十，在位五十载，陟方乃死。"伪《孔传》说舜"凡寿百一十二岁"，甚可疑，司马迁说："舜年二十以孝闻，年三十尧举之，年五十摄行天子事，年五十八尧崩，年六十一代尧践帝位，践帝位三十九年，南巡狩崩于苍梧之野。”[1] 如是则舜年一百岁，实仍可疑。近人周秉钧《尚书易解》作：“舜生三十征，庸三十，在位五十载，陟方乃死。”前人自郑玄至段玉裁等均以“征庸”二字连读，然皆不如断开之后易懂。而舜的年龄，则认为在位五十载含“庸三十”在内，终年八十岁较合情理。

“帝厘下土方设居方别生分类作汩作九共九篇槀饫。”

《舜典》正文末尾，附有《汩作》、《九共》（九篇）及《槀饫》等十一篇的《小序》。这是《孔传古文尚书》的安排。将《小序》放到各篇之首，而正文亡佚之篇的《小序》便放到前篇之末。本辞典为读者查询方便，径将附后之《小序》归于本篇内文。严格说来，十分欠妥。然出于尊重原本安排，无可奈何。这里有必要特别说明。

此段《小序》标点，依孔《传》，则标作“帝厘下土，方设居方，别生分类，作《汩作》、《九共》（九篇）、《槀饫》”。然《诗经·商颂·长发》有“洪水芒芒，禹敷下土方”句，知当依方字句，作“帝厘下土方，设居方……”为是。

《皋陶谟》、《益稷》

孔壁原古文《尚书》，有《弃稷》篇。“弃”为周人始祖之名，“稷”为其官名。依阎若璩考，西汉时尚存此篇。著《法言》之扬雄曾见《弃稷》文字，其中多载稷、契言论。然今《益稷》篇系由《皋陶谟》截下，其中稷与契无一话一言流传于后世，可见其非《弃稷》原文。阎氏云：“今试取《皋陶谟》、《益稷》读之，语势相接首尾相应，其为一篇，即蔡氏犹知之。”[2]

伪《孔传古文尚书》作伪者见《皋陶谟》经文下有“暨益”、“暨稷”之文，便将该文下半截下，攀附以“弃稷”之名，改名《益稷》，如此可省却另外拟目，便于凑够五十八篇之数。

此篇文字，较周初诸诰平易简洁，观其内容，如：安民、惠民，行有“九德”（宽、柔、愿等），“浚明有家”，“同寅协恭和衷哉”等，宗

① 《史记·五帝本纪》。

② 阎若璩：《尚书古文疏证》卷5上第66。

族社会、重民思想，仍是西周文字，至迟不晚于春秋，不应出自以法为教、耕战为务、驰骋言说、伏尸百万的战国、秦代和汉初。

因其纪数大多为“五”，与秦代尚“六”更无关系（仅有“十有二师”一语算是涉及六的倍数）。又有学者断言“所谓‘五辰’、‘五典’、‘五服’、‘五采’、‘五色’、‘五言’，都应是五行观念比较发达之后才构成的”，因此“我们现在所见的《皋陶谟》应当在秦汉间才写定”。[①]一般认为，相生相克的五行观念成熟于战国后期。我们知道，以五为数之常纪，与人手五指相关，源头甚早，为什么一定要到五行观念发达之后，才能以五为纪？更何况，《皋陶谟》中的“五”与“相生相克”毫无关系。

“予欲闻六律五声八音在治忽以出纳五言汝听”

此句难点在“在治忽”三字。《史记·夏本纪》引此作“来始滑”。唐司马贞《索隐》云：“‘来始滑’于义无所通。盖‘来’、‘采’字相近，‘滑’、‘忽’声相乱，‘始’又与‘治’相似，因误为‘来始滑’。今依《今文》音‘采政忽’三字……听诸侯能为政及忽怠者是也。”似乎已解决了问题。然《汉书·律历志》引此又作“予欲闻六律、五声、八音、七始，咏以出内五言，女听”，《尚书大传》亦有“六律五声八音七始”之文。由此可知，“在治”当是“七始”，古字因形近而讹。所谓“七始”，《大传》郑玄注指黄钟、太蔟、大吕、南吕、姑洗、应钟、蕤宾。又《隋书·律历志》引《汉志》，“咏”字作“训”。段玉裁云：“当从《隋志》作‘训’。”皮锡瑞断曰：“今从《隋志》引作‘训’，从班《志》释为‘顺’，‘七始’上属为义，‘训’字下属为义。”千古疑窦遂由清儒理清。

《禹贡》

《禹贡》出现之时代，20世纪上半叶之《古史辨》中多有讨论。

顾颉刚先生认定《禹贡》作于战国，归纳起来主要有三条理由：(1) 古

① 张西堂：《尚书引论》，转引自蒋善国《尚书综述》，上海古籍出版社1988年3月版，第169页。蒋氏亦主此说，见该书第172页。

代只有种族观念而无一统观念；（2）古代的“中国”地域甚不大；（3）九州之说出于战国。[①] 然此三条均可商榷。

先说“九州”。战国实际上是七雄并立，不是九州分区，是列国争霸不是大一统。《禹贡》的“九州”观念与战国实情也毫无关联。《禹贡》中“任土作贡”，其土等高下与战国时不类。如冀州无贡，绝非战国时燕赵情形。禹治水是“夹右碣石入于河”（《史记》作“入于海”，是），“北播为九河，同为逆河入于海”。冀州洪水初退，故有田赋而无贡物。又以兖州“田惟中下”（江声考原文当作“下下”），兖州田赋拟列最下或尚未定（“厥赋贞”），是兖州治水最后洪水刚过之证。此亦绝非战国时齐鲁情形。又荆州云梦泽旁尚有“三邦”即三国，此岂是战国时楚国情形？雍州“三危既宅，三苗丕叙”又岂是战国时秦国景象？战国时期，吴楚宝剑名扬天下。荆扬二州不求入贡兵器却要求入贡商周时期视作灵物而战国时期已无用处的大龟。凡此种种，如何证明《禹贡》成于战国？

再说一统观念。“普天之下莫非王土，率土之滨莫非王臣”是种族观念还是一统观念？此语见《左传·昭公七年》，是楚国人无宇观念中的“古之制也”。原诗亦见《小雅·北山》，至迟也在西周。《禹贡》之符合西周观念如此，不知顾先生如何理解此语？

再说地域观念。顾先生似认为，直到战国时人们才认识了“九州”的范围，此前则不能达到如此广阔。数十年来的考古发现，证明中华民族的文化交流，早在新石器时代晚期已遍及华夏大地。苏秉琦先生曾用“满天星斗”形容这一时期的文化面貌，又用“裂变”、“撞击”和“融合”三种形式说明文明起源和文化交流。他举例说：

> 晋南陶寺，时间在四五千年间，特点是大墓有成套陶礼器与成套乐器殉葬，其主要文化因素如彩绘龙纹、三袋足器与燕山以北和河曲地带有关，也有大汶口文化的背壶、良渚文化的俎刀，是多

① 顾颉刚编著：《古史辨》第一册，第207页。

种文化融合产生的又一文明火花。[①]

河曲在内蒙、大汶口在山东、良渚在浙江，范围已达到《禹贡》“九州”边界。苏先生又说：

> “中国”概念形成过程，还是中华民族多支祖先不断组合与重组的过程。这也是在春秋战国以前的夏商周三代以至更早就已出现群雄逐鹿的中原地区看得最为明显。……仰韶文化庙底沟类型与红山文化南北汇合产生了一系列新文化因素和组合成新的族群，他们在距今五千至四千年间在晋南同来自四方（主要是东方、东南方）的其他文化因素再次组合，产生了陶寺文化，遂以《禹贡》九州之首的冀州为重心奠定了“华夏”族群的根基。与此同时，从中原到长江中、下游文化面貌发生了规模、幅度空前的大变化，黑、灰陶盛行，袋足器、圈足器发达，朱绘、彩绘黑皮陶代替了彩陶，大型聚落遗址（古城）出现，墓葬类型分化，大墓中使用双层或多层棺椁以及由玉器、漆器、彩绘陶器、蛋壳陶器组成的礼器等等，以西北古文化为一方，以东南古文化为另一方的更大范围的组合与重组，这就是“龙山时代”出现的文化背景。[②]

在考古工作者眼前展示的是文化的组合与重组的过程。这一过程移易到历史学家的脑中，便有了当时人们地域观念的范围。苏先生提到的“龙山时代”即我们所谓“五帝时期”或《尚书·尧典》的时代。那些共同的文化因素，已遍及《禹贡》九州。我们还可以提到，20世纪60年代发现的湖北黄陂盘龙城，80年代发现的江西新干大洋洲商墓、四川广汉三星堆古蜀国“祭祀坑”，90年代湖南宁乡出土商代大铜铙以及此前出土诸多青铜重器如四羊方尊等，说明殷商人的活动范围地理观念确实已遍及于《禹贡》九州的范围。

---

① 苏秉琦：《中国文明起源新探》，生活·读书·新知三联书店1999年版，第124页。

② 苏秉琦：《中国文明起源新探》，第161—162页。

记得顾颉刚先生对于李玄伯先生提出的解决古史问题要靠考古学成果的观点，是表示肯定的。[①]以顾先生的求实求真精神，他若了解到考古界这些新成果，相信是会同意《禹贡》至迟写成于西周的观点的。

《甘誓》

据《小序》，《甘誓》为启与有扈战前誓词。然《墨子·明鬼下》引文称《禹誓》，《庄子·人间世》则云"禹攻有扈"，《吕览·先己》载夏后相与有扈战于甘，《召类》篇又载"禹攻……有扈以行其教"。由此看来，禹、启之族与有扈氏多年不和，战斗亦不止一次。因此，不可改启为禹，当信《史记》与《小序》，《甘誓》为启之誓词。

《甘誓》文字稍平易，王国维断为周初人所作。顾颉刚认为出于东周，又在《五德终始下的政治和历史》中说可能作于战国末西汉初。文中"威侮五行，怠弃三正"一语最有争议，亦可作为确定成文时代的依据。

马融说"三正"指历法中正月之"建子、建丑、建寅"三种。"三正"如何"怠弃"，又如何成为讨伐的理由？不好理解。郑玄说"三正"为"天地人之正道"。若依《国语·楚语下》讲颛顼氏"绝地天通"，"命南正重司天以属神，命火正黎司地以属民"，则郑氏之说可取。"正"指司天、司地、司民"世守其职"的氏姓宗伯。颛顼氏设"天、地、神、民、类物之官"。其中"类物之官"，从夏人《九歌》列举的神来看，应是"水、火、金、木、土、谷，谓之六府"[②]，"六府"到西周成为"五祀"，由五个氏族"世守其职"，称为"五正"。[③]其原因，盖后稷为周人始祖，周人既为天子，"谷"便由"六府"中请出另有所尊。五正所守五种物质大类，在西周，很可能已有"五行"之称。[④]西周后期宣王"不籍千亩"，世守其职的"五正"贵族，"失其官守"，"遭世之乱而莫之能

① 顾颉刚编著：《古史辨》第一册，第 270 页。
② 《左传·文公七年》。
③ 《左传·昭公二十九年》。
④ 《尚书·洪范》。

御也"[①]，人们遂不再称"五祀"、"五正"而言"五材"[②]，物质大类从神学躯壳中解脱出来。到春秋后期，"五材"被"五行"取代成为流行术语[③]，与可以"威侮"的五个贵族氏姓没有任何关系了。

由"五行"内涵的演变，我们可以考定，可以言"威侮五行"的时代，必在周人成为天子之后，又在宣王"不籍千亩"（《国语·周语上》）之前。如是，则《甘誓》之成文，必定在西周时期。

《汤誓》

《汤誓》文字亦平顺易懂，其成文应在《牧誓》及周初诸诰之后。

《孟子·梁惠王上》引《汤誓》曰："时日害丧，予及女皆亡。"与今本《汤誓》同。《孟子·梁惠王下》引《书》曰："汤一征，自葛始，天下信之，东面而征西夷怨，南面而征北狄怨，曰'奚为后我！'民望之，若大旱之望云霓也。""诛其君而吊其民，若时雨降，民大悦。"又《吕氏春秋·顺民》载汤祷于桑林，亦因大旱。时人以烈日喻恶人，是汤时真实写照。这些情况，武王伐纣时是没有的。故《汤誓》成文虽迟至西周，其事实是可以相信的，不能因某些字句类似《牧誓》而疑其真实性。

《盘庚》

《小序》说："盘庚五迁，将治亳殷，民咨胥怨，作盘庚三篇。"看来三篇应是盘庚迁殷时所作。《史记·殷本纪》却说："帝盘庚崩，弟小辛立，是为帝小辛。帝小辛立，殷复衰。百姓思盘庚，乃作《盘庚》三篇。"然则《盘庚》为小辛时所作。二者虽难定是非，终归肯定《盘庚》三篇为殷中期实录。然近人却提出不少"疑窦"，认为出自西周甚至战国，其怀疑精神可嘉，然其证据却甚为薄弱。我们读《盘庚》，其文句古朴、佶屈聱牙，非它篇可比；其中讲到"先后"与"万民"的祖先

---

① 《国语·楚语下》。

② 《国语·郑语》。

③ 《左传二十五年》以及《国语·鲁语上》。

在天上交换意见，可“自上其罚”、“祟降弗祥”，是关于商代原始宗教祖先崇拜的宝贵资料。盘庚要求民众与统治者同舟共济，要求“百姓”（贵族）“无总于货宝，生生自庸，式敷民德，永肩一心”，则是那以血缘关系为纽带的宗族社会的重要特征。《盘庚》篇对于商代社会研究的史料价值是无与伦比的。

《高宗肜日》

依《小序》，此篇是武丁祭成汤之次日，有雉鸟停于鼎耳而鸣，祖己对王的训词。依《史记》，是在武丁崩后，祖己追述当年武丁“修政行德”之事而作的追记。有学者据篇名认为是武丁之子祖庚祭武丁（高宗）之后，祖己所作。然据文本，关键似在最后一句：“典祀无丰于昵。”昵是近的意思，马融直接说“昵，考也，谓祢庙也”。则高宗所祭者是其父小乙。所祭不丰而引来雊雉异兆者，当是小乙的三位兄长，即相继为帝的阳甲、盘庚、小辛。这三位都“罔非天胤”，都是帝南庚的后裔。武丁感祖己之言，乃为阳甲等修缮寝庙。此举意义重大，用祖己的话说，是“典厥义”、“正厥德”；用史迁的话说，是“常祀无丰于弃道”，是“修政行德”。由此可见，殷人祖先崇拜及其“德”的观念，与周人是有所不同的。20世纪中期，有学者以“奴隶社会”观念看待殷商，认为“民”相当于奴隶，认为商代没有“德”的观念，因此，“王司敬民”的说法是不能相信的，《高宗肜日》只能是东周或者说战国时代的作品。此论在今日看来，真令人啼笑皆非。

《泰誓》上、中、下

按汉代《泰誓》原文，非伏生所传。刘向《别录》认为出自武帝末年。王充《论衡·正说》：“孝宣皇帝之时，河内女子发老屋，得《易》、《礼》，《尚书》各一篇奏之……而《尚书》二十九篇始足矣。”《尚书·大序》孔颖达《疏》引前人说：“宣帝泰和元年，河内女子有坏老屋得古文泰誓三篇。”[①] 东汉时，马融对这三篇所谓《泰誓》已表怀疑：

---

① 见阮元校刻《十三经注疏》，中华书局1980年版，第115页中栏，据《校勘记》“泰和”应作“本始”。

"《泰誓》后得，按其文似若浅露"，"'八百诸侯不召自来、不期同时、不谋同辞'及'火复于上至于王屋流为雕'，'五至，以谷俱来'，举火神怪，得无在'子所不语'中乎！"马融又列举《孟子》、《国语》、《春秋》、《礼记》等书所引先秦《泰誓》文字，后得的所谓《泰誓》中竟然没有！融说："吾见书、传多矣，所引《泰誓》而不在《泰誓》者甚多，无复悉记，略举五事以明之亦可知矣！"（见《泰誓上》孔颖达《疏》引）[①]梅赜所献今本《泰誓》上中下三篇，其中没有《史记》所引、史迁曾见过的《泰誓》文字，也没有马融所质疑的"浅露"文字。大约因马融所疑，作伪者为证明此本出自孔壁，另外采辑古书中所见语作成。阎若璩指出：凡马融指出古书中引用《泰誓》之文，今本中都有，而马融未指出或未见到者，今本都无。其作伪之迹，何其明显！[②]

汉代《泰誓》早已失传。后人有据《史记》等引文复原《太誓》者，如孙星衍《尚书今古文注疏》，其中《泰誓》即由孙氏辑成。然仍不尽可信。

五、《尚书辞典》例言

（一）本辞典倾向于尊重古训，因为数千年间人们多作如此理解、如此引用。若要抛弃古训而用今人新训，即便新训或许可以更为准确理解原文，但于两千年间古人之引用、议论，就可能产生迷惑。这对于文化史的研究，无异乎横生枝节。而事实上，今人对《尚书》的研读，主要是为了思想史、文化史的研究。

（二）由于今文经、古文经的差异，以及历代学者的理解发挥，《尚书》中几乎每一句话、每一个词，往往都有多种解说，且可能都有合理性。笔者只能从中择取影响较大、流行较广的解说。遇十分有价值的不同观点不忍割爱，不敢独断，则加以"或曰"或"又一说"之类，但仍

① 见阮元校刻《十三经注疏》，中华书局 1980 年版，第 180 页上栏。

② 阎若璩：《尚书古文疏证》卷 1 第 7。

不可能包罗诸家，望读者鉴谅。

（三）《尚书》佶屈聱牙，号称难读。事实上有些章句实在是无法读懂。例如《微子》中“旧云刻子”四字，依王充，则为微子语，依古文，则为父师语，且文义不明。皮锡瑞批评江声、王鸣盛、陈乔枞、魏源等人勉为其难的解说时说道：

> 夫汉人遗说存者无多。学者当墙守其说，深思其义，不得妄生驳难。如实不可解，阙疑可也。何得全无证据，妄改古人之书以就己之臆说，此岂‘信而好古，不知盖阙’之义哉？

本书虽属辞典，于有争议未决之处，亦有勉为其难之苦，不得不阙疑或从众。

（四）每字数义，每义举三例句。三句之外未举之句是此义还是彼义？只能靠读者自己去归类判断。因此本辞典篇幅虽然已经不小，仍不能解决所有问题。这里只好用孔夫子“举一反三”的教导与读者共勉了。

（五）本辞典依清阮元主持校刻的《十三经注疏》中唐孔颖达疏《尚书正义》编成。该书体例是将《书序》各冠其篇首，而正文亡佚之《序》则置于前篇之末。读者阅读该书时可依原文位置及注疏分出正文与《序》。而正文亡佚的篇名与《序》，其辞条引文归入前篇。例如《亳姑》本为篇名，因附于《周官》后，故“亳姑”条下引文作：“《周官》：告周公，作《亳姑》。”这样做，实有不妥处。但为尊重原本，不得不如此安排。这里特再加说明。

（六）例句引文结束时的句号，未必是原文中应有句号。例如“作书曰”，“曰”字之后显然还有内容，此句号亦当作冒号。鉴于辞条引文到此结束，我们还是加了句号。望读者鉴之。

嗟我同仁，十余年来付出了惊人的劳动，辨析字义，讨论分歧，“焚膏油以继晷，恒兀兀以穷年”。今天，《尚书辞典》总算杀青，笔者轻松的心情难以言表。或许，因其不算论文亦不算专著，笔者自己从中得不到什么实惠；或许因为笔者水平有限，贻笑大方之处在在皆是。然而为了中华民族传统文化的承传，我们自信是做了一件实实在在的工作，上对得起师长，下对得起学生。同时也是对人类文化遗产的保护，尽了我们的一份绵力。

甲申小暑　臧振　谨识

（原为《十三经辞典·尚书卷》书前之概述，
陕西人民出版社 2010 年版）

中国奴隶制时代的重民思想

引论——亚细亚形态与重民思想

本文论述的重民思想，指的是从统治者的立场出发来重视民众的思想。在中国，从奴隶制国家形成开始，就出现了重民思想。后来，它是政治思想家们经常论及的重要问题。在先秦思想史上，重民思想是很引人注目的。

研究重民思想在奴隶制度下存在的原因、发展过程和它的历史作用，对于深入了解中国奴隶制度的特点，无疑是十分必要的。过去，有人认为重民思想是原始氏族制社会意识的残余。也有人认为只有封建社会才能有重民思想，并以此证明西周甚至早在商代已进入封建社会。发生这类误解的原因，与没有认真考察重民思想很有关系。可以说，只有认真考察了重民思想，才能正确地认识中国的奴隶社会。

研究重民思想，与弄清中国奴隶制度的特点，又是相辅相成的。只有在理论与实际的联系上弄清中国奴隶制度的基本特点，才能深刻理解中国奴隶社会史上确实存在过的重民思想。因此，我们就无法回避古代史研究中尚有争议的“亚细亚生产方式”的问题，因为马克思关于“亚细亚生产方式”或“亚细亚形态”的理论，实际上就是针对古代东方奴隶制度的特点提出来的。

马克思的“亚细亚形态”的提法之所以一再引起争议，一是由于马、恩没有来得及对这一问题做系统全面的探讨，二是由于古代东方国家的生产方式与古典的和日耳曼的生产方式确实存在许多不同之处，而回避这个问题，东方古代史研究就无法深入。

1853 年 6 月上旬，马、恩根据当时所掌握的材料，指出古代东西方生产方式存在着明显的差异。马克思给恩格斯的信中说：正确地看到东方"一切现象底基础是不存在土地私有制，这甚至是了解东方天国的一把真正的钥匙"。[①]恩格斯同意这一论点，认为"不存在土地私有制，的确是了解整个东方的一把钥匙，这是东方全部政治史和宗教史的基础"。[②]马、恩的这些通信，标志着"亚细亚生产方式"概念的萌芽。而在当时，人们对于成文史以前的社会还几乎是无知的。1857至1858年，马克思在手稿《资本主义生产以前各形态》中，研究了亚细亚的、古典的和日耳曼的土地所有制特征，正式提出了"亚细亚形态"的概念，在这里，马克思是把亚细亚形态作为"土地所有制底第一种形态"提出来的。[③]这是因为"在六十年代开始以前，根本谈不到家庭史"。[④]人们毫不保留地认为"摩西五经"所描写的家长制家庭形式是最古的形式，不知道有原始共产制社会形态。一直到70年代，才由摩尔根"在北美印第安人的血族团体中找到了一把解开古代希腊、罗马和德意志历史上那些极为重要而至今尚未解决的哑谜的钥匙"。[⑤]摩尔根的《古代社会》一书，因之成为"划时代的少数著作之一"。[⑥]马克思以极大的兴趣研究了《古代社会》，做了详细摘要，加了许多重要的评注。马克思逝世后，恩格斯发表了《家庭、私有制和国家的起源》，完成了马克思所未完成的工作，用马克思主义的唯物史观，说明了摩尔根对于古代社会的研究成果。但是，《家庭、私有制和国家的起源》没有直接涉及亚细亚形态下的东方古代国家形成的历史。有的同志据此认为恩格斯在《家庭、私有制和国家的起源》中放弃了亚细亚生产方式的概念，笔者认为，与其说是"放弃"不如说是"回避"更合适些。因为东西方古代奴隶制国家形成过程的巨大差异是客观存在的，不是"放弃"所能解决的。实际上，恩格斯并没有放弃，在他临终前整理出版的《资本论》第三卷第四十七

---

① 《马克思恩格斯全集》第28卷，第256页。
② 同上书，第260页。
③ 《政治经济学批判大纲》第3分册，人民出版社1963年版，第91页。
④ 《马克思恩格斯选集》第4卷，第5页。
⑤ 《马克思恩格斯选集》第4卷，第2页。
⑥ 同上。

章中，仍然提到亚细亚的土地所有制，在90年代，恩格斯对这个问题仍在探讨。1890年，柯瓦列夫斯基《家庭及所有制的起源与发展概论》发表。次年，恩格斯在《家庭、私有制和国家的起源》第四版中增补了有关家长制大家庭问题的内容。恩格斯说："我们感谢马克西姆、柯瓦列夫斯基。"[①]"柯瓦列夫斯基已经证明……家长制家庭公社乃是母权制共产制家庭和现代的孤立的家庭之间的中间阶段……在这以后，问题已经不再……是土地公有还是土地私有，而是关于土地公有的形式是什么了。"[②] 由于柯瓦列夫斯基的证明，实行土地的共同占有和共同耕作的家长制家庭公社，"现在就具有了和以前完全不同的意义"[③]，原来感到很难诠释的古代文件如《洛尔希寺院文书》现在用家庭公社来解释就比用农村马尔克公社来解释要好得多了。但是，"另一方面，这种解释又造成了新的困难和引起了新的需要解决的问题。在这里只有新的研究才能解决"[④]。第二年，即1892年，恩格斯在对十年前发表的《马尔克》一文做说明时再次说道：柯瓦列夫斯基提到共同耕种土地的"包括几代人的庞大的宗法制家庭公社"的问题，"也许是完全对的，不过问题还'sub judice'（在讨论中）"。[⑤]

由上述可见，马、恩对古代史的认识是一个过程，而直到他们逝世为止，问题——特别是与东方奴隶制关系极大的大家庭公社问题，并未得到最后的解决。那种认为马、恩晚年对亚细亚生产方式问题已做出结论，亚细亚生产方式是"不成其为问题的问题"的观点，显然是有问题的。

笔者注意到，柯瓦列夫斯基通过斯拉夫民族史加以证明的"大家庭公社"，与我国商周时期的社会结构状况相似。这种大家庭公社的基本特点是：

（一）从家庭发展史来说，它是"以母权制为基础的家庭到现代世

---

① 《马克思恩格斯选集》第4卷，第53—54页。
② 同上书，第137—138页。
③ 同上书，第55页。
④ 同上书，第139页。
⑤ 《马克思恩格斯全集》第22卷，第338页。

界的个体家庭的过渡阶段”。[①]它包括一个父亲所生的数代子孙和他们的妻子，这种家庭的主要标志，“一是把给自由人包括在家庭以内，一是父权”。[②]

（二）它产生于原始社会向阶级社会过渡的时期。恩格斯说：“随着家长制家庭的出现，我们便进入成文历史的领域”[③]，摩尔根也说到，这种家族“在开始进入文明社会之后还维持过一段时间”。[④]

（三）因为它是一种“过渡阶段”，它的耕作方式、产品分配和人与人之间的关系在不同民族、不同时期会有不同的具体形式。恩格斯在介绍了南斯拉夫、俄国、德意志、印度和美洲等地的各种家庭公社之后，概括地称呼它为“实行土地的共同占有和共同耕作的家长制家庭公社”。[⑤]家庭公社最基本的特点，就是父权家长制和土地公有。

我们可以从周代传下来的农事诗中，看到“大家庭公社”在中国古代的存在。《周颂》不少诗篇，反映了王畿集体耕作的情况，《噫嘻》篇曰：“十千维耦。”《载芟》篇曰：“千耦其耘。”参加劳动的，有家庭公社的自由民，也有仆从与奴隶们。特别在始播、始获时，家长也来参与。《载芟》中叙述参加耕耘的，有主、伯、亚、旅、强、以等不同身份的人。这里的“主”便是家长，“伯”、“亚”、“旅”是诸子弟。那“强”、“以”应是家庭公社内的仆从与奴隶们。这些诗的作者可以对“众人”发号施令[⑥]，其身份很可能就是家庭公社的家长，或者是家长手下的总管。《小雅》不少诗篇反映了这种身份的诗作者与“农人”们相互依存的状况：他们关心着同一大片地的收成，《信南山》、《大田》篇就有祈求“上天同云……生我百谷”，“雨我公田，遂及我私”等句；丰收之后，他们在一起互致祝贺。[⑦]农夫有自己的家室，有相对独立的

---

① 《马克思恩格斯选集》第4卷，第54页。
② 同上书，第52页。
③ 同上书，第53页。
④ 摩尔根：《古代社会》，商务印书馆1977年版，第469页。
⑤ 《马克思恩格斯选集》第4卷，第55页。
⑥ 《周颂·臣工》：“命我众人，庤乃钱镈，奄观銍艾。”
⑦ 《小雅·楚茨》：“既醉既饱，小大稽首。”

生活资料，那地里的“遗秉”、“滞穗”，则专门留给寡妇们收用。[①]

在家庭公社中，存在着剥削和奴役。《诗经·国风》中不少出自劳动者的诗篇，控诉了家长对农夫的剥削。《魏风·伐檀》反映出剩余价值被那“不稼不穑”、“不狩不猎”的家长占有的怨恨，《豳风·七月》说到农夫一年辛苦。农事完毕，还要为家长服劳役。尽管如此，如果脱离了家庭，就会有更多的不幸，离开本族的人是会思念自己的“邦族”、“诸兄”、“诸父”[②]的。

从这些诗篇中，可以看到，当时农村的一般情况与“大家庭公社”的特点是十分类似的。

在希腊罗马，当国家形成的时候，家庭公社的上述特点很快就消失了。在那里，由于商业和航海业的迅速发展，陆上和海上奴隶与财宝的掠夺，土地的私有和财产的积聚，个体经济和高利贷的活跃，使得货币显示出巨大的威力，大批脱离氏族属籍的平民拥入手工业商业中心的城市。城市生活中的利害关系则更多地依职业来划分。这一切不可避免地引起氏族组织的衰落。到了雅典的梭伦改革和罗马的土利乌斯改革，“以个人血统关系为基础的古代社会制度就已经被破坏了，代之而起的是一个新的、以地区划分和财产差别为基础的真正的国家制度”。[③]

在古代东方，人们看到的是完全不同的情景。东方的古代文明产生在具有大面积肥沃疏松的土地和人工灌溉条件的大河流域。在工具相当落后的情况下，这里就有了剩余价值。这种剩余价值不是单个劳动力创造的，而是由集体提供的。具体地说，就是由大家庭公社提供的。这里没有发达的商业和高利贷活动，更没有航海业和奴隶贸易的发展，在建立国家的时候，征服者并不感到公社组织与自己的统治存在不可调和的矛盾。恰恰相反，这里的国家建立在部落征服的基础上，只有保留公社的固有形式，才能有剩余价值（贡赋）的提供和统治的稳定。这样，大家庭公社就在奴隶制下长久地保持下来。所谓“亚细亚生产方式”就是

① 《小雅·大田》：“彼有遗秉，此有滞穗，伊寡妇之利。”

② 《小雅·黄鸟》：“言旋言归，复我邦族。”“言旋言归，复我诸兄。”“言旋言归，复我诸父。”

③ 《马克思恩格斯选集》第4卷，第126页。

这样形成的。

马克思在论述“亚细亚形态”时曾讲到这点。他说：

> 那被本部落所侵占所征服的其它部落丧失财产，而把那个部落本身变成本部落无机的再生产条件，看成是归它所有的东西。所以，奴隶制和农奴制只不过是那以部落所有制为基础的所有制更进一步的发展形态。它们必然改变一切部落制形态。在亚洲形态之下，它们所能改变的最少……奴隶制在这里，既不破坏劳动条件，也不改变基本的社会关系。[①]

古代中国就是这样，经过重大的军事征服，战败的一方以整个集体（部落或宗族）的名义，不论是家长还是仆从，一齐沦为胜利者的奴隶。从《左传》、《国语》等史料中，可以看到，西周春秋社会具备着马克思所说的“亚细亚形态”的基本特点，正是一个实行“亚细亚生产方式”的典型。

《左传》定公四年载周初分封的情况时说，“武王克商，成王定之”之后，周公“选建明德，以藩屏周”，分鲁公（伯禽）“殷民六族”。这些被封分宗族的家长们“帅其宗氏，辑其分族，将其类丑，以法则周公”；他们必须受制于周公之法，成为周王族鲁公的奴隶。周公又把“祝宗卜史、备物典策、官司彝器”随同分封，以增加政权的神圣性，强化宗族制度，实现对战败者政治、经济和精神的严密控制。

马克思说：“在大多数亚细亚的基本形态里面，那处于一切小公社之上的综合单位便成为高级所有者，甚至成为唯一的所有者，因而真正的公社反倒只不过是世袭的占有者。”[②]《国语·周语》记载着周王“籍田”的仪式。这种仪式便是周王室作为“唯一的所有者”资格的具体体现。每年春耕开始前，由太史视土气震发，告之于王，“王乃使司徒咸戒公卿百吏庶民，司空除坛于籍。命农大夫咸戒农用”。到了籍田之日，

① 《政治经济学批判大纲》第 3 分册，第 111 页。

② 同上书，第 91—92 页。

“王裸鬯飨醴，乃行。百吏庶民毕从……王耕一墢，班三之，庶人终于千亩”。此后一年到头，庶人的耕耨收获，均有百官监察巡视。

周王王权表现在邦国关系上，还有所谓“五服”之制。《国语·周语》载：“先王之制：邦内甸服，邦外侯服，侯卫宾服，蛮夷要服，戎翟荒服。”甸服者日祭，侯服者月祀，宾服者时享，要服者岁贡，荒服者终王。这里的“祭”、“祀”、“享”、“贡”、“王”，是王权在政治上的体现，其经济体现则是贡纳制度。（据《周礼·夏官》：天下邦国都鄙，分为侯、甸、男、采、卫、蛮、夷、镇、藩九服，王“设其牧”，“制其贡，各以其所有”）。小大邦国，有不以时来朝贡者，王“于是乎有刑罚之辟，有征伐之兵，有征讨之备，有威让之令，有文告之辞”，以达到“近无不听，远无不服”的目的。

“地租和赋税合为一体”[①]是亚细亚形态下土地王有的必然结果。在周王朝，它体现为各诸侯国层层分封食邑制度和井田剥削制。《国语·晋语》中说：“公食贡，大夫食邑，士食田，庶人食力……”士以上，用“食邑”、“食田”形式进行剥削，庶人以下“食力”，实即被人剥削。所谓“井田制”，就是大约千亩为一井，每井抽取百亩为“公田”，由庶人九家均出劳力耕种。“公事毕，然后敢治私事”[②]。公田的收入全部用贡纳形式奉献给天子、诸侯等，叫作“什一而彻”。这就是西周到春秋时期“租税合一”的基本经济结构。

层层分封的结果，在政治上形成了“所有臣民对这个国家都有的臣属关系”[③]，这就是楚芋尹无宇所谓“人有十等”[④]。这里的“臣”，在奴隶主和奴隶之间，是完全的人身占有，如神和人之间的关系一样不可逾越。史籍中无数事例可证明这点。例如，当晋国栾盈逃归封邑曲沃时，曲沃守胥午问曲沃人：“今也得栾孺子，何如？”众对曰：“得主而为之死，犹不死也。”众叹息，有为栾盈之不幸而泣者，胥午又言及此，众

① 《马克思恩格斯全集》第25卷，第891页。

② 《孟子·滕文公上》。

③ 《马克思恩格斯全集》第25卷，第891页。

④ 《左传·昭公七年》：“天有十日，人有十等。下所以事上，上所以供神。故王臣公、公臣大夫、大夫臣士、士臣皂、皂臣舆、舆臣隶、隶臣僚、僚臣仆、仆臣台。”

皆曰：“得主，何贰之有。”[①]明知栾盈难胜，却愿为之尽死。可以看出，这里并没有强迫，这种关系是东方奴隶制特有的统治方式造成的。

这里的“臣属关系”不同于封建社会的臣属关系，它不是有人身身份的人对主人的依附或半依附的关系，它不同于后来的主佃或主雇关系，它是毫无权利的一方绝对服从于另一方的关系。这种臣属关系不像如“古典奴隶制”下那样敌对的状态，但从实质上看，它仍是奴隶与主人的关系。早在一个城邑沦为宗主的封邑或一个小国被灭掉时，其所有成员的人身权利就全部丧失了。《国语·周语》载，襄王赐晋文公阳樊，“阳人不服，晋侯围之。仓葛呼曰：‘……今将大泯其宗祊而蔑杀其民人，宜吾不敢服也！’”《左传》僖公二十五年亦载此事：“仓葛呼曰：‘德以柔中国，刑以威四夷，宜吾不敢服也。此谁非王之姻亲，其俘之也！’”仓葛的呼声清楚地说明，成为封邑民就意味着丧失一切权利。封邑如此，被灭小国与宗主国关系就更可想而知。《左传》昭公十五年记载了这么一件事：晋荀吴伐鼓，鼓人请降，荀吴不许，说：“或以吾城叛，吾所甚恶也。”使鼓人杀叛人而缮其守备。围鼓三月，鼓人又请降。荀吴又不许，他对不解其意的军吏说：“获一邑而教民怠，将焉用邑？……城可获而民知义所。有死命而无二心，不亦可乎！”直到鼓人食竭力尽，荀吴才“克鼓而返”。原来，荀吴所要的是“有死命而无二心”的奴隶。

像曲沃、阳樊、鼓人所面临的这种处境，马克思称之为“东方普遍奴隶制”[②]。这种奴隶制的形成途径和统治特点，在政治思想史上带来了重大的影响。

由于奴隶主不是私有土地的所有者，他通过国家与直接生产者相对立。因此，“依附关系在政治方面和经济方面，除了所有臣民对这个国家都有臣属关系以外，不需要更严酷的形式”。[③]奴隶制的基本特点——劳动者人身被完全占有，主要不是表现为对个别奴隶的随时可能的杀戮或锁链和皮鞭那种“严酷的形式”，而是由无法打碎的镣铐——宗族血

① 《左传·襄公二十三年》。
② 《政治经济学批判大纲》第3分册，第114页。
③ 《马克思恩格斯全集》第25卷，第891页。

缘关系和无法躲避的皮鞭——天命鬼神观念起了绝对支配的作用，至少在中国，宗族血缘关系和天命鬼神观念就成为奴隶制度的两根支柱，成为各级贵族对生产者——“众”、“庶”“完全占有”的根据。而这两根支柱的动摇和摧折便意味着奴隶制度末日的到来。

由于手工业和农业的结合，公社成员与公社组织的根深蒂固的联系，在这里，专业的手工业和商业被认为是卑贱的事情。“生产只是在自给自足的圆圈内打转”[①]，其目的不是为着增值财富。在这里，拿人与财富相比，人更重要，生产是为了人。相反，在那种人成为个人的地方，作为孤立的个人只有靠自己来生活，而财产就成为生存的前提。前一种情况，是人重于财，后一种情况，是人轻于财，人重财轻的经济特征反映到政治思想中，便是重人轻财的思想。因此，马克思说道：“我们在古代人中间，根本找不到有谁去研究哪一种土地所有制形态是最生产的、是能够创造最大财富的……他们所研究的始终是，哪一种所有制形态创造出最好的国家公民。”[②]在古代中国，这确实是政治思想的又一特色。

由于不存在经常买卖大批奴隶的条件，在亚细亚形态下，对奴隶制度的维护就不能单纯依赖武力。如何控制和保住现有的奴隶就不能不是明智的统治者经常思索的问题。在古代中国，那依靠战争俘获大批奴隶的纣王，被认为是暴虐昏君的典型；而大量思想史料向我们展示的，是运用宗法和天命这两条支柱来维持统治的经验。这些经验之不同于古代希腊、罗马的重要特点之一，便是重视民众的思想。

由于公社集体的保留，家族成员“相互保护与依存”[③]的传统，以及随之而来的伦理道德观念等，就成为一股不可忽视的力量。马克思指出，在亚细亚形态下，“传统必然起着非常重要作用”[④]；恩格斯也谈到过，在保存了马尔克公社的各个国家，氏族制度所特有的民主性质。

---

① 《政治经济学批判大纲》第3分册，第103页。

② 同上书，第104页。

③ 摩尔根：《古代社会》，第510页。谈到父权制家庭时说：“它是一种在族长控制之下为放牧牛羊、耕种土地和相互保护与依存而由仆从与奴隶组成的组织。”

④ 《马克思恩格斯全集》第25卷，第893页。

“甚至在它后来被迫蜕变的时候，也还留下了氏族制度的片断，从而在被压迫者手中留下了一种武器”，成为一种“地方性的团结和抵抗的手段”。[①]就古代东方的大家族公社来说，这种“团结和抵抗的手段”应是更加强有力的。如果统治者不注意如何保有被统治者的问题，就有可能整个地丧失其统治。在若干个奴隶主国家并存的时期，在各级奴隶主贵族的内部争夺中，特别是后来在奴隶主与封建主之间的激烈斗争中，被统治、被压迫者手中的这一武器就会发挥更大的作用，这种作用不断反映到进步政治思想家们的头脑中，便形成了各种形式的重民思想。

一、重民思想的产生——夏商时期的重民思想

不少学者认为我国奴隶制国家自禹开始。禹继尧舜之后，为奴隶制国家的建立作出不可磨灭的贡献，奴隶制度的形成和奴隶制国家的建立是人类历史上一个伟大的进步。作为中华民族这一伟大进步的完成者，禹是当之无愧的。

《尚书·皋陶谟》记载禹受部落联盟议事会之命，平治水土、导洪水入河海（“决九川距四海，浚畎浍距川”），又与稷一道，教民耕种渔猎（“暨稷播，奏庶艰食鲜食”），使民众生活有了保障，万千个家庭公社得以安定（“烝民乃粒，万邦作乂”）。社会生活的稳定，生产力水平的提高，是奴隶制国家建立的物质基础。在这样的基础上，禹“弼成五服，至于五千，州十有二师，外薄四海，咸建五长”。由此确立了各部落对于国家政权的臣属关系，完成了“按地区来划分它的国民”和“公共权力的设立”[②]的任务。

禹这一系列建国工作，可以概括为“安民”二字。安民，一方面指平治水土、教民稼穑，另一方面也指建长立刑、设立公共权力。禹说：

① 《马克思恩格斯选集》第 4 卷，第 153 页。

② 同上书，第 166、167 页。

“知人则哲，能官人；安民则惠，黎民怀之。”知人，指在建长立刑时要任用贤能俊乂。用贤的目的也在安民。能够知人安民就不忧虑敌对部落的威胁，不担心谗佞之人为非作歹（“能哲而惠，何忧乎驩兜，何迁乎有苗，何畏乎巧言令色孔壬”）。只要统治者能通过这些措施来怀保黎民，便可以“达于上下，敬哉有土”。

据范老意见，《尚书·皋陶谟》系周史官根据传说整理[①]，虽然其中难免渗入儒家思想，但那基本事实，应不是凭空编造的。恩格斯在谈到类似情况时说：“在这里，问题在于确定这样的事实：政治统治到处都是以执行某种社会职能为基础，而且政治统治只有在它执行了它的这种社会职能时才能维持下去。”[②]禹的“安民”思想，就是为执行亚细亚形态下奴隶主政权的社会职能而产生的。“安民”是中国奴隶制国家诞生的标志，也是重民思想产生的标志。“安民”和“安民”思想是东方原始政治经济发展到旧生产关系无法适应时的必然产物。因此，说我国第一个奴隶制国家的开创者是禹，说禹以“安民”为其建国的宗旨，是可以相信的。

禹所建立的夏朝，到桀时陷于崩溃，商汤起兵伐桀，宣布桀的罪状是“率遏众力，率割夏邑”[③]，桀抛弃了禹所奉行的“安民”思想，使整个国家陷于危机。无数大家庭公社被剥夺到无法维持生存，劳动者陷入活着不如死了好的境地。汤以“致天之罚”为名，消灭了“多罪”[④]的夏桀，建立了商朝。桀的“多罪”从根本上说，就是指导思想上不知重民。

商殷六百余年，前后三十一帝，其所以能如此历久，与不乏能够重视民众的明哲帝王很有关系。周公诰教成王时曾提到这点，周公说：殷祖先明哲帝王，能敬畏天命，重视小民，行德教，保持明智，由成汤延及帝乙，能修己自劝，成其王功。（“在昔殷先哲王迪，畏天显小民，经

① 范文澜：《中国通史简编》修订本，人民出版社1965年版，第95页。

② 《马克思恩格斯选集》第3卷，第219页。

③ 《尚书·汤誓》。

④ 同上。

德秉哲，自成汤咸至于帝乙，成王畏”[1]）周公点名表扬了三个明哲的商王：中宗（太戊），“治民祗惧，不敢荒宁”；高宗（武丁），曾经在外劳动，与“小人”多有接触；祖甲则亲自当过“小人”，到即位之日，便深知民间疾苦，所以做到了“保惠于庶民，不敢侮鳏寡”。相反，那生在安逸中，“不知稼穑之艰难，不闻小人之劳”的“后立王”，便都短命早死。[2]

周公还谈到，殷商之所以“多历年所”，还在于有贤哲大臣的辅佐。周公说，成汤受命时，有伊尹“格于皇天”；在太甲，则有保衡辅佐；在太戊，有伊陟、臣扈“格于上天”，有巫咸安治王家；在祖乙，有巫贤；在武丁，有甘盘。因有这类“老成人”的辅佐，殷才能“礼陟配天，多历年所”。[3]

周公强调贤哲大臣能格知天命，其实，善于领会“天意”者，莫不熟悉民情。

商王盘庚，也很可以称得上明哲。为避水涝灾害，重振家邦，复高祖之德，他不惜“震动万民以迁”[4]。当时，不愿迁都的，是那些贪恋货宝、傲慢而怠惰的贵族。他们制造流言，引起民众的怨望，于是盘庚分别对“畜民”们、“在位”者和“邦师伯长百执事之人”训话。三次训话完整地反映出亚细亚形态下奴隶主统治政策的各方面，记载训话内容的《尚书·盘庚》三篇，因之成为十分宝贵的史料。

盘庚对“邦伯师长百执事之人”说：我不任用那贪财之人（“朕不肩好货”[5]），我只举用那能注意百姓休养生息的人，尊重那能谋求民众安居的人（“敢恭生生，鞠人谋人之保居，叙钦”）。他要求各级官员切勿贪恋货宝，要多考虑人民的生计问题（“无总于货宝，生生自庸”），要以德待民，使之无有二心（“式敷民德，永肩一心”）。这里我们看到，作为亚细亚形态经济特征在政策上的体现，盘庚在货宝与民生之间，断

① 《尚书·酒诰》。此处句读训释据曾运乾《尚书正读》。
② 以上引文见《尚书·无逸》。
③ 本段引文见《尚书·君奭》。
④ 《尚书·盘庚下》。
⑤ 本段引文皆见《尚书·盘庚下》。

然选择了后者；他之所以坚决实行迁都，正是以“保居”、“安民”为直接目的的。

盘庚对那些不愿迁徙、聒聒起哄的贵族说：你们还是收起那怠惰之心，给人民和姻亲们一些真实的好处吧。这样，你们方可说自己在“积德”（“汝克黜乃心，施实德于民，至于婚友，丕乃敢大言汝有积德”[①]）。你看那小民们，虽有过分之词，尚且能听箴谏之言，你们不听箴言，我将置你们于死地！（“相时憸民，犹胥顾于箴言，其发有逸口，矧予制乃短长之命”）如果你们不肯弃恶从善，那就悔之晚矣（“乃奉其恫，汝悔身何及”）。这些被训的贵族，他们的先祖是能随从商王受享的，因此盘庚还希望他们及时悔悟，盘庚明确提出了“人惟求旧，器非求旧，惟新”的方针。“器非求旧，惟新”是生产发展、社会前进的必然结果。“人惟求旧”，则是亚细亚形态下巩固奴隶主阶级专政的需要，前者要求注重民事，后者要求强化宗族制度。

盘庚对被统治的“畜民”们是这样讲的：从前我们先王，无不唯民意是从（“古我前后，罔不惟民之承”[②]），不求苟安于其所居止，总是根据民众的利益实行迁徙（“不怀厥攸作，视民利用迁”）。我现在也是顺承你们，造福于你们，希望你们同享安乐，不是你们有罪要受惩罚。我这样呼吁你们到新邑去，正是为了你们，大大顺承你们的意愿（“承汝俾汝，惟喜康共，非汝有咎比于罚。予若吁怀兹新邑，亦惟汝故，以丕从厥志”）。这一席话，是否完全是欺骗“畜民”的呢？笔者认为不能这样理解。在险恶的自然环境面前，要榨取民众的血汗，就不能不考虑生产的需要和生产者的生存问题。盘庚甚至不得不号召奴隶们与宗主和衷共济。他说：我们现在的处境，好比在船上，你不渡过河去，坐待船货朽烂，你等不考虑好，大家就会一起沉没（“若乘舟，汝弗济，臭厥载，尔忱不属，惟胥以沈”）。[③]这是恰当的

① 《尚书·盘庚下》。

② 本段引文皆见《尚书·盘庚中》。

③ 对于“尔忱不属”中的“忱”与“属”字有几种解释。本文暂从此说，解“忱”为“考虑”，训“属”为“适”。

比喻，在这里，亚细亚形态下存在那种“相互保护与依存”的状况明显地表现出来。

这丝毫不是说，奴隶主对奴隶“完全占有”的关系因此而不存在。在盘庚的训词里也反映出这种关系，但并非简单地以滥杀相威胁。盘庚说：是我从上天那里求得许可，延续你们的性命，我岂是威胁你们？我是为了畜养你们才这样做的（“予迓续乃命于天，予岂汝威，用奉畜汝众”）。从宗族关系上，这些被训者的祖先是受商先王役使的，这便是盘庚今日役使他们的根据。因此盘庚说：如果久滞于此，我祖先将降罪于我，说：为什么虐待我的臣民。同时，你等如不努力生息，不与我同心，我祖先也会降罪于你们，说：为什么不顺从我的幼孙？（“陈于兹，高后丕乃崇降罪疾，曰：‘曷虐朕民？’汝万民乃不生生，暨予一人猷同心，先后丕降与汝罪疾。曰：‘曷不暨朕幼孙有比？’”）你等都该做我顺民，一旦你等有戕贼之心，我先祖就会告诉你先祖，你先祖就会抛弃你等，不顾你等死活（“汝共作我畜民，汝有戕则在乃心，我先后绥乃祖乃父，乃祖乃父乃断弃汝，不救乃死”）。由上天来惩罚你等，你等是无法逃脱的（“自上其罚汝，汝罔能迪”）。盘庚这样巧妙地把鬼神观念与宗族观念结合起来，将被统治的族众紧紧束缚起来，不给一点人身自由。①

毫无疑问，奴隶制度是建立在相应的暴力的基础上的。盘庚充分地掌握着这种暴力，如他所说，奴隶们若不良不轨、猖狂放肆、行奸诈、作坏事，就通通杀掉，不让他们生儿育女，不让他们在新邑传宗接代！（“乃有不吉之迪，颠越不恭。暂遇奸宄，我乃劓殄灭之，无遗育，无俾易种于兹新邑”②）。

从盘庚迁都中，可以看到，在奴隶制国家的职能中，必不可少地包含着用行政权力来保证拥有劳动者，在亚细亚形态之下，也就产生了制止对被统治者滥杀、注意休养生息、发展生产的思想。假如没有这样的思想，就不会有东方历史的进步，就不会有东方的奴隶制。

---

① 本段引文皆见《尚书·盘庚中》。

② 同上。

二、重民思想的政策化——周公的重民思想

在讨论周公重民思想之前，有必要再就西周社会性质谈谈笔者粗浅的看法。

商代灭亡，天帝至高无上的威严发生了动摇。周公找到了足以弥补这种动摇的武器，那就是在全国大大强化和严密宗族制度。

宗族制与氏族制都以血缘为纽带，但宗族制在本质上不同于氏族制。在氏族组织之上，是并不对它施加剥削压迫的部族或部落联盟，在宗族组织之上，则是对它进行剥削压迫的国家政权。剥削压迫和征服过程改变了公社的“原始共产主义”的性质，某些只有在原始社会才有的职能亦即原始公社的本质特征——如保护其成员不受奴役剥削——消失了，留下来的是可以被阶级社会包容的非本质的东西——如土地的集体占有和使用。在宗族内部，没有人与人之间的平等，只有无法挣脱的镣铐，在宗族外部，它是征服与被征服关系的标记。

所谓殷周间制度的变革，主要的就是宗族制度的强化，宗族制度的强化使奴隶制度得到巩固。

周公对康叔说，“元恶大憝”就是“不孝不友”。如果子弟们不尊敬长辈，不听教导，做父兄的不爱护帮助子弟，虽未得罪于执政者，也会造成“民彝大泯乱”，应速按文王之刑给以处罚，不予赦宥。[①]

对于被统治的民众，周公反复讲要“慎罚”，可是，对于宗室诸臣不念大法（“不率大戛”[②]）、哗众取宠（“造民大誉”）、煽动小民怨恨其君上（“瘝厥君”），破坏宗族关系的人，则要杀之无赦。周公说：正是这种人助长恶事，因此我最憎恨（“时乃引恶，惟朕憝”）。

---

① 见《尚书·康诰》：“子弗祗服厥父事，大伤厥考心；于父不能字厥子，乃疾厥子；于弟弗念天显，乃弗克恭厥兄；兄亦不念鞠子哀，大不友于弟。惟吊兹，不于我政人得罪，天惟与我民彝大泯乱，曰：乃其速由文王作罚，刑兹无赦。”

② 本段引文皆见《尚书·康诰》。

周初大封诸侯，主要的作用也在于强化宗族制。《左传》昭公二十八年载："昔武王克商，光有天下。其兄弟之国者十有五人。姬姓之国者四十人。"这里没有提异姓国，分封规模，大致可见。所封诸侯与被赐封族众关系如何？周公对"殷多士"的训话可以说明：

> 今予惟不尔杀……尔乃尚有尔土。尔乃尚宁干止。尔克敬。天惟畀矜尔。尔不克敬。尔不啻不有尔土。予亦致天之罚于尔躬。①

被征服、被分封的族众只是不被杀而已。你顺从天命，可以给你土地，让你营生；你不顺从，则"致天之罚于尔躬"。这里讲得十分明白，被征服者是没有人身权利的。

由于宗族制的强化和完善，使周统治者丝毫也没有丧失对被统治者"完全占有"的能力；而周公的重民政策，也不意味着放弃"完全占有"奴隶的权利，或者被统治者取得了主人"不完全占有"② 他的权利。

马克思曾说道："在征服一个国家之后，征服者紧接着要做的总是把人也占有。"③ 不论先进者的征服还是落后者的征服，征服者为了他自己的利益，是不会错过机会把更沉重的负担加到被征服者的肩上的。因此，一般说来，社会性质的革命是不能由征服战争来完成的。即使伟大如周公，也不可能超越经济条件和历史条件，把社会性质来个革命。

宗族制度与重民政策，是周公治国的两个主要法宝。重民思想由周公发展成为较为稳定的、明文规定的政策，是亚细亚形态下奴隶制政治思想的一个飞跃。

商代的政治，还谈不到较为稳定的政策，因为商统治者的思想还深深笼罩在鬼神观念迷雾之中。遇事祈求上帝，行动全靠占卜，殷墟十余

---

① 《尚书·多士》。

② 根据斯大林的意见，在奴隶制度下，奴隶主"占有生产工作者"，在封建制度下，封建主"不完全占有生产工作者"（见斯大林著：《列宁主义问题》，人民出版社 1973 年版，第 650 页）。所谓"占有"，指劳动者人身完全属于主人；所谓"不完全占有"，指劳动者有部分人身自由。这应当是区分奴隶制度与封建制度的基本标准。

③ 《马克思恩格斯全集》第 25 卷，第 891 页注 44。

万片卜骨就充分证明了这一点。因此，商代的重民思想反映在明王贤臣的言行中，还是片面的、不系统的，针对具体事件的。

可以说，实际上，殷王朝的盛衰取决于国王的经历教养与巫史集团的清浊。有时候，即使有贤臣的辅佐，而国王昏庸暴戾，国家仍不免于危殆。例如，祖伊闻西伯既戡黎，奔告于纣王："格人元龟，罔敢知吉。"[①]以天将断弃殷命警惧纣王，同时说明这是"惟王淫戏用自绝"。以致人心散尽，"民罔不欲丧"。[②]但纣王仍不悔悟，一意孤行，终至灭亡。

《尚书·洪范》篇有人疑为战国人作。由《左传》中引《洪范》，《洪范》中不提《周易》，特别是其中某些比较原始的政治思想，很令人相信它源于殷末周初；至于由后人增饰，则是完全可能的。其中《稽疑》一节，讲到卜筮，说有"大疑"时，"谋及乃心，谋及卿士，谋及庶人，谋及卜筮"。既有这样多方的谋虑，可见当时已不完全信天。但卜筮仍可支配行动，如：若龟、筮均从，王、卿士、庶民中有二者反对，仍属吉兆可行。在"汝则从，龟从，筮逆、卿士逆、庶民逆"的情况下，龟的意见否定了卿士的意见，则作内事仍吉，筮赞同了庶民，否定了王，故作外事则凶。《洪范》中龟筮还起支配作用的情况，正反映出殷末周初政治思想的特色。在以龟筮作为决策因素的时候，重民思想就很难固定为政策。

武王克商之初，周公关于天意与人事关系的概念，基本上还是旧的，巩固新建政权的艰巨性还未充分显示出来。既克商二年，武王有疾。周公乃为坛告鬼神，愿以己身代死，此时的周公，应该说还是很信天的。武王崩，三监及淮夷叛，周公处危疑之地，始议东征。不少邦君及其御事们首鼠两端，甚至劝周公勿征叛乱。因此周公作《大诰》，一开头就说到此时尚无安民之哲、保民之策，格知天命之人，只能乞灵于文王所遗大宝龟，而《大诰》全篇也就只能大讲宝龟吉卜，以统一思想。周公说："宁王惟卜用，克绥受兹命。"由于文王唯卜是用，遵从天意，才能安受大命，兴我小邦周。现在天助我民，况且我亦唯卜是用，

① 《尚书·西伯戡黎》。

② 同上。

唯天意是从（“今天其相民，矧亦惟卜用”）。因此天威在上，助我国基永固（“天明畏，弼我丕丕基”）。

在同三监、淮夷、奄民、殷顽的反复斗争中，周公深感守业之难，严峻的现实使他从上帝迷信中跳出，冷静地分析桀纣亡国原因，考虑“子子孙孙永保民”之大计。

夏桀殷纣之亡，亡于不能“保民”，思想上没有重民。周公说：夏桀恣意淫乐，不能以善言导民（“有夏诞厥逸，不肯戚言于民”），不使人民免于罹罪，却滥施刑法（“不克开于民之丽，乃大降罚”），其臣下众官吏不能保民，相与为虐，无恶不作（“多士大不克保享于民，乃胥惟虐于民，至于百为”）。于是上天乃命成汤“刑殄有夏”。纣王也是放纵淫逸，政治黑暗，没有美德升闻于天，所以天降下亡国之灾（“乃惟尔商后王，逸厥逸，图厥政，不蠲烝。天惟降时丧”）①。有鉴于夏、殷之坠命，周公强调指出：“人，无于水监，当于民监。”②

从“惟卜用”到“于民监”是周公思想的一大变化。

在对王族的诰辞中，周公进一步提出对天的怀疑，他对康叔说

> 呜呼，小子封，恫瘝乃身。敬哉！天畏棐忱；民情大可见，小人难保。”③

这里，在天意与民情之间，周公明确地轻天重民，要康叔把心用在民事上。周公对召公说：

> 天降丧于殷。殷既坠厥命。我有周既受。我不敢知曰。厥基永孚于休……又曰：天不可信。④

① 《尚书·多方》。
② 《尚书·酒诰》。
③ 《尚书·康诰》。
④ 《尚书·君奭》。

在周公诰命中“又曰”是反复叮咛的意思，此处“又曰天不可信”即“天不可信，天不可信”！周公反复叮咛，要王族及子孙们正视现实，注意保民。

保民的办法，在于“用劝”。具体来说，就是“明德慎罚”。周公说：

> 乃惟成汤以尔多方简，代夏作民主，慎厥丽，乃劝；厥民刑，用劝，以至与帝乙，罔不明德慎罚，亦克用劝。①

通观商汤到帝乙，之所以能保民，能被多方拥戴，就在于能“明德慎罚”。而周之所以灭商，也出于同一原因。周公对康叔说：

> 惟乃丕显考文王，克明德慎罚……用肇我区夏，越我一二邦，以修我西土。②

在周公看来，要想巩固统治，统一人心，子孙万年永保民，亦唯有明德慎罚，唯德是用。周公说：

> 皇天既付中国民越厥疆土于先王，肆王唯德用，和怿先后迷民，用怿先王受命。已，若兹监！惟曰：欲至于万年，惟王子子孙孙永保民。③

周公深切感到，单凭宗族关系的束缚而无深得人心的、明确稳定的政策是难以统治偌大新邦的。因此，他把明德慎罚的具体内容以诰命形式固定下来，册封给康叔。现存《康诰》、《酒诰》、《梓材》三个文件，是周公重民思想政策化的真实记录。

“唯德用”、“明德”是周公政治思想的核心。“德”是什么呢？“德”

---

① 《尚书·多方》。
② 《尚书·康诰》。
③ 《尚书·梓材》。

本指德行。甲骨文“德”字示目光向前方直视，周金文加“心”，有道德、品德之意。人是否有“德”，总须以众人首肯为准。言行不得人心，则谓之“缺德”；言行如能“内得于心，外得于人”，则谓之“有德”。在周公这里，“德”成了为政宗旨，就不单指个人品德，而是指得人心的政策了。

周公在讲到文王“克明德慎罚”时，接着就说“不敢侮鳏寡、庸庸、祗祗、威威、显民”[①]，这里讲的是“明德”的基本要求。不侮鳏寡，在于明大家庭公社保护其成员的传统，用可用者，敬可敬者，维护长者的威严。以此道显示于民，务在得宗族、家庭的人心。

周公诰命康叔时，令其“启以商政，疆以周索”[②]。“启以商政”的目的，便在得殷遗民之心，“以殷民世享”[③]。周公语重心长地对康叔说：封啊，你要注意，现在殷民都在看你能否遵循文王的传统，继续发扬殷先王的德教，去探求殷先哲王的遗教，用来保民治民吧（“呜呼，封，汝念哉！今民将在祗遹乃文考绍闻衣德言，往敷求于殷先哲王，用保乂民”）。你还应求访殷的贤人长者，知其人心所向，民俗所宜，用来安保其民（“汝丕远惟商耇成人，宅心知训……用康保民”）。

值得注意的是，周公所谓“保民”，并不是消极地顺从民欲，他要求康叔的是“助王宅天命，作新民”。当时的殷民，或怀怨，或颓废，或无以为生，或湎于酒食，甚至“寇攘奸宄，杀越人于货”。“作新民”的任务是艰巨的，所以周公对康叔说“乃服惟宏”。

周公首先肯定，民是可以“导”的。当时殷乱方定，人心思治，如用殷先王遗教安之、导之，则“罔迪不适”。但这种导民工作并非易事。现今民心不安、不满，多次诱导都不见效（“今惟民不静，未戾厥心，迪屡未同”）。在这种情况下，只可自责，不可招怨于民（“敬哉，无作怨”）；更不可用阴谋诡计，滥罚无辜，遮蔽了你的诚心（“勿用非谋非彝，蔽时忱”）。在这种情况下，若想负担此重任，必须深谋远虑，以安民、宁民为目的（“远乃猷裕，乃以民宁”、“高乃听，用康乂民”）。

---

① 《尚书·康诰》。

② 《左传·定公四年》。

③ 本段及以下五段引文均见《尚书·康诰》。

“作新民”的办法，首先是扶助困穷，勉励失意者（“惠不惠，懋不懋”），以此态度待人，则大怨可化小，否则小怨亦可招祸（“怨不在大，亦不在小”）。

“作新民”的办法，更重要的是“慎罚”，周公对如何慎罚做了详细的说明。周公认为，罪不论大小，当视其可教与否、可改与否而决定杀与不杀。人有过，不认为是过，还打算干到底，这是有意犯法，其罪虽小，不可不杀（“人有小罪，非眚，乃惟终，自作不典，式尔；有厥罪小，乃不可不杀”）。相反，虽有大罪，知罪，不敢再犯，这是偶然犯罪，罪虽大，也不必杀，令其服罪而已（“乃有大罪，非终，乃惟眚灾，适尔，既道极厥辜。时乃不可杀”）。按这个办法用刑用罚，民众才能心悦诚服（“有叙，时乃大明服”）。

周公认为，要做到慎罚，执法者须有恻隐之心。好像保护婴儿一样，务在使其安康（“若保赤子，惟民其康乂”）；视民有罪，若己之有疾，务在使之弃恶从善（“若有疾，惟民其毕弃咎”）。有了这样的心情，在断案之前，就不会贸然从事，先反复考虑十来八天，然后才断案（“要囚，服念五六日，至于旬时，丕蔽要囚”）。断案时，不可随己意为轻重，要“用其义型义杀”。像这样断案，就可以做到，不是你康叔要刑人、杀人、劓刵人，而是不得已才用刑用罚（“非汝封刑人杀人，无或刑人杀人，非汝封又曰，劓刵人，无或劓刵人”）。①

罚不可不慎。当罚不罚，邪心不死，罚之不当，怨心又生。但常规之外还有大赦。当时殷人化纣俗，与纣事，及参与叛乱，犯法者多，故周公又告康叔赦宥之理：“肆往奸宄、杀人、历人，宥。肆亦见厥君事，戕败人，宥。”② 之所以要赦宥这些人，因国基初定，宜服以宽，意在咸与维新、与民更始。周公说：“无胥戕，无胥虐，至于敬寡，至于属妇，合由以容。”③ 意即不要相互残贼暴虐。要像对待鳏寡、孕妇一样，都待

① 对于“无或刑人杀人”中“无或”二字，各家解释不一。有注家于此云“刑杀皆由天讨。非汝封所得专”，本文即本此说释之。曾运乾先生不同意此说（见《尚书正读》，163 页）。

② 《尚书·梓材》。这里“肆往”即“既往”。“历人”亦系犯法。“见厥君事”，曾运乾先生解为“伺探军情者”。即今之“细作”（见《尚书正读》，第 183 页）。此说似未妥帖。应当指介入为逆谋叛之事者。若谓“细作”，则周之细作、见殷顽之君事，又何罪之有？

③ 本段所引见《尚书·梓材》。

以宽容。周公谈到赦宥的目的，在于“引养引恬”，导民于长治久安。

明德慎罚，从客观上讲，要求实行“劝”。劝者，劝民归于顺也。“殄戮多罪，亦克用劝，开释无辜，亦克用劝”。[①]从主观上讲，则要求持“敬”，要注意主观修养，不可根据个人喜恶胡作非为。

据《史记·鲁世家》：周公“恐成王壮，治有所淫佚”乃作《无逸》。在《无逸》中，周公说：为君者不可贪图安逸，先要知道种庄稼的艰难，在安逸的时候，便可知庶民的痛苦（“君子所其无逸。先知稼穑之艰难，乃逸，则知小人之依”[②]）。周先祖太王、王季，能自谦自抑。文王做过卑贱的农事，亲自垦种田地，能和柔恭谨，怀保小民、惠及鳏寡，从早到晚忙得顾不上吃饭，为的是使万民和谐相处。不敢把小邦进献的贡赋用于游猎玩乐（“我周太王、王季，克自抑畏。文王卑服，即康功、田功。徽柔懿恭，怀保小民，惠鲜鳏寡。自朝至于日中昃，不遑暇食，用咸和万民。文王不敢盘于游田，以庶邦惟正之供”）。周公接着对成王说：现今继位的王，你切不可把万民进贡的赋税，用于游玩田猎。也不可说，现在该天天享乐了（“继自今嗣王，则其无淫于观于逸于游于田，以万民惟正之供。无皇曰：‘今日耽乐’”）。耽乐之事，不足为小民的榜样，上天也不会赞同（“乃非民攸训，非天攸若”）。

周公对王者提出进一步的要求是，小民有怨言时，不可发怒，且须自责。如果有人告诉你说，小民在怨恨你骂你，就应愈加谨慎修德；有了过失，承认说，这是我的过错。这样做是应该的，更不用说不可含怒了（“厥或告之曰：小人怨汝詈汝，则皇自敬德。厥愆，曰朕之愆。允若时，不啻不敢含怒”）。否则，只要有人欺诈编造，说小人在怨你骂你，你就信从，像这样，你就会不把国法放在心里，你就心胸狭窄，率性乱罚无罪、滥杀无辜，那时所有的怨恨都会集中到你身上来的（“人乃或诪张为幻，曰‘小人怨汝詈汝’，则信之。则若时，不永念厥辟，不宽绰厥心。乱罚无罪、杀无辜，怨有同，是丛于厥身”）。因此，只有在恭敬谨慎，严于责己这样的精神状态下，“明德慎罚”的政策才能贯彻执行，不致落空。

① 《尚书·多方》。

② 本段以下及下段引文均见《尚书·无逸》。

下面，谈谈关于周公“制礼”的问题。

周公是否制礼？汉时出于“山岩屋壁”的《周礼》是否即周公所作？历代经师有疑有信，聚讼不止。本文仅从思想史发展角度来看这个问题。荀况说：“礼起于何也？曰：人生而有欲，欲而不得，则不能无求。求而无度量分界，则不能不争。争则乱，乱则穷。先王恶其乱也，故制礼义以分之，以养人之欲，给人之求”[①]。这种解释是唯物主义的。它说明“礼”不是人们凭空想出来的。《史记·礼书》也说：“缘人情而制礼，依人性而作仪，其所由来尚矣”。由此看来，说《周礼》为周公虚造，“预为之以待他日之用”[②]，令人难以置信。“人情”、“人性”随社会发展而变化，“礼”当然也不是一成不变的，周公怎能脱离当时实情制礼，又怎能为他日之“人情”、“人性”制礼？

荀子和史迁所谈礼的产生和礼的制作令人想到，在重民思想能够成为政策的历史条件下，在宗族制大大强化的同时，周公将现存的官制与习俗等加以整理，使之成为政策，是完全可能的。现存的汉代出现的《周礼》，大异于汉代的历史环境，也不是战国时人所能臆造的。《周礼》中详细罗列的，是只适用于奴隶制经济基础的制度，特别是其中与生产关系十分密切的部分，如《地官司徒》。与改头换面可为封建君主所用的其余部分不同，它如实地反映出具有公社传统的社会基本细胞与严密束缚人身的奴隶制宗法关系的结合。这种制度在民众地位上升、私有经济发展，特别在郡县制代替分封之后，只会带来混乱。

秦代儒生拼命保存下来的《周礼》，是我们研究亚细亚形态下奴隶制度的宝贵材料。在《周礼》所反映的社会里，土地是国有的。地官司徒根据土地民人“制其畿疆而沟封之”；在邦国都鄙，“令五家为比，使之相保；五比为闾，使之相爱；四闾为族，使之相葬；五族为党，使之相救；五党为州，使之相赒；五州为乡，使之相宾”。“乡师”治下，“闾共祭器，族共丧器，党共射器，州共宾器，乡共吉凶”。在这里，人民同宗共族的关系是明显的。在“邦之野”，则有“遂人”掌其政令，

---

① 《荀子·礼论》。

② 《四库全书总目·周礼注疏》提要所引。

使“五家为邻，五邻为里，四里为酂，五酂为鄙，五鄙为县，五县为遂”。遂人“以岁时稽其人民而授之田野”，“以岁时登其夫家之众寡及其六畜车辇，辨其老幼废疾与其施舍者”。根据这些情况“以颁职作事”。人民主要负担是贡赋，此外还服各种徭役。遂人有权“以令贡赋，以令师田，以起政役。若起野役，则令各帅其所治之民而至”。与遂人同样，遂师、遂大夫、乡师、乡大夫、族师、闾师等官员，都要以岁以时稽查农夫众寡及田土六畜数目，知其力与可任之事。乡师、遂人等有权随时“戮其犯命者”，诛“其不用命者”。事无大小，从邦国祭祀征战到人民婚丧嫁娶生老病死，到一草一木一羽一角之用，均有官吏加以束缚，大小师长都有戒令刑赏挞罚之权。岁时月日，人民众庶无一日无人监督管理，无一日得安宁。像这样烦琐不堪的政务，如果由后世官吏来干，确实只会扰政病民，在西周时代却是可行的。因封邑众庶毫无人身权利，一切都属于主人，卿、大夫、士既然分土而治，食邑食田，便不能不注意保有其民。奴隶制下的重民思想，也正是在这样的条件下，才得以存在，得到发展的。

《周礼》中重民思想是很丰富的，如《地官·大司徒》讲“聚万民”之道，罗列了十二条：

> 一曰散利，二曰薄征，三曰缓刑，四曰弛力，五曰舍禁，六曰去几，七曰眚礼，八曰杀哀，九曰蕃乐，十曰多昏，十有一曰索鬼神，十有二曰除盗贼。

又讲“养万民”之道六条：

> 一曰慈幼，二曰养老，三曰振穷，四曰恤贫，五曰宽疾，六曰安富。

又讲“安万民”之道六条：

一曰美宫室，二曰族坟墓，三曰联兄弟，四曰联师儒，五曰联朋友，六曰同衣服。

这些具体内容，很难说就是周公制礼时定下来的。但其实行，也只能在民众毫无人身权利，一切都属于主人的情况下，在“亚细亚形态”的奴隶制下，才有可能。

像《周礼》这样严密的制度，对于有了一定人身权利的农民来说，是不堪忍受的，犹如将一个少年人放入襁褓，那是绝不意味着幸福的。元人马端临谈《周礼》所反映的三代社会时说：“盖三代之时……分土而治，家传世守。民之服食日用，悉仰给于公上。而上之人所以治其民者，不啻如祖父之于其子孙，家主之于其臧获。”[①] 这个说法是很有道理的。在《周礼》所反映的社会里，人民不过是毫无权利的“子孙”、“臧获”而已。

为使各级奴隶主能够永保其民，将周初官制与民俗整理成文，成为政策，这是重民思想发展的必然结果。《尚书大传》所谓周公摄政，“六年制礼作乐”，不是没有根据的。孔子曾说“夏礼吾能言之，杞不足征也。殷礼吾能言之，宋不足征也，文献不足故也。足，则吾能征之矣”[②]。周代的文献足不足呢？孔子说：“周监于二代，郁郁乎文哉！吾从周。”[③] 看来，周是有充足的文献的，其中当然也包括周公所制定的《周礼》。

三、重民思想的发展——春秋时期的重民思想

春秋时期的重民思想大体上可分为两类：一类是在宗族制的矛盾中宗主们对人民的争夺。一类是重民思想的新形态，它反映了新的生产关系，突破了中国古代奴隶制的两大支柱——天命鬼神观念和宗族血缘制度，而表现出不同的性质。

---

① 马端临：《文献通考》卷180，按语。
② 《论语·八佾》。
③ 同上书。

当周公强化宗族制时，深深忧虑的是“文子文孙”、宗室后裔们的腐败蜕化，他反复强调要“知小人之依”、“知稼穑之艰难”。这是周公重民思想的朴素气息，也是周王朝生命力之所在。但是，剥削阶级的本性决定了宗主们的必然腐朽。在宗族制下，子孙世袭食邑，除非迫不得已，养尊处优的宗主们是不会“知小人之依”的。荀子说：“居不隐者思不远，身不佚（失）者志不广”[①]。不知世事之艰难，就难以有雄才大略，而“以族论罪、以世举贤”的宗族制度又保护着宗主的特权，难使贤者得进，难使不肖者退。这就必然引起经济的混乱和政治的动荡。在诸侯国之间，经济军事力量发展不平衡，使争夺人口城邑的战争不可避免。诸侯国间的姻亲婚媾，也成为争夺财产和权利的方式；贵族生活的荒淫，又必然加剧这种争夺。支子、异姓、大夫、陪臣经济军事力量也在发展，使宗族制无法维持它的稳定。诸侯争霸、公子争位、大夫争权等等，充满了整个春秋历史。在宗族制的矛盾中，重民思想在深度和广度上都得到了充分发展。

宗族制的矛盾，首先表现在诸侯间无休止的战争。透过战争的残酷现实，人们进一步认识到重民政策的作用。

鲁庄公十年（前 684），齐鲁战于长勺。曹刿认为鲁“可以一战”的理由，不是行小惠于民，不是求福于神，而是“小大之狱，虽不能察，必以情”[②]。曹刿认为，庄公能注意民事，不苟且于狱讼。能做到“慎罚”，这是“忠之属也”。这里的“忠”，指忠于民事。

春秋中期，晋楚相争近百年，双方都注意到人民在战争中的作用。《左传》僖公二十七年载，晋文公欲霸，先致力于教民。子犯教之定周襄王而示民以“义”，伐原而示民以“信”，举行“大蒐”而示民以“礼”，直到“民听不惑而后用之”。数年之后，城濮一战而霸立。

城濮战前，楚子也预感到不敌晋师，理由就是晋侯知民情：“险阻艰难，备尝之矣，民之情伪，尽知之矣。”

三十五年后，楚败晋于邲。战前，晋众将都预感到战事不利，理由

① 《荀子·宥坐》。

② 《左传·庄公十年》，以下正文中凡有鲁公纪年者均见《左传》，不再一一注出。

是楚能重民。下军佐栾书说，“楚自克庸以来，其君无日不讨国人而训之。”教国人懂得“民生之不易，祸至之无日，戒惧之不可以怠”，又以楚先君艰苦创业，“筚路蓝缕以启山林”[①]励之。楚如此发奋图强，晋国很难取胜。

鲁成公十五年（前576），栾书欲报楚仇。韩献子劝他遂楚之过，待楚失民：“使重其罪，民将叛之，无民孰战。”次年，栾书为晋中军将，与楚战于鄢陵。子反为楚中军将，见申叔时，问师吉凶。申叔时讲了一通战争与民事的关系，随后说：“今楚内弃其民而外绝其好，渎齐盟而食话言，奸时以动而疲民以逞。民不知信，进退罪也。人恤所底，其谁致死？”楚果战败。

春秋末年，吴与楚、越争雄。战争与人民的关系，人们认识得更加清楚。鲁哀公元年（前494），吴师在陈，楚大夫皆惧。子西则劝二三子无患，他说：

> 今闻夫差次有台榭陂池焉，宿有妃嫱嫔御焉。一日之行，所欲必成，玩好必从。珍异是聚，观乐是务。视民如仇，而用之日新。夫先自败也已，安能败我？

越王为雪会稽之耻，更是把重民政策发展到宗族制下所可能达到的程度。《国语·吴语》载勾践“饮食不致味，听乐不尽声”，问疾葬死、老老幼幼，以忠惠宽厚待民，“救其不足，裁其有余，使贫富皆利之”。以此求报吴仇。又从申包胥之计，以“知”、“仁”、“勇”治军教民。越终于灭吴。

宗族制的矛盾，更多地表现于诸侯国的治乱兴衰，而这在很大程度上也取决于能否重民。因此，当时人们把是否重民作为可否为君的标准。

能恤民，能自责，可以为君。如鲁庄公十一年（前683），公使人

---

① 本段引文见《左传·宣公十二年》。

吊宋水灾。宋庄公之子御说代父对答，有礼，且能罪己。臧孙达说：“是宜为君，有恤民之心。”

能礼于国人，也可以为君。《左传》文公十六年（前611）载，“宋公子鲍礼于国人”，国有饥，鲍竭其粟而贷。国有才人，鲍恭敬事之。宋昭公死，国人奉鲍为君。

相反，不恤民，不自责，则不堪为君。如周襄王四年（前648），周使内史过如晋赐惠公命。归而告王：晋不亡，其君必无后。因为惠公“广其心而远其邻，陵其民而卑其上”[①]。“广其心”即放纵其心，不知儆诫自责，“陵其民”即不恤其民。

不礼于国人，也不堪为君。《左传》昭公二十三年（前519）载：“莒子庚舆虐而好剑。苟铸剑，必试诸人，国人患之，又将叛齐。乌存帅国人以逐之。”

能否重民关系着国家的兴衰治乱，这种认识在当时已广泛地深入人心了。例如鲁哀公元年（前494），陈国逢滑论吴楚兴亡，就以重民与否作为标准。他说：“臣闻国之兴也。视民如伤，是其福也。其亡也，以民为土芥，是其祸也。”逢滑认为，楚国虽谈不上有“德”，总算不滥杀其民。吴国连年兴兵，民死伤在外而不知惜。因此，看来楚国受挫，其实祸将至吴。

秦穆公死，以子车氏三良为殉，时人认为，秦穆公未能成为盟主，原因就在弃民。[②]

与秦穆公同时的邾文公，则愿为利民而死。《左传》记邾文公卜迁绎。史曰：“利于民而不利于君。”邾子曰：“苟利于民，孤之利也。天生民而树之君，以利之也。民既利矣，孤必与焉。”左右曰：“命可长也，君何弗为？”邾子曰：“命在养民，死之短长，时也。民苟利矣，迁也。吉莫如之！”[③]

随着宗族制的衰落，随着重民者可为君、重民可兴国思想的广泛深

① 《国语·周语上》。

② 见《左传·文公六年》：“君子曰：‘秦穆之不为盟主也，宜哉，死而弃民。’”

③ 《左传·文公十三年》。

入人心，到春秋末年，谁能得民，谁就能篡权，出其君，甚至夺国、为君；王室、公室既然腐朽，大夫、诸臣们便争相壮大自己的势力，以重民政策收罗民心。在这方面最有名的要算齐国陈氏、鲁国季氏。

鲁昭公三年（前539），晏子谈齐国处于“季世”，齐公室“弃民”、陈氏“得民”的情况说：陈氏“以家量贷，而以公量收之”。家量大，公量小，民得其利，“爱之如父母，而归之如流水”。相反，公室却只知重其赋敛，“民参其力，二入于公，而衣食其一。公聚朽蠹，而三老冻馁，国之诸市，屦贱踊贵”。“公弃其民，而归于陈氏”。因此，晏子预料齐将是陈氏的天下。

鲁季氏与齐陈氏手法类似，人问季文子：你妾不衣帛，马不食粟，不是显得太吝啬了吗？文子说：我也愿意华丽些。“然吾观国人，其父兄之食粗而衣恶者犹多矣，吾是以不敢……且吾闻以德荣为国华，不闻以妾与马。”[①]后来，“季氏出其君，而民服焉。诸侯与之，君死于外而莫之或罪”[②]。范献子解释说：“季氏甚得其民……有天之赞。有民之助。”[③]而史墨则由此推而广之，将君臣变化，臣贰于君，上升为哲理：

> 天生季氏，以贰鲁侯，为日久矣。民之服焉，不亦宜乎？鲁君世从其失，季氏世修其勤，民忘君矣。虽死于外，其谁矜之？社稷无常奉，君臣无常位，自古以然。[④]

这样的思想，在专制主义中央集权的统治下是难以想象的。它是中国古代奴隶制下重民思想发展的必然结果。它的出现标志着宗族奴隶制度已经走到了尽头，但新的制度又还没有成形。可以说只有在这样的关节点上，才可能产生这样的思想。

春秋中后期，随着经济发展，人事的复杂和政治斗争的加剧，人

---

① 《国语·鲁语上》。
② 《左传·昭公三十二年》。
③ 《左传·昭公二十七年》。
④ 《左传·昭公三十二年》。

们注意到许多自然现象如星陨、天旱、大水、彗星等与人事并无直接关系。这些早期的无神论思想为重民思想突破奴隶制的天命鬼神观念，发展为新的形态，打开了缺口。

鲁僖公十六年（前644）春，“陨石于宋，五，陨星也。六鹢退飞过宋都，风也”。周内史叔兴说：这是“阴阳之事，非吉凶所在也，吉凶由人”。

僖公二十一年（前639），鲁大旱，僖公欲焚巫尪。臧文仲谏曰：“巫尪何为？天欲杀之，则如勿生。若能为旱，焚之滋甚。”

鲁昭公十九年（前523），郑大水，龙斗于时门之外洧渊。国人请为禜焉（祭禳以除凶）。子产弗许。曰：“我斗，龙不我觌也；龙斗，我独何觌焉……吾无求于龙，龙亦无求于我。”

昭公二十六年（前516），齐有彗星，齐侯使禳之。晏子曰：“无益也，祇取诬焉……且天之有彗也，以除秽也。君无秽德，又何禳焉？若德之秽，禳之何损？”晏子未能正确认识彗星，但反对无用的禳除仪式，是注重人事的。

排除天意，注重民事，是这些思想家的共同倾向，子产说：“天道远，人道迩，非所及也，何以知之？”[①]这句话集中地代表了这一思潮。

这一朴素的无神论思想，推动着重民思想去突破那体现上天意志来决定人们命运的卜筮迷信。在当时，古代奴隶制下的重民思想要向承认民的部分人身自由、给劳动者以人的身份地位的新形态飞跃，它就必须冲破卜筮迷信，让人事相对地独立于天意之外，让人民从天命鬼神的权威下争得部分的自由，可以说，卜筮迷信的进一步打破是重民思想进一步发展的前提。我们看到，春秋时期的人们对卜筮已经有了各种新的理解：

一曰“不疑何卜”。鲁桓公十一年（前701），郧人与随、绞、州、蓼将伐楚师。楚莫敖患之，斗廉献计袭郧，莫敖犹豫说：卜一下吧。斗廉说：“卜以决疑，不疑何卜。”遂败郧师。

---

① 《左传·昭公十八年》。

二曰，从占与不从占一样。鲁僖公十五年（前 645），晋惠公被掳在秦，说："先君若从史苏之占（指占献公嫁伯姬于秦不吉）。吾不及此夫？"韩简答曰："先君之败德及，可数乎？史苏是占，勿从何益？"说明龟筮可反映吉凶，却无可改变吉凶。

三曰"忠信之事则可，不然必败"。鲁昭公十二年（前 530），南蒯将以费叛季氏。筮得"黄裳元吉"。子服惠伯曰："吾尝学此矣，忠信之事则可，不然必败。"看来，事不决于卜，而决于"忠信"与否了。

四曰"圣人不烦卜筮"。鲁哀公十八年（前 477），楚惠王不卜而以右司马为帅，败巴师，时人称"'圣人不烦卜筮'。惠王其有焉"。

这些新的解释，部分地否定了卜筮的作用，神的意志部分地被民的意志代替了。与此同时，在进步思想家们的头脑中，神与民之间的关系在发生新的变化。鲁桓公六年（前 706），季梁论祀神说："夫民，神之主也，是以圣王先成民而后致力于神。"季梁以民为神主，把民放到了神之前。史嚚则进一步认为，神是听从民人的。虢虐民而听于神，史嚚认为虢将亡。他说："国将兴，听于民；将亡，听于神。神，聪明正直而壹者也，依人而行。"①

周内史过认为，神之降福或祸，在于君主能否有"德"、"惠"于民，也就是说，国家祸福兴亡，人是可以掌握的。周惠王十五年（前 662），有"神"降于莘，内史过答王问，认为如果国君"德足以昭其馨香"，"惠足以同其民人"，那么"民神无怨"，神就来布福；如果国中"百姓携贰"、"民有远志"，那么，"民神怨痛"，神就来降祸。所以说，"或见神以兴，亦或以亡"。②

民既为神主，则不宜再用人牲。鲁僖公十九年（前 641），宋公使邾文公用曾子于次睢之社，子鱼曰："民，神之主也。用人，其谁飨之？"鲁昭公十年（前 532），季平子用人于亳社，臧武仲闻之曰："周公其不飨鲁祭乎！"

到春秋后期，以"神主"作为民的代词或以"神人"并称，已很

---

① 《左传·庄公三十二年》。

② 《国语·周语上》。

常见。例如；鲁襄公十八年（前555），晋中行献子伐齐，将济河而祷："齐环（齐灵公）怙恃其险，负其众庶，弃好背盟，陵虐神主……唯尔有神裁之。"这里的"神主"即指民人。鲁昭公元年（前541），刘子评赵孟："为晋正卿，以主诸侯。而侪于隶人，朝不谋夕，弃神人矣。神怒民叛，何以能久？"昭公四年（前538），司马侯劝晋君修德，勿恃险与马："先王务修德音以享神人，不闻其务险与马也。"可以说，在这些人的头脑中，"神"与"民人"已成为一个概念。民神连称发展为民神合一，这表明，神不再是凌驾于民头上的至高无上者。同时，民取得一定程度的人身自由权利，不再是不可能的事情，中国古代奴隶制度的一大支柱——天命鬼神观念，就这样从本质上发生了变化。

春秋时期，摧毁奴隶制宗族制的任务也提上了日程。生产力的发展冲击着宗族奴隶制赖以存在的基础——亚细亚生产方式，宗族制的内在矛盾逐步激化，人民大众在历史运动中的作用愈加明显。在激烈争夺中的王、公、大夫、士面前，摆着两条道路：仰仗着宗族血缘的腐朽势力一批一批被消灭掉了；承认生产力的力量、也就是承认人民力量的新兴势力发展起来。新的人与人关系发展起来，宗族奴隶制逐渐被抛弃，这就是春秋时期的历史。

鬼神观念的改变和宗族制的衰落使奴隶制的这两根支柱都不能依靠了。虞国被晋国灭掉的例子典型地证明了这点。鲁僖公五年（前655），晋侯假道于虞以伐虢。虞公昏庸，竟然认为与晋同宗，晋不会害虞，宫之奇告之以宗族制之不足恃，说：

> 大伯、虞仲、大王之昭也。大伯不从，是以不嗣。虢仲虢叔，王季之穆也，为文王卿士，勋在王室，藏于盟府，将虢是灭，何爱于虞？

虞的祖先是太王的后代，虢的祖先是王季的后代，还当过文王卿士，有功于周。晋为文王后代，虢晋之亲近于虞晋。晋国连虢都要消灭，怎么会不加害于虞？宫之奇说明了宗族制亦不可仰仗，虞公竟还以为鬼神可保平安，说什么“吾享祀丰絜，神必据我”。宫之奇又告之以鬼神亦不足凭依：“臣闻之，鬼神非人实亲，惟德是依……非德民不和，神不享矣。神所冯依，将在德矣。”这就是说，神所保佑的是有德之人，不能明德，不能和民，神就不受享。虞公不听宫之奇劝谏，仍许晋假道。是年冬，晋灭虞。

宗族制的衰落和鬼神观念的改变，促使进步的思想家们探索新的统治思想。这种思想，继承奴隶制时代重民的传统，不放弃其中刻意笼络人心的内容，同时又改造了其中局限于宗族血缘和屈从于天命鬼神的部分，以适应新的历史趋势。

在宗族制的衰落中，忠君思想发生了动摇，它的动摇为重民思想突破宗族观念，向新形态发展，开辟了道路。晋文公重耳得位之后，曾奉献公、惠公之命企图杀他的寺人勃鞮请见，说：当初你不是君，我自然不忠于你，现在你成了国君，难道不需要像我这样忠君的人吗？[①]又有郑卿詹伯，曾请杀重耳，文公发兵入郑，将烹詹，詹据鼎耳而疾呼号曰：“自今以往，知忠以事君者与詹同。”文公只好不杀，还“厚为之礼而归之”。[②]这两个例子说明，宗法制的混乱导致宗族观念的自相矛盾，于是，进步的思想家开始把忠心移往国家社稷。例如管仲就说：“夷吾之为君臣也，将承君命，奉社稷以持宗庙，岂死一纠哉！”[③]管仲把社稷放到了君主之上，这无疑是一种新概念。齐国另一政治家晏婴也有类似的思想，鲁襄公二十五年（前548），崔杼弑齐庄公，人问晏子何去何从，晏子说：

> 君民者岂以陵民？社稷是主。臣君者岂为其口实？社稷是养。故君为社稷死则死之，为社稷亡则亡之。若为己死而为己亡，非其私暱，谁敢任之？

① 《国语·晋语四》。
② 同上。
③ 《管子·大匡》。

这种置社稷于国君之上的思想，是重民思想的发展形态。既然为社稷而可不死一君，则为社稷而打破宗族关系，承认庶民相对独立的身份地位，也是可以的了。鲁哀公二年（前493），晋卿赵鞅誓师说："克敌者，上大夫受县，下大夫受郡，士田十万，庶人工商遂，人臣隶圉免。"这里的"遂"指上升为士，"免"就是免去奴隶身份。可以看出，这里体现的重民思想，已经超过了维护奴隶制度的范畴。

首先探索那代替宗族制度的治国方法的，是相桓公霸诸侯的管仲。管仲继承传统的重民思想，提出"遂滋民、与无财而敬百姓"[①]的政策，所谓"遂滋民"，就是适应民众现实生活的需要，发展经济，滋生人口。"与无财"、"敬百姓"就是扶困济贫，注意"明德"，以得人心。管仲又提出"修旧法，择其善者而业用之"，就是说，要有选择地对周制进行改造，积极创新。管仲突破"旧法"的创新，主要有两个方面：一是提出"劝之以赏赐，纠之以刑罚"，一是"四民分业"。"劝之以赏赐，纠之以刑罚"代替了周公时代的"明德慎罚"。"明德慎罚"适用于亚细亚形态下毫无权利的奴隶。随着人民地位的提高，仅仅做到"慎罚"还不能达到"用劝"的目的。"罚"无论怎样"慎"也只能"纠"民之"过"，谈不上"劝"。同时，适用于宗族制的"明德"也已不足以得众庶之心。只有"赏赐"才谈得上"劝"，谈得上得人心。管仲以"慎用其六柄"代替了"慎罚"。所谓"六柄"，指掌握"生杀贫富贵贱"之权，"六柄"并用，有利于打破宗族束缚，发挥个人的积极性。

管仲提出"四民分业"以"成民之事"。"四民分业"就是"处士也，使就闲燕，处工就官府，处商就市井，处农就田野"，这势必要打破家庭公社自给自足的自然经济，促进商品经济的发展。同时，以"业"而不是以血缘分民，又势必削弱以致打破宗族关系。管仲还提出通过乡、官、公"三选"，使"秀民之能为士者"上升为士，这使从民众中发现人才的事成为制度，对于宗族制下的"以世举贤"，无疑又是

① 本段及下段所引皆见《国语·齐语》。

一个冲击。

一百年后，郑国的子产在治国方法上突破宗族制度，做出了更有意义的尝试。郑国与齐国的处境不同，由于“国小而偪”，外有晋楚两霸诛求无已，内部经济发展又比较快，迫切需要革新政治，实现稳定。子产继承了传统的重民思想，在指导思想上是注意“以宽服民”。孔子称子产为“古之惠人”，原因也在这里。

子产能待民以宽，与他能深悉民情是分不开的。郑人在乡校议论国政，形成了风气。有人主张毁乡校，子产不许，并把乡人议政当作自己的老师，把针砭自己的话当作药石。他说：

> 其所善者，吾则行之；其所恶者，吾则改之。是吾师也……我闻忠善以损怨，不闻作威以防怨。岂不遽止，然犹防川，大决所犯，伤人必多，吾不克救也。不如小决使导，不如吾闻而药之也。

这种开明的政治家风度使子产能适应上升了的民众的地位，突破旧礼制的束缚，创造新制。这新制，便是铸刑于鼎，以法治国。

子产铸刑鼎，是当时引起争议的一件大事。正是这一勇敢尝试，使子产成为法家思想的先驱。晋卿叔向对这一改革大为不满。他对子产说，以前我对你抱有希望，现在我失望了。原来民是可以任意使唤和处罚的，从此民知有法可循，将有争心，将“弃礼而徵于书，锥刀之末，将尽争之”。①

本来是民有争心，而后有刑法，叔向却颠倒本末，说刑法引起人们的争心，他哪里知道，这“民知争端”、“弃礼而徵于书”，正是新时代到来的标志，民取得“锥刀之末”的权利，就是享有“部分人身权利”的开始。而以法治国的伟大意义，也就在于承认了民的一部分权利，适应了历史前进的需要。

子产临死时总结自己为政的经验说：“唯有德者能以宽服民，其次

---

① 《左传·昭公六年》。

莫如猛。夫火烈，民望而畏之，故鲜死焉；水懦弱，民狎而玩之，则多死焉，故宽难。”①

子产深有感于人心之不古，认为当今为政者的“德”不足以用“宽”，只好不得已而用“猛”。其实，周公时代，“明德慎罚”，非但周公可行，常人亦可行；子产时代，德如子产，亦感难行。因为宗族制度腐朽了，天命鬼神不灵了，人民对上敢于“狎而玩之”了，故不得不用“猛”，用刑法。孔子又将子产此论发展为“宽以济猛，猛以济宽”的策略思想，与周公当年“若保赤子”的初衷相比较，已经有了质的变化。

四、重民思想的伦理化——孔子的重民思想②

孔子时代，历史来到一个转折关头。宗族奴隶制度的基础——亚细亚生产方式，正在迅速蜕变。宗族奴隶社会赖以建立的支柱——天命鬼神观念与宗族血缘关系，也在迅速崩溃。

这是一个复杂的时代，有成群为“盗”的奴隶与执政者们的斗争，有国人同宗室的斗争，有王、公、大夫、士之间的斗争。居于主导地位的，从实质上说，是新兴地主阶级与腐朽的奴隶主贵族争夺人口城邑的斗争。评价这样一个时代的政治思想家，特别是那些经历复杂、思想丰富的人物，确实不是一件简单的事情。学术界对孔子其人评价分歧甚大，这里只能从重民思想逻辑发展的角度探讨孔子的有关思想。

孔子曾被塑造成一个传达天意的教主，又曾被说成是“宿命论”者，但孔子自己的言行否定了这类说法。

在《论语》中，孔子不下十次谈到“天”。例如：子见南子，子路不悦，夫子矢之曰：“予所否者，天厌之，天厌之！”（《雍也》）子疾病，子路使门人为臣，病好转后，孔子生气说：“吾谁欺？欺天也！”（《子罕》）可以说，这些“天”都是文学语言，与正式论述天神

① 《左传·昭公二十年》。

② 本节中凡引自《论语》者，随文写出篇名，不另作注。

意志的宗教或学术语言是不同的，据此研究孔子思想中的天道观是不妥当的。

孔子比较正式地说到天的作用，只有一次："天何言哉！四时行焉，百物生焉，天何言哉！"（《阳货》）可就是这一次，也只是作为譬喻，并非专门论天。

孔子也谈到"天命"，但这个"天命"是可知的，"五十而知天命"（《为政》）。对天命能否敬畏，是君子与小人的区别之一，"君子有三畏：畏天命……小人不知天命而不畏也"（《季氏》）。可以说，知天命、畏天命，是君子所应具有的品德和修养。"天命"是不能与有意志人格的上帝等同的，它在一定程度上带有近似于客观规律的性质，与奴隶必须听任主人摆布的"天命"是有区别的。

孔子还谈到鬼神，但在孔子这里，鬼神是什么样子？不清楚。子路问事鬼神，孔子说："未能事人，焉能事鬼"，又问"死"是怎么回事，孔子说："未知生，焉知死。"（《先进》）孔子为什么又要正正经进地祭祀祈祷呢？曾子的一句话说出了原因："慎终追远，民德归厚矣。"（《学而》）这就是说，通过祭祀祈祷，对祖先的敬爱与对神祇的畏惧引申到日常生活中去，可以导致民风归于忠厚朴实。在孔子看来，祭祀是维护礼治的有效工具。

对于民众，孔子不反对他们祭祀祈祷，但对统治者，孔子却要他们对鬼神"敬而远之"。孔子已经不用"民神"、"神人"或"神主"的提法，认为在处理民政事务的时候，最好不要和神的旨意扯到一起，免得把人搞糊涂。樊迟问什么叫智，孔子答："务民之义，敬鬼神而远之，可谓知矣。"（《雍也》）孔子自己正是这样，把毕生的精力用于"知生"，用来研究"事人"之道，"务民"之义。在孔子这里，重民思想摆脱了天命鬼神和宗族血缘的束缚，上升为新的社会政治伦理，这伦理化的重民思想，便是孔子"仁学"的精髓所在。

"仁"的观念是从事父母、事兄弟的"孝"、"悌"之道开始的。有子说："君子务本，本立而道生，孝弟也者，其为仁之本与！"（《学而》）君子立志行道，其首要的事情，是以孝事父母，以悌事兄长，能够“孝”、“悌”，便有了“仁”的根本。孔子希望他的学生们由此推而广之，达到博爱大众、接近“仁人”（《学而》：“弟子入则孝，出则悌，谨而信，泛爱众，而亲仁”）。孔子自己的政治抱负也是如此。有人问孔子，你怎么不参与政治呢？孔子答，孝顺父母，友爱兄弟，使这种关系影响到政治上去，这就是参与政治。难道只有做官才叫参与政治吗？（《为政》：“孝乎惟孝，友于兄弟，施于有政，是亦为政，奚其为为政？”）

“孝”、“悌”的人伦关系是有具体含义的。孔子指出“孝”不等于能赡养父母，如果仅仅“能养”但不尊重父母，那就与养犬马之类没有区别了。（《为政》：“今之孝者，是谓能养。至于犬马，皆能有养，不敬，何以别乎？”）主人可以爱护和养育他的犬马，但不会把犬马当作人。“孝”不仅要求“能养”，而且要求尊重被养者。孔子要把“孝”、“悌”之道扩展为政治伦理，这种政治思想就大大不同于前人所谓“安民”、“畜民”、“保民”、“惠民”之类了。在前人那里，劳动者是无人身权利的工具，在孔子这里，劳动者被承认为“人”。

以“孝”、“悌”为本的“仁”学，用“爱人”二字是不能概括的。孔子告诉子张：“能行五者于天下为仁矣。”（《阳货》）这五者是“恭、宽、信、敏、惠”。你恭敬待人，就不会受到侮辱；你待人宽厚，众人才拥护你；你守信用，别人就信任你；你做事勤快，就易见成效；你待人慈爱，别人才听你使唤。在孔子时代，仅以“宽”、“惠”来治天下已不够了，于是又加之恭敬、勤勉。孔子还告诉弟子：你要想站得住，同时也得使别人也站得住，你要想行得通，也得使别人行得通，这就是“仁”。（《雍也》：“夫仁者，己欲立而立人，己欲达而达人。”）孔子的这些思想是否现实，能否为统治者接受暂且不论，它所反映的社会背景已不同于前代则是事实。孔子这些思想反映出一种新的人与人关系，一个不同于血缘关系决定一切的社会。在这种历史条件下，孔子提出了关于人的本性是相近的，只因习染不同才逐渐悬殊（《阳货》：“性相近也，习相远也”）的光辉思想。因此，孔子愿意对任何人加以教导，而不论其宗族血缘如何（《卫灵公》：“有教无类”，《述而》：“自行束脩以上，吾未尝无悔焉”)。谈到任用官吏，孔子甚至主张任用已经学会了礼乐的“野人”，而不愿任用先做官后学礼乐的“君子”。(《先进》:“先进于礼乐，野人也。后进于礼乐，君子也。如用之，则吾从先进。”)

孔子“仁学”中所反映出来的对民众的重视，不再从“祖父之于其子孙，家主之于其臧获”的角度提出问题，而是从“孝”、“悌”之道出发，引申出处理新的人与人关系的伦理道德准则。孔子在讨论这些伦理道德的时候，不去涉及门第、姓氏、血统。孔子所重的民，就其社会地位说，与周公所重的民已经有了质的区别。孔子的重民思想，已经是重民思想的发展形态。

一些同志认为，孔子的“仁”只适用于统治阶级内部，对于被统治阶级决不讲“仁”。笔者不同意这种看法。如果在宗族奴隶制土崩瓦解的时代，“仁”还局限于贵族集团内部，那么，“仁学”就是毫无价值的废话。春秋末年，新旧势力都在拼命争夺人口城池，重民思想那样广泛地深入人心。孔子的“仁”竟然不涉及广大民众，那才真是不可想象的。

事实上，孔子希望的，恰恰就是要用“仁”来对待一切人，当然也包括庶民在内。在答仲弓问仁时，孔子说“使民如承大祭”(《颜渊》)。“仁”就是“使民”要像祭神一样恭敬谨慎。子贡问孔子:“如有博施于民而能济众，何如？可谓仁乎？”孔子说:“何事于仁，必也圣乎！尧舜其犹病诸！”若能做到“博施”、“济众”，不但仁，而且达到了“圣”的境界，尧舜也难以做到(《雍也》)。这里的“民”、“众”当然包括了被统治阶级的人。

“仁”的精神甚至还要求施及罪犯，阳肤将任士师(法官)，曾子对他说:“上失其道，民散久矣，如得其情，则哀矜而勿喜。”(《子张》)曾子这种“恻隐之心”，当然是源于孔子的“仁学”的。

由此可见，“仁学”打破了宗族界限，把“孝”、“悌”、“忠”、“信”等道德规范从统治集团内部引申到统治者触须所能触及的所有角落，从而为统治者提供了一种新的统治工具——社会伦理学。

一方面，讲“仁”只是对统治阶级内部而言是不符合事实的；另一方面，认为孔子的“仁”是要奴隶主把奴隶当成与自己一样的人也不正确。“仁学”把所有的人都看作有一定人身权利的人，就是否定了奴隶制度本身。“仁学”是新的道德规范，它已不同于古代奴隶制下的重民思想，它也只有在孔子时代才可能产生。当孔子标榜“仁学”，承认所有民众的人格时，便是承认了历史前进中正在发生的一个基本的变化——奴隶向农民的转化。

毫无疑问，孔子对统治者和劳动人民是严格地加以区分的，这种区分主要表现在孔子对于“礼”的维护。孔子提倡“克己复礼”的一系列言行，反映出新旧交替时代剥削阶级立场所决定的孔子思想的两面性。他一方面承认宗族制的崩溃和民众地位上升的事实，另一方面又竭力维护统治阶级的利益，憧憬那“礼乐征伐自天子出”（《季氏》）的西周时代。孔子不可能从实质上区分奴隶制和封建制的礼，但他主张对周礼有所损益，确属事实。因此，对于孔子对礼的维护也应具体分析，不可一概斥之为反动。

恩格斯说：“思想进程的进一步发展不过是历史过程在抽象的理论上前后一贯的形式上的反映。”[①] 处于春秋末年的孔子思想，也不过是当时历史进程在意识形态领域的一种反映。孔子思想改造和发展了奴隶制时代的重民思想，反映出新旧交替时代的特征。联系当时的历史进程来考察，它的进步性和保守性都是自然而然的。孔子的思想学说不过是当时社会伟大变革的一份真实记录，它在历史前进的转折关头，发挥了承先启后的历史作用。我们可以说，孔子代表了旧时代的结束，也代表了新时代的开始。当孔子通过他的“仁学”反复阐述新的人伦关系的时候，他在向全世界宣告，在亚细亚东方的这块土地上，一个新的时代已经到来。

---

① 《马克思恩格斯选集》第2卷，第122页。

结束语

孔子开战国百家争鸣的先河，此后，政治思想家们纷纷著书立说，为新兴封建制度筹划治国大计。邹鲁的仁、礼，稷下的黄、老，三晋的法、术，秦的农战政策，都经受过历史的检验，而重民思想，则继续在各家学说中出现。战国是一个迷人的时代，许多问题还等待着我们去探讨。笔者下一步打算做的工作，便是探讨战国诸子的重民思想。

在开始重民思想研究的时候，笔者曾经给自己提出一条要求：说明对象是怎样的，不是笔者的目的，证明这一切是怎么造成的，才是笔者的目的。笔者还希望，能够从中找出一些理论性、规律性的东西，特别是如果能从意识形态发展的角度，对弥合史学界在先秦史上的两大问题——亚细亚形态问题和历史分期问题——的分歧，做出一点贡献，那笔者就满意了。但事实证明，笔者对疑难的估量是低于实际情况的，而笔者自己的学力水平又在主观愿望之下。且不说对于先秦历史资料批判地审查和充分掌握对笔者来说是吃力的，更重要的是，要完整准确地领会马克思主义的有关理论，不是抓住他们某个时期的某一两句话来做指导，而是全面地理解它的精神实质，这对笔者来说，就更加困难了。因此，笔者想用恩格斯的一段话来鞭策今后的自己：

> 即使只是在一个单独的历史实例上发展唯物主义的观点，也是一项要求多年冷静钻研的科学工作。因为很明显，在这里只说空话是无济于事的，只有靠大量的、批判地审查过的、充分地掌握了的历史资料，才能解决这样的任务。①

一九八二年十一月完稿于南京大学

（此是作者硕士学位论文）

① 《马克思恩格斯选集》第2卷，第118页。

古玉文化与考古学卷

古玉失踪之谜

爱玉、惜玉，是中国传统文化的重要特色，如果要追溯爱玉风尚的源头，可以追到7000年前新石器时代早期的河姆渡文化。那里出土有玉质耳坠（考古学家称之为“玦”）、项链（管、珠）和玉佩（璜）。①

考古工作者在分布于太湖周围的良渚文化墓葬中，发现大批随葬玉器。有圆片形的璧，有外方内圆柱状的琮，有成串的项链，成组的玉佩，有山字形、D字形、倒梯形的冠饰，锥形饰等。仅浙江余杭反山墓地一个遗址，发现的玉器就有1100余号，3200余件。

除良渚外，辽河流域的红山文化、广东石峡文化、山东龙山文化、甘肃齐家文化等，也都有许多玉器出土。可以说，新石器时代晚期，北起辽宁，南到广东，东起沿海，西到甘、青，华夏先民已爱玉成风。

要把质地坚硬接近玻璃的玉石制作成精美的佩饰物件，在尚无金属工具的远古，其艰难是可想而知的。然而先民们却以他们惊人的智慧和毅力，花费大量的劳动，切磋琢磨、雕镂钻研，把顽石变成了精美的艺术品。如果说青铜礼器反映了商周时期的工艺水平和精神风貌，因而可以把那个时代称为“青铜时代”，那么，可以说，良渚等文化中的玉器则当之无愧地代表了那个时代的工艺水平和精神风貌，因而有的学者主张把那个时代称作“玉器时代”。

青铜礼器超越玉器之后，爱玉风尚并没有衰落。我们看1976年发现的殷墟5号大墓（妇好墓），其中就有玉器755件，雕琢之精美，超过良渚。《逸周书·世俘》说，“凡武王俘商，得旧宝玉万四千，佩玉亿有八万”。即便“亿”指10万，这18万件佩玉也不少了吧！

① 地矿学家已证明，河姆渡早期饰品的原料是石英岩，不是玉。

至于周人的爱玉，那是达到了更高的境界，这在儒家经典中有详细的记载。《礼记·玉藻》说，“古之君子必佩玉”。玉佩在身，走起路来叮叮当当，铿锵悦耳，才像个君子的样子。如果乱跳乱蹦，玉佩鸣声杂乱，甚至碰断摔折，那是大伤风度、大失体统的事情。玉佩起到了令君子“行有节也”的作用，所以《玉藻》又说，“君子无故玉不去身”。

《礼记·聘义》载子贡问孔子：“敢问君子贵玉而贱珉，何也？”珉，指似玉之石，不是真玉，君子便看不起，这是为什么呢？孔子答：“昔君子比德于玉焉……《诗》云：‘言念君子，温其如玉’，故君子贵之也。”君子贵玉，不是因为玉少珉多，而是因为君子可以从玉身上体会到各种美德。比如说：玉的温润——半透明而有光泽，令人联想到“仁”的品德；玉的致密坚硬，令人联想到“智”的品德；玉的有楞有角但又不割伤人，令人想到“义”；玉的垂直下坠，令人想到“礼”；“瑕不掩瑜、瑜不掩瑕”（瑕指玉上的斑点杂质，瑜指色泽洁净的部分），瑕瑜互现，令人想到光明磊落的品德——忠。凡此种种，便是君子爱玉的原因。《诗经》里有不少诗句描写当时人们佩玉的情景。《郑风·有女同车》：“颜如舜英，将翱将翔，佩玉将将”，同车的妇女佩玉铿锵，引起诗人联翩浮想。《卫风·竹竿》“巧笑之瑳，佩玉之傩”形容女子笑容如同白玉，身上佩玉又使她举止优雅。《卫风·木瓜》“投我以木瓜，报之以琼琚……投我以木桃，报之以琼瑶……投我以木李，报之以琼玖；匪报也，永以为好也！”美玉成为男女相爱的信物。

到了汉代，玉器被更多地用于殓葬。汉墓中，死者口中含玉，手中握玉，王侯则用玉片缀成玉衣裹尸。1968年发掘的河北满城西汉中山靖王刘胜夫妇墓，两套玉衣共用玉片4658片，窦绾的镶玉漆棺，外镶玉璧26块，内镶玉片192片。

如果从5500年前的红山文化算起，到东汉为止，玉文化经历了近4000年的兴盛，制作了数以千万的工艺品。这些工艺品就是我们所说的“古玉”。

按理说，这数量巨大、精美无比的古玉，应该成为我们一笔难以估价的艺术遗产。然而奇怪的是，传世的古玉寥若辰星，地下发掘也不易见到。这些古玉到哪儿去了呢？

近人赵汝珍作《古董辨疑》，相信清人陈心原《玉纪》说，认为“凡玉在土中五百年，体松受沁；千年，质似石膏；二千年，形如朽骨；三千年，烂为石灰；六千年不出世，则烂为泥土矣”。

这种说法是作者的想当然，没有科学的基础。玉石质地坚硬，化学性质稳定。事实上考古发现的古玉，虽然表面受沁，但不会因长期掩埋而改变性质。多加盘摩，便可显出夺目的光彩。

第二种可能，是古玉大量流落到国外去了。欧美人士的确曾从中国古董商人处购得大批古玉。不过他们对中国古玉这一艺术宝库的重视只是近代的事情。20世纪初，两个最著名的古玉商黄濬和卢芹斋，都曾把经手古玉认真摹绘，出版了图集。这无异给外流古玉建立了档案。这些古玉最初掌握在私家手中，以后大多被转售或捐赠给了博物馆，如大英博物馆、芝加哥博物馆、史密斯学院博物馆、皇家安大略博物馆、亚洲美术馆、水牛城科学馆、福格美术馆、明尼安波里斯美术馆，成为中国古玉收藏的几大重点地区。这些博物馆把中国古玉陈列在高贵的橱窗中，出版多种中国古玉图录，召集专家举行学术研讨，还不时举办古玉联展。因此我们说，由于中国古玉都是精美的艺术品，它们的芳踪是有迹可寻的，这批古玉就不应归入“失踪”之列。而且这些古玉，与先民琢出的古玉总数相比，不过是九牛一毛而已。

第三种解释，是古人多用玉器祭祀，或作为盟誓中邀请山川之神作证的礼品，埋入地下，沉入河中，以至于难以复出。然而祭献玉器，毕竟只是少数，即便真是数量巨大，历代动土、浚河，也应该多有出土才是。与数量本来不多，而且可被熔铸的古青铜器相比，以及与易于碎毁的陶瓷器相比，古玉出土的数量还是太少了。这种情况，不始自近代。唐宋以来，钟鼎等青铜器不时出土，而古玉要少得多。宋人吕大临《考古图》，收录秦汉以前的青铜器225件，而玉器则只有9件。薛尚功《历代钟鼎彝器款识法帖》，收录铜器铭文近500件，而玉琥、玉玺加上石磬等不过10余件。传宋人龙大渊撰《古玉图谱》倒是据实绘录，然只有41件。由此可见，早在唐宋年间，古玉已经失踪了！那么，古玉究竟到哪儿去了呢？笔者揭出谜底，读者多半不信：这些古玉被人吃了。

这不是开玩笑，而是历史的真实！且容笔者从头道来。

原始人为什么要在身上挂那么多玉片、玉珠、玉管呢？有人说这是出于爱美之心。其实原始人最初的本意，既不是抽象的美的追求，也不是为了吸引异性，更不是为了显示财富，而是为了生存——求生是原始人的第一要求。他们把周围不理解的一切都当成邪魔，成天忙于巫术与各种鬼神打交道。不知始自何时，原始人突发奇想，认为那温润可爱、色彩内蕴的玉石，是上帝和鬼神的食品。如果把这些“食品”挂在身体的关键部位，鬼神被食品吸引，便不伤身。这样，玉佩起到了护卫身体、抵御不祥的作用。

中国最早的一部巫书——《山海经》就这样记载着：

> 峚山……其中多白玉，是有玉膏，其原沸沸汤汤，黄帝是食是飨……瑾瑜之玉为良，坚栗精密，浊泽而有光，五色发作，以和柔刚。天地鬼神，是食是飨。君子服之，以御不祥。

前句说，玉是天地鬼神的食品，后句说，君子佩了它，可以抵御不祥。难怪考古工作者在新石器时代墓葬中，能发现那么多的玉器。

到了西周时期，周人“敬鬼神而远之”，巫术地位下降，玉佩的装饰作用突出了。墓葬中的玉器未见减少，社会生活中更加普遍。

秦汉时期，神仙方术盛行，人们希望死后升仙，能与西王母、赤松子等仙人同游，对于保护尸体的不朽，颇费心机，于是制作大量玉衣、玉含、玉握、玉璧等，随葬墓中。

三国两晋南北朝，中原战乱不止。士大夫们对于神仙境界的追求颇感失望，倒是希望能在现实生活中多多享乐，于是长生不老成为他们刻意追求的目标。人们记起了“玉为鬼神食品”的“古训”，加上他们的歪曲篡改，变为“活人食玉可以长生”。

《抱朴子》说当时有一部叫《玉经》的书，专门指导人们食玉，说“服玉者寿如玉”，不过见效慢，吃一二百斤才可显出效力。具体服法：

“以乌米酒及地榆酒化之为水，亦可以葱浆消之为粘，亦可以饵以为丸，亦可以烧以为粉。服之一年以上，入水不需，入火不灼，刃之不伤，百毒不犯也。”

《魏书》载曾任征西大将军长史的李预，“羡古人餐玉之法”，到蓝田去找玉，得环、璧及杂玉器百余枚，将其中70枚在碓中捣成碎屑，每日服食。一年后，病重将死，对妻子说，按“餐玉法”，服玉之人应当隐居山林，屏弃嗜欲，而我却是酒色不绝。不是餐玉不对，是我自己害了自己。

《抱朴子·仙药》介绍一个叫吴延稚的人，有志于服玉长生，收罗了很多圭、璋、环、璧，连剑柄剑鞘上装饰的玉件都被搜来，准备捣碎了和在面粉里作肉饼吃。学者葛洪得知，对他说：餐玉“不可用已成之器，伤人、无益。当得璞玉乃可用也”。这位先生感叹说：“事不可不精。不但无益，乃几作祸也。”

然而当时璞玉，来自西域于阗国，颇为难得，而随葬或传世的古玉倒是十分易得。一般人不知葛洪高论，就算当时人已经有了文物保护观念，又如何抵挡得了长生不老的诱惑？于是，魏晋南北朝三个半世纪间，非但玉器制作业凋零倒闭，而且积累了三千多年的无数精美古玉器，凡能罗而致之者，皆被那些隐居山林、史传无载的“有道之士”们一一填入杵臼之间去了！

《中国美术全集（9）》介绍古玉发展历程说：“三国、晋、南北朝时期，玉器的生产无论在数量方面还是在质量方面都急转直下，远不如以往。”原因呢？该文认为，一是佛教美术的冲击，二是战争的频繁。依笔者拙见，这两点似乎不妥。佛教的传入，是与中国优秀文化融合的过程，何至于人们皆不爱玉而爱西方美术？战争频繁，未能影响此一时期文化艺术的繁荣，书法、绘画、雕塑，这一时期都有足以彪炳千古的发展，连理论品评文字也都连篇累牍，极一时之盛，何以单单玉器雕刻却破败凋零几至于断绝？究其故，盖皆因一念之差！上古巫术发明的鬼神食玉思想，刺激了中国古玉文化的辉煌繁荣，而后世俗巫歪曲篡改的“食玉长生”思想，却把先辈制作的古玉艺术品置于毁灭性的灾难之中。

（原载《中学历史教学参考》1992年第1—2期）

为“玉器时代”正名

由于古玉器的大量流失，今天的中国人对于玉、玉器和曾经那么辉煌的古玉文化，已经十分生疏了。本文拟就这方面的基本常识做一点简介。

一、玉是什么？

先民在漫长的打制、磨制石器的过程中，对各种岩石的物理性质了如指掌。他们发现一种矿石十分坚硬又显出极强的韧性。因其硬，做成生产工具锋利而耐用，做成佩饰品不易起毛和失去光泽。因其韧，佩戴在身不易碰破（“质脆易碎”的石料不能作佩饰件），可以雕琢得玲珑剔透而不碎裂。又因其细腻而半透明的质地（用古人的话说，叫“温润而泽”），令人爱不释手，给人一种神秘的诱惑力，因此被神化，成为祭祀中的礼器。这种矿石就是玉！

现代科学验证，玉的硬度介于长石与石英之间，摩氏硬度约6.5，小刀是刻不动的。它的韧性十分惊人，在钢锤的冲击下，刚玉、金刚钻会破碎而玉不会破碎。它的化学分子式为$Ca_2(Mg、Fe)_5(Si_4O_{11})_2(OH)_2$，化学名称叫钙镁硅酸盐。其中氧化钙成分约14%，不含碳原子，无论怎么烧，都不可能“成石灰”，更不可能“放出二氧化碳”。它的英文名字为Nephrite，矿物学上属透闪石—阳起石系列，与由长石、石英、云母组成的花岗石、与碳原子呈结晶状的钻石，可以说风马牛不相及。它的产地十分有限，就现代的地质勘查的结果看，在中国，它主要蕴藏于昆仑山脉海拔4000—5000米高处。此外，河南独山、台湾玉山，也有以钙镁硅酸盐为主要成分的矿藏，但由于晶体显微结构的差别，其质地无法与昆仑玉（和田玉）相比。另据有关报道，辽宁岫岩县细玉沟也有透闪石，但矿脉小而分散。读者可以看出，玉料本身的这些特点已显示出它高贵的价值。

二、古玉器是什么？

有人认为，古玉器主要是“装饰品、赏玩品”，这是误解。从考古发现和历史文献看，最重要的古玉器是圭、璧、琮、璋、璜。圭、璧、璋的祖型是武器和工具，琮、璜的祖型是镯、串饰、佩饰。由于玉料的珍贵，圭、璧、璋等都不用于生产和战争，而是宗庙祭祀活动中的礼器和随葬品。至于串饰、佩饰、镯环、耳饰玦等，先民佩带这些玉器，主要目的是“御不祥”，让玉与冥冥之中危害人体的邪魔氛氲作斗争，而不是什么“赏玩”。纯审美的装饰和悠闲的赏玩，不是原始时代的事情。此外，出于对玉的神秘观念，先民还用玉琢出栩栩如生的动物。这些动物大部分用于随葬，少数用于佩戴和祭祀活动，都不是为了赏玩。正是基于这些情况，我们说古玉器反映了那个时代的精神风貌。

三、关于“玉器时代”

马克思主义关于“时代”的基本概念，基于政治经济学的研究而用于一般社会发展阶段。考古学上的“时代”则以考古发掘为基础，以“工业”（广义的）的发展标志来划分阶段。二者可以互相印证，却绝不能互相替代，不能把考古学名词误认作“马克思主义经典性的不同社会标志语”。

考古学在不断发展，它唯一的依据是科学的发掘而不是什么“概念”。1819 年，丹麦学者汤姆森根据皇家博物馆所藏古物，认为原始时代的丹麦经历了石器时代、铜器时代和铁器时代。1865 年，英国学者卢伯克创造了“旧石器”和“新石器”两个名词，用以区分索姆河畔那类打制石器和丹麦那类磨制石器。1892 年，A · 布朗提出“中石器时代”的概念，用以标识新、旧石器时代之间过渡阶段那一类文化遗址。1877 年，意大利学者基耶里克在新石器时代和青铜时代之间增加“铜石并用时代”（亦称“铜器时代”，注意：不是“青铜时代”），以表述这一过渡期的工业特征。然而世界各地情况各异，只是在西亚、北非、欧洲才有较为典型的铜石并用时代或铜器时代，东方古典文明地区在史前虽有地方性的铜器出现，但目前尚不能确定是否曾有过铜石并用时代。中国有无铜石并用时代，是学术界正在探讨的问题。因为发现红铜的文化遗存中同时有青铜器，器件小，数量少，归于青铜时代亦不妥当。

至于说青铜时代可以等于奴隶制时代，这在中国勉强可以凑合，但“马克思主义经典”是绝对不会这样看的。因为欧洲大部分地区、中亚和西伯利亚，青铜时代尚无文字，仍处在史前阶段。欧洲的早期铁器时代文化，不少仍属史前时代的范畴。又说青铜时代的定名，是因为当时以青铜为生产工具，这种说法是一种想当然。从考古发现看，商周时期的农业生产工具主要是石器、蚌器和木器。原因很简单，铜矿是有限的，锡、铅更来之不易，贵重的青铜只能供应王室或贵族制作礼仪用器和武器；而农业生产工具却是大规模的、磨耗性的，只有到了铁器时代，铁才能成批制作生产工具。迄今为止所发现的青铜器，特别是可以代表那个时代工艺水平和精神风貌的青铜器，都不是生产工具，而是宗教祭祀活动中的礼器。

让我们回到“玉器时代”的问题上来。

北京大学考古系主任严文明教授建议将马家窑—齐家文化、龙山文化、良渚文化等归入铜石并用时代，而称仰韶、大汶口、马家浜、大溪等文化为新石器时代晚期。[①]哈佛大学人类学系主任张光直教授则建议把中国从石器到青铜器的转变阶段称为玉器时代。[②]这是考古学界正在研究

① 见《文物》1987 年第 3 期。

② 文物出版社编辑部编：《文物与考古论集》，文物出版社 1986 年版。

讨论的问题，笔者对此未置可否。但有两点是可以肯定的：一是不论叫玉器时代还是叫铜石并用时代，都不会“包含”在新石器时代之内。二是这种讨论完全建立在科学发掘的基础上，不能有半点想当然，更不能说别人的研究“无必要”，“属节外生枝”。

（原载《中学历史教学参考》1993年第8—9期）

细玉沟访古

——“玉器时代”与中国文明起源问题

一、迷人的玉器时代

距今七八千年至四五千年，先民以磨制石器为主要生产工具，因而被考古学家们称作“新石器时代”。新石器时代的遗存遍及华夏大地，出土器物的形制特征在考古学家眼中已形成各种文化谱系。近30年来，在新石器时代中期以后的文化遗存中，一种以特殊的矿石——玉料制作的器件特别引起学者们的注意。因为它代表了那个时代最高的工艺技术水平，典型地展示了那个时代的社会精神风貌，于是，“玉器时代”的概念开始浮现于考古学家们的脑海中。

当20世纪40年代郭宝钧先生撰《古玉新诠》时，曾认为新石器时代先民“玉石不分”，“初民视玉，与视石等”。[①]先生又以为玉琮是“织机上之持综翻交者”，“璇玑”“亦织机上物”，“意谓旋转机轴，可以张弛经线也”。[②]《越绝书》载风胡子答楚王所谓“黄帝之时，以玉为兵”，先生认为可以理解为“玉兵即相当于琢磨光滑之新石器”，而“轩辕神农赫胥之时，以石为兵”，“即相当于剥击之旧石器”。[③]至80年代初，渤海湾以北、西辽河地区距今5000年以上的红山文化的玉器的确定，促使孙守道先生认为风胡子所讲“玉兵时代”是有道理的，提出了中国历史上存在一个“玉兵时代”的观点。[④]随着红山文化东山嘴、牛河梁遗

---

① 郭宝钧：《古玉新诠》，“中研院”史语所编：《历史语言研究所集刊》第20本下册，商务印书局1949年版，第2页。

② 同上书，第29、30页。

③ 同上书，第2页。

④ 孙守道：《论中国史上“玉兵时代”的提出》，《辽宁文物》1983年总第5期。

址的发掘和太湖流域良渚文化成批玉器的陆续发现，1984年夏秋之际，张光直先生在北大考古系的讲演中认为玉琮“把中国古代社会的很多特征都包括在其中”，“是中国古代宇宙观与通天行为的很好的象征物”。[①]其后不久，在《谈“琮”及其在中国古史上的意义》[②]中，张光直先生提出了“玉器时代”的概念。

1990年6月，牟永抗、吴汝祚先生完成了《试论玉器时代——中国文明时代产生的一个重要标志》[③]的长文，《光明日报》、《中国文物报》[④]报道了他们的观点。一时间，关注古史、古玉文化和考古学发展的学者纷纷回应，展开争鸣。

邓淑蘋先生在《我们比乾隆皇帝还得意》中讨论了“玉器时代”的争议，认为考量新石器时代晚期是否可称为“玉器时代”，应注意“玉的神化、玉质礼器系统的建立”，是“原始村群社会朝向下一个阶段——国家发展的主要指标之一”[⑤]。其后，在《“玉器时代”论辩平议》中，邓先生更将注意力放到玉文化带来的“形而上意义的发展上”。在该文结尾，她说：

> 中国历史的发展，有她的特殊性。早在汉代时，《越绝书》中已将“玉”与石、铜、铁三者并列，成为中国历史发展的指标之一。那么，我们又何必要固执于西方学者的分类，而放弃用“玉器时代”一词来说明中国历史上，一段特殊且影响深远的文化发展时期呢？[⑥]

---

① 张光直：《考古学专题六讲》，文物出版社1986年版，第10页。

② 张光直：《谈“琮”及其在中国古史上的意义》，《文物与考古论集——文物出版社成立三十周年纪念》，文物出版社1986年版，第259—260页。

③ 牟永抗、吴汝祚：《试论玉器时代——中国文明时代产生的一个重要标志》，苏秉琦主编：《考古学文化论集（四）》，文物出版社1997年版，第164—187页。

④《中国在石器和青铜器时代之间曾有一个玉器时代》，《光明日报》1990年7月4日；《试谈玉器时代——中华文明起源的探索》，《中国文物报》1990年11月1日。

⑤ 邓淑蘋：《我们比乾隆皇帝还得意——写在〈院藏新石器时代玉器图录〉出版时》，《故宫文物月刊》1993年第11卷第1期。

⑥ 邓淑蘋：《“玉器时代”论辩平议》，《结网编》，台北东大图书公司1998年版。

1992年初，笔者曾在一本学者们读不到的小杂志上介绍了“玉器时代”的观点①，不曾想却引来一位先生的猛烈抨击，说是这种提法“无疑会混淆古代社会发展一些词语的基本概念……沿用已久的一般社会发展阶段的马克思主义经典性的不同社会标志语”②。笔者当即撰文予以驳斥：

> 考古学在不断发展，它唯一的依据是科学的发掘而不是什么“概念”……至于说青铜时代可以等于奴隶制时代……“马克思主义经典”是绝对不会这样看的……说青铜时代的定名，是因为当时以青铜为生产工具，这是一种想当然……特别是可以代表那个时代工艺水平和精神风貌的青铜器，都不是生产工具，而是宗教祭祀活动中的礼器。③

事隔10年，随着考古发掘和学术研究的新进展，笔者对“玉器时代”更有了新的认识：那是一个以石器为主要生产工具的时代，而石器工艺技术的最高水平是玉器。那个时代的玉器已经超越实用工具与武器的阶段而成为承担那个时代社会生活和精神领域的最高形态——祖先祭祀和巫术活动——的载体，是那个时代社会精神风貌的集中体现。杨伯达先生以“巫、觋、大巫”解说红山文化“唯玉是葬”和良渚文化“玉殓葬”墓主的身份，认为他们掌握着当时“至高无上的权力”④，笔者深表赞同。笔者还认为巫术是那个时代最高形式的观念形态，这里有必要做一点解说。笔者认为，巫术与原始宗教是不同的概念。巫术是原始人同大自然斗争、同鬼神世界打交道的主要方式，从玉器超越工具与武器而被神化开始，玉就成为原始巫术中最高贵的道具。而原始宗教则不同，它以崇拜（自然神崇拜和祖先崇拜）为主要内容。在原始社会后

① 臧振：《古玉失踪之谜》，《中学历史教学参考》1992年第1、2期。

② 松云路：《新石器时代本身包括“玉器时代”》，《中学历史教学参考》1992年第6期。

③ 臧振：《为“玉器时代”正名》，《中学历史教学参考》1993年第8、9期。

④ 杨伯达：《巫、玉、神简论》，《收藏》2004年第10期。

期，巫术与原始宗教共存，在颛顼之后或者说在夏商周三代时期，以祖先崇拜为核心的原始宗教逐步取代了巫术和巫师至高无上的地位，玉器则转而为王权服务，成为祖先崇拜、自然神崇拜仪式中取媚神灵的高贵礼品。[①]从历史文献看，风胡子所谓“黄帝时代，以玉为兵”，也正是原始巫术占统治地位的时代。大致来说，从黄帝到大禹，就是中国上古的玉器时代。

从原始巫术以玉同鬼神打交道开始，启动了中华民族文明的历史巨轮。玉为神灵食品，玉的丽质又给人以纯洁和真善美的感受。在以定居农业为主要生存方式的地区，人们希望的是和谐的人神关系和人际关系，祭玉、飨玉、服玉，殓葬用玉，玉文化传达了人们的愿望，在道德观念和社会行为规范上，铸就了中华民族的基本生存模式，“礼义之邦”亦由此肇始。中华民族文明的到来有自己的途径和特色，不必硬与其他地区的文明因素相比附。因此可以说，玉器时代即是中国文明的初始时代。

苏秉琦先生用“文化区系类型”学说对这一时期中国古文化进行重新认识，为中华文明起源的研究开拓了新思路。在他眼里，红山文化东山嘴的“祭坛”、牛河梁的“女神庙”、“积石冢”，大汶口文化的“日火山”刻纹、蛋壳黑陶，良渚文化的“土筑金字塔”、成组玉器，山西襄汾陶寺的“磬和鼓”，直至广东石峡形似良渚的玉琮和贯耳壶，“一时，中华大地文明火花，真如满天星斗，星星之火已成燎原之势”[②]。

依笔者拙见，这一系列文明火花中，最引人注目的是玉器，不仅因为它是当时工艺技术最高水平和社会精神风貌的集中体现，而且因为玉矿的探寻、玉料的运输、玉器的制作和玉文化的传播拉动了一系列文明火花以成燎原之势。

---

① 请参见臧振：《蒙昧中的智慧——中国巫术》，华夏出版社 1994 年版，第 4—6 页，第 17—20 页，第 160—163 页；《中国古玉文化》，中国书店 2001 年版，第 232—233 页。

② 苏秉琦：《中国文明起源新探》，生活 · 读书 · 新知三联书店 1999 年版，第 102—119 页。

二、玉料与良渚文化的兴衰

人们往往认为，原始人的活动范围只限于居地周围，生产工具和生活资料的取得，也只能是“就地取材”。几十年来考古工作的进展，让人们大开眼界，只能“就近取材”的观点，是想当然造成的误解。

从一万年前那次冰川从温带退去开始，先民大大扩大了活动范围。数千年间，他们积累了惊人丰富的天文地理知识。苏秉琦先生发现，从距今约6000年前后开始，各区系类型文化之间通过裂变、撞击、融合，文化交流的规模远远超过人们的想象：

> 我们已经认识了前仰韶文化是一种组合，而半坡类型、庙底沟类型的出现就是一种重组，其后的仰韶文化庙底沟类型与红山文化南北大汇合产生了一系列新文化因素和组合成新的族群，他们在距今五千至四千年间在晋南同来自四方（主要是东方、东南方）的其他文化因素再次组合，产生了陶寺文化，遂以《禹贡》九州之首的冀州为中心奠定了“华夏”族群的根基。[①]

陶器纹饰可以是文化传播的明显证据。王仁湘先生20世纪80年代在众多新石器文化中发现一种完全相同的图案母题，这就是“花瓣纹”：

> 花瓣纹彩陶见于黄河中游的仰韶文化、黄河下游的大汶口文化、黄河上游的前马家窑文化，长江中游的大溪和薛家岗文化、长江下游的崧泽文化。[②]

---

① 苏秉琦：《中国文明起源新探》，第161页。

② 王仁湘：《论我国新石器时代彩绘花瓣纹图案》，《中国史前考古论集》，科学出版社2003年版，第451页。

90年代，他对旋纹的研究得出类似的结论：

> 旋纹从一时一地形成，在完成起源的过程后，迅速向周围传播，以不变的方式或变化的方式流传，几乎覆盖了中国史前文化较为发达的全部地区……正是由旋纹图案的传播，我们看到了中国史前时代在距今6000年前后拥有了一个共同的认知体系。①

既然陶器纹饰都会有这样广泛的传播，那原始文化中极为重要的物质资料通过长途运输或辗转交易，就不是什么奇怪的事情。了解了玉器在那个时代的重要性，对于先民以惊人的能力从远方取得玉矿，又以旷日持久的琢磨使之成为重器，就是完全可以理解的了。

本文想以良渚文化为例，说明玉矿兴衰在古代文化交流中的重要作用。

首先要回答的问题是，良渚玉料是不是“就地取材”？

地矿学家已经证明，先民对玉的判别能力是很强的。②在旧石器时代，原始人已着意选择坚韧致密的石料制作石器，玉料一旦被人们发现，必定会采来制作石器。可以相信，石器时代先民为了寻找制作石器的最佳原料，在数千年时间里，必定踏遍了所有河滩，敲遍了所有山岗，对于各种矿石的特性和产地，他们是了如指掌的。因此，在古玉矿附近，总能发现用玉料制作的实用工具。

迄今考古发现最早的玉质实用工具，是辽宁海城小孤山的一柄玉斧，其原料来自一山之隔的岫岩县细玉沟。③辽宁东沟后洼遗址下层，出土横剖面椭圆形弧刃玉斧、小型长条玉石凿等，时代接近新乐下层和小珠山下层，距今约七八千年。④这里距岫岩约100公里，在古人也就是两

---

① 王仁湘：《关于中国史前一个认知体系的猜想》，《中国史前考古论集》，第489页。

② 闻广：《辩玉》，《文物》1992年第7期；闻广：《中国古玉地质考古学研究的续进展》，《故宫学术季刊》1993年第11卷第1期。

③ 刘俊勇：《大连出土的岫玉器及有关问题》，《故宫博物院院刊》1989年第2期。

④ 许玉林：《后洼遗址考古新发现与研究》，中国考古学会编辑：《中国考古学会第六次年会论文集》，文物出版社1990年版。

天的路程。黑龙江考古工作者在松嫩平原等地发现的105件新石器时代玉器中，有斧14件、铲2件、凿1件。原作者认为是“礼器”，笔者从报告附图看，认为是实用工具。这些玉器的原料，据原作者判断，“应来自辽宁岫岩，宽甸一带”。[①] 俄罗斯境内贝加尔湖附近萨彦岭有玉矿。人们在这里发现了约5000年前制作的玉斧。新疆和田多产美玉，20世纪初，斯坦因和伯希和曾在罗布淖尔和库车发现过玉斧、玉锛等。[②] 当代科考队也在楼兰古城废墟中捡到过玉斧。[③] 安徽含山凌家滩出土玉斧，“形制比较厚重，形体成扁椭圆形，重量和大小都适宜人们在劳动中使用”[④]。凌家滩玉料经氩氩定年法测定，“为邻近地区其他燕山期生成的材料”[⑤]。

如果太湖周围存在古玉矿，而良渚玉器又是“就地取材”，那么，这里就应该存在用玉料制作实用工具的阶段。然而，从河姆渡第四层早期的石斧，到马家浜的穿孔斧，到崧泽文化磨制精致的穿孔石斧和锛、凿，没有用玉料制作的。过去报道过的河姆渡、马家浜的玉佩饰件，经闻广先生验证并非真玉。[⑥] 到崧泽文化的中后期，忽然出现了真玉制作的装饰品，到良渚文化时期出现了大量玉器，包括用于礼仪的玉钺，殓葬的琮璧和各种佩饰件等。由于没有用玉料制作实用工具的阶段，可以肯定地说，良渚文化的玉料并非本地所产，而是通过文化交流来自他乡。

那么，良渚玉料来自何方？

从一系列考古资料分析，笔者的结论是，至少有相当大的成分的良渚玉料来自北方，来自辽宁的岫岩。

---

① 孙长庆、殷德明、干志耿：《黑龙江新石器时代玉器研究》，苏秉琦主编：《考古学文化论集（四）》，第110页。

② 夏鼐：《有关安阳殷墟玉器的几个问题》，《殷墟玉器》，文物出版社1982年版，第7页注5、4。

③ 梵人等：《玉石之路》，中国文联出版社2004年版，第165页。

④ 张敬国：《凌家滩玉器》，文物出版社2000年版，第4页。

⑤ 周述蓉等：《氩氩定年法在玉器文化考古研究之应用》（论文提要），《中国玉文化玉学第四届学术研讨会论文提要》，大会秘书处，2004年5月。

⑥ 闻广：《中国古玉地质考古学研究的续进展》，《故宫学术季刊》1993年第11卷第1期。

苏北阜宁陆庄遗址，地处太湖到渤海间的交通要道上。遗存具有明显的良渚文化特征，被一些学者作为良渚文化最后北上消融于中原文化的证据。① 然而一个长期定居的遗址，不应当只是临时路过的痕迹。

再往北，人们在新沂花厅一片大汶口文化墓地的北边，发现了一片良渚文化因素十分明确的墓地。有学者推测可能是“良渚远征军”溃败后的墓地。② 然而从墓葬内涵看，很难想象墓主是同时战死之士。墓中往往随葬多件陶器及玉器，陶器早的有崧泽文化的遗风，有属于良渚文化四期中第二期的，有属于良渚文化六段中第四段的。③ 由此可知，花厅墓地北区良渚人不是同一个时间埋入的。若说附近有良渚人“北渐”的定居点，然其陶器又非当地所制，应是环太湖地区的产品。④ 可以说，死者不是定居此地，而是来自环太湖地区，在长约千年的时间里陆续葬入此处的，这样的墓地足可令考古学家迷惑。如果将此地视作良渚人为埋葬长期往返转运矿物的死难者，而从墓地南区（属大汶口文化）主人那里购得的一片墓地，那就可以清楚了。

如果将阜宁陆庄和新沂花厅视作良渚文化“北渐”的证据，如有的学者所指出：“在大汶口之后的龙山文化中，实在很难找到良渚文化因素的影响，‘北上’之后似乎还是一片空白。”⑤ 原因很简单，这些良渚人是过路人，他们的“情结”不在山东而在辽宁，因为那里有玉矿。

环渤海考古学研究发现，距今 6000 年到 4000 年间，由庙岛群岛跨过海峡，胶东半岛与辽东半岛之间的文化交流十分频繁。

---

① 南京博物院考古所等：《江苏阜宁陆庄遗址》，转引自秦岭：《良渚文化的研究现状及相关问题》，北京大学考古学系编：《考古学研究（四）》，科学出版社 2000 年版，第 95 页。

② 严文明：《碰撞与征服——花厅墓地埋葬情况思考》，《文物天地》1990 年第 6 期。

③ 宋健：《环太湖地区文明进程的新课题——从好川与广富林的新发现谈起》，北京大学考古文博学院编：《考古学研究（五）》，科学出版社 2003 年版，第 148 页。

④ 池锦祺：《中国新沂市新石器时期古陶器的产地分析研究》，转引自宋健：《环太湖地区文明进程的新课题——从好川与广富林的新发现谈起》，北京大学考古文博学院编：《考古学研究（五）》，第 148 页。

⑤ 秦岭：《良渚文化的研究现状及相关问题》，北京大学考古学系编：《考古学研究（四）》，第 95 页。

20多年前苏秉琦先生就指出：

> 辽宁辽东半岛地区，以半岛东侧新发掘的旅顺郭家村，长海县几处遗址为代表，同山东胶东半岛的莱州湾一带文化特征面貌接近而有别于辽宁其他地区。从它所出的生产工具种类、特征看，明显地反映出两地在经济生活上的相似，从而说明两地区在民族文化传统上的渊源及其密切关系。[①]

孙守道、郭大顺先生进一步指出：

> 辽东半岛古文化对山东半岛的影响还只限于山东岛屿，尚未有登上半岛进入内陆的迹象，而山东半岛对辽东半岛的影响要强烈、深厚得多，其遗存迹象不仅在长山群岛的大长山岛、广鹿岛岛屿上处处可见，在辽东半岛南端以至延伸到山地也可见到。[②]

他们认为，原因在于，“山东半岛的大汶口文化和龙山文化较辽东半岛的土著文化发达、先进”。笔者认为，更主要的原因是：北进的人们为的是要索取千山山脉蕴藏的真玉，而辽东半岛的居民则没有南下的欲望。

牟永抗、吴汝祚先生在他们那篇著名的论文中提醒人们注意：

> 1982年在渤海湾的庙岛群岛的大竹岛附近海域内，打捞起一件细绳纹陶釜。这种陶釜，不见于山东半岛和辽东半岛，也不见于环渤海湾的诸史前文化，可能是长江下游地区史前居民的遗物。[③]

---

① 苏秉琦：《在中国考古学会第三次年会闭幕式上的讲话》，《苏秉琦考古学论述选集》，文物出版社1984年版，第262页。

② 孙守道、郭大顺：《辽宁环渤海地区的考古发现与研究》，苏秉琦主编：《考古学文化论集（四）》，第9页。

③ 牟永抗、吴汝祚：《论玉器时代》，苏秉琦主编：《考古学文化论集（四）》，第180页。

二位先生指出，这是与海上交通有关的一个证据。那么长江下游的史前居民跑到渤海湾门户的这一个岛屿上来干什么？笔者的看法是：这是良渚先民到辽东取玉料的证据，他们显然不是要到这个岛屿，而是要到岫岩，到细玉沟！

海底沉陶为笔者指明了方向，笔者深信在千山东麓能找到寻宝人的遗踪。

《中国文物报》1988 年 2 月 12 日报道：

> 辽宁省文物考古工作者去年 9 月 17 至 10 月 27 日，在对岫岩县孙家堡遗址和坝墙里北沟遗址进行的发掘和钻探中，发现了新石器时代一种新的文化类型，出土了大批陶器、生产工具、装饰品及圆形半地穴式房址……北沟遗址位于县城西北 5 华里……遗址分布范围从沟里到沟外，从平地到山上，面积达 42 万平方米，文化堆积有 1.5 米左右……这是遗址面积较大文化堆积较厚遗迹遗物非常丰富的新石器时代遗址。遗址可分为早晚两期，早期发现的有六千年左右的压印陶纹，晚期约当四千年左右，是这个遗址主要文化堆积。这一时期出土大量新颖的刻划几何纹、人字纹、突纹和附加堆纹陶……是一种新的文化类型。三环足器是山东龙山文化典型器物，这就说明早在四千五百年前，岫岩地区就与山东半岛有着经济文化联系……当时人们过着长期定居生活……遗址中出土的岫玉制成的石凿，是研究岫玉开发史的宝贵资料。[①]

在这既非原野又非草场的地方，人们过着定居生活，遗址面积达 42 万平方米，文化堆积达 1.5 米，时间延续近两千年！这些并非土著南方人，他们到这里来干什么？报道说当时人们以农业为主，兼营捕捞和狩猎。笔者的看法是，他们以采集玉料为主，兼营农业和狩猎。不知妥否？

---

① 许玉林、杨永芳：《辽东半岛新石器时代考古又有重要发现：岫岩发掘出一种新的文化类型》，《中国文物报》1988 年 2 月 12 日。

从长江下游，经苏北胶东越海峡入辽东直抵辽宁岫岩，这是良渚文化的生命线。千钧一发，良渚文化的兴衰系于此线。

由此笔者想到了困扰俞伟超先生多年的一个问题。在《龙山文化与良渚文化衰变的奥秘》中，俞先生说道：

> 一到接近距今4000年时，情况忽然大变，龙山文化突变为岳石文化，良渚文化也突变为马桥、湖熟等文化。龙山与岳石，良渚与马桥、湖熟，时代虽前后相接，文化面貌却缺乏紧密的承袭关系……岳石与马桥、湖熟诸文化遗址的分布远远小于或低于龙山、良渚文化……岳石、马桥、湖熟诸文化就好像是当地新出现的一种比从前落后的新文化。①

与此同时，黄河中游的河南龙山文化则继续向前发展，在豫西嵩、洛一带演变为二里头文化，出现了我国历史上的第一个王朝夏。从《尚书·禹贡》的记载看，这个王朝又通过纳贡的方式统治了所谓“九州”的广大区域。俞先生问道：是什么原因导致这个历史大变化？

俞先生认为，是4000多年前发生的一场延续了若干年的特大洪水导致龙山、良渚先民无以为生。

笔者的看法，洪水形成一片汪洋，不至于要持续若干年，先民要恢复生产，也不需要经过很长时间。俞先生所引尧舜时“鸿水滔天”也只是黄河流域，长江下游是否有这样的洪水？于史无证，考古地层学亦可否定。且黄河的泛滥并没有导致华北大平原文化发展的断裂，却导致山东半岛上文化的衰变，这是说不过去的。

如果充分认识到玉料、玉器在那个时代举足轻重的地位，我们就不难找到龙山文化和良渚文化衰变的原因。

笔者想举两个失去货物通衢地位之后文化衰落的旁证。（1）在清代，秦晋之间黄河两岸曾有许多经济文化繁荣的集镇，还出过不少进

① 俞伟超：《古史的考古学探索》，文物出版社2002年版，第144页。

士举人。到民国年间，自从有了汽车和公路，黄河航运凋零，今日再看这些集镇，已成穷乡僻壤，甚者几成“无何有之乡”。(2) 十四五世纪，意大利北部的城市手工业是欧洲最早的资本主义萌芽地，而在达·伽马发现绕过好望角通往印度的新航路之后，丝绸之路凋零，意大利北部城市逆转，手工业工人大批返回农村。而掌握了新航线的葡萄牙和靠近东西方货物集散地的英、法、尼德兰等地城市资本主义迅速发展，世界格局为之大变。

证明岫岩玉矿枯竭的直接证据是，分布于红山文化旧地，距今4000—3500年左右的夏家店下层文化中，用玉风俗已经衰落。“男性墓中随葬有石斧、钺，其质料不适于实用，但制作工艺却较精致”，表明已不能得到玉料。偶见有精致的玉石装饰品，却“并不都出在礼遇隆重的墓中”，可见当地尚玉之风已不能维持。到了夏家店上层文化，玉器制品荡然无存。[①] 须知夏家店下层和上层，正是中原盛行用玉的夏商周三代时期！

一方面是经2000年开掘的玉矿枯竭了，另一方面是一种新的生产力、新的文化体系——青铜文化的到来。与此同时，大禹治水使华北平原农业空前繁荣，“烝民乃粒，万邦作乂”(《尚书·益稷》)，为青铜文化的发展奠定了物质基础。玉器作为祭祀礼品和巫术道具与青铜器并不矛盾，玉在当时社会生活中的地位不会被青铜取代，而是与青铜器皿结合起来形成高度发达的三代礼乐文明。三代时期的玉料，主要通过“玉石之路”，来自西方，来自昆仑山脉。此当另文讨论。

标志着玉器时代结束和青铜时代到来的事件，是禹对防风氏的征伐和消灭。

《左传·哀公七年》：

> 禹合诸侯于涂山，执玉帛者万国。

---

① 《中国大百科全书·考古卷》，中国大百科全书出版社1986年版，第569—571页。

旧注据《周礼》解夏初之事，谓所执“玉、帛”为“六瑞”之类，欠妥。近人据《书·序》“禹别九州，随山浚川，任土作贡”，解万国以玉、帛为贡，表示臣服，甚是。大约至大禹时，以玉器闻名的防风氏竟然无玉可贡，于是，禹南巡会稽。“会稽”即“会计”，禹渡江南征，向防风氏“算账”[①]来了。《国语·鲁语下》：

> 昔禹致群神于会稽之山，防风氏后至，禹杀而戮之……防风氏……守封隅之山者也。

“防风”，据《路史·国名纪》注引《吴兴记》：“吴兴西有风渚山，一曰风山，有风公庙，故防风国……今在武康东十八里。”[②]“封隅之山”，韦昭注：“封，封山。隅，隅山。在今吴郡永安县。”永安，晋太康元年（280）改为武康县，即今湖州市德清县政府所在地，此地东南距良渚镇不足百里，这一带正是良渚文化中心地区。同上引《吴兴记》：“嵎山在风渚山东二百步……《寰宇记》云，以禁樵采曰‘封山’，山东南二十里有嵎山。”按今日考古发现，良渚文化之反山、瑶山，“高台土冢”、“祭坛”，大墓出“琮王”、“神徽”、玉钺及成批玉璧等数以千计，琳琅满目美不胜收。论其地理位置、论其显赫程度，足可以与防风氏所守“封、隅之山”相当。查上古音韵，“反”、“封”声母相同，韵母相近。嵎山应即隅山，与瑶山之“瑶”声韵亦近。由此笔者认为，反山、瑶山即防风氏所守之“封、隅之山”。这一历史记载与考古发现的切合点，应当是没有多大问题的。

三、美丽的细玉沟

在矿脉断绝了4000年以后的20世纪80年代末，当地考古工作

---

① 请参见臧振：《中国古玉文化》，第230—233、249页。

② 董增龄：《国语正义》，巴蜀书社1985年版，第521页。

者刘俊勇报道：在岫岩县细玉沟，人们不时能从河磨石中捡到真玉。[①] 20世纪90年代，当代企业家果断投资，用现代工具进行钻探，在树丛乱石中开辟出矿硐，找到了矿脉，并能进行科学有序的开采。岫岩县以"新玉山"（蛇纹石质的"岫岩玉"）为主的玉石作业，变为以细玉沟"老玉"为龙头的玉器市场，岫岩县重新兴旺起来。消息传来，令人振奋。细玉沟，便成了笔者向往的地方。

2004年5月，中国玉文化玉学第四届学术研讨会在大连召开。会议结束时，得知企业界朋友邀请部分代表前往玉矿考察，笔者毫不犹豫退掉车票，随队前往。

经过一天颠簸，中巴换成小轿车，参观了位于山腰的新矿硐。小轿车换成步行，终于，在北大地质系教授王时麒先生带领之下，我们来到千山山岭上，找到了古玉矿遗址。

就在此时，千山卷起层云，山风带来骤雨，树木变得苍翠，层峦更显雄伟。一群男女，着装各异，老者年近七旬，少者刚过二十，是对美玉的共同爱好把我们牵到一起，没处躲雨还不肯下撤，浑身淋湿还兴奋不已。

晚上，企业家设宴款待。20人中唯有鄙人不争气——感冒了，不得不回宾馆休息。虽然头痛发冷，依旧思绪联翩。以下所写，便是当时所想。

> 辽西古文化在中华民族文化起源和文明起源上占有特殊重要地位。[②]

究其原因，盖因千山山岗提供了当时文化生活和文明发展中至关重要的物品——真玉玉料，成就了分布于西辽河地区的以制作精美玉器闻名于世的红山文化。

---

① 刘俊勇：《大连出土的岫玉器及有关问题》，《故宫博物院院刊》1989年第2期。

② 孙守道、郭大顺：《辽宁环渤海地区考古发现与研究》，苏秉琦主编：《考古学文化论集（四）》，第3页。

距今5000年前后，玉料沿半岛向南，经大连跨海南下了。于是，我们看到，千山山脉以北，下辽河流域的偏堡文化，没有玉作业，闭塞保守，很令人奇怪。而西辽河地区后红山文化、小河沿文化以及夏家店下层，也不能发展自己的玉作业，“五千年文明曙光”在这里暗淡下去。这说明文明的前进不是直线。继红山文化辉煌的玉文化之后，在南方，浙北的良渚文化延续和发展了玉文化，在距今5000年前后到距今4000年前后，辉煌了上千年。但它毕竟没有经济和军事实力与华北大平原抗衡。当玉料来源断绝之后，中国历史的中心转到了中原，转到了拥有大面积农业经济基础的华北大平原及迤西的汾渭谷地。昆仑山玉料沿内蒙草原东来，延续了由红山、良渚开创的玉文化并很快与青铜文化结合起来，尧、舜、禹、汤、文、武、周公们抓住了机遇，演绎出辉辉煌煌的三代礼乐文明。

俞伟超先生说：“中国夏、商、周三代所以能使九州咸服，其军事装备的青铜化显然是重要原因。”①

笔者认为，在青铜时代到来之前，其军事仪仗，祭祀礼品和佩饰品的“玉器化”，乃是地位高贵令各族欣赏羡慕向往的关键。

俞先生又说，“掌握青铜冶铸技术、争夺铜矿资源”是当时逐鹿中原、占据霸权地位的重要原因。②

我们在红山文化、良渚文化、龙山文化见到的高度发达的方国，则与控制玉矿资源、掌握琢玉技术分不开。玉矿，是那个年代运转乾坤的枢机所在。千山山脉东麓，人们从这里带走玉料，也在这里传播文化观念、交流琢玉技术。可以不夸张地说，这里是6000年玉器文化、5000年礼乐文明的源头所在。

岫岩“老玉”矿脉断绝之后，昆仑山的美玉历尽艰难源源东来，这是玉文化发展的必然。可以肯定地说，《山海经》、《穆子天传》、《逸周书》、《管子》等书有关昆山美玉的记载都是历史真实的展现。而西北玉石之路的开通又必然促使北方草原或河西走廊成为一条生命力极强的大

① 俞伟超：《古史的考古学探索》，第36—37页。

② 同上。

道，一条联络东西部文化交流的大动脉。于是我们看到，殷墟妇好墓、西周晋侯墓、上村岭虢国墓、随县曾侯乙墓、满城中山靖王墓、广州南越王墓……举凡规格较高的大墓，必有丰富的玉器随葬，且其中大多为昆山美玉。这些玉料，都是在张骞通西域之前来到中原的。玉文化的研究打开了人们的眼界：原来，在两千年之前，从“玉器时代”到“青铜时代”再到“早期铁器时代”，玉文化犹如一条杠杆、一个枢纽，已经把东西南北的中华各民族拧到了一起。

笔者的思绪由东北的细玉沟转到了西南的大峡谷。20世纪中期，国家对钢铁的急需使森林密布、瘴疠弥漫的金沙江渡口变成了繁荣的攀枝花市。20世纪六七十年代，汽车工业、塑料工业在中国勃兴之时，因为蕴藏石油，寂静的准噶尔盆地里出现了热闹的克拉玛依市，荒凉的嫩江平原上崛起了大庆市。20世纪90年代，由于神府大煤田的发现，贫瘠无比的陕北神木，在短短10余年间变成了高楼林立富甲西北的大县。由此，笔者想到千山山顶所见的宁静美丽的细玉沟，在四五千年前它应该有过一番炊烟缭绕、人文荟萃的景象。当代人应该在这里立下一座纪念碑，让后人知道，我们的祖先是怎样创造我们独特的辉煌的古玉文化的。

同行者20位，他们是：

王时麒（北京大学地质学系）

张广文（故宫博物院）

王仁湘（中国社会科学院考古研究所）

刘景芝（中国社会科学院考古研究所）

古　方（中国社会科学院考古研究所）

赵春青（中国社会科学院考古研究所）

吴　阳（北京市文保文物鉴定中心）

于　明（北京红山文化研究所）

马金花（山西省考古研究所）

喻燕姣（湖南省博物馆）

周郁城（广东省化州市收藏协会）

张照根（苏州博物馆）
王　方（成都市文物考古研究所）
龚继遂（中央美术学院）
吉琨璋（山西省考古研究所）
董　洋（浙江理工大学）
乌　兰（内蒙古巴林右旗博物馆）
徐　琳（南京大学历史学系）
贠雪梅（北京大学考古文博学院）
本文作者（陕西师范大学历史文化学院）

（原载《中国玉文化玉学论丛·三编》，紫禁城出版社 2005 年版）

古玉功能摭辨

——玉为神灵食品说

一、文献中的古玉功能问题

古玉功能之成为问题，实始于2000年前。

秦始皇听李斯言，“有敢偶语诗书者弃市，以古非今者族”。焚书坑儒，欲尽愚天下之民，上古文明，几于中绝。汉承秦火之余，视三代如梦境，搜求遗篇断简，所存有限，况世移俗革，人亡书残，欲追先王之绪，谈何容易！

儒学经典，赖儒生整理，口耳相传，以“今文”著之简帛，其间音同字异、形近而讹者不在少数。西汉博士，谨守师法，刘歆搜出些古文经，便引起太常博士们的激烈反对。新莽后汉之际，十多年大动乱，经传诠释进一步与先秦脱节。章帝建初四年（79）白虎观会议，儒学经典被附会以微言大义，杂糅以阴阳五行，以皇帝的名义制成定论。本来朴实的上古观念，变得深奥玄远。

《白虎通》言及古玉功能有所谓“五瑞”说：

> 何谓五瑞？谓圭、璧、琮、璜、璋也……璜以征召，璧以聘问，璋以发兵，圭以信质，琮以起土功之事也。[①]

在儒学经典所反映的殷周时期，所谓“五瑞”有没有这些功能呢？可以说找不到证据。且看《白虎通》解说这些功能的理由：

① 班固：《白虎通·文质》。

圭以为信者何？圭者，兑上，象物始生见于上也。信莫著于作见，故以圭为信，而见万物之始，莫不自洁。圭之为言，洁也。上兑，阳也。下方，阴也。阳尊，故其礼顺备也。在位东方，阳见义于上也。

据考古发现上古圭类玉器看，圭实源于戈矛类兵刃。汉人所谓“象物始生”、“信”、“顺”云云，以古人之耳听来，实在莫名其妙。

璧以聘问何？璧者，方中圆外，象地，地道安宁而出财物，故以璧为聘问也。方中，阴德方也。圆外，阴系于阳也。阴德盛于内，故见象于内，位在中央。璧之为言，积也。中央，故有天地之象，所以据用也。内方象地，外圆象天也。

璧竟然与“孔方兄”联系起来，令人哑然失笑。考古尚未见到这样的古璧，可知此亦汉代经师信口雌黄。

璜所以征召何？璜者半璧，位在北方，北阴极而阳始起，故象半阴。阳气始施，征召万物，故以征召也。

考古发现璜多为古人随身佩饰器，有多至七八枚、十余枚相串成佩者，难以想象璜与“征召”有何干系。

璋以发兵何？璋，半圭，位在南方，南方阳极而阴始起。兵亦阴也，故以发兵也。

按，学术界对璋之原型争议较多[①]，王永波先生认为源于耒耜[②]。不

① 香港中文大学考古艺术中心编：《南中国及邻近地区古文化研究》，香港中文大学出版社1994年版。

② 王永波：《耜形端刃器的起源、定名和用途》，《考古学报》2002年第2期。

论如何，以阴阳五行释璋有“发兵”功能，不是上古先民的思想。以琮为“起土功之事”的信物，更无证据：

> 琮之为言圣也，象万物之宗聚圣也，功之所成，故以起土功发众也……内圆象阳，外直为阴，外牙而内凑，象聚会也，故谓之琮。

迄今为止考古发现的琮，皆出于墓葬或祭祀坑。从时代看，琮盛行于新石器时代良渚文化，至殷周已很少见，战国以降，琮已属传世品。而春秋以前的文献中不见琮的踪影，可见当时日常社会生活中已不用琮，以琮为“起土功之事”的信物，真如梦呓。

由上述可知，东汉时期对古玉功能的理解，深深打上了东汉思想的烙印，不可据以研究上古。

先秦文献言及古玉功能而最完备者数《周礼》。《周礼》成书时代，历来聚讼纷纭，较平允者应为何休说：出于战国时人之手。[①]《周礼》作者确属高人，其努力掇拾周朝典制，为我们保存了不少上古三代古玉文化的实况。但战国时“礼坏乐崩”，诸子百家各逞其能。《周礼》作者本意不在探讨历史，而在为新时代国家机构绘制蓝图，故《周礼》难免打上战国时代烙印，这是通过《周礼》探究上古三代玉文化必须注意的。

《周礼·春官·大宗伯》：

> 以玉作六瑞，以等邦国。王执镇圭，公执桓圭，侯执信圭，伯执躬圭，子执谷璧，男执蒲璧。

镇、桓、信、躬四种圭具体是什么样子，学者们极力从传世品或发掘品中寻其真相，迄今无定论。笔者认为这是《周礼》作者的编派，不是周代实情。显明的证据是，其后所列谷、蒲纹璧，殷周时期尚未出现，战国秦汉年间才流行起来。[②]至于说以不同名称的玉圭来“等邦国”，

① 蒋伯潜：《十三经概论》，上海古籍出版社 1983 年版，第 257 页。

② 有学者认为，《大宗伯》“子男执璧”“应是简章错乱所致”（王永波：《耜形端刃器的起源、定名和用途》，《考古学报》2002 年第 2 期）。这是过分执信《周礼》，极力替《周礼》回护，

是否周代实情也很值得怀疑。早于《周礼》的文献中，见不到这样的记载。《左传·定公四年》载周公封伯禽于鲁，赐的是“夏后氏之璜”，不是什么圭，封康叔、唐叔，则未见有瑞玉。笔者认为，所谓以物品来“等邦国”是战国时代的思想，因为殷周时期，以血缘亲疏为纽带，以鬼神监临人世，哪里用得着靠某种名称的“瑞玉”来证明诸侯的等级身份？《大宗伯》又云：

> 以玉作六器，以礼天地四方。以苍璧礼天，以黄琮礼地，以青圭礼东方，以赤璋礼南方，以白琥礼西方，以玄璜礼北方。

“六器”讲祭祀神灵，从《左传》、《诗经》、《尚书》等典籍看，以玉器献祭神灵，或沉河，或瘗埋，或置于坎坛，这一点毫无疑义。但规定礼天地四方要分别六种器形和色泽，于上古文献无征，于考古发现无证。故可肯定，这点是战国儒生的编派。

《大宗伯》讲古玉功能，一是“等邦国”，二是“礼天地四方”。前者未必可信，后者可以相信，但不可全信。

《周礼·春官·典瑞》较为全面地展示了作者对古玉功能的理解，可归纳为（1）朝聘，（2）祭祀，（3）符节，（4）殓尸。

朝聘：

> 王执镇圭，缫藉五采五就，以朝日。
>
> 公执桓圭……子执谷璧，男执蒲璧，缫皆二采二就，以朝觐宗遇会同于王。
>
> 瑑圭璋璧琮，缫皆二采一就，以覜聘。

《左传·昭公五年》载楚薳启疆说到“朝聘有圭，享覜有璋”，《论语·乡党》说孔子“执圭，鞠躬如也”。可以相信，至少在春秋时期，

要把《周礼》当作信史。如果说此处是“简章错乱”，那么《春官·典瑞》、《秋官·大行人》皆有“子执谷璧”、“男执蒲璧”，难道都是错简？

圭璋等曾作为使节聘问行礼的凭据。

祭祀：

> 四圭有邸以祀天，旅上帝。
>
> 两圭有邸以祀地，旅四望。
>
> 祼圭有瓒以肆先王。
>
> 圭璧以祀日月星辰。
>
> 璋邸射以祀山川。

对自然神、祖先神的祭祀，在上古是与战争并列的最重要的事情，而祭祀活动离不开玉，这在文献与考古发现中都有许多证据。这点，下文还将涉及。

符节：

> 珍圭以征守，以恤凶荒。
>
> 牙璋以起军旅，以治兵守。
>
> 谷圭以和难，以聘女。
>
> 琬圭以治德，以结好。
>
> 琰圭以易行，以除慝。

以上诸条，在春秋以前的文献中证据薄弱，似不可信。如发兵须以玉璋为符节，聘女须以谷圭，都是作者依据战国时代特征而设计的方案，放到以血缘关系为核心的殷周社会是不伦不类的。

殓尸：

> 驵圭璋璧琮琥璜之渠眉，疏璧琮以殓尸。
>
> 大丧，共饭玉、含玉、赠玉。

玉器在墓葬中多有发现，以玉殓尸确凿可信。至于郑玄注所谓“取向方明"、"通于天地"之类，以上古三代考古发现核对，实属无稽之谈。

除上述四方面，《典瑞》还提到以祼圭"祼宾客"，以璋"造赠宾客"，以及土圭"度日影"、璧羡量长度。应该说，赠宾客与古人对玉的特殊观念没有必然联系，作仪器也不一定非用玉不可，因此我们有理由不将此二项看作古玉的重要功能。

《周礼》而外，《礼记·玉藻》则专言佩玉：

> 古之君子必佩玉。趋以《采齐》，行以《肆夏》，周还中规，折还中矩，进则揖之，退则扬之，然后玉锵鸣也。
>
> 君子无故玉不去身，君子于玉比德焉。

严格说来，《礼记》非"经"，且问世较晚。但所载佩玉风尚，《诗经》中描绘甚多，考古发现更是可做充分证明。

研究古玉功能者还常引《越绝书》风胡子对楚王问中的几句：

> 黄帝之时，以玉为兵，以伐树木、为宫室、凿地。夫玉亦神物也，又遇圣主使然，死而龙臧。

此语中有两点甚可注意：一是早期用玉，是实用工具。二是玉为"神物"，有神性，死后用以随葬（"龙臧"即垄藏）。

综上所述，文献中所载古玉功能，主要是朝聘（等邦国）、祭祀（礼天地四方）、符节、殓尸（龙臧）、佩饰、实用工具等六项。笔者分析，在上古三代，其中最重要的功能，是祭祀和殓尸，实用工具是其源头，其余功能可谓由祭祀、殓尸引申而来。而祭祀和殓尸这两项功能的更深层次的动因，在于古人对玉有一种神秘的认识：玉为神灵的食品。

二、玉为神灵食品

玉器之珍贵，首先在于玉料本身特殊的物理属性。在自然界所有矿物中，它是韧性最强的一种，其硬度又相当高，不亚于今日钢铁小刀，其结构致密，便于制作成各种形状。石器时代，先民为制出得心应手的石器，敲遍了各种类型的岩矿。在旧石器时代，玉已被发现并采来制作实用工具。到新石器时代，在磨制石器的过程中，人们发现抛光后的玉具有一种半透明的美丽色泽，令人爱不释手，古人因而将它与“截肪”、“羊脂”、“鸡油”、“蒸栗”、“荔枝”联系起来。在新石器时代的墓葬中，考古工作者发现有死者口中含美石或碎玉，饮食器中盛放珠、坠、碎玉石等的现象。例如20世纪50年代在南京北阴阳营和70年代在武威皇娘娘台的发掘，均发现此类现象。[①]有学者认为，这反映人们珍爱美石，或将其作为财富，然这种现象不见于房址和窖穴中，且置于口内或食器之中，除解为食品之外，很难有更合理的解说了。由武威和南京二例已可断言，新石器时代晚期，玉或美石为鬼神食品的观念，已广播于华夏大地。

玉为鬼神食品的证据，在文献中俯拾即是。

《山海经·西山经》记载：

> 峚山……丹水出焉……其中多白玉，是有玉膏。其源沸沸汤汤，黄帝是食是飨……瑾瑜之玉为良，坚栗精密，浊泽而有光。五色发作，以和柔刚。天地鬼神，是食是飨。君子服之，以御不祥。

这里讲密山的美玉，涉及两种功能，一是鬼神食品，二是君子佩戴可以“御不祥”。第二项功能因第一项功能而来：若有邪祟靠近人体，可食玉而不伤人体。应当说，玉殓葬兼有这两重含义：既可为墓主提供食品（如满城汉墓玉衣内的璧），又可防止地下邪祟伤害墓主（如玉衣、玉九窍塞）。

《山海经》诸山神灵的祠祀，多以玉器与毛（动物）、酒、糈（粮食制品）共同陈列，或瘗埋或燔烧。试举二例。《南山经·鹊山》载：

① 南京博物院：《南京市北阴阳营第一、二次发掘》，《考古学报》1958年第1期。甘肃省博物馆：《武威皇娘娘台遗址第四次发掘》，《考古学报》1978年第4期。

其祠之礼：毛用一璋玉瘗，糈用稌米，一璧、稻米，白菅为席。

毛指动物，配以一璋玉，埋入地下，糈指粮食供奉于几案，配以一璧。

《西山经·羭山》载：

祠之用烛，斋百日，以百牺瘗，用百瑜汤，其酒百樽，婴以百珪百璧。

“汤”，郭璞云：“或作炀。”郝懿行注：“炀，炙燥也。”“婴”，郭璞注：“谓陈之以环，祭也；或曰：婴即古罂字，谓盂也。”不论是陈于尊旁还是盛于盂中，均为以玉佐酒。值得注意的是，与一百头牺牲同埋的美玉是要先炙烤令熟的。这与考古发掘所见玉常有经火痕迹，可以互相印证。这是玉为鬼神食品的又一旁证。

《诗经·大雅·云汉》曰：

天降丧乱，饥馑荐臻。靡神不举，靡爱斯牲。圭璧既卒，宁莫我听。

圭璧与牺牲一起献给神灵，乞求上天降雨。圭璧显然是食品。

《诗经·小雅·天保》曰：

吉蠲为饎，是用孝享；禴祠烝尝，于公先王。

据清人《韩诗遗说》考，“吉蠲为饎”韩诗作“吉圭为饎”。[①] 韩诗文从字顺，揭示了历史真相。

《楚辞·离骚》曰：

① 臧庸：《韩诗遗说》，《丛书集成》本，中华书局 1991 年版。

折琼枝以为馐兮，精琼靡以为粻。

屈原想象自己将与神灵共同远行，准备食品，皆用玉制。又《天问》：

缘鹄饰玉，后帝是飨。

以刻有鸟纹的玉进献神灵，这是屈赋的本意。然由于玉为神灵食品的观念东汉文人已不很清楚，所以王逸注《天问》此句，竟说是“因缘烹鹄鸟之羹，修玉鼎，以事于汤”，把夏桀的事安到商汤头上，把上帝说成人王，把玉说成玉鼎。按考古中未发现玉鼎，亦无以玉为饰之鼎。近人曹耀湘指出：“玉，祀神之玉也。后帝，天帝也。”算是把这句话读懂了。[①]

中国乃礼义之邦，典籍中十分常见的“礼”字，其本义便是以玉飨神。笔者同意王国维对“礼”字的解说。《观堂集林》卷6《释礼》云：

《说文》示部云：“礼，履也。所以事神致福也，从示从豊，豊亦声。”又豊部：“豊，行礼之器也，从豆象形。”殷虚卜辞有豊字……古玨珏同字……此诸字皆象二玉在器之形。古者行礼以玉，故《说文》曰“豊，行礼之器”，其说古矣。惟许君不知玨字即珏字，故但以“从豆象形”解之。

以玉礼神，此在器中之玉有何功用？郑康成注“六器”文云：

礼东方……太昊、句芒食焉。礼南方……炎帝、祝融食焉。礼西方……少昊、蓐收食焉。礼北方……颛顼、玄冥食焉。[②]

① 游国恩：《天问纂义》，中华书局1982年版，第298页。

② 《周礼·春官·大宗伯》郑注。

且看：青圭、赤璋、白琥、玄璜都被神灵“食焉”了。“食焉”除解为“吃”外，还能有更合适的解释吗？郑氏注未言及苍璧与黄琮，但完全可以相信，苍璧、黄琮也是被天神地祇“食焉”了。

三、琮璧功能再议

笔者曾撰《玉琮功能研究述评》(《文博》1993年第5期)、《玉琮功能刍议》(《考古与文物》1993年第4期)，在认定玉为鬼神食品的基础上，对于璧、琮功能做过深入探讨。笔者的观点是：璧象征肉片，其中有孔，犹如今新疆烤羊肉串。琮象征兽头或整体。时隔八九年，似未引起学人注意，或未能被学界认可。

这一观点得到的反响，就笔者所见，唯有一处：《中国文物报》2000年8月2日第三版，李新伟文《〈良渚文化研究〉读后》。文章说该书作者“淋漓尽致地为我们展示了中国史前考古学中最动人的思辨画面：关于玉琮的功能有23种见解，对玉璧的认识由祭天重器到新疆羊肉串。有些几近荒诞。但我们在暗笑竟有如此随意的学者，欣赏自我的严谨时，也应反省自己是不是正在作茧自缚”。

笔者要感谢李新伟先生，他为笔者的观点留下了讨论的余地，也给了笔者再次宣讲自己观点的勇气。

笔者之所以有信心，认为东汉人对古玉的理解不可据信，认为清儒也未弄清古玉功能问题，而作为今人，却可超越前人，“补经传之阙亡，正诸儒之谬误”[①]，原因在于，今人有大量考古成果可以依据。20世纪八九十年代以来，学者们依据近年考古发掘的丰硕成果，已将琮、璧的形制源流、纹饰演变轨迹大体理清。[②]我们从琮、璧形制、纹饰的演变过程，可以清楚地看到其作为神灵食品的本质。

① 吕大临：《考古图·后记》。

② 其代表作可举二例，邓淑蘋：《考古出土新石器时代玉石琮研究》，《故宫学术季刊》1988年第6卷第1期。杨建芳：《玉琮之研究》，《考古与文物》1990年第2期。

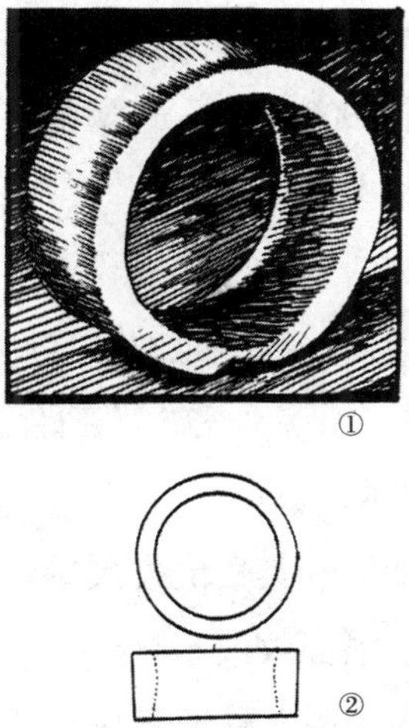

图一　良渚文化圆筒式镯
①张陵山出土　②黄土山出土

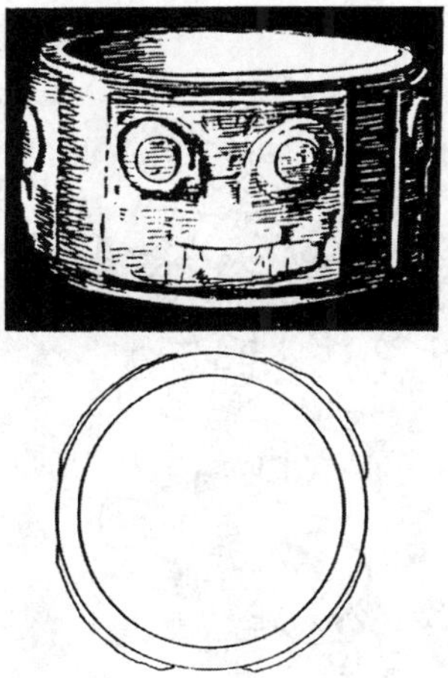

图二　有饰片的镯——琮　瑶山 M9：4

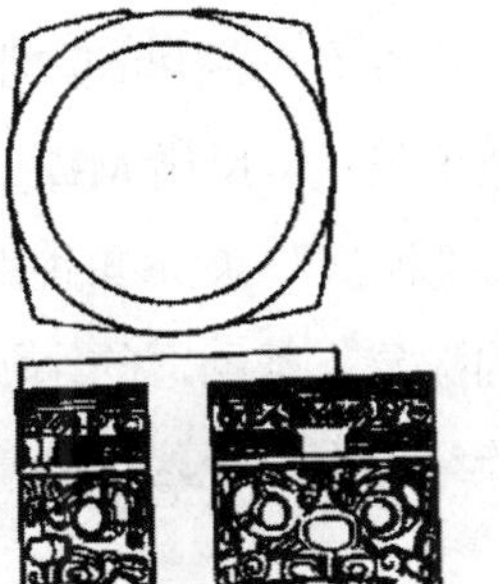

图三　饰片中部微凸琮　瑶山 M12：1

图四　接近方形的琮　武进寺墩 M4：1

不少学者认为琮源于镯，笔者认可。琮“外方内圆，是由镯外壁的长方形饰片发展而来”。如图一，圆筒式镯。图二，有饰片的镯——琮。图三，饰片中部突出，使琢出的兽面更具立体感。图四，饰片突出接近方形的琮。由此可见，“琮八方象地”，纯属后人附会。再看饰片上的纹饰，不是东汉人所谓的“牙”，而是兽面。其特点是大眼獠牙，鼻孔向前。具獠牙而与古人生活密切相关的动物应是野猪。有学者曾试图论证野猪是先民崇拜对象，但证据薄弱。我们有了“玉为鬼神食品”和“君子服之以御

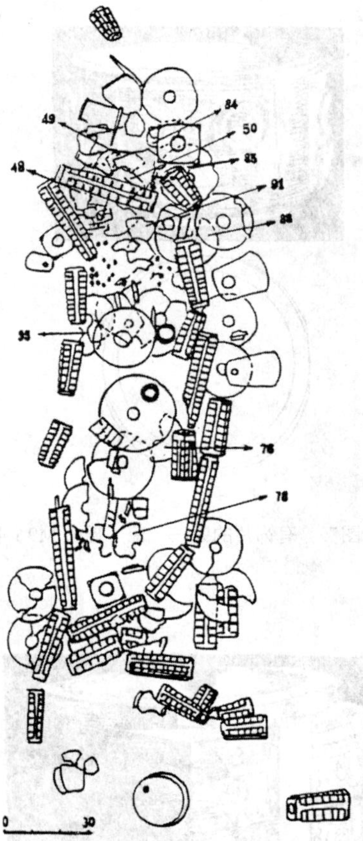

图五　寺墩 3 号墓

不祥”的概念，就很容易理解，这野猪是献给鬼神的食品。还有学者用距良渚文化 3000 年之后道教所谓“三矫”来解说琮上的兽面，认为兽面是协助巫师登天的“龙、虎、鹿”或“白虎”。我们知道龙、虎、鹿是没有伸出口外的獠牙的，所谓“三矫”[①]在良渚琮上是立不住脚的。

良渚琮在其后的发展中，纹饰上出现了小眼面纹或小鸟。它们与兽面是什么关系呢？这应是模拟和吸引神灵来飨。东夷民族以鸟类为其“图腾”或祖先，这从《左传·昭公十七年》郯子论“少昊氏鸟名官”及甲骨文中殷王名称上往往有鸟纹可知。学者多有论证，兹不赘述。反山 M12：98 琮王饰片间的“神徽”，更形象地展示了神灵来飨的形象。戴羽冠的小眼神凌驾于大眼獠牙兽面之上，这就是所谓“神徽”的实质。

出于增多食品的愿望，宽短形琮又发展为多层高长型。其图像则仍是宽短形，而以简化和层垒加高的方式表现。认为“琮八方象地”的人又如何解释层垒增高的现象呢？

在寺墩 3 号墓，33 件琮围绕墓主放置（图五）。该墓 24 块璧有 21 块是人为砸碎后扔入墓中的。以琮、璧为“通天地法器”或“祭祀天地的礼器”，如何解释这些奇特的随葬方式呢？有比食品更恰当的解说吗？

---

① 张光植：《考古学专题六讲》，文物出版社 1986 年版，第 8—10 页。

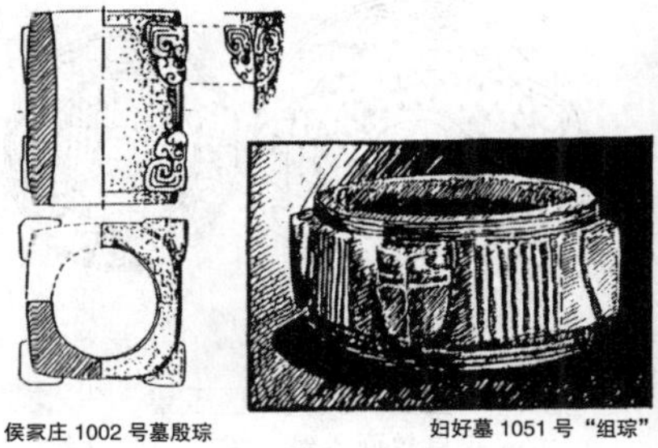
侯家庄1002号墓殷琮　　妇好墓1051号“组琮”

图六　殷琮

图七　反山23号墓，北端玉璧叠放情况

玉琮到了商代，不再琢獠牙兽面，而是琢羊头、人面或蝉纹（图六），与所谓“龙、虎、鹿”相距更远，与商代用羌人作牺牲或以羊、蝉为美食更为接近。到了周代，琮成为素面方柱型。那是因为，周人以“明德”治天下，不愿把任何族的人或其图腾物作为献祭对象了。以琮为“法器”，说它通天地受到动物帮助，又无法解释周琮何以光素无纹。春秋以后，琮成为传世品，或加以改琢，如曾侯乙墓的“龙纹”琮和满城汉墓的九窍塞，与“通天地法器”更无关了。

璧的纹饰走着与琮相反的道路。新石器时代的璧，基本上是光素无纹。如反山23号墓，随葬大小54件璧，制作粗率，随意叠放在墓主腿脚部位（图七）。要说这些璧是“法器”，可“象天”，无法理解！如果我们有了玉为鬼神食品的观念，对反山23号墓随葬现象就丝毫也不奇怪了。

璧中部皆穿一孔，这与“天”有什么关系？“璧圆象天”说者难以解释。如果我们又了解原始先民食肉多为火烤，恰如今之新疆烤羊肉串，对琮、璧定要琢出中孔便理解得更为真切。琮上琢兽面，因为琮象征的是总体的兽。璧为肉片，所以璧上不琢兽面。良渚璧上偶见有细小的鸟纹图像（图八），与琮上的鸟纹含义是相同的，即吸引神灵来飨。

原始先民将璧置入墓中时砸碎或火烧的仪式，用2000年后汉儒的理论及今人的“通天地法器”说也是无法解释的。

随着畜牧业的发展，肉食品有了剩余，便要制作腊肉、干肉。制作方法，不论是晾晒、火烤或风干，都要切成片状，置于席上。腊肉或肉

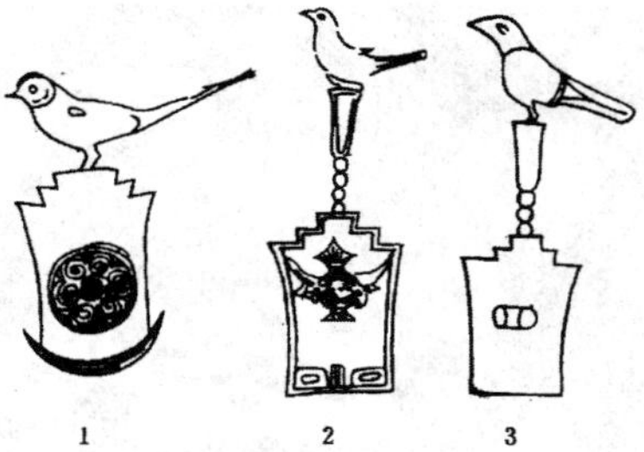

图八　弗利尔美术馆藏良渚璧上的鸟纹

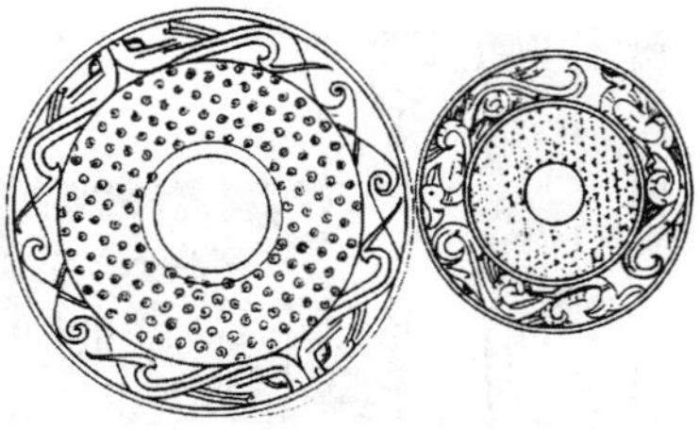

图九　汉代分区玉璧
左：双身兽面谷纹　右：凤鸟蒲纹

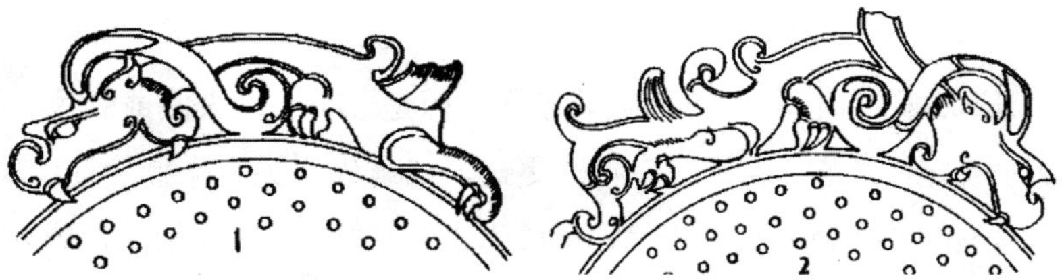

图十　吴大澂《古玉图考》录出廓玉璧局部
（注意犬齿与璧体的关系）

干上，便留下席纹印痕。于是人们看到，春秋以降的璧上有了编织物纹（青铜器上类似纹饰应由此而来）。后人不识此纹源流，便称之为“云纹”、“雷纹”或所谓“蟠虺纹”。河南光山黄君孟墓“蟠虺纹”璧，细密的纹饰之间还有10余只鸟首纹。[①]按黄氏为东夷后裔，这鸟与良渚琮璧上的鸟纹含义应是一样的。

“云雷纹”、“蟠虺纹”入战国，变成了“谷”、“蒲”纹。“象天”、“通天地法器”说均无法解释这种演化，于是有所谓“元气”、“生命力”说等。笔者认为，这种演化从侧面反映了干肉制作技术的进步：席变成了网，利于通风。网孔处肉凸起，便成“谷纹”，网络处印痕，便是“蒲纹”。这比汉儒所谓谷“养人”，蒲“安人”，更符合实际，合于情理。

西汉，谷蒲纹之外往往又加一圈凤纹或龙纹（图九），还有所谓“出廓”璧，在璧体外琢出龙或凤降临来飨（图十）。这龙凤与璧体的关

① 河南信阳地区文管会、光山县文管会：《春秋早期黄君孟夫妇墓发掘报告》，《考古》1984年第4期。

系，仍是食与被食的关系，与良渚琮璧纹饰一脉相承，且与“璧圆象天”说更不相干。

四、考古报告中的古玉功能问题

安徽省文物考古研究所《凌家滩玉器》（文物出版社 2000 年版）载，在早于良渚的凌家滩遗址出土 6 件玉人，作者认为“可能代表六种不同的神”。玉人双手缚于胸前，原可能有绳，已腐朽不存，但琢有捆痕。作者以捆痕为“臂环”，且以 8 号墓随葬玉环两堆为据。但玉环最大者内径 6.1、最小者 5.6 厘米，如何能作为臂环佩戴于成年男“神人”手臂？笔者注意到，东夷地区出土的这类玉人以及人头像（例如新干大洋洲所出“神人兽面形饰”和黄君孟夫妇墓所出玉雕人头，见图十一），后脑勺上多有平行而深的痕迹。笔者认为，这是斧钺之痕，是所谓“神人”实为牺牲之证，这牺牲实为献给神灵的食品。值得注意的是，这类玉人皆垂有耳环。凌家滩发掘 44 座墓葬，很少见到耳饰玦。87M4 墓、98M29 墓各发现 1 件，其余 2 件出于探方和征集得来。这说明，本地本族人不佩耳饰玦，耳环是外族人的装饰，这现象与良渚文化相同。这更说明玉人不具有“神”的地位，因为在上古，“神不歆非类”，不是本族人不能成为本族的神。

笔者还注意到，这类玉人往往琢有露出口外的獠牙。例如美国斯密

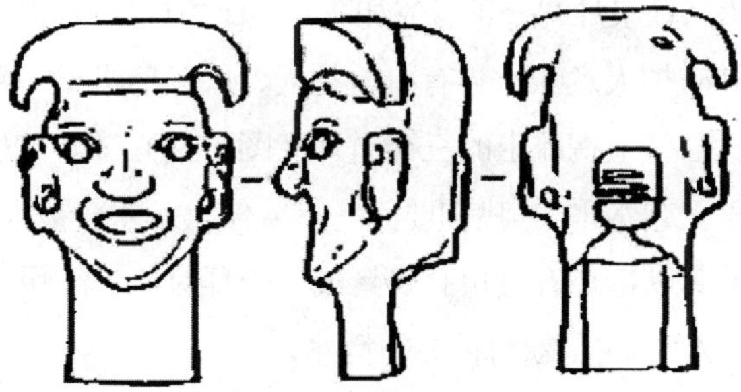

图十一　黄君孟墓出土玉雕人头

（黄氏为东夷后裔）

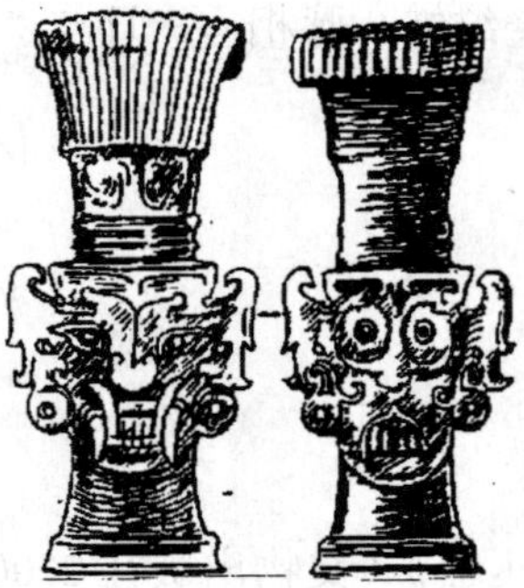

图十二　斯密塞纳美术馆藏东夷玉雕人头

图十三　新干大洋洲出土玉人

塞纳美术馆收藏的一件（图十二），正面臣字眼，獠牙，背面圆眼暴齿。这显然是在将玉人琢为兽类，兽类中的野猪，正是雄性有獠牙而雌性无獠牙。这件玉人头顶还有羽冠双眼物降临，令人想到良渚“神徽”。“神徽”下部的“神兽”，如本文上节所述，实为献给鬼神的食品。如果再联想到东夷民族中曾经流行的凿去上颌侧门齿或犬齿的习俗[①]，对于玉人刻意琢出獠牙或暴出口外的门齿，应该有新的认识了吧？再将这类丑人说成是“神”，实在是不妥当的。

凌家滩 20 号墓出土管钻下来的玉芯 111 件，还有许多玉器的边角料。学者一般认为这是一位玉匠的墓葬。那么，这位玉匠为什么要收藏这么多玉芯及边角料置于墓中呢？人们可以有各种勉强的解说，但真正有说服力的，还是它们可以作为鬼神的食品。

江西省文物考古研究所《新干商代大墓》（文物出版社 1997 年版）载，墓中出一侧身羽人佩饰。作者认为，此玉人“是该地区远古土著先越民族鸟图腾和鸟崇拜的一种遗俗和变异。比之妇好墓的侧身玉人，新干的更多地具有神人意味，它有机地把人、兽、鸟集于一身”。对于这件“神人”后脑勺上掏雕出的三个链环（图十三），作者仅说它“表现出高超的琢玉工艺水平”。我们要问一下：什么人才会被人从身后（或以头发挽住）套以链环？身份高贵者或“崇拜对象”能用这种“装饰”吗？所谓“神人”，实是献给神灵的牺牲。

① 参见韩康信、潘其风：《我国拔牙风俗的源流及其意义》，《考古》1981 年第 1 期。

陈德安《三星堆——古蜀王国的圣地》（四川人民出版社 2000 年版）载，“二号祭祀坑出土一件呈平行四边形的玉璋”，其上琢有“祭山图案”，图中有“这种玉牙璋插在神山山腰两侧的祭祀场面”。作者解释说：“祭祀山神用玉石器作为供物，这可能是渊源于原始的自然崇拜。在古人看来……人们所获取的自然物，是神灵赐予的一部分。按照自然崇拜的祭祀，往往要将获得的自然物的一部分奉还其神灵作为报答……玉石取诸山川，为山川之精英，所以古人用玉石器作为供物进行献祭。”

请看，由于不明白玉为神灵食品，对于玉璋献祭的原因，作者绕了多大弯子，其实还是没有说清楚。我们知道，所谓祭祀，就是将美好的食品供献给神灵。既然“金玉石水等自然物”都“归这些神灵管辖或为神灵所有”，他要你献祭的那一点点“作为报答”有什么意义？且产玉之山在山川中只占少数，为什么《山海经》诸山神灵的祠祀几乎都要用玉？又有谁见过产金之山要将黄金供上祭坛？

王斌主编《虢国墓地的发现与研究》（社会科学文献出版社 2000 年版）其中收入姜涛、李秀萍《虢国墓地出土玉器的认识与研究》一文，对 20 世纪 90 年代发掘的 9 座墓中所出的千余件“礼玉”进行研究，认为西周中晚期璧“除用于祭祖先、祭天地及事鬼神外，还应是区别等级贵贱的象征，即璧的使用是分级别的”。

其证据之一是 2009 号墓出一件“龙纹璧”，“极可能是周王赏赐于虢公之物”，“应是《周礼》所言‘六瑞’之一”。《周礼》“六瑞”说“公执桓圭、侯执信圭、伯执躬圭”，虢公不可能是子、男爵，“龙纹璧”也不可能是“谷、蒲”璧，怎么可能据以证明《周礼》“六瑞”呢？我们知道，晋侯曾送虞公一件“垂棘之璧”[①]，郑伯送鲁公一璧以借许田[②]，诸如此类，《左传》中记载甚多，这些璧的馈赠转移如何“区别等级贵贱”呢？作者又说，“璧在敛尸之时，也是有严格的等级之分的”。我们且以虢公 2001 号墓和 2009 号墓来看，其随葬件数、大小、厚薄、精粗都不

① 《左传·僖公二年》。

② 《左传·桓公元年》。

一样，2001号墓6件置于尸身下，2009号墓27件置于胸腹部及外棺盖上。这些区别，如何表现“严格的等级区分”？又如何证明《周礼》？作者说：“六器之为物，均具有多种不同的功能与用途，即同样之器，用于不同场合，则具有不同的功能，而其功能是可以转移的。”这与作者讲用璧“有严格的等级区分”是自相矛盾的。究其故，在于作者没有抓住璧的最基本的功能，以至于迷惘。璧最基本的功能，便是作为食品献给鬼神。

虢国2001号墓主口含玉55枚，“质地为和阗玉，均系小块碎玉”。这样典型的证据，足可说明“玉为鬼神食品”。这又令人想到曾侯乙墓，墓主口内含细小玉器21件，小的如一粒稻谷，大的比蚕豆小，均被雕作猪、狗、牛、羊、鱼、鸭等形。[①]这众多肉用动物填于死者口内，除了解作食物，难道还有更合理的解说吗？

（原载《中国玉文化玉学论丛·续编》，紫禁城出版社2004年版）

① 随县擂鼓墩一号墓考古发掘队：《湖北随县曾侯乙墓发掘简报》，《文物》1979年第7期。

红山文化玉器功能之我见

——食品说、胚胎说、祭祀祷雨说

一、食品说

“玉为神灵食品”的观点，不是笔者一时心血来潮，凭借灵感想象出来的，而是笔者多年前在读书中自然形成的观念。

在20世纪80年代的“文化热”中，笔者选择了“巫术”作为研究课题。《蒙昧中的智慧——中国巫术》是这一课题的成果。该书第九章有一段专讲上古巫师把玉器作为重要的道具。文中说道：“近年来，人们在江苏、浙江等地新石器时代晚期墓葬中，发现不少精美的玉器……从它们放置在死者周围这点来看，最主要的功能应当还是避邪，是防御企图危害尸体的鬼魅。”

紧接着，笔者便引用了《山海经》中关于古玉功能的最为重要的一段（《西山经·峚山》）：

> 其中多白玉，是有玉膏……瑾瑜之玉为良，坚栗精密，浊泽而有光；五色发作，以和柔刚。天地鬼神，是食是飨；君子服之，以御不祥。

接着说：“很清楚了，玉的作用有两个，一是天地鬼神的食品，二是君子佩带它可以抵御不祥之物。”

> 到了商代，商人就普遍用玉作祭祀上帝的礼物。这礼物放在

> 盛食品的‘豆’里面。近代学者王国维考证说，‘礼’字本来就是豆里面放着两块玉。[①]
>
> 如果没有上古巫术对玉的神化，就无法解释为什么夏商周时期玉成为礼神、镇国的珍宝。[②]

该页还引用了《周礼·春官·大宗伯》“以玉作六器，以礼天地四方。以苍璧礼天，以黄琮礼地，以青圭礼东方，以赤璋礼南方，以白琥礼西方，以玄璜礼北方”。其后不久笔者就发现了东汉郑玄对这段话的重要注解：

> 礼东方……太昊、句芒食焉，礼南方……炎帝、祝融食焉，礼西方……少昊、蓐收食焉，礼北方……颛顼、玄冥食焉。

郑玄以人帝人神相配于四方，这完全可能是晚出的思想。但玉作为食品献祭而被帝神飨用，应该是由来久远的观念。

以上是20世纪80年代后期笔者从文献中得到的认识。

1989年秋，台北“中研院史语所”同仁到西安访问，邓淑蘋女士随访。在座谈会上，笔者即以玉琮功能问题请教邓先生。邓先生即以海外学者三种观点相告，引起了笔者的极大兴趣：(1) 张光直先生认为，琮外方内圆中空，“象征天地的贯穿”，琮是巫师“通天地的法器”。(2) 林巳奈夫先生认为，琮是宗庙祭祀中请神主凭依的器物，琮的中孔是神灵凭依的小室。(3) 邓先生自己认为，琮方象天、璧圆象地，琮与璧相搭配，组合成贯通天地的法器。三种观点有一个共同点，即把琮看作巫师沟通天地的法器。

这与笔者在大陆刊物上读到的流行观点很不相同。大陆学者的意见大致可分为两类：(1) 避邪；(2) 显示财富和身份。笔者的看法是，用随葬物品来“显示其等级、财富和权力”，这是用今人的观念想象上古

---

① 臧振：《蒙昧中的智慧——中国巫术》，第161页。王氏原话见《观堂集林》卷6《释礼》。
② 同上书，第162页。

先民；那生活在以血缘关系为纽带的大家族中、笼罩在浓郁的鬼神观念下的先民。是不需要用实物来“显示”其地位的（这一点，也可用以说明红山文化积石冢大墓为什么“唯玉为葬”）。至于“避邪”和“巫师通天地法器”的说法，笔者能接受。但其具体的原理，笔者还很难放弃“玉为鬼神食品”的先入之见。

1990年秋，笔者得到去北京大学考古系做“访问学者”的机会，即以古玉文化作为研究课题。应笔者请求，很快就收到邓淑蘋先生寄来她有关古玉研究的系列论文。尤其是《百年来古玉研究的回顾与展望》一文（当时尚未正式发表），成为笔者研究的向导。依该文《参考书目》，又在北大图书馆复印了杨建芳先生《中国古玉书目》，开始系统阅读有关文献。读到章鸿钊先生《石雅》，其上编第三卷专有《食玉》一节，广泛引经据典，集中叙说，令笔者大开眼界，更加深信玉为鬼神食品的观念由来久远，影响广泛。与此同时，感觉到海外三家关于琮为“通天地法器”的说法隔靴搔痒，未得要领，甚而至于有牵强附会和想象的成分，经不起考古发现的奇特葬俗的推敲。若用“玉为鬼神食品”的观念去观察分析，诸多疑问涣然冰释。于是笔者有《玉琮功能研究述评》（《文博》1993年第5期）、《玉琮功能刍议》（《考古与文物》1993年第4期）等文的发表；认为在祭祀或葬礼中，琮璧等均是被巫师或族长作为食品陈设或瘗埋，用以吸引鬼神来飨。所谓“沟通天地”亦即此意，不必求之过深。

二、胚胎说

20世纪80年代，时代早于良渚文化的红山文化玉器得到确认。比起良渚文化玉器来，红山玉器形制更为古怪奇特，功能更为扑朔迷离。笔者面对所谓玉猪龙、钩云形器、马蹄形器，等等，也曾百思不得其解。约在2001年，笔者收到邓淑蘋先生寄来《群玉别藏续集》（台北“故宫博物院”1999年版）。书中谓玉猪龙“应是表达哺乳动物在胚胎期的造型”，此语对于笔者来说，可谓振聋发聩！在该书第 13 页，邓先生说到，要了解红山系玉器的深层含义，须注意下述现象：“红山居民喜爱雕琢昆虫在幼虫或蛹，或是哺乳动物在胚胎期的模样，应是强调羽化或蜕变的生命力。”邓先生出于其学术传统，比较注意古玉文化的形而上的含义，立即想到蛹或胚胎的“生命力”。而笔者出于对中国原始巫术简单的思维方式以及原始宗教祭祀方式的了解和“玉为神灵食品”的先入之见，立即想到蛹或胚胎本是原始人最美味的食品，以玉琢成蛹或胚胎献祭给鬼神是顺理成章的事情。

近年来见到一些有关红山文化的著述也提及玉猪龙与胚胎的关系。例如陈逸民、陈莺《红山玉器收藏与鉴赏》（上海大学出版社 2004 年版）“我们发现，它很像动物的胚胎，尤其像猪的胚胎”。由此可见“胚胎说”绝不是某个人的错觉，而是客观事实。不过，最先发现者应当是最有功劳的。据笔者所见，在 1995 年 10 月出版的《群玉别藏》中，邓淑蘋先生已有类似议论：“值得注意的现象是，红山先民常雕琢昆虫在幼虫转化为成虫前的状态，如蝉蛹与蚕蛹，或某种动物在胚胎期的模样，如猪龙。”（见该书第 24 页）。笔者囿于闻见，认为这便是最早正式发表的红山玉猪龙“胚胎说”。

近日在网上见到一位叫“肖不然”的先生写了一篇文章《误读的文明——也说红山玉猪龙》，一开头就教训起人来：“非常可惜的是，专家们受知识水平所限，把神圣的人本崇拜错判为对猪的崇拜，还为玉龙起了一个谬种流传的名字——玉猪龙……不仅亵渎了祖先，也让今天龙的子孙坠入了不明就里的雾霭之中。”“稍有胚胎学常识的人都会知道，脊椎动物的胚胎在一定阶段十分相似……张冠李戴必是大谬不然。把人的胚胎型玉饰判定为猪的胚胎型玉饰，便是这种谬误的源流。”文章口气很大，吓得笔者赶紧到图书馆找到《哺乳动物胚胎学》（科学出版社 2004 年版）认真查阅。笔者看到，猪胚胎在 23 天前的确与人胚胎十分相似；到第 28 天，外耳加长，上颌明显外突，已经与人胚胎有了明显的区别；到约 36 天，猪胎儿已完全具备猪的形态：上颌突出，鼻孔朝前；到约 55 天，外耳已高过头顶；到约 109 天，外耳大小与常见红山文化玉猪龙极为相似。再看人的胚胎，始终没有大耳和向前的鼻孔。我们知道，胚胎演化是该动物进化史的缩影。人类从哺乳类灵长目进化而来，其胚胎演化过程中不可能出现哺乳类偶蹄目猪科的特征。是我们把人的胚胎当成了猪胚胎，还是"不然"先生把猪胚胎当成了人胚胎？是谁在亵渎祖先、传播谬误？不用笔者多说了。

三、祭祀祷雨说

祷雨，在上古时代中国北方地区的社会生活中，具有十分重要的地位。这一点，也是笔者在了解上古巫术文化的过程中自然形成的观念。

拙著《蒙昧中的智慧》第八章专门介绍求雨巫术：

> 求雨要算中国巫术中最为源远流长的内容了。自从中原大地出现了栽培农作，人们发现作物丰歉与降雨有关，便把巫术用于求雨……在距今约八千年的新石器时代早期，农作物的栽培已成为主要的生活来源。这里虽有大河，但人们尚无力作大面积人工灌溉，干旱随时可能发生，也就随时需要求雨。
>
> 求雨的历史是这样漫长，几乎可以说，它与中华民族的文明史形影不离；而随着文明的进展，求雨巫术的方法也随着演变。[①]
>
> 本书第二章已经多次涉及早期巫术求雨的壮烈场面……在那里，求雨巫术的成败，又与政治斗争有着十分密切的联系。启求雨失败，羿射日成功，导致夏王朝嗣统中绝四十年之久。桀"不务德"，"武伤百姓"，那太阳又毒辣辣地老不隐没，于是人民发出了"是日曷丧，予及汝皆亡！"的呼喊（《尚书·汤誓》）。盼望商汤伐桀，"若大旱之望雨也"（《孟子·滕文公下》）。代之而起的商汤，因为久旱几乎被焚于桑林。有商一代，连年求雨，被焚的女

① 臧振：《蒙昧中的智慧——中国巫术》，第148页。

巫又何止千万！其“后立王”武乙、帝乙，“射天”求雨，又招来周人多少非议！西周以后，巫师式微（然求雨活动在社会上乃至国家政治生活中仍很重要），其求雨之法，无非歌舞之类，称之为“雩”，如《大雅·云汉》，便是求雨巫歌（其中“圭璧既卒，宁莫我听”说的就是以玉为食品献给神灵）。求雨不灵，巫歌哀辞发展为怨天疑天思潮，与政治斗争相呼应，在王室衰微过程中推波助澜。①

关于夏启乞雨、后羿射日、商汤祷雨以及甲骨文、《史记》、《诗经》、《楚辞》等古文献中有关求雨巫术的记载，该书第二章有较为详细的叙述，这里就不重复了。

本文上节已论证了“玉猪龙”是以玉琢出猪胚胎作为美味献给鬼神。本节上文又谈到求雨巫术在当时社会生活中的重要地位。现在本文已可以得出初步的结论：“玉猪龙”作为巫术道具，多用于乞雨。

自红山文化时期开始，以“玉猪龙”求雨的巫术绵延不绝，而随着文化演变，人们对于这种巫术的原理的解读，也会发生演变。到东汉时期许慎编著《说文解字》就对此做了如下概括：

珑，祷旱玉龙；文从玉从龙，龙亦声。

清儒引经据典，对此字有进一步解说。桂馥《说文解字义证》：

《字林》：“祷旱玉为珑。”《广韵》：“珑，圭为龙文。”《书·典宝·序》“俘厥宝玉”《传》云：“玉以礼神，使无水旱之灾。故取而宝之。”《楚语》：“玉足以庇荫嘉谷，使无水旱之灾，则宝之。”注云：“玉，祭祀之玉也。”钱君大昭曰：“《山海经》：应龙在地下，

① 臧振：《蒙昧中的智慧——中国巫术》，第149页，括号中为笔者新加补充说明。

故数旱。旱而为应龙状，乃得大雨。祷旱之玉为龙文者，即此。”

桂馥引《字林》、《广韵》及《尚书》、《国语》、《山海经》等先秦典籍为证，说明“玉以礼神，使无水旱之灾”实为上古先民之通识。后世以玉为龙形，其源头应与红山文化“玉猪龙”密切相关。

红山文化“玉猪龙”一词，据笔者推想，应是20世纪80年代中期依据考古工作者发掘的实物传出的名称。然而却与历史上祷旱求雨的“猪龙”不谋而合！

孙守道、郭大顺在《论辽河流域的原始文明与龙的起源》一文中指出，“兽形玉”首部“具有吻前突、前端并列双鼻孔的特征，同时有特大的头部、宽厚的双耳和肥硕的躯体，吻上和眼周还有表现颜面皮皱的线纹多道，标本1更有露在嘴外的獠牙，这在六畜中唯猪最为近似”。①

该文进一步谈到这猪首“龙身”形玉器与龙的关系：

> 龙的起源与诞生，当与原始农业密切相关。养猪与原始农业相伴随。我国原始农业氏族素以养猪著称。东山嘴红山文化遗址就发现大量猪骨。龙首源于猪首，生动地说明，这种似乎高不可攀的神物，最初并非单纯幻想的产物，而是原始农人从日常生产和生活中创造出来的形象。如前所述，红山文化具有以石犁耜为主要标志的发达的原始农业，所以，龙的形象首见于红山文化并非偶然。

该文又已将这猪首龙身的“兽形玉”与祭祀乞雨活动联系起来：

> 龙崇拜，自古以来就是同农业丰歉有直接关系的天的崇拜联系在一起的，所谓“云从龙”、“飞龙在天”（《周易》）、“水以龙”（《周礼·考工记》）等等，都反映了龙与农事、天象、祈雨活动的关系。这种观念的起源，可追溯到原始时期的祭祀活动。文献记载

① 孙守道、郭大顺：《论辽河流域的原始文明与龙的起源》，《文物》1984年第6期，第16页。

和考古发现都已证明，猪是祭祀常物。

孙、郭二先生的这篇文章，是笔者近二十年来思考红山文化玉器功能的向导。

在这篇文章中，“玉猪龙”的名称已呼之欲出。但作为严谨的学术论文，该文始终只称其为“兽形玉”，这是可以理解的。90年代，郭大顺先生又称其为“玉雕龙”，仍不称“猪龙”[①]。同时，又有改称其为“熊龙”的倾向（见该书46页及注释51），这就让笔者难于接受了。

笔者认为，关键在于包括郭大顺先生在内的很多学者，把红山文化遗址中发现的以玉制作的献祭物品当作了崇拜和祭祀的对象。从孙、郭二先生文可知，一方面，他们很了解，“文献记载和考古发现都已证明，猪是祭祀常物”，同时他们又认为，与猪首有关的“龙形玉、兽形玉”是“被神化了的神灵崇拜物”。在当时，猪，究竟是献祭的牺牲，还是祭祀的对象？孙、郭二先生用了一种模糊的说法：“在祈天、求雨、祈防洪涝的祭祀活动中，自然就选择它作为沟通人神间的信物，从而出现了被神化的猪的种种传说，其中就有作为雷雨之神的传说。”[②]本来，作为“祭祀常物”的猪胚胎或猪肉本身并无神性。在红山时代，“玉猪龙”在求雨巫术中，是作为献祭的牺牲、美味食品埋入坎坛，或作为巫师或首领的随葬品埋入地下的。“沟通人神间的信物”的说法，应该是现代人的想象。

然而，以“猪龙”求雨的风俗绵延数千年不断。如前引拙文所说：“随着文明的进展，求雨巫术的方法也随着演变。”“猪龙”也从神灵的食品演变成能够呼风唤雨的地下鬼神。古文献、古诗词中涉及风云雷雨诸神与猪、龙有关的内容可谓俯拾即是。人们尽可以在《古今图书集成》、《古今事文类聚》、《太平御览》、《格致镜源》之类类书中找到，也可以利用现代技术在网上搜寻。本文限于篇幅，不再征引。

---

① 郭大顺：《牛河梁红山文化遗址与玉器精粹》，文物出版社1997年版。

② 孙守道、郭大顺：《论辽河流域的原始文明与龙的起源》，《文物》1984年第6期。

笔者在拙著《中国古玉文化》（中国书店2001年版）中编第八节“动物类玉器”中，谈及红山文化玉龙与求雨的关系时，曾引用北宋苏东坡诗《次韵舒尧文祈雪雾猪泉》：

> 岂知泉下有猪龙，卧枕雷车踏阴轴。前年太守为旱祷，雨点随人如撒菽。

我们看，“猪龙”在地下操纵雨雪，俨然神灵了。所引原诗前面的两句是“苍鹅无罪亦可怜，斩颈横盘不敢哭”，说苍鹅作为牺牲献给原为牺牲现为雨雪神灵的猪龙。颇为有趣。然而，不能据此认为红山时代“玉猪龙”已经有了神灵的地位。

在坚信“玉为神灵食品”说的笔者看来：

红山文化玉制猪胚胎是献给神灵的食品，不是龙神。

牛河梁十六地点4号墓主头下的玉鸟无非是被“斩颈”的“苍鹅”之类，也不是什么凤凰。

同墓墓主左侧胯下的玉人更不是什么神灵，不过是献给墓主的奴仆。

在红山时代，人们顶礼膜拜的神灵不用玉制，更不会放在墓中，而是用泥土塑造且置于高处的女神之类。

拙著《中国古玉文化》还涉及东山嘴出土那件“双龙首璜”和三官甸子出土那件“双猪首三孔器”的功能。先说“双龙首璜”：

> 人们认为，璜的造型似与虹有联系。《太平御览》卷14引《搜神记》：“孔子修《春秋》，制《孝经》，既成，孔子斋戒，向北斗星而拜，告备于天。乃有赤气若虹，自上而下，化为玉璜。”……甲骨文中，虹字作两头龙形（原注见于省吾：《甲骨文字释林·释虹》，中华书局1979年版，第2—6页）。宋沈括《梦溪笔谈》说：“世传虹能入溪涧饮水……虹两头皆垂涧中”。……现在红山文化出土双龙首璜，证明这种观念由来久远。《山海经·海外东经》“虹虹

在其北，各有两首”，也可证这种观念源自上古。①

再说“双猪首三孔器”：

1979 年凌源县三官甸子城子山红山文化遗址出土一件猪头形玉饰，对于猪头特征把握得十分准确（2007 年 10 月笔者按：近年有学者将此件称为“双熊首”器，笔者实难苟同，那略微上翘的鼻头和下垂的大耳，非猪莫属）。器中钻三个直径 1.9 厘米的圆孔……两头为猪头，中琢有圆圈，这意味着什么？……又《山海经·海外西经》：巫咸国之东，有“并封”，“其状如彘，前后皆有首”。三官甸子的双头猪，是否就是“并封”？②

既然双龙首璜象征大雨前后出现于天空的虹，以玉琢成，作为巫师求雨作法时的道具，就完全是顺理成章的事情。至于双猪首三孔器，应该就是文献中的“并封”。“并封”与求雨有什么关系呢？我们再来看《山海经》。

《山海经》本为上古巫师代代相传的图册，经文则是代代巫师口耳相传的解说词，到战国时期文字普及，巫师将其书之于简帛，附于图后，出现大同小异的不同版本。西汉末年，刘向、刘歆父子奉命清理国家图书馆馆藏典籍，刘歆遂将不同版本《山海经》汇集成书。东晋郭璞、陶潜曾见其图，其后战乱流散，失其图仅存文字。今本所见图为后世据想象补绘。③我们今天读《山海经》，应随时联想其图，可更明白。

上文“并封”，在“巫咸国”之东，《经》文“巫咸国”之南，有“女丑之尸”。这“女丑”坐在山顶，头顶有十个太阳，因为被晒得受不了，“以右手鄣其面”，“十日炙杀之”。显然，这是一幅女巫求雨图。“并封”就画在女巫的右上方。在图中，“巫咸国”的形象是“右手操青

① 臧振：《中国古玉文化》，第 92—93 页。

② 同上书，第 139—140 页。

③ 袁珂：《山海经校注》，上海古籍出版社 1980 年版，第 484 页。

蛇，左手操赤蛇”，这又让我们想到《海外东经》的“雨师妾”，其形象“两手各操一蛇，左耳有青蛇，右耳有赤蛇”。据晋郭璞和清郝懿行的注解，雨师“号呼”，就能“起雨”。在“雨师妾”的南边有“汤谷”，是“十日所浴”的地方。该处“水中有大木，九日居下枝，一日居上枝”，九个太阳在下面休息，一个太阳升上去，这是正常情况。如果“十日并出”，天下大旱，“焦稼禾，杀草木”（《淮南子·本经训》），那就需要后羿来射杀九日了。

由上述《山海图》中情形可见，“并封”与求雨抗旱应该是有密切关系的。

与此同时，我们由“并封”之三孔，联想到牛河梁祭坛和积石冢周围成排竖置的陶制筒形器，会不会是求雨巫术的道具呢？器为筒形而成排竖置，莫名其妙，也只有用原始思维方式的巫术观念才能解说。因为实在没有更恰当的解释，我们毋宁相信其为求雨巫术道具之说。

由此笔者联想到红山文化的“斜口筒形器”（即本文前面所谓“马蹄形器”）。因数次出土于墓主头部（如牛河梁第二地点一号冢4号墓、21号墓），又被学者们称为“束发器”或“箍形器”。器底口径约7厘米，上口径约10厘米，用以束发，似乎太粗。且此器未必皆出土于头部，如第十六地点4号墓“斜口筒形器”就出于胸部，墓主头下却垫一宽约20厘米的“玉凤”。又第二地点一号冢27号墓墓主头侧置“勾云形大玉佩”，长28.6厘米。第五地点一号冢1号墓墓主头下置两玉璧。这些显然与头饰无关。所以有理由认为，“斜口筒形器”与头部装饰无必然联系。笔者倾向于认为，“斜口筒形器”亦是求雨巫术的道具。

研究红山文化玉器，难以回避对于“勾云形器”功能的解说。在前贤所做的诸多解说中，笔者赞同尤仁德先生提出的“云气说”[1]。至于琢为“云气”的用途，依笔者拙见，自然是为求雨。具体使用方法，应如郭大顺先生所说，其后有象鼻穿固定于它物上，“与手执的斧钺或权杖

① 尤仁德：《勾云形佩及相关器物探研》，《故宫文物月刊》1995年第143期。

一类有关"[1]，笔者认为，巫师将安装得类似权杖的钩云形器执于手中作法，为的是吸引上天来云降雨。

由于没有明确的地层关系证据，笔者不敢断言，带"齿"的"勾云形器"晚于不带"齿"的"勾云形器"。但是，若用"求雨巫术道具"来解说，由不带"齿"到带"齿"，恰好反映了巫师在求雨过程中对于道具的"模拟"功能要求的提高。所谓"齿"，就是积雨云下面下雨的象征。

现在，笔者想引用辽宁省博物馆周晓晶先生的话作为本文的结语：

> 在20世纪的勾云形器研究中，多偏重于对其本身某些因素的研究，却忽视了它的整个考古环境及社会背景……红山文化玉器是由距今五六千年的红山先民制作和使用的，它的奇异造型一定是适应它的独特功能，而这二者又都取决于当时特殊的文化背景。因此，要正确阐释红山文化玉勾云形器的创型理念和使用功能，就必须把它还原到红山文化的社会环境中去考察。[2]

笔者自信，巫师祷雨即是当时特殊的社会文化背景，本文正是在这方面进行了一些思考，提出了一些不同的观点。当然，这绝非最后结论，笔者愿与学界同仁共同努力，早日解开红山文化玉器功能之谜。

臧 振　丁亥霜降　定稿于陕西师大文渊楼

（原载《古玉今韵——朝阳牛河梁红山玉文化国际论坛文集》，中国文史出版社2008年版）

---

① 郭大顺：《红山文化勾云形器研究》，《故宫文物月刊》第164期。

② 周晓晶：《红山文化勾云形器研究回顾及新探》，《鞍山师范学院学报》2004年第1期，第62页。

玉琮功能研究述评

20世纪80年代，新石器时代玉器大批出土，把玉器在古代社会生活中的地位问题十分突出地摆到人们面前。在赞叹中国古玉文化灿烂辉煌的同时，人们对众多玉器的用途却不甚了了。而诸多玉器中，最难解释又十分重要的莫过于玉琮。如果对琮功能没有正确的解答，则这一时期的文化精神面貌也就不能有科学的阐释。研究玉琮功能，成为刻不容缓的课题。

据笔者不完全统计，从100年前吴大澂认定玉琮器名算起，涉及琮功能问题的中文书籍和论文约有80多篇，其中1981—1990年10年间约有40篇。[①]这充分说明学者们对这一问题的重视。如有的学者所说，这是考古学界的一股狂飙，自20世纪初以来，琮功能问题“一路狂飙，引发多少讨论和争议”。[②]张光直先生甚至建议将新石器时代的晚期称作“玉琮时代”。[③]遗憾的是，尽管专家们做出了诸多解释，关于玉琮功能问题迄今尚未有可以基本公认的答案。

归结起来，首先，学者们主要通过形制源流和纹饰含义两条渠道探索玉琮功能。其次，学者们还利用了涉及玉琮的古代文献和可能与琮功能相关的民族学资料。

本文拟就形制与纹饰两方面的研究情况做扼要介绍，并对海内外学者的几种解说试加评述，期望能有助于今后的研究。

---

① 1981年前的论文，参见杨建芳：《中国古玉书目》，香港中文大学1982年版。1981—1990年的论文，参见邓淑蘋：《百年来古玉研究的回顾与展望》文末所附《参考书目》，宋文薰主编：《考古与历史文化——庆祝高去寻先生八秩荣庆论文集》，台北正中书局1991年版。

② 邓淑蘋：《狂飙中的玉琮》，《故宫文物月刊》1989年1月，第6卷第10期，第57页。

③ 张光直：《谈“琮”及其在中国古史上的意义》，《文物与考古论集——文物出版社成立三十周年纪念》，第259页。

一、对玉琮形制源流的探讨

谈论玉琮器形，最早当推《说文解字》：“琮，瑞玉，大八寸，似车釭。”所谓“车釭”，指车轮轴部位安装的一内圆中空、外为八角形的零件。但宋明以来，人们弄不清楚琮究竟是什么样子。乾隆帝面对宫中收罗来的玉琮，称之为“杠头”，认为是“辇辂舁竿之饰”①。“杠头”说显然是一种误会。正如周南泉先生所指出的，早在“辇辂舁竿之饰”出现之前就有了玉琮。②

乾隆之后近百年，光绪十八年（1889），金石学家吴大澂在其所著《古玉图考》中引述嘉庆年间文字学家钱坫的说法，指出，“今世所传古玉‘釭头’，其大者皆琮也”。至此，“琮”之名称与实物，算是结合在一起了。

《古玉图考》录有30多件琮，大体上可分为四类：宽短型（图一）、高长型（图二）、细小型（图三）、方柱素面型（图四）。四类之间关系如何，何为祖型，何为次生？吴大澂时代还不可能弄清。

吴大澂之后，由器型起源推测玉琮功能，最初有法国学者吉斯拉氏（G · Gieseler）提出的“中霤”说。他认为琮是“原始汉民族住在小屋或洞穴的时代，在屋脚建有黏土制的圆筒形有孔之物，或即烟筒，名叫

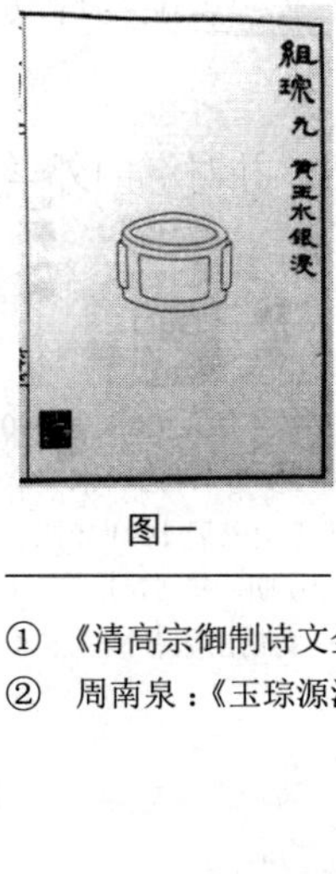

图一

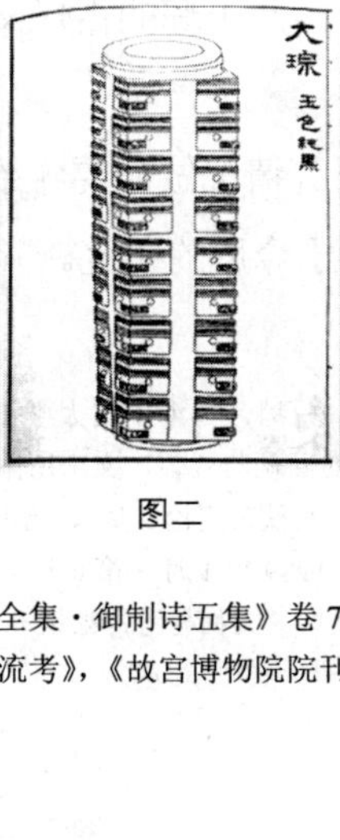

图二

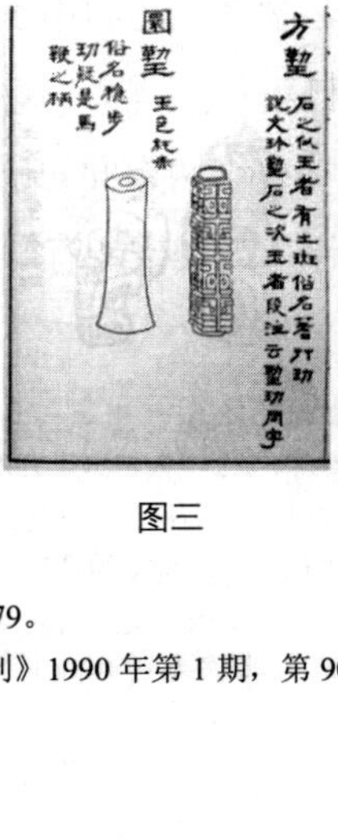
图三

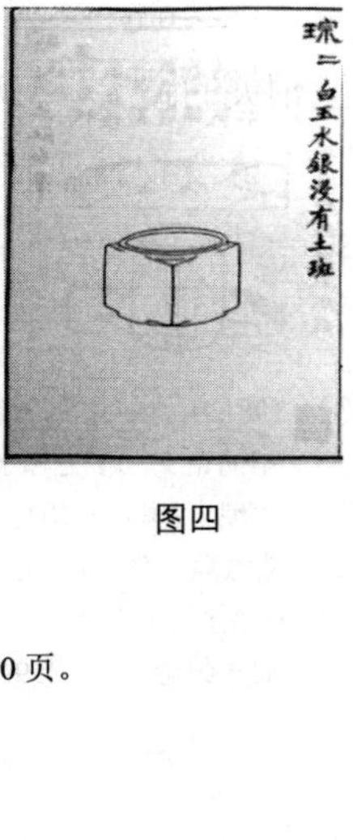

图四

① 《清高宗御制诗文全集 · 御制诗五集》卷79。

② 周南泉：《玉琮源流考》，《故宫博物院院刊》1990年第1期，第90页。

作‘中霤’……于是《礼记》就有‘中央土，祀中霤’及‘家主中霤而国主社’之文，中霤遂有崇拜的礼仪发生”。[1]“中霤”是上古泛神论时代的居室之神，很难说与随葬于墓中的成批的琮有什么关系。日本学者滨田耕作对此就表示“不易率表同意”。滨田氏自已也努力在上古实用器物中寻找玉琮原形，认定琮原是一种“有圆孔而方柱外形的实用品”。这实用品是什么？他承认实在弄不清楚，似乎倾向于同意《说文》所谓“似车釭”之形的东西。[2]

1947年，比利时学者密舍尔（H·Michel）认为琮就是《尚书·舜典》“在璇玑玉衡”的“玉衡”，可以用来观测天象。[3]此说已有学者指出其牵强附会。[4]

1948年，郭宝钧先生推测琮前身为木质的“织机之上持综翻交者”。[5]此说与车钉说一样令人怀疑。因为5000年前似乎还不会有装着“翻交持综”机件的织机，而所谓“木琮”应比玉琮早，就更渺茫了。

20世纪20年代，宗教史学界流行一种寻找“地母”、“谷母”、“神女”的风尚。学者安克斯认为琮是象征女阴性器，代表母系祖先，瑞典学者高本汉则认为琮是藏男子性器之函，琮是“祖”的“宗器”。台湾学者凌纯声先生赞同安氏之说，认为琮是后世“木主”的前身，是“象征女性阴器，为女祖的神主”。[6]古玉专家那志良先生也表示赞同安氏之说。[7]与民族学家有所不同的是，那先生讲琮“象征女阴”而不讲仿自女阴，因为对于琮型制起源，那先生同意近人陈大年说，认为琮是“间接模仿日常用具”，它是“方勒形的扩大”（“方勒”即吴大澂书中所谓

---

① 转引自〔日〕滨田耕作：《古玉概说》第7章，胡肇椿译，中华书局1993年版。

② 同上。

③ 参见邓淑蘋：《故宫博物院所藏新石器时代玉器研究之二——琮与琮类玉器》，《故宫学术季刊》1988年第6卷第2期，第24页。

④ 参见夏鼐：《所谓璇玑不会是天文仪器》，《考古学报》1984年第4期，第404页。

⑤ 郭宝钧：《古玉新诠》，中研院史语所编：《历史语言研究所集刊》第二十本下册，商务印书馆1949年版，第29—30页。

⑥ 凌纯声：《中国古代神主与阴阳性器崇拜》，《“中央研究院”民族研究所集刊》第八册，1959年。上引安氏、高氏之说参见于凌文。

⑦ 那志良：《明尼安波那斯美术馆所藏之中国古玉（下）》，《故宫学术季刊》1991年第8卷第3期，第25页。

“方瑡”，见图三）。

与那先生有些相似，周南泉认为琮“代表女性生殖器是可能的”。他更进一步设想良渚文化中围绕墓主一周的玉琮，可能表示“其后或妻妾宫女以物代人为墓主陪葬”。[①]同时，他也认为琮源于勒子，“古代的玉琮很可能是从比其更早的‘外方内圆牙身’型玉管状饰演变而来的”。他进一步认为，玉管形佩（按：即“勒子”）的形制已具有“天圆地方”说的“依据和含义”，因而可以说，“玉琮仿自‘地’形”。[②]

女阴说没有被众多学者接受，因为琮的大小形制多种多样，琮上的纹饰也与女阴无关；良渚墓中不论男女都有以琮随葬的现象；余杭反山墓地“琮王”（M12：98）置于头顶，这些都是女阴说难以解释的。作为女阴说最有力的根据，是《周礼》“以黄琮礼地”，“宗后以为权”，“宗后守之”，大琮“为内镇”，《仪礼》“享夫人以琮”等材料。但这些材料上距良渚文化有2000多年，琮的这些用途完全可能是后世儒家的安排。同时，《周礼·冬官·玉人》还有“天子以为权”的记载，可见并不是只能用于女性。杨建芳先生更指出，《周礼》“以黄琮礼地”是与“六器”中其余五器——圭、璧、璋、琥、璜相提并论的，而“六器”又与“六瑞”相提并论。良渚、石峡、龙山文化中都没有璋、琥和带谷、蒲纹的璧，“六器”、“礼地”等“决非新石器时代晚期的制度”。[③]

至于说玉琮源于“玉管形佩”（即玩玉家们所称“勒子”），有两个问题没有解决。一是琮与方勒之间的尺寸差距甚大，而迄今未发现有过渡的中间尺寸的琮，琮由方勒扩大而来的说法尚缺少证据。二是勒子本身的功能究竟是什么，勒子上的花纹究竟意味着什么，同样也是问题。

---

① 周南泉：《玉琮源流考》，《故宫博物院院刊》1990年第1期，第90页。

② 周南泉：《玉琮源流考》，《故宫博物院院刊》1990年第1期，第82、89—90页。周南泉：《试论太湖地区新石器时代玉器》，《考古与文物》1985年第5期，第83页。

③ 杨建芳：《玉琮之研究》，《考古与文物》1990年第2期，第60页。至于良渚时代有无璋、琥，学术界尚有争议。如璋，学者们多称一种半圭形玉刀为璋。周南泉认为，良渚文化所见倒梯形玉佩“形如虎头，上有面纹”，“可能是琥形器”。参见周南泉：《试论太湖地区新石器时代玉器》，《考古与文物》1985年第5期，第86页。

与勒子扩大说相反的，还有勒子由琮缩小而来的说法。[①]此说同样不能解答上述问题。

当初吴大澂编《古玉图考》时，将璥子、长高型琮、宽短型琮以及圆筒型而有浮雕长方型饰片的似镯型玉器都称作琮，这说明吴氏有相当的眼力，认定其型制及功能具有共性。尤其是他将筒型似镯者称为琮，启示后人发现了二者具有的渊源关系。

50年代，日本学者梅原末治提出琮源于镯。[②]此说在60年代得到林巳奈夫等人的赞同[③]，近年更为众多学者认可。王巍将宽短型与高长型琮分别称为A型、B型，确定A型源于镯，而B型起源“暂且存疑”。[④]邓淑蘋曾综合良渚玉琮资料排比研究，推测琮形制发生自镯，认为在发展为外方内圆形状的同时，又发展了上下堆叠，层累加高的过程。[⑤]笔者认为这基本上弄清了高长型与宽短型琮之间的渊源关系，但对层累加高的心理动因，还应有所解说。至于勒子是否是高长型大琮的初期形态，因为缺乏中间尺寸的过渡形态，邓氏取了存疑态度。[⑥]杨建芳近年对由镯到琮的演化过程做了很好的解说，但未涉及宽短型琮与方勒和柱形大琮的关系问题。[⑦]

笔者认为，高长、宽短大琮与方勒式小琮有不同的源头。如果说前者源于镯，那么后者自然应源于项链串饰。这一点，由勒子在墓中常见的位置可以证明，没有中间尺寸也可以作为反证。镯与项链的共同点，在于他们都被人们佩带在身且都用玉制作，应该说是出于某种相同的观念，它们被琢出了相同的花纹。

然而问题在于，弄清了琮与勒子源于镯和串饰，并没有达到弄清琮在新石器时代晚期的具体功能的目的。因为人们一般认为镯与项链是装

---

① 罗曼莉：《玉器的起源和发展》，《艺术家》1977年第30期，第31页。
② 〔日〕梅原末治：《殷墓出土之琮》，《考古学杂志》1957年第42卷3期，第1—8页。
③ 〔日〕林巳奈夫：《中國古代の祭玉、瑞玉》，《东方学报》1969年第40册，第290—291页。
④ 王巍：《良渚文化玉琮刍议》，《考古》1986年第11期，第1014页。
⑤ 邓淑蘋：《古代玉器上奇异纹饰的研究》，《故宫学术季刊》1986年第4卷第1期，第8页。
⑥ 邓淑蘋：《考古出土新石器时代玉石琮研究》，《故宫学术季刊》1988年第6卷第1期，第2页。
⑦ 杨建芳：《玉琮之研究》，《考古与文物》1990年第2期，第57—59、62页。

饰品，而琮显然已经具有了超乎装饰意义之外的形而上的含义。这含义是什么？看来单从型制渊源上寻找是无能为力了。

1988年，60年代曾论证过琮源于镯的林巳奈夫先生又对被滨田氏否定了半个世纪的吉斯拉氏“中霤”说发生了兴趣。[①]这实际上反映了人们对玉琮功能问题的一筹莫展。

二、对玉琮奇异纹饰的探讨

确认饰有如图二琮上那种奇异纹饰的琮出于新石器晚期以良渚文化为中心的华东地区，这是近年来的事情；良渚式玉琮的出土或传世，则有数千年的历史了。对于良渚琮上奇异的纹饰，前人多发“不知何所取义”的慨叹。《白虎通》称其为“牙”，吴大澂称有此纹者为“组琮”。[②]20世纪70年代，国外学者称其为“鬼面纹”或“鬼神像”。[③]80年代，考古工作者有时称良渚琮的上下两种纹饰为“象征兽面纹”和“形象兽面纹”[④]，有时称为“简化兽面纹”和“象形兽面纹”[⑤]，或称“简、繁兽面纹”[⑥]。也有学者称琮上的两层纹饰为“简化变形兽面纹”和“重圈扇形目兽面纹”。[⑦]

1986年，台北邓淑蘋女士在系统研究中国古玉奇异纹饰的基础上指出，“不论其含义为表达‘神’、‘祖’、‘人’或‘动物’，所强调的总是一双严肃、凝重而神秘的双眼”。[⑧]她将良渚玉琮上成组的两种纹饰分别称“小眼面纹”和“大眼面纹”，这无疑是较为科学的命名。邓淑蘋

① 〔日〕林巳奈夫：《中國古代の玉器、琮について》，《东方学报》1988年第60册。
② 吴大澂：《古玉图考》，上海同文书局1889年版。
③ 转引自邓淑蘋：《古代玉器上奇异纹饰的研究》，《故宫学术季刊》1986年第4卷第1期，第3页。
④ 汪遵国：《良渚文化“玉敛葬”述略》，《文物》1984年第2期，第27页。
⑤ 王巍：《良渚文化玉琮刍议》，《考古》1986年第11期，第1010页。
⑥ 殷志强：《红山、良渚文化玉器的比较研究》，《北方文物》1988年第1期，第11页。
⑦ 周南泉：《玉琮源流考》，《故宫博物院院刊》1990年第1期，第86页。
⑧ 邓淑蘋：《古代玉器上奇异纹饰的研究》，《故宫学术季刊》1986年第4卷第1期，第2页。

注意到新石器时代晚期华东沿海玉器纹饰"常以二元的形式出现"。这是十分重要的揭示，有利于进一步探究纹饰含义。

1987年，车广锦参照收藏于美国的良渚式山字形器和D形器上的纹饰，在林巳奈夫和杨建芳认识的基础上，指出玉琮组合纹饰的上节为"人面纹"，下节则为通常所说的"兽面纹"①，这是对琮纹饰认识的深化。

车广锦据此进一步推断玉琮起源于"图腾柱"，认为"玉琮的早期兽面纹，即动物图腾神像，处于图腾崇拜阶段，中期的组合纹，即图腾神像和人类神像，处于图腾崇拜和人类崇拜阶段，晚期的人面纹，即人类神像，处于人类神崇拜阶段"。而后来，"只作为氏族神圣标志的图腾柱逐渐消失"，玉琮却独立发展为"整个良渚文化的神圣标志"②，这一系列推断是颇大胆的，但存在一些问题。

近年台湾学者也曾就此有过较为深入的讨论。所谓"图腾柱"，不一定就是膜拜对象，其纹饰也绝无上下四角重复相同的现象。图腾柱质地一般都是木刻，树立在村落、房屋或墓地前，与良渚专用玉制并且随葬在墓中是完全不同的。琮功能与图腾柱的功能间究竟有多少共同之处，尚有待深入研究。将琮喻作"图腾柱"，只是一种文化名词的借用。③

大陆学者中，近年仍有认为琮源于图腾民族的图腾柱的看法④，和认定"兽面"为"图腾"，"人面"为"巫师"的主张。⑤

近年良渚玉器的成批发现，为研究纹饰提供了丰富资料。特别是反山M12：98"琮王"上"神人兽面复合像"的发现，引起海内外学者极

---

① 车广锦：《良渚文化玉琮纹饰探析》，《东南文化》1987年第3期，第21页。

② 同上。

③ 参见袁德星：《由礼地到通天——通天的管道》，《故宫文物月刊》1990年总第84期，第30—31页；邓淑蘋：《古玉新诠——形制与纹饰的启示》，《故宫文物月刊》1990年总第87期，第74—75页；袁德星：《上帝与上天（一）——古代宗教信仰与古器物之关系》，《故宫文物月刊》1990年总第91期，第67、69页；邓淑蘋：《与袁德星先生的两点小商榷》，《故宫文物月刊》1990年总第93期，第126—127页。

④ 刘斌：《良渚文化玉琮初探》，《文物》1990年第2期，第34页。

⑤ 袁靖：《试论良渚文化玉器纹饰的含义》，《文博》1990年第1期，第63页。

大兴趣。反山简报称其为“神徽”，并指出，“良渚玉器上通常雕琢的主题纹样，过去所说的‘兽面纹’实为神人兽面像的简化形式。无论是繁是简，反映的都是良渚部族崇拜的‘神徽’”。①

“神徽”的说法似乎已经约定俗成，不过学者们还是各依已见加以诠释。如杨建芳认为是“神人骑神兽”②；林巳奈夫则论证其为承自河姆渡文化的“太阳神”③，又释“神徽”为“气”的图像④；张光直称之为“巫矫符号”⑤；邓淑蘋称之为“神祖动物面复合像”⑥，等等。

事实上，“神徽”的提法尚未经科学论证，只是一种暂时的代词，既是“神徽”，为什么反山 M12：98 一个琮上就刻有八个之多？为什么在良渚文化山形、D 形、璜形、倒梯形玉饰片上，它又被随意拆卸组装，而后来又被简化到只剩圆圈和横棱？为什么只刻在琮和佩饰玉片上而不刻在更易刻划的璧上？为什么只刻在玉器上而不刻在陶器上？如果把“神徽”放到整个良渚文化历史背景上去考察，它是否称得上“崇拜对象”也是有问题的。

三、对玉琮功能的几种解说

在纹饰含义未能完全弄清的情况下，海内外学者们各依其学术传统对琮功能做了取向不同的解说。

大陆学者的意见大致可分为两类：一类认为葬玉用于对尸体起保护作用，一类认为随葬玉器用于显示死者的财产和身份。

---

① 浙江省文物考古研究所反山考古队：《浙江余杭反山良渚墓地发掘简报》（王明达执笔），《文物》1988 年第 1 期，第 12、31 页。

② 杨建芳：《玉琮之研究》，《考古与文物》1990 年第 2 期，第 63 页。

③ 〔日〕林巳奈夫：《所谓饕餮纹表现的是什么》，《日本考古学研究者·中国考古学论文集》，香港 1990 年版。

④ 〔日〕林巳奈夫：《中國古代の遺物に表はされた〈氣〉の圖像的表現》，《东方学报》1989 年第 61 册。

⑤ 张光直：《濮阳三蹻与中国古代美术上的人兽母题》，《文物》1988 年第 11 期，第 39 页。

⑥ 邓淑蘋：《故宫博物院所藏新石器时代玉器研究之二——琮与琮类玉器》，《故宫学术季刊》1988 年第 6 卷第 2 期，第 28—29 页。

夏鼐先生认为，把玉器"放在死者身旁，可以对尸体起了神秘的巫术作用"。[①]惜夏鼐先生未能对此做深入的讨论，也未明确上溯到新石器时代的玉琮。王巍[②]、李文明[③]、杨建芳[④]表示了对夏氏意见的赞同，但都未有深入的论证。杨建芳先生认为玉琮是神人或神兽（以头部象征）的具象化和立体化[⑤]，此说很有道理，但古人将琮置于墓中用意何在？还有待进一步探索。

第二类意见可以南京博物院寺墩发掘报告为代表。该报告认为"璧琮等珍贵的物品，是作为死者所有的财产随葬的"，"是死者身份的象征"。[⑥]这里有一个疑问："作为财产"和"象征身份"，是今人的观感还是原始人的目的？如果说是今人观感，那么原始人是否还另有用意？如果说原始人的目的便是如此，那么琮璧等物在生前是干什么用的？应该有所解释。

人们往往引用摩尔根在《古代社会》中所谈印第安人的观念来解释璧、琮随葬问题：印第安人"生前认为最珍贵的物品，都成为已死的所有者的随葬品，以供他在幽冥中继续使用"。[⑦]应该说，这样的引文没有解答琮、璧等玉器的功能问题。因为首先要说明死者生前如何使用，才谈得到死后的"继续使用"。

有的学者认为，"琮、钺、璧是神权、军权和财权的象征。这些良渚巫师的形象即为一手握琮、一手握钺，大量玉璧集于脚下"。[⑧]这里对钺和璧的理解都颇有道理，但说巫师"一手握琮"则似不妥。因为许多墓葬都远不止一个琮，也不是置于手部。如著名的寺墩M3，一件矮型

---

① 夏鼐：《汉代的玉器——汉代玉器中传统的延续和变化》，《考古学报》1983年第2期，第137页。

② 王巍：《良渚文化玉琮刍议》，《考古》1986年第11期，第1015页。

③ 李文明：《关于良渚文化的两个问题》，《考古》1986年第11期，第1008页。

④ 杨建芳：《玉琮之研究》，《考古与文物》1990年第2期，第63页。

⑤ 同上。

⑥ 南京博物院：《1982年江苏常州武进寺墩遗址的发掘》，《考古》1984年第2期，第124页。

⑦ 参见汪遵国：《良渚文化"玉敛葬"述略》，《文物》1984年第2期，第34页。李文明：《关于良渚文化的两个问题》，《考古》1986年第11期，第193页。

⑧ 牟永抗：《良渚玉器上神崇拜的探索》，《庆祝苏秉琦考古五十五年论文集》编辑组编：《庆祝苏秉琦考古五十五年论文集》，文物出版社1989年版，第1007页。

琮置于头右上方，32件柱型琮围绕人骨架。这些琮，很难说是在“象征神权”。并且，良渚琮是否用来祭祀，尚属争论中的话题，尚有待科学的证明，而并不是“已为学术界所公认”。①

对于上述两类意见的缺陷，台北邓淑蘋女士有所批评。她认为“避邪”之类“负面性的想法”，可能是受了汉魏六朝石雕辟邪神兽和唐墓中“镇墓兽”等艺术品的影响，而“只认为是财富或权势的象征”的说法，则似嫌简单化了。与此相反，海外学者则多“作正面性的深入解释”，即从琮在现实社会生活中的作用进行深入的探讨。②他们的意见有一个共同点，即可以把琮功能概括为“沟通天地”四个字。其具体解说，有代表性的，可举四家：

其一，张光直认为，琮的外方内圆，“象征天地的贯穿”；琮上的纹饰，则是帮助巫师上天下地的“三蹻”；琮是巫师“通天地的法器”。③

其二，林巳奈夫认为，琮是宗庙祭祀中请神主凭依的器物，琮的中孔便是神灵凭依的小室，器表的鬼神面可起保护死者灵魂的作用。④

其三，邓淑蘋将琮与璧联系起来考虑：璧圆象天，琮方象地，符合当时人们的宇宙观。琮中心的圆孔是供木棍贯穿竖立琮所用，琮上再置一璧，组合成贯通天地的法器。⑤

其四，袁德星先生则推测，女巫把蓍草或数筹从玉琮中孔贯下，使其洒落在坛前，而后观察蓍草散落的卦象。这样，琮便发挥了“沟通天地的管道”的功能。⑥

我们可以看出，四家的说法都是很具联想力的、大胆的推测，但也

---

① 袁靖：《试论良渚文化玉器纹饰的含义》，《文博》1990年第1期，第63页。

② 邓淑蘋：《考古出土新石器时代玉石琮研究》，《故宫学术季刊》1988年第6卷第1期，第53页。

③ 张光直：《谈“琮”及其在中国古史上的意义》，《文物与考古论集——文物出版社成立三十周年纪念》，第254—255页。

④〔日〕林巳奈夫，《中國古代の遺物に表はされた〈氣〉の圖像的表現》，《东方学报》1989年第61册。

⑤ 邓淑蘋：《考古出土新石器时代玉石琮研究》，《故宫学术季刊》1988年第6卷第1期，第54—57页。

⑥ 袁德星：《由礼地到通天——通天的管道》，《故宫文物月刊》1990年总第84期，第33—34页。

实在只能说是推测而已。台北杜正胜先生提出质疑："良渚文化最大的特点是以大批玉器随葬……有人解释良渚葬玉会有祭祀天地的作用，其实中国古代祭祀对象分天神、地祇和人鬼三大类，墓葬当属人鬼，和礼天祭地无关。"① 由于迄今科学发掘的琮、璧都是随葬于墓中的，所以杜氏的质疑很有道理。看来，即便解答了琮在阳世间的功用，对于解释墓葬中众多的琮、璧，仍有隔靴搔痒之感。可以说，对于琮在良渚时代的功能，不论是阳间还是阴间，我们的知识都是很贫乏的。

行文至此，不禁慨叹，倘能起古人而问之，那答案，想必是十分简单的吧！

其实也未尝简单。因为今人的思想方法与原始人之间有着显著的差别。列维·布留尔关于原始思维方式的"原逻辑"特性的论述，不是没有道理的。原始人追寻错觉，他们对梦呓、狂语的相信，往往超过相信现实。他们中流行的一些"集体表象"，今人是无法理喻的。同样地，我们用今人的观念似乎稳妥地解释了上古习俗，也许会令先民茫然不知所云。比如说以私有财产的随葬来"显示其等级、财富和权力"，笔者很怀疑，那笼罩在鬼神观念之中，生活在以血缘为纽带的大家庭公社之内的先民，有没有用实物来"显示"那些今人颇重视的概念的愿望？

因此笔者认为，前人研究的不足之处，是对中国上古观念研究不够。其次，则是对与琮有关的其他器物的综合考察不够，对考古中发现的特殊葬俗的重视不够。这些，看来是学者们在今后的研究中应该注意弥补的。

（原载《文博》1993 年第 5 期）

① 杜正胜：《夏代考古及其国家发展的探索》，《考古》1991 年第 1 期。

玉琮功能刍议

200 年前，清高宗将宫中外方内圆的一类玉器称作“釭头”，认为是“辇辂舁竿之饰”，并一再宣传他考证的成果：“釭”“盖杠字之讹”。①这是 18 世纪末叶人们对琮的认识。

近百年后，吴大澂在《古玉图考》中引述嘉庆年间文字学家钱坫的说法，指出“今世所传古玉釭头，其大者皆琮也”。琮的名称与实物，算是结合在一起了。

又过了近百年，20 世纪七八十年代，人们在新石器时代遗址中发现了成批的琮。由于发掘方法的科学和遗物的丰富，人们对琮的形制和源流有了比较清楚的认识。②

弄清了形制与源流，在琮功能问题上并没有得出一致的认识。因为人们一般都认为镯与串饰是装饰品，而源于镯或串饰的琮显然已具有了超乎装饰意义之外的含义。

1988 年反山“神徽”的问世，引起学者们的极大兴趣。人们把注意力集中到玉琮神秘的纹饰上，纷纷就此做出自己的解说，但仍未能有一致的看法。③

大体说来，学者们的意见可分为三类：第一，认为琮是巫师通天地的法器；第二，认为琮可以显示财富和身份，用于随葬则是“供死者在幽冥中继续使用”；第三，认为琮可以对尸体起“神秘的巫术作用”。④

---

① 《清高宗御制诗文全集 · 御制诗五集》卷 78。

② 参见王巍：《良渚文化玉琮刍议》，《考古》1986 年第 11 期。邓淑蘋：《考古出土新石器时代玉石琮研究》，《故宫学术季刊》1988 年第 6 卷第 1 期。杨建芳：《玉琮之研究》，《考古与文物》1990 年第 2 期。

③ 参见臧振：《玉琮功能研究述评》，《文博》1993 年第 5 期。

④ 同上。

迄今为止，科学发掘的琮、璧等都是随葬于墓中的，所以，即便“通天地法器”说解答了琮在阳世间的功能问题，也未能回答良渚文化墓中众多玉琮的用途问题。认为琮用来“显示财富和权力”的说法，显然是在用后世的观念理解先民。因为在那血缘关系决定着个人一切的时代，那生活在浓郁的鬼神观念笼罩之下的原始先民，是无须以私有财产来“显示”其权力和地位的。认为随葬琮、璧可以对尸体起“神秘的巫术作用”者，也未能对此有具体的解说。可以说，对于琮在良渚时代的功能，不论是阳间的还是阴间的，我们的知识仍是很贫乏的。

笔者认为，前人研究的不足之处，一是对中国上古观念研究不够，二是对与琮有关的器物（例如璧）的综合考察不够，三是对考古中发现的特殊葬俗的重视不够。这些，便是笔者在下文中想要努力弥补的。

一、上古观念与玉

有的学者在论证玉琮“通天地”说时曾探讨了琮以玉为原料的原因，依据《山海经》，认为由于玉与山关系密切，而山又是巫师上天的通道，所以通天地的法器——琮，便用玉作。[①]这一论证似较牵强，因为与山关系密切的岂止玉，与玉相关者又何止山，《山海经》中讲巫师上天时，只涉及高山与大树，如“肇山”、“建木”等，不涉及玉。

玉在《山海经》中，不是天梯，而是食品！不是凡人的食品，而是神灵的食品。《西山经》：“峚山……其中多白玉，是有玉膏，其原沸沸汤汤，黄帝是食是飨……瑾瑜之玉为良，坚粟〔栗〕精密，浊泽而有光，五色发作，以和柔刚。天地鬼神，是食是飨。君子服之，以御不祥。”原始人认为，那坚硬致密、半透明、有光泽、色彩可爱的玉，是天地鬼神的食品；同时，“君子”将它佩带在身，可以避除不祥。

我们不知道自什么时候起，起于怎样的联想，在原始人那“原逻

① 张光直：《谈“琮”及其在中国古史上的意义》，《文物与考古论集——文物出版社成立三十周年纪念》，第255页。

辑”思想的催化下，产生了鬼神食玉思想。

《山海经》中有丰富的材料，可以证明上古先民确实以玉为神灵的食品。请看《山海经》诸山神灵的祠祀：

《南山经》鹊山：“其祠之礼：毛用一璋玉瘞。糈用稌米，一壁、稻米，白菅为席。”毛，指猪鸡犬羊之类有毛之物。瘞，指埋入土中。糈，祭神之精米。肉类食品埋入土中叫瘞，粮食之类食物供奉在席上叫糈。鹊山之祠，肉类食品搭配一件璋玉，粮食类食品搭配一件璧。

《西山经》羭山神：“祠之用烛，斋百日，以百牺瘞，用百瑜汤。其酒百樽，婴以百珪百璧。”“汤”，郭璞云：“或作炀。”郝懿行注：“炀，炙燥也。”“婴”，郭璞注：“谓陈之以环祭也；或曰，婴即古罂字，谓盂也。”这祠羭山神之礼非常隆重：埋百牺于地下，又奉送百块美玉。请注意：这美玉是要炙烤令熟的。那下酒的佳肴，是陈列于酒樽周围或盛在器物之中的百圭百璧。

《山海经》诸山经载祭祀神灵20余处，祭品各有等差，除两三处不用玉外，余皆以玉与“毛”、酒、糈等搭配。不言而喻，这些“食品”当然不是真吃，但在原始人观念中，不论瘞埋还是沉河，或“糈”或“婴”或“投”，都是被神灵享用了。

《山海经》中又有“琅玕树”，其果实为“璆琳琅玕”。《海内西经》：“服常树，其上有三头人，伺琅玕树。”据《庄子》佚文可知这树又名“琼枝”，“以璆琳琅玕为实”[①]。在《离骚》中，琼枝及果实乃是神灵们的食品。屈原想象自己与神灵为伍，将要远行，准备干粮，皆用玉制，“折琼枝以为馐兮，精琼靡以为粻”。

《海内西经》又讲这树生长在“开明东”，而开明兽是“立昆仑山上”的。昆仑山上有“珠树、文玉树、玗琪树、不死树”等。又据《大荒西经》、《海内北经》，昆仑山是西王母的住处，该山“凡其所欲，其味尽存，爰有……璇瑰、瑶碧、白木、琅玕……”这些玉树和玉实，都是神灵们的食品，所以屈赋又说，“登昆仑兮食玉英”（《九章·涉江》）。

---

① 李昉等编撰：《太平御览》卷915。

可证明玉为神灵食品的例证是很多的。如典籍中最常见的“礼”字，其本义便是以玉飨神。发现这一点的应该是王国维。《观堂集林》卷六《释礼》，在列举了诸多异体礼字之后，王氏说：“诸字皆像二玉在器之形。古者行礼以玉。”此真可谓石破天惊，发前人所未发。遗憾的是王氏没有进一步指明玉乃食品，却批评许慎说从“豆”是“象形”，而认为“从豆乃会意字，而非象形字也”。王氏的意思是，玉是放在一般器物之中的，而不须特定放在盛食品的“豆”中。然而事实上，礼神之玉正是食品，除了放在菅席类之上外，便是放在“罍”、“豆”等食器之中。

《周礼·大宗伯》讲礼神用玉：“以玉作六器，以礼天地四方：以苍璧礼天，以黄琮礼地，以青圭礼东方，以赤璋礼南方，以白琥礼西方，以玄璜礼北方。”郑玄注说明玉是食品：“礼东方……大昊、句芒食焉。礼南方……炎帝、祝融食焉。礼西方……少昊、蓐收食焉。礼北方……颛顼、玄冥食焉。”以“六器”分配天地四方，四方各有一帝一神、是战国五行说流行之后的观念，但礼神之玉被神“食焉”，这观念则应由来久远。

《周礼·玉府》说：“王斋，则共食玉。”郑众正确地指出，这是指王斋戒时，玉府提供玉屑。《论语·乡党》也说：“斋，必变食。”意即斋戒期间食品必须改变，以求接近鬼神。然而清儒却认为“玉非可食之物”，“‘食玉’者，殆即以玉饰食器，若玉敦、玉豆之类皆是与”。[①]

从考古发现来看，迄今为止尚未见到饰有玉件的殷周鼎彝簠豆，相反，倒是有玉器置于食器之中的实证。如《文物》1982年第1期载，湖南宁乡黄材公社发现一商卣，内有玉器320多件，同年第4期载，山西保德林遮峪一商墓，青铜卣内置玉石琮两件。

其实早在原始时代，就有将玉或美石置于食器中随葬的习俗。50年代南京北阴阳营第一、二次发掘，发现除佩戴于颈、胸或腰际者外，还有不少珠、坠、雨花石放在陶器内。[②]70年代武威皇娘娘台第四次发掘，发现普遍随葬玉石璧、粗玉和大理石料、经人工打击或切锯而成的

---

① 孙诒让：《周礼正义·天官·玉府》疏。

② 南京博物馆：《南京市北阴阳营第一、二次发掘》，《考古学报》1958年第1期，第17页。

石片、石子。一部分置于腰际、手部或头侧，另一部分置于陶罐、尊、豆中。除此之外，还有猪下颌或羊头等，都与陶器放在一起。①

需要指出的是，粗玉石块或制作石璧截下的废料等，很难说成是“财富”的象征或珍爱的物品。同时，皇娘娘台遗址中房址、窖穴等，发现不少遗物，却不见璧和碎石。可见墓中所置为死者专用，不是什么留给死者“继续”使用或显示“财富”的“货币”之类。

在北阴阳营和皇娘娘台，玉或美石除置于死者身边、器内之外，都还有含于口内的现象。笔者认为这正是当时人们以美石为死者食品的证据，这一观念遗留到后世便是含玉与握玉的葬俗。

《周礼·典瑞》：“大丧，共饭玉、含玉、赠玉。”含玉指初死时实于死者口中之玉；赠玉在下葬时实于窆中，郑注：“所以送先王。”饭玉，郑注：“碎玉以杂米。”系供死者死后自用的。这些玉，作为食品的意义是很明白的。

关于“握”，文献资料不足。从考古材料看，满城汉墓刘胜夫妇手中各握一璜形玉片，巨野红土山西汉墓墓主握玉猪一对②。到东汉，几乎所有有玉石器的墓葬都出土玉猪。死者握璜或猪的用意何在？夏鼐先生以“起巫术作用”解之，惜未进一步解释。③王仁湘先生以考古实例驳斥了比较流行的葬猪为财富象征的说法，认为葬猪反映一种“原始的宗教观念”。他列举一些史料试图说明“原始农耕民族似乎特别敬畏野猪或田猪，想假它的威风去对付那邪祟的威胁”。④但该文列举的史料说服力是不够的。如《史记·齐太公世家》，襄公路遇大豕，从者说是屈死的彭生，襄公射之，豕“人立而啼”，吓坏了襄公。这事与农耕民之“敬畏野猪”是拉扯不上的。《淮南子·本经训》“封豨修蛇皆为民害”，也没有敬畏的意思。《周礼·地官·掌染草》郑注：“茅蒐、橐芦、豕首、紫茢之属”，这里“豕首”为草本植物，作者误为猪头，更属失误。

① 甘肃省博物馆：《武威皇娘娘台第四次发掘》，《考古学报》1978 年第 4 期。

② 山东菏泽地区汉墓发掘小组：《巨野红土山西汉墓》，《考古学报》1983 年第 4 期，第 494 页。

③ 夏鼐：《汉代的玉器——汉代玉器中传统的延续和变化》，《考古学报》1983 年第 2 期，第 137 页。

④ 王仁湘：《新石器时代葬猪的宗教意义》，《文物》1981 年第 2 期。

所以，认为以猪头、猪下颌随葬“是对死者灵魂的一种护卫”，证据尚嫌不足。以猪下颌随葬，应有某种巫术原理在内，但笔者的看法是不必求之过深。作为华夏先民主要肉食品，其随葬或献祭的目的，不外乎出于鬼神与人一样会饥饿这样一种观念。对汉代玉猪似也应作如是解，它不过是玉为鬼神食品和猪是主要肉食这两种观念相结合的产物。据林巳奈夫先生观察，一些玉猪颈部、腹部刻有杀痕①，这便足以说明玉猪的功能是为死者提供肉类。

人们对玉为食品这一古代观念并不陌生，为什么不将新石器时代葬玉与食品联系起来考虑呢？笔者认为这是对“食玉”思想发展的逻辑的误会造成的。章鸿钊《石雅·食玉》说到食玉思想“由生者以及死者”，似乎先有了后世道家书中所谓食玉长生思想，然后才有《周礼》中的“含玉”、“食玉”等，才有汉代的“玉匣之典”。有的学者认为，最初是“礼仪用玉”，然后是周人视玉为品德的象征，再后出现敛尸葬玉，最后，衍生出鬼神食玉思想。②按照这顺序，原始社会随葬用玉自然与食品无关了。

从思想史发展的逻辑看，周代礼仪用玉和品德象征思想应是上古鬼神食玉和君子佩玉御不祥思想的衍生物。汉魏以后，在道家追求长生和修仙练道思想的推动下，才有了凡人食玉求长生的思想。

认定了玉是鬼神食品这一点，就有必要重新审视所有古玉，古玉中许多难解之谜，都有了解开的可能。

二、璧功能研究

琮与璧的密切关系，在文献和考古发现中都可充分表现出来，这里不再赘述。在解答琮功能问题之前，不妨先研究璧。这是因为，文献中有关璧的记载远多于琮，考古发现的璧，分布比琮广，延续时间比琮

① 〔日〕林巳奈夫：《世界考古学事典》上，东京平凡社1979年版，第281页。转引自谢明良：《读〈颜氏家训·终制〉札记》，《故宫学术季刊》1989年第7卷第2期，第110—111页。

② 牟永抗：《良渚玉器三题》，《文物》1989年第5期，第68、74页。

长，数量比琮多，纹饰的神秘色彩比琮少。

下面，笔者就历史文献、考古材料和纹饰含义三方面讨论璧的功能。

《尚书·金縢》：周公为坛，“植璧秉珪”，告太王、王季、文王：“予仁若考能，多材多艺，能事鬼神……尔之许我，我其以璧与珪归俟尔命；尔不许我，我乃屏璧与珪”。这里，璧与珪之携带与否，取决于生与死。若祖先同意周公代武王死，便携璧、圭前往，若祖先不许其死，便不需圭璧。很清楚，圭、璧是用来“事鬼神”的。

《左传》僖公六年：“许男面缚衔璧，大夫缞绖，士舆榇。楚子问诸逢伯。对曰：‘昔武王克殷，微子启如是。武王亲释其缚，受其璧而祓之，焚其榇，礼而命之，使复其所。’楚子从之。”许男表示必死的决心，就“衔璧”，意即此后将以璧为食品了。

有学者认为“衔璧”是表示把象征权力的璧交给胜利者。[1]这种说法在这里存在三个问题：第一，微子启是毫无实权的人，他衔璧与权有何关系？第二，武王受璧之后为什么要“祓之”？“祓之”者，祓除衔璧之后带上的凶煞之气。微子、许子既要交权，何必让“权利象征”染上鬼气？第三，楚王既然“复其所”，就是说要保留其原有权力地位，为什么又“受其璧”？

《左传》昭公四年又载“赖子面缚衔璧”。这一次楚王也是“释其缚，受其璧”，却灭了赖国。两条材料一对比，说明“受璧”就是表示饶他不死的意思，与交权与否没有关系。

可以说，《左传》中记载的璧都与权力没有直接关系。试举数例：

桓公元年（前711），“郑伯以璧假许田”。此璧为国与国交往的礼品。

僖公二十三年（前637），重耳过曹，曹大夫僖负羁“馈盘飧，置璧焉”。此璧是大夫与异国公子私下交往的礼物。

桓公十年（前702），“虞叔有玉，虞公求旃。弗献。既而悔之，曰：周谚有之，‘匹夫无罪，怀璧其罪’，吾焉用此，其以贾害也”！此例证明当时匹夫也有璧。谚语说匹夫怀璧“有罪”，说明制度并未规定

---

① 张勋燎：《古璧和春秋战国以前的衡权》，《四川大学学报》1979年第1期。

匹夫不得怀璧。如果“礼”有规定，虞叔就不会只想到谚语。

哀公十七年（前478），卫庄公出逃，入于戎州己氏。“示之璧，曰：‘活我，吾与女璧。’己氏曰：‘杀女，璧其焉往！’遂杀之”。此璧由国君手中落于奴隶手中。

僖公二十四年（前636），重耳“投其璧于河”，发誓：“所不与舅氏同心者，有如白水！”此璧献给河神，请来神灵做盟誓证人。

僖公七年（前653），申侯“有宠于楚文王。文王将死，与之璧”。文王知申侯亦难免于死，送一璧，令其速行。此璧送给将死者，表示关怀。

从上面罗列的材料看，至少在春秋时期，几乎任何人都可以拥有璧。如果用《周礼·大宗伯》“子执谷璧，男执蒲璧”的说法来看，这许多璧的馈赠、转移就难以理解。人们拥有这些璧的最终用处，还是献给神灵或留给自己死后享用。

再看考古发现的璧：

著名的常州武进寺墩三号墓，发现玉璧24件，琮33件。报告者认为，“璧琮等珍贵的物品，是作为死者所有的财产随葬的”，“以供他在幽冥中继续使用”。根据报告，由于所谓特殊的葬俗，24件璧中，13件明显地经过火烧，21件碎为数块，其中5件，“每件分为两部分，置于相距较远的不同位置”。[①]笔者据报告平面图估计，48与85两片相距20厘米，49、95两片相距50厘米，50、91相距10厘米，76、88相距50厘米，78、84相距120厘米。又据报告附表可知，48、85一件实碎为六块，76、88一件碎为三块。此二件有火烧痕，应为火烧前放入。49、95一件实碎为三块，50、91实碎为八块，78、84碎为八块。此三件无火烧痕，应为人工破碎后置入者。其中78、84相距120厘米，一在头部一在腿部，可以说是随意扔入坑中。试问：如此又是火烧又是破碎，死者在幽冥中如何“继续使用”？“财富”说，“身份象征”说，“通天地法器”说，对这奇特的葬俗该如何解说？

余杭反山墓地出土玉璧125件，仅M23就随葬54件。据报告，“少

① 南京博物院：《1982年江苏常州武进寺墩遗址的发掘》，《考古》1984年第2期，第124、114页。

量玉璧出自头部和尸骨下，大部分迭放在腿脚部位，10余件堆成一叠，有三四叠……叠放的玉璧在所有玉器中加工最为粗放，往往厚薄不匀，边缘缺损，表面有较多的切割、磨道痕迹；钻孔多错缝，孔内壁台痕、旋纹明显”①。这些璧显然不宜做“法器”；巫师或显贵既死，也谈不到去琢磨它们。那么把它们堆积在墓中干什么？在原始人生活中，无须修整而需要堆积的，大约只有食品了。这又令人想到皇娘娘台墓中堆积的石璧和粗石料。这说明问题的关键不在器形而在质料，在于古人对玉的特殊的观念——鬼神食玉。这又可以解答我们这样一个疑问：上古三代墓中，为什么不见以铜、金、陶土制璧？②

巨野红土山汉墓有璧28件：尸下10件、尸上17件，棺上1件。与寺墩类似的是，棺内27璧皆被砸毁。唯一完整的124号璧，却置于棺上。③留给死者的皆被砸毁，想来是怕被盗取，置于棺外者反而完整，似乎是出于安慰盗贼的心理。砸毁、火烧而不影响使用者，大概只有食品了。

若要进一步追问璧是哪一类食品，笔者的答案非常简单：肉。

《尔雅》：“肉倍好，谓之璧。”注：“肉，边也；好，孔也。”“肉”指璧的实体部分，学人相沿而不追究其何以称肉。而“好”，笔者颇疑其为“孔”字之讹。

璧代表着肉类食品的证据，是它的纹饰。

新石器时代玉璧一般光素无纹。在细小的勒子、锥形饰上，经常刻划着小眼、大眼、鼻头、横棱之类。在平面有限的山形、D行、倒梯形饰片上，“神徽”被拆卸组装、肆意发挥，而在十分易于刻划的璧上，良渚人很少镌刻。④这是为什么？笔者认为，除了以肉片解说之外，没有更合适的理由了。说“璧圆像天”，为什么中钻一孔？说象征权力，为什么

① 浙江省文物考古研究所反山考古队：《浙江余杭反山良渚墓地发掘简报》，《文物》1988年第1期，第8页。

② 考古中发现过陶璧和木璧，那是在古巫文化衰落之后，明器盛行的秦汉年间的产物。

③ 山东菏泽地区汉墓发掘小组：《巨野红土山西汉墓》，《考古学报》1983年第4期，第474、490页。

④ 就目前所见，仅美国弗利尔博物馆藏三件璧上刻有小鸟及相关纹饰。那志良：《古玉鉴裁》图版九，传世玉璧上琢四组良渚式神像，那应是后世加琢，说详参见臧振：《中国古玉文化》，第260页。

不刻“神徽”或其他纹饰？只有“肉片”说，能够豁然贯通：因切成片，不再有兽类原形，故不琢纹饰，因穿过木棍置火上熏烤，故钻以中孔。

东周时期，璧上出现了“谷”、“蒲”纹。汉儒以“谷”为“养人”，象征“善”。“蒲”为“安人”，象征“柔滑”解之。我们知道，先秦古玉不以植物为雕琢对象，何故于璧偏偏施以谷、蒲纹？邓淑蘋女士猜测“或象征生命力”[①]，林巳奈夫先生则认为是表现古老的“气”的观念[②]。笔者未敢苟同，亦百思不得其解。一日，友人送四川自贡市食品公司生产的“火边子”牛肉一盒，笔者发现肉片上有菱形网纹，与所谓“蒲”纹如出一辙，当即去信询问。答复说：“火边子”是在铁丝网上置火边烘烤而成。笔者顿悟：遥想先民食肉，概如今之新疆烤羊肉串，串中有孔，而肉面光素。有了剩余，便需腊制：将肉片平放菅席之上风干、置日下晾干或置微火上烤熟。璧纹饰的演变，反映着古人制作腊肉技术进步的过程：西周璧上偶有用阴线勾勒的鸟纹之类，这反映周人对玉璧实体的理解，春秋时出现所谓“云”纹或“蟠虺纹”，其实就是菅席的纹饰。其后发展为“谷”纹，再简化为“蒲”纹，说明腊制改用了有孔网席片，以利速干。肉在席孔处，便形成颗粒状突起，是为“谷”纹，在网格处，便留下所谓“蒲”纹。

战国至两汉，在谷、蒲纹之外常加琢鸟或兽纹，或在周郭之外另琢动物，即所谓“出廓玉璧”。这动物与谷、蒲纹部分是什么关系呢？吴大澂《古玉图考》28 页录一廓外附有龙文的谷璧。吴氏说，廓外龙文“不知何所取义”。我们细看此璧：上龙张大口，二獠牙啃入璧沿（图一，上），其食璧肉之态，确然无疑，下龙上颚犬齿啃入璧沿，亦是食璧之态（图一，下）。

以此推论，一般外加一圈鸟兽（龙凤）纹的谷蒲纹璧，鸟兽总是来飨者，谷蒲纹是被食部分。其用意都要表现食与被食的“二元”观念。

---

① 邓淑蘋：《古玉名家吴大澂评介——为纪念〈古玉图考〉出版一百年而作》，《故宫文物月刊》1989 年第 80 期，第 58 页。

② 〔日〕林巳奈夫：《中国古代の遗物に表はされた〈气〉の图像的表现》，《东方学报》1989 年第 61 册。

图一　谷璧廓外龙纹
上：上龙　下：下龙

用这种关系去看璧上纹饰，几无不可迎刃而解。

有学者曾从“璧”字的音训上探寻璧的功能，认定“辟”字具有璧的本义。论者认为辟“象征天、君主、夫和法”。[①]我们的看法，不如取辟字的“劈”义更好。《说文通训定声》：“辟，假借为劈。”又《礼记·内则》“麋为辟鸡”注：“辟，聂而切之。”《说文通训定声》：“聂，假借为牒。”《说文》：“牒，薄切肉也。”段玉裁注：“牒者，大片肉也。”由此可知，璧，“大片肉也”。

三、琮功能探索

如果说璧是“劈”、是“片”，有理由推测，“琮”就是“总”、就是整体。

《说文通训定声》：“宗，假借为稯，实为总。”证明琮象征整体的兽的，是它的纹饰。

“神徽”是琮纹饰完整而详尽的展现。如反山简报所指出的，“良渚

① 周南泉：《试论太湖地区新石器时代玉器》，《考古与文物》1985年第5期，第82页。

玉器上通常雕琢的主体纹饰，过去所谓的‘兽面纹’，实为神人兽面像的简化形式”。①因此，我们只要弄清了“神徽”（图二，1）的含义，也就大体弄清了琮纹饰的含义。

首先应判明的，是神徽中屈曲于兽面巨口下的，是神人的下肢，还是兽的前肢。

单从反山 M12∶98 图像看，可以看作“神人”“怀抱兽头”，脚属神人。反山简报正是这样看的：“上肢形态为耸肩、平臂、弯肘、五指平张叉向腰部。下肢作蹲踞状，脚为三爪的鸟足。”②

反山报告发表不久，有学者就指出“神徽”“分上下两层结构”，下方的“鸟爪”不是上部“神人”的下肢，而是下部“兽面”的前肢。③

我们看反山 M17∶8 冠状器纹饰（图二，3），如果抛开“下肢”属神人的先入之见就很清楚，M17∶8 兽面和它的前肢是一个单独的图形。我们再看雕有神人但和兽面完全分开的例证：瑶山 M7∶26 三叉形器（图二，2），长有獠牙的兽面在器中下部，左右叉上有两个神人侧面头像，似飞临而来。中叉上部还有五组羽状纹，虽不见面目，似乎也有神人飞临，由羽毛做了象征。

瑶山 M2∶1 冠状饰（图二，4），原报告叙述，“整幅图形表现了神人凌驾于兽面之上”。④“凌驾于”三字实在是抓住了“神徽”两部分之间关系的实质。

有学者又认为，像瑶山 M7∶26 这样二者分离的图像，是“神徽”较早一阶段的代表，而“神徽”之后，便是“神人兽面像逐渐融合、简化和省略的过程”。⑤

---

① 浙江省文物考古研究所反山考古队：《浙江余杭反山良渚墓地发掘简报》，《文物》1988 年第 1 期，第 31 页。

② 浙江省文物考古研究所反山考古队：《浙江余杭反山良渚墓地发掘简报》，《文物》1988 年第 1 期，第 12 页。

③ 邓淑蘋：《考古出土新石器时代玉石琮研究》，《故宫学术季刊》1988 年第 6 卷第 1 期，第 7 页。

④ 浙江省文物考古研究所：《余杭瑶山良渚文化祭坛遗址发掘简报》，《文物》1988 年第 1 期，第 40 页。

⑤ 牟永抗：《良渚玉器上神崇拜的探索》，《庆祝苏秉琦考古五十五年论文集》编辑组编：《庆祝苏秉琦考古五十五年论文集》，第 189 页。

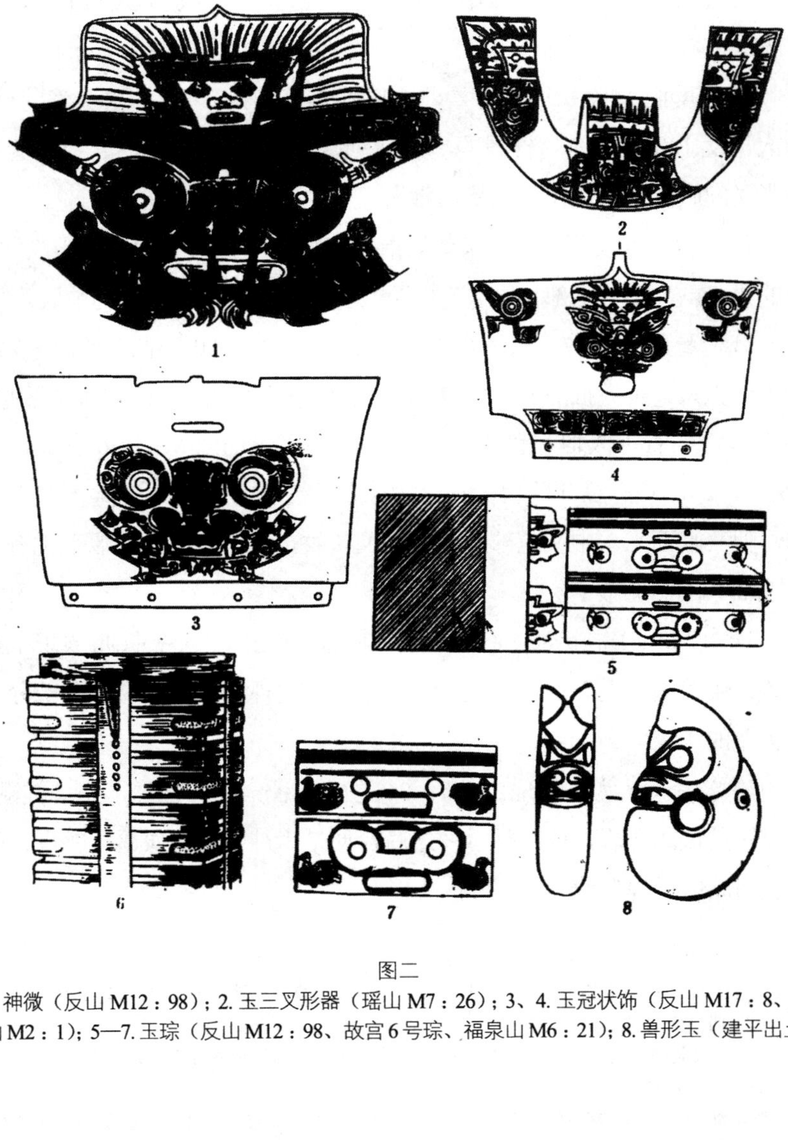

图二
1. 神徽（反山 M12：98）；2. 玉三叉形器（瑶山 M7：26）；3、4. 玉冠状饰（反山 M17：8、瑶山 M2：1）；5—7. 玉琮（反山 M12：98、故宫 6 号琮、福泉山 M6：21）；8. 兽形玉（建平出土）

事实上，从良渚玉器的各种纹饰上，只能看出“神人”和“兽面”分别简化的过程，绝不见二者“融合”的过程。神人最后简化为两小眼、一短横棱，或一两道横线，兽面则简化为一双大眼。早期的琮往往只刻兽面，如张陵山 M4：2（图三，4），而晚期的琮有时只有神人的小眼和横棱，如福泉山 T15M3：26（图三，5），或者甚至只有横棱，如寺墩 M3：72（图三，1）。一般琮都明确分为上下两层图像，上层是神人的各种简化形式，下层是兽面的各种简化形式。所以，笔者的结论是，所有良渚玉器纹饰都在表现一种“二元”的观念，一种征服与被征服的关系，“食”与“被食”的关系。当原始观念已认定琮体为牺牲肉体的时候，仅刻兽面或仅刻神人双眼，是不会影响这种理解的。

下面我们讨论“兽面”究竟是什么动物。

一些作者将屈曲于“神徽”巨口下的双脚称作“鸟爪”，这是很不应该的疏误。鸟爪的特征是在长长的附跖末端向前生出三个趾头，每个趾头三个关节都充分发育，最前端才是爪甲。而“神徽”的爪甲是直接生在脚掌末端的。因此这只能是兽类的爪，即兽面的前肢，而与羽冠神人无关。

兽面十分引人注目的一个特点是獠牙。按，犬齿露出唇外而呈獠牙状的动物，有偶蹄目猪科的野猪，麝科、鹿科的獐和黑麂等。略早于良渚的马家浜遗址曾发现大量鹿、麝、野猪遗骸[①]，因此可以大致判定这兽面应是野猪之类。有学者认为兽面是虎面[②]，笔者未敢苟同，因虎的犬齿不呈外露獠牙状。

兽面着意描绘的另一个特点是“大眼”。这大眼在沿海有较广的影响，如日照两城镇玉锛（图三，3）和红山文化“玉猪龙”（图二，8）都有类似的大眼的描绘。两城镇玉锛大眼的阔口与张陵山 M4：2（图三，4）上兽面的阔口如出一辙，虽无獠牙，也夸张了暴出的上门齿（须知雌性野猪是没有伸出唇外的獠牙的）。“玉猪龙”则不仅夸张了獠牙，还

① 尹达：《新石器时代》，生活·读书·新知三联书店 1979 年版，第 187 页。

② 张明华：《良渚玉符试探》，《文物》1990 年第 12 期。

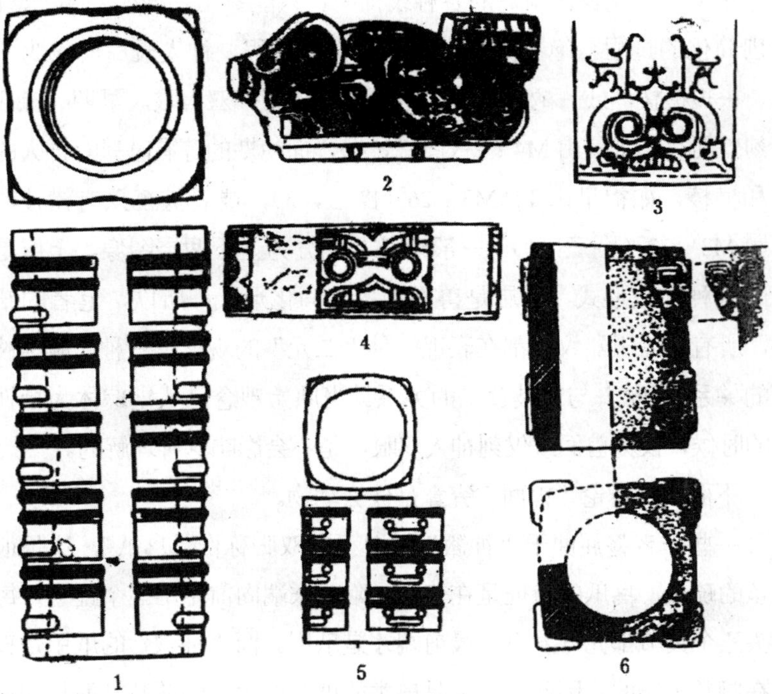

图三

1、4、5. 玉琮（寺墩 M3：72、张陵山 M4：2，福泉山 T15M3：26）；2. 猪形玉符；3. 玉锛（日照两城镇）；6. 石琮（殷墟侯家庄 M1002）

琢出两个向前的鼻孔。有学者著文论证此“龙”形源于猪[①]，言之成理。准此，良渚琮上的“大眼面纹”，可以确定是猪了。

美国纽约东方艺术拍卖行一件良渚式玉嵌饰，整体琢为猪形，大眼、獠牙，尾部又琢有神人小眼和三根羽毛，似象征“神人”来飨（图三，2）。[②]此件可证良渚玉冠饰嵌饰中所琢兽面确实是猪。

不过还有一点疑问，即獠牙外露的几种动物都属偶蹄目，而“神兽”却有三个长长爪甲。有如此长而不内收的爪甲的兽类，数熊最相似。[③]看来，良渚先民是综合了他们主要狩猎对象的特征，绘成这以猪

① 孙守道、郭大顺：《辽河流域的原始文明与龙的起源》，《文物》1984 年第 6 期，第 16 页。

② 张明华：《良渚玉符试探》，《文物》1990 年第 12 期，第 33 页，图二，5。

③ 笔者曾就此请教吕遵锷先生、黄蕴萍女士。吕先生断然否定“鸟足”说，黄女士则指出应是熊爪。在此顺致谢意。

为主的“神兽”。

这“神兽”绝不是他们崇拜的对象，而是敌对力量，是他们凌驾、征服的对象。笔者如此说，理由如下：

第一，良渚先民及许多东夷部族的凿齿习俗，可证他们把长有獠牙视作敌对势力的象征。

据考古发现，存在拔牙风俗的新石器时代遗址，以山东、苏北一带为多。江南的常州圩墩、上海崧泽、福建闽侯昙石山、广东佛山河宕和增城金兰寺等遗址也都发现此俗。拔牙的年龄，约在 15 至 20 岁之间，从拔牙风俗存在的时代和地区看，良渚文化正在此范围之内。

有一点需要说明：拔牙风俗以拔去上颌侧门齿居多，这大约是因为，对于人类来说，最易暴出唇外的是上颌门齿，而不是犬齿。

关于拔牙思想的动因，有学者认为是“表示氏族成员获得婚姻资格或同时兼有达到成年意义的一种标志”①。但这样的解释只回答了问题的一半，因为达到成年而不凿齿的民族还很多。为什么这里婚姻或成年要用拔牙来作标志？那答案只能从本部族与其他部族的区别中去寻找。表示与图腾物的认同或表示与敌对部族图腾的区别，表示成为自己部落的正式成员，这才是拔牙的心理动因或社会根源。我们设想，与包括良渚在内的东夷凿齿部落敌对的某些部落，可能是以野猪之类为图腾的。《淮南子 · 本经训》说尧之时“猰貐、凿齿、九婴、大风、封豨，修蛇，皆为民害”，此可证与凿齿部落同时，确有以“封豨”即大野猪为图腾的部落。凿齿部落以凿齿取得与自己的图腾和祖先的认同，又把敌对部落的象征——长有獠牙的野猪，刻在作为食品献给神灵的玉器上，这就是“神徽”图形的真实含义。

第二，东夷民族崇拜鸟，视鸟为祖先神灵。猪普遍用作随葬品和献祭的牺牲，不大可能成为他们的崇拜对象。

据《左传》、《诗经》等文献，学术界大体公认东夷族以鸟为“图腾”，这里不再赘述。

---

① 韩康信、潘其风：《我国拔牙风俗的源流及其意义》，《考古》1981 年第 1 期，第 70—71 页。

在中国新石器时代，猪是农业文化区的主要家畜，这里以猪为主要肉食品。反映到墓葬中，则是十分普遍的随葬整猪、猪头或猪下颌的习俗。这些葬猪曾被认为象征财富或用于辟邪，笔者则认为主要目的是为死者提供肉类食品。这点在第一部分已有所涉及，这里再略加申论。从考古发现来看：山西陶寺大中型墓中随葬或整或半的猪头，这些猪头多置于斝中。①猪头劈成两半，应该不是用于吓唬邪魅，置于作为饮食器的斝内，显然应属食品。

甲骨文中，猪更是献祭的主要肉类，并且很可能用猪下颌和腊肉祭神。甲文中有用于祭祀的“”或“”，不同于“豚”字作“”、“”，唐兰先生释“喙”，甚确，此物应即祭神的猪下颌。甲文中又多有用“夕羊”、“夕牛”、“夕豕”祭神。于省吾先生释“夕”为“昔”，即“腊”，意指腊肉、肉干，“晞于阳而炀于火，曰腊肉”。②

楚辞中有用野猪肉献祭的描述。《天问》：“冯珧利玦，封豨是射。何献蒸肉之膏，而后帝不若？”——强劲的弓矢射杀了大野猪，做成蒸肉献给上帝，上帝为什么还不佑助？

以上这些或整或半，或腊或蒸的猪，似不能看作崇拜对象。

良渚文化的小型墓中，有用猪下颌随葬者，亦偶有璧③，但绝无琮。大型墓中有玉琮，无猪下颌。笔者推测，猪下颌与玉琮具有类似的功能，至少在良渚文化中，二者似有互相替代的关系④。联想到玉为鬼神食品和琮上所琢兽面，笔者得出结论：玉琮是整猪、猪头或猪下颌的高贵替代物。

为什么在作为整猪或猪头的琮上要琢神人形象呢？这可用巫术的“顺势原理”加以解说。巫术认为同类事物可以相互感应，琮上琢上神

① 高炜：《龙山时代的礼制》，《庆祝苏秉琦考古五十五年论文集》编辑组编：《庆祝苏秉琦考古五十五年论文集》，第240页。

② 于省吾：《甲骨文字释林》，中华书局1979年版，第326、34—35页。

③ 浙江省博物馆：《三十年来浙江文物考古工作》，文物编辑委员会编：《文物考古工作三十年（1949—1979）》，第218页。

④ 18号墓墓主胸部有一良渚式琮，腿部和脚后又各放一猪下颌。此应视为良渚影响所及，琮来之不易，故补充下颌。参见南京博物院：《1987年江苏新沂花厅遗址的发掘》，《文物》1990年第2期。

1 2 3 4 5

图四　玉璧上的鸟纹及字符（美国弗利尔博物馆藏）

人降临的形象，便可吸引神灵前来飨食。

玉琮上有时又刻有鸟形，如反山 M12：98“琮王”大眼面纹两旁各琢一鸟（图二，5），福泉山 M6：21 小眼和大眼面纹两旁各有一鸟（图二，7）。其原理应与“神徽”上刻神人凌驾一样。刻鸟来飨，便是希望真神来飨。

美国弗利尔博物馆藏的三件良渚文化玉璧上，刻有如图四 1、2、3 的纹饰，有学者试释为“岛”字，释 1 为“岛”、“炅”二字。1 所在璧的侧缘还有二图形，其一正面鸟形（图四，4），或释为“燕”，其二似一株树（图四，5），或释为“封”，皆不知何所取义。其实这些符号，都是为招引神灵祖先来飨。图 1 鸟下的“炅”字，是日下有云的景象。遥想当年，原野上，树林上空每当日出日落时，百鸟竞翔或去或归。这样的景象今人已难以见到，而对于先民却是习以为常的。《山海经》说日出日落“皆载于乌”，应即是这种景象启示而来的观念。先民以他们特殊的联想力，以为把“炅”字这样的图像刻于玉器上，便可引导神鸟来集。凌阳河大汶口文化陶尊上的类似图像，应也是吸引神鸟来飨的意思。图 5“封”字，应也是为吸引神鸟而准备的栖息之处的意思吧。楚辞《天问》“缘鹄饰玉，后帝是飨”，说的也就是这个意思。

“炅”字形符号，见于中国历史博物馆所藏十九节高长琮上。“其上端正中，刻有阴线  形纹饰，细若毫发”[①]。其作用，应与图四，1 纹相同。台北故宫博物院藏一件十七节高长琮，在第一节纹饰间直槽上，以极细的不连续阴线琢有一“神秘图案”（图二，6）[②]。此图与图四的 2、3 鸟脚下的部分完全一致，其“虚位以待”、吸引神鸟来临的意思，就更加清楚了。

鸟与猪的“二元”对立，是特定于良渚或东夷部族而言的。因此这样的图像不适于成为中原最高统治者以后的殷周贵族，这就是殷周琮上不再雕琢大眼、小眼面纹的原因，然而琮作为祭神的整兽或兽头的含义仍然保留。殷人献祭给祖先神灵的最常用的牺牲，不再是长着獠牙的野猪，而是长着大角的绵羊，是以羊为图腾的羌人。于是我们看到，殷琮上琢饰了羊头（图三，6）。羊（羌）在殷代的地位，学者们大致没有疑义。同理，良渚琮上的兽面，其作为献祭牺牲的地位，也不该再有疑义。

如果说璧纹饰经历了从素面开始，由简到繁的过程，琮纹饰则经历了一个相反的过程：由繁到简再到光素无纹。其原因，在于琮的具体纹饰涉及具体部族，对于改朝换代之后的部族就不适用了。到了周代，天子以“明德”为统治方略，任何部族都有生存下去的权利，于是琮成了光素无纹、外方内圆的样子。东周以后，琮消失，璧盛行，璧上又加琢了龙凤。龙是夏人的祖先，凤是殷人的祖先。琢有龙凤的璧和光素无纹的琮，正是华夏各部族逐渐融合统一过程的历史见证。

本文初稿承严文明先生过目，又承邓淑蘋女士赐函，多有指教，在此深致谢意。

（原载《考古与文物》1993 年第 4 期）

① 石志廉：《最大最古的纹碧玉琮》，《中国文物报》1987 年 10 月 1 日。

② 邓淑蘋：《故宫博物院所藏新石器时代玉器研究之二——玉琮类玉器》，《故宫学术季刊》1988 年第 6 卷第 2 期，第 32 页。

“玉石之路”初探

按：本文撰于20世纪90年代初。当时辽宁岫岩细玉沟古玉矿遗址和矿脉尚未发现，因此笔者倾向于认为良渚文化玉料有不少来自西域。到90年代后期和21世纪初，细玉沟“老玉”矿脉的发现和红山、良渚玉文化研究的新进展，使笔者认识到，昆山玉成批的东来、“玉石之路”的形成，似应在辽宁岫岩玉矿矿脉断绝、良渚文化衰落之后，即距今4000年前后。

由博望侯张骞凿空，中原与西域商旅往来，相望于道，是为“丝绸之路”。这是人所共知的常识。研究先秦史的学者则多认为，先秦时期中原与西域已有了往来，不过那时还称不上“丝绸之路”。这条道路究竟何时开通、开通的主要目的是什么？笔者认为，至迟在张骞之前2000年，这条路已是一条热线，而运输的主要货物，则是昆仑山所产的玉石。

一、“玉器时代”与玉矿之谜

《越绝书》载风胡子答楚王问，论及玉在黄帝时代的地位：

> 轩辕、神农、赫胥之时，以石为兵……至黄帝之时，以玉为兵，以伐树木、为宫室、凿地。夫玉亦神物也，又遇圣主使然……禹穴之时，以铜为兵……当此之时，作铁兵，威服三军，天下闻之，莫敢不服。

风胡子向楚王推荐先进技术，时代约在春秋末。当时，铁代表着先进的生产力，谁掌握了它，就能征服天下。按风胡子的说法，在此之前，生产力有过三次飞跃。第一次是上古“三皇”时代（约当新石器时代前期），谁能将旧石器改革为新石器，谁就称得上“圣主”。第二次是“五帝”时代（约当新石器时代后期），黄帝能“以玉为兵”。玉的硬度和韧性，使它能够比较随心所欲地砍、斫、劈、削，这是其他石器无法比拟的，所以黄帝又成为“圣主”。第三次是大禹时，禹利用青铜器为夏王朝的诞生奠定了基础。

风胡子的话在很大程度上反映了历史真实。考古资料证实，在禹之前的约1000年间，玉器制作代表了当时最先进的生产力。

20世纪80年代，随着新石器时代考古的发展，古玉纷纷出土，以良渚为中心，南到广东石峡，北及辽宁红山文化，往往一墓之中，数以百计，琳琅满目，令人叹为观止。例如1982年常州武进寺墩遗址3号墓出土随葬玉器上百件，璧24件，琮33件。高长型琮围绕人架一周，具有某种神秘意义。①

1986年余杭反山良渚文化墓地和1987年余杭瑶山良渚文化祭坛遗址的发掘，更为引人注目。反山墓地随葬品90%以上为玉器。11墓共出玉器3200多件，其中M12：98一件被称为“琮王”，重达6.5公斤。②瑶山11墓出随葬品707件（组），其中玉器635件（组）。③

广东石峡遗址是岭南新石器文化的一个典型。其中所出的一件玉琮与江苏吴县草鞋山所出者，从玉料、钻孔到纹饰几乎一模一样。④距今4000多年前，相距约3000里的两地，所出琮如此雷同，实在耐人寻味。

① 南京博物院：《1982年江苏常州武进寺墩遗址的发掘》，《考古》1984年第2期，第114页。

② 浙江省文物考古研究所反山考古队：《浙江余杭反山良渚墓地发掘简报》，《文物》1988年第1期。

③ 浙江省文物考古研究所：《余杭瑶山良渚文化祭坛遗址发掘简报》，《文物》1988年第1期。

④ 广东省博物馆、曲江县文化局石峡发掘小组：《广东曲江石峡墓葬发掘简报》，《文物》1978年第7期，第12页。

红山文化玉器既有各地常见的璧、璜、珠等，又有颇具特色的鸟、兽形玉，以及形制奇特的钩云形玉佩、马蹄形玉箍。①

龙山文化的陕北神木石峁遗址，所出玉器形制多样、数量惊人。②

中国文明的源头——新石器时代晚期的大量精美玉器的制作，代表了那个时代的工艺水平，而成批随葬或用作礼器又反映了那个时代的精神风貌，因此有学者建议把那个时代称作"玉器时代"③，笔者深表赞同。但首先要弄清的是，这些玉器是否系真玉？若然，其原料来自何处？

所谓"玉"，是一种被现代地质矿物学家称为"软玉"的透闪石—阳起石系列。其硬度比翡翠软，但用小刀是刻不动的，其晶体呈纤维束状交织结构，因此具有极强的韧性，不易碎裂。玉料刨光面呈半透明或微透明的油脂或蜡状光泽，给人以柔润细腻的感觉。

矿物学家对新石器时代古玉所作的分析证明，"软玉"是古玉器的主要质材。例如：南京矿产地质研究所郑健对1984年出土于吴县张陵山东山良渚文化遗址的9件玉器进行鉴别，结果全属透闪石—阳起石系列软玉。④

中国地质科学院地质研究所闻广对南京博物院提供的苏南新石器时代4处遗址出土的具代表性的14件玉器样品进行研究，证明其中9件为软玉。⑤

安徽省文物考古研究所、中国科技大学开放实验研究室对1987年含山凌家滩所出9件玉器样品进行分析，证明5件为软玉，余为水晶、蛇纹石等。⑥

---

① 孙守道、郭大顺：《论辽河流域的原始文明与龙的起源》，《文物》1984年第6期。李恭笃：《辽宁凌源县三官甸子城子山遗址试掘报告》，《文物》1986年第6期。

② 戴应新：《神木石峁龙山文化玉器》，《考古与文物》1988年第5期。

③ 张光直：《谈"琮"及其在中国古史上的意义》，《文物与考古论集——文物出版社成立三十周年纪念》，第255页；《濮阳三蹻与中国古代美术上的人兽母题》，《文物》1988年第11期。

④ 郑健：《吴县张陵山东山遗址出土玉器鉴定报告》，《文物》1986年第10期，第41页。六年后有学者指出，这次鉴定的第4件穿孔斧不是软玉，而是岩石。见闻广：《辨玉》，《文物》1992年第7期，第78页，注⑪。

⑤ 闻广：《苏南新石器时代玉器的考古地质学研究》，《文物》1986年第10期。

⑥ 安徽省文物考古研究所、中国科技大学开放实验研究室：《凌家滩墓葬玉器测试研究》，《文物》1989年第4期。

闻广对大连地区新石器中期玉器进行鉴定，证实全属真玉。闻氏又对过去凭肉眼鉴定为岫岩玉（即叶蛇纹石假玉）的红山文化玉器49件做取样研究，证实其中31件为软玉，早于红山的沈阳新乐文化4件工具，则全属软玉。①

台北“故宫博物院”邓淑蘋女士对院藏32件新石器时代玉琮进行测试，证明均属闪玉（软玉）。②院藏新石器时代玉石工具、武器及相关的礼器36件，闪玉有29件。③

神木石峁所出，据报告鉴定认为其质地有墨玉、玉髓、石英岩、大理岩、蛇纹石岩、基性超基性变质岩和酸性硅酸岩等。④邓淑蘋选台北“故宫博物院”藏与石峁玉器同类者做X射线粉末绕射分析，证明它们都是透闪石质软玉。⑤

上列学者们拓荒性的工作证实，在公元前第三个千纪，华夏各地先民都已着意选择真玉原料制作玉器。

那么，这些玉器的原料来自何处？

根据矿产地质部门的勘察，软玉矿主要蕴藏在新疆南部的昆仑山脉，又多在海拔4000—5000米高处，绵延近千里。每年夏季冰消雪融时，高山玉璞随湍流而下，徙出二三百里，至塔克拉玛干大沙漠南沿。从古至今，人们就在昆仑山北麓河水中捞取那些已碰掉璞皮的“籽玉”。此外还有所谓“山流水”，即冲出不远，不呈卵形的玉料。再高一些的地方，人们穴坑采取，称“山料”。因矿脉高，仅个别地点出露在3500米处，常年积雪，空气稀薄，加之交通困难，山料的取得也很不易。

此外，天山北麓玛纳斯还有质地较次的碧玉出产。

据有关资料，辽宁岫岩县细玉沟、辽宁宽甸、河南淅川、四川汶川

---

① 闻广：《辨玉》，《文物》1992年第7期，第77—78页。

② 邓淑蘋：《“故宫博物院”所藏新石器时代玉器研究之二——琮与琮类玉器》，《故宫学术季刊》1988年第6卷第2期。

③ 邓淑蘋：《“故宫博物院”所藏新石器时代玉器研究之三——工具、武器及相关的礼器》，《故宫学术季刊》1990年第8卷第1期。

④ 戴应新：《神木石峁龙山文化玉器》，《考古与文物》1988年第5期。

⑤ 邓淑蘋：《“故宫博物院”所藏新石器时代玉器研究之三——工具、武器及相关的礼器》，《故宫学术季刊》1990年第8卷第1期，第64页。

有不同质地的玉料出产，但矿脉小而分散，或档次低、产量也少，远不能与新疆相比。那么，辽阔中原，再没有软玉矿了？矿产资料证明确实没有了！

由此看来，新石器时代玉器原料，大多应出自新疆，这可能吗？

郑健认为，虽然苏浙皖一带至今未发现软玉矿藏，但存在有可能产生软玉的岩体。又举“1980年在宁镇山脉安基山铜矿钻空岩心中发现有白色致密透闪石化大理岩”为例，说明良渚玉器原料可能产于本地。①

闻广认为，“新石器时代是原始社会，按理还不可能有长途贩运”，苏南新石器时代软玉“很可能是就近取材”，就近取材“应是新石器时代玉器原料来源的基本特征”。②由于所研究标本的显微结构不同于已知的新疆等地的软玉，闻氏更加坚信“就近取材”说。在新近的研究中，他还发现，原被当作普通透闪石岩的江苏溧阳小梅岭镁质大理岩接触带中致密块状透闪石，已经具备软玉的显微结构。③这更加强了“就近取材”说的力量。但这尚不足以说明，大批良渚玉器的原料就来自这些低山狭窄的岩体接触带。更重要的是，对考古资料的分析可证明良渚玉器不是就近取材。这点，将在本文第五部分中涉及。

邓淑蘋在对台北“故宫博物院”藏新石器时代玉琮进行测试之后，依据大陆学者的意见，认为其中部分玉器“可能为太湖附近丘陵地区曾蕴藏的玉料所制”。而另一部分，因其质地较相似于新疆和田地区所产，邓氏提出，这或意味着和田玉“采集运输至中土时间，尚可能更提早至新石器时代”。④神木石峁所出玉器，原报告粗略估计玉料来自陕北本地及附近内蒙古、甘肃和关中一带。⑤邓氏已测得这类玉器为透闪石质软玉。据她观察，“新石器时代陕甘地区风格的玉器……玉质很像和田闪玉”⑥。

① 郑健：《吴县长陵山东山遗址出土玉器鉴定报告》，《文物》1986年第10期，第41页。

② 闻广：《苏南新石器时代玉器的考古地质学研究》，《文物》1986年第10期。

③ 闻广、荆至淳：《沣西西周玉器的地质考古学研究》，《考古学报》1993年第2期，第256页。

④ 邓淑蘋：《“故宫博物院”所藏新石器时代玉器研究之二——琮与琮类玉器》，《故宫学术季刊》1988年第6卷第2期。

⑤ 戴应新：《神木石峁龙山文化玉器》，《考古与文物》1988年第5期，第242页。

⑥ 邓淑蘋：《“故宫博物院”所藏新石器时代玉器研究之三——工具、武器及相关的礼器》，《故宫学术季刊》1990年第8卷第1期，第73页，注122。

依笔者拙见，不仅类似和田玉者可能出于和田，像闻广先生所测显微结构不同于已知新疆等地软玉者，也有可能出于新疆。事情正如闻广先生所说，“同一产地内，同一矿体中，可以产出不同质量的软玉……除了具有特殊的颜色或成分等的软玉外，一般仅就个别标本的颜色或成分难于确定其具体产地”[①]。

可以相信，新石器时代，人们在对石器进行琢磨的过程中，又熟悉了岩石的韧性和抛光后的色泽。软玉那特殊的韧性和美好的色泽，自然会被人们认识，并吸引上古先民去寻找玉矿。如果我们对这些情况有足够的估计，对他们崇尚原始巫术和宗教神秘观念的狂热和献身精神有所了解，那么，对于先民将昆仑山之玉采集运输到中原，就不会感到难以想象了。

二、原始观念与玉

当风胡子对楚王讲黄帝以玉为兵时，只是强调玉器“伐树木、为宫室、凿地”优于一般石料。其实，上古先民从遥远的矿山运来玉料，绝不仅仅是为了制作兵器，也不仅仅为了装饰，在他们的观念中，玉有超乎日用之外的神秘功能。《山海经·西次三经》有一段至关重要的文字：

> 稷泽，其中多白玉，是有玉膏，其原沸沸汤汤，黄帝是食是飨……瑾瑜之玉为良，坚栗精密，浊泽而有光；五色发作，以和柔刚。天地鬼神，是食是飨；君子服之，以御不祥。

这里说到天地鬼神们以玉为食为飨，而这玉的质地，是坚硬、致密、半透明、有光泽，色彩可爱，刚柔兼备。这只能是软玉才具备的条件。此玉既有供天地鬼神食飨的功能，同时又是君子的佩饰品。佩饰的

① 闻广：《苏南新石器时代玉器的考古地质学研究》，《文物》1986年第10期。

目的，是“御不祥”。大约先民认为，随身佩带鬼神食品，鬼神就不会侵害人体。

《山海经》中有不少上古先民以玉为鬼神食品的记载。如《山经》中诸山神灵的祠祀，几乎都要用玉，有时还要将玉烧炙之后再奉献于神龛。《西山经·羭山》：“以百牲瘗，用百瑜汤；其酒百樽，婴以百珪百璧。”“汤”，郭璞谓“或作炀”，郝懿行注：“炀，炙燥也。”在原始观念中，奉献神灵之玉还要炙烤令熟。圭、璧是下酒之肴，陈于酒樽之旁。除“婴”（陈列）外，奉献方法还有“瘗”（埋）、“糈”（与粮食类共陈）、“投”（掷于山中）等。

上古巫风保持很久的楚国，对鬼神食玉观念比较清楚。屈原《离骚》说“折琼枝以为羞兮，精琼靡以为粻”。羞即馐，粻即干粮。琼树、琼靡，即《海内西经》“琅玕树”所产“璆琳琅玕”之类。[①]屈原想象自己与神灵为伍，将要远行，其所准备的干粮皆须用玉制作。屈原《天问》又说“缘鹄饰玉，后帝是飨”，意即在玉上刻饰鸟纹，以吸引上帝来飨。[②]又《九章·涉江》：“登昆仑兮食玉英。”则明言这玉的产地，是在昆仑山。

可证明原始观念中玉为神灵食品的资料是十分丰富的，如典籍中常见的“礼”字，繁体作“禮”，象玉在豆中，献于神灵。在后人观念中，以玉为食品是不可理喻的，人们对“礼”字本义的解释就往往不着边际。近人王国维慧眼独具，指出礼字“象二玉在器之形”。[③]遗憾的是他没有指明玉为食品，而谓玉置一般器中，为“行礼”，不须特定放在作为食器的“豆”中。然而事实上，礼神之玉如琮、璧等，除了“瘗”、“投”、“沉”及陈列于菅席之上外，便是置于食器之中。[④]

随着神灵食玉观念的发展，玉后来又具有了长生不死、甚至是起死

---

① 《海内西经》：“服常树，其上有三头人，伺琅玕树。”又《太平御览》卷915引《庄子》逸文：“其树名琼枝，高百仞，以璆琳琅玕为实。”这是原始观念对昆仑山籽玉来源的想象。

② “缘鹄饰玉”，东汉王逸认为是以玉鼎烹鹄鸟，近人曹耀湘、游国恩已指出其谬，见游国恩：《天问纂义》，中华书局1982年版，第228—231页。

③ 《观堂林集》卷6《释礼》。

④ 臧振：《玉琮功能刍议》，《考古与文物》1993年第4期，第46—49页。

回生的法力。《淮南子·览冥训》说，“羿请不死之药于西王母，恒娥窃以奔月”。羿向西王母请的“不死之药”是什么呢？在晚出的《汉武帝内传》中得到答案：“西王母上药，有赤河绛璧”。这“上药”，是赤河中绛色玉所琢的璧。《山海经·海内西经》又说在昆仑山东面有六位巫师，围着猰貐的尸体，“皆操不死之药以距之”。“距之”，郭璞注“为距却死气，求更生”。似乎是刚从西王母那里请了药，想要救活猰貐。联想到考古发现常州武进寺墩3号墓，30余件高长型玉琮围绕死者一周，推想应是出于类似的目的。

先民以惊人的毅力搬运、琢磨那些精美的玉器，究竟是为了什么？人们往往用后世的观念去想象古人：出于审美的需要，出于吸引异性的需要，出于显示等级地位的需要，等等。笔者认为，生活在浓郁的鬼神观念笼罩下、血缘关系决定着一切的氏族社会之中的先民，似乎不会有今人看来只有借助于实物才能“显示”的观念和欲望。上古先民拼尽全力追求的，是群体的生存，是战胜那些冥冥中存在于他们周围的邪恶氛氲。这就要借助于先祖神灵的帮助，就要为神灵准备足够的食品，还要在身上佩带玉质饰件。只有求生的欲望，才能激励先民耗费大量劳力制作玉器，又毫不吝惜地用火烧炙，并置于氏族关键人物的墓中。

认识到玉是鬼神食品这一点，我们就能理解为什么几乎所有上古部族的首领，都在昆仑山留下了他们的足迹。

三、《山海经》与昆仑山

记载东方部族与昆仑山关系的书，时代最早、材料最富者当推《山海经》。《山海经》所记古国家、帝王、山川名称，多不同于儒家经典。所记大量怪物，在汉代文明所达到的思维水平上看来，是不近情理的。因此，太史公对它持存疑态度，在《史记·大宛列传·赞》中说“《禹本纪》、《山海经》所有怪物，余不敢言之也”。

西汉末刘秀（歆）《上〈山海经〉表》，持比较客观的态度，深信其所记述“皆圣贤之遗事，古文之著名者也”，至于成书时间，他断定“出于唐虞之际”。其后，王充、郦道元、郭璞都相信此书出于夏后之世。至清人郝懿行作《〈山海经〉笺疏》，对书中属后人所羼者多有揭示，然仍主《五藏山经》五篇“为禹书无疑”。20世纪20年代，“疑古派”大师顾颉刚也强调其内容是早于儒家经典的[①]。徐旭生则进一步肯定：“其中保存有较近古之传说，可为今日治历史者之珍贵材料，则亦毫无疑义。”[②]

自甲骨文问世，学者们发现甲骨文中不少材料可以与《山海经》相互印证，如四方风名[③]和一些巫师的名称[④]等。这更证明了《山海经》史料的宝贵价值。在当代文化人类学家眼中，《山海经》所有怪物，也已经不是不可理喻的了。我们对《山海经》当然再不能持“不敢言”的态度，更不应该用“臆造”、“虚妄”之类词语来斥责《山海经》的作者——上古巫师们。[⑤]

《山海经》中的昆仑山究竟在什么地方？这是学者们争论的热门问题。

上文所谈昆仑山，位于今新疆南部，于田南山。此山正式命名，在汉武帝时，《史记·大宛列传》载张骞回长安后对武帝说，于田以东，水注盐泽（今罗布泊），然后潜行地下，在青海境内再冒出来，因此，黄河之源应在于田南山。张骞之后，使节纷出，又从于田采来玉石，于是“天子案古图书，名河所出山曰昆仑”。武帝所案“古图书”，自然是《山海经》、《禹本纪》之类。司马迁对此表示怀疑，说“张骞使大夏之后，穷河源，恶睹《本纪》所谓昆仑者乎！”意思是，张骞看到的，不一定是《禹本纪》所谓“高二千五百余里，日月所相隐避为光明也，上有醴泉、瑶池”的昆仑。

① 顾颉刚：《中国上古史研究讲义》，中华书局1988年版，第32、36—37页。
② 徐旭生：《中国古史的传说时代》，文物出版社1985年版，第301页。
③ 胡厚宣：《甲骨文四方风名考证》，《甲骨学商史论丛初集》，河北教育出版社2002年版，第265—276页。
④ 于省吾：《释女蔑》、《释羌甲》，《甲骨文字释林》，中华书局1979年版，第207—210页、第43—44页。
⑤ 王成组：《中国地理学史》第1篇第4章，商务印书馆1982年版。

十六国时前凉，酒泉太守马岌据《汉书·地理志》等书所谓“金城郡临羌……有西王母石室”的传闻，称酒泉南山（祁连山）为“昆仑山之体”[①]，建议凉王张骏在此立西王母祠。唐张守节在《史记·秦本纪》注中，称此为昆仑山，但因有汉武帝所定昆仑在前，便称此为“小昆仑”。

清毕沅《山海经新校正》认为酒泉南山即《山海经》中的《西次三经》、《海内西经》、《大荒西经》所提到的昆仑，不同意称此为“小昆仑”。为论证酒泉（肃州）昆仑说，他将祁连山南北诸水与《西次三经》昆仑所出诸水相比附。酒泉昆仑说盛行起来，几乎要压倒于田昆仑说了。

本来，马岌是同意于田昆仑说的。出于政治需要，他主张在酒泉立西王母祠。同时，他称酒泉南山为“昆仑之体”。按“体”字相对于“首”字而言，理解为“肢体”。岑仲勉注意到这点，在《昆仑一元说》中指出马岌还不算是“妄为傅会”[②]。至毕沅的肃州昆仑说，就难免牵强附会了。顾颉刚曾撰文揭其纰漏，指出昆仑与河源不能分开。酒泉不是河源，酒泉昆仑说终归是“纸上谈兵”。近年仍有学者撰文力主此说[③]，但事情正如顾颉刚所说，“实际不但不能解决问题，反而增加了这问题的纠纷性”[④]。

徐旭生因祁连有水北流而《西次三经》中昆仑四水无北流者，认为昆仑祁连说不妥，遂略加修正，认为昆仑乃青海高原。[⑤]蒙文通则将昆仑再向东移，主张岷山为昆仑。[⑥]因为徐旭生尝疑河套为古之泑泽，于是有学者认为昆仑墟应在今日河套以南。[⑦]此外，还有泰山说[⑧]、宝鸡天台山

---

① 《晋书·张轨传》。

② 岑仲勉：《昆仑一元说》，《中外史地考证》，中华书局1962年版，第46页。

③ 萧兵：《昆仑祁连说补正》，《西北史地》1985年第2期。史为乐：《穆天子西征试探》，《中国史研究》1992年第3期。

④ 顾颉刚：《酒泉昆仑说的由来及其评价》，《中国史研究》1981年第2期，第14页。

⑤ 徐旭生：《读山海经札记》，《中国古史的传说时代》，文物出版社1985年版，第295页。

⑥ 蒙文通：《略论〈山海经〉的写作时代及其产生产生地域》，《中华文史论丛》1962年第1辑，第53页。

⑦ 王红旗：《昆仑山地望探索》，《民间文学论坛》1987年第5期。

⑧ 何幼琦：《〈海经〉新探》，《历史研究》1985年第2期，第50页。何新：《诸神的起源》第五章，光明日报出版社1996年版。

说[①]等。近年又有昆仑“消亡”说问世，认为“河出昆仑其实并非一个现实的自然地理现象，而是一个幻想的人文（神话）地理观念”，因此，“对昆仑山地望的地理学争论，在神话传播化的理论面前，也就自行消亡了”。[②]一座雄伟的昆仑，竟然就这样“消亡”了！

《山海经》中《西次三经》所记的昆仑，位置在西北方向，其基本特征有二：一是附近诸山多产美玉，二是流出河、赤、洋、黑四条大水。笔者认为，汉武帝命名的于田南山，正是上古先民所认定而载入《山海经》的昆仑。《山海经》中“昆仑”二字凡21见。其中《海内东经》三见，属错简，依清人吴承志、郝懿行及今人袁珂校，当移至《海内西经》[③]。《海外南经》二见，位于东南，约当今太湖之南，即良渚文化中心之所在。此属特例，可按三四十年代学者们所谓地名“层化”现象解之。21见中，19见皆在西北，细研文意，实指一处。

值得注意的是，《山海经》记载其他山皆称山，唯昆仑称“丘”、称“虚”（仅《海内东经》一处称山，而该处语义重复，笔者疑其为注释误入正文者）。丘与虚又有所区别。试看称“丘”的两处：

> 西南四百里，曰昆仑之丘，是实唯帝之下都。（《西次三经》）
> 赤水之后，黑水之前，有大山，名曰昆仑之丘。（《大荒西经》）

再看称“虚”者：

> 昆仑之虚，方八百里，高万仞。（《海内西经》）
> 昆仑虚南所，有氾林方三百里。（《海内北经》）

两相对照，丘范围较小，虚范围较广。《海内南经》郭璞注：“虚，山下基也。”似指山脉而言。《尔雅·释地》“三成为昆仑丘”，“三成”

---

① 柳菂：《昆仑墟试探》，《陕西社联通讯》1992年第9期。
② 吕微：《昆仑语义释源》，《民间文学论坛》1987年第5期，第92、88页。
③ 袁珂：《山海经校注》，上海古籍出版社1980年版，第283、327页注。

指第三层，山之高处。丘应指山头而言。从《西次三经》看，昆仑丘是不产玉的，产玉的是昆仑丘附近、昆仑虚范围内的峚山、乐游之山、嬴母之山、玉山等。

在我国西北地区，大面积产玉的山脉，只有昆仑山脉西段。如昆仑山地区地质构造图（图一）所示，图中斜线地区为古生代侵入岩分布区。侵入岩所含闪长岩角闪石，由于具有纤维状晶型而成为软玉矿。地质史上的喜马拉雅期，在上升褶皱过程中，其北侧与塔里木盆地断裂，形成高入云霄、终年积雪的昆仑山。在海拔约4—5千米处，侵入岩部分暴露出来，冰川刨蚀、流水冲击，玉矿被搬运到低处，便有古人所谓玉河、珠泽之类。再看该地区地形图（图二），雪线以上者应即是古人心目中的瑶池、玉槛、仙境之所在，其分布与侵入岩大体重合。其最高处为和田南面的慕士山，笔者认为这便是古人所谓昆仑之丘，然而它不在侵入岩范围内。玉龙喀什河携带着玉矿流过它的脚下。其北的铁克力克山，北、西、东三面一望无际，登临绝顶可给人“天下之高山也”[①]的感觉。它应是《西次三经》中可以“南望昆仑”的槐江之山，或《穆天子传》中所谓春山。《山海经》所载古部落多藏宝玉者，应即此山。

于田南山昆仑说之所以被人们怀疑，关键在《山海经》所记四水的流向与此不合。这个问题困扰着一代又一代历史地理学家。顾颉刚将《海内西经》文字与《西次三经》比较时，提出了疑问：“是不是作者把这副图画颠倒看了呢？”[②]此语可谓拨开鸿蒙。我们且看这两段文字：

> 河水出焉，而南流东注于无达。赤水出焉，而东南流注于泛天之水。洋水出焉，而西南流注于丑涂之水。黑水出焉，而西流于大杅。[③]
>
> 海内昆仑之虚……赤水出东南隅，以行其东北。河水出东北隅，以行其北，西南又入渤海，又出海外，即西而北，入禹所导积

① 《穆天子传》卷2。

② 顾颉刚：《〈山海经〉中的昆仑区》，《中国社会科学》1982年第1期，第15页。

③ 《山海经·西山经·西次三经》。

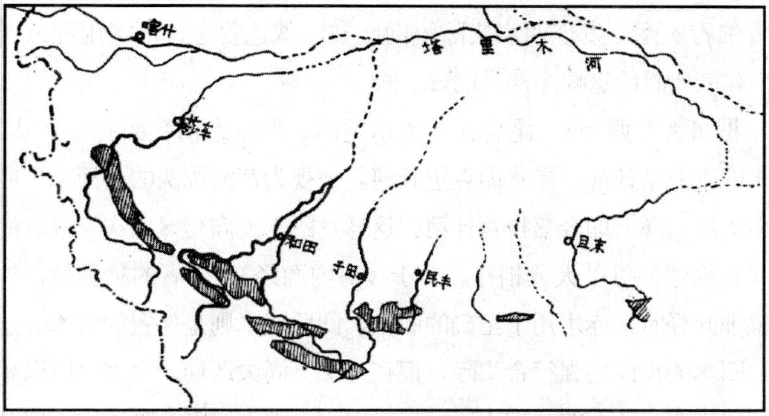

图一　昆仑山西段侵入岩分布图（据《中华人民共和国地图集》
地图出版社 1979 年版第 7 页绘制）

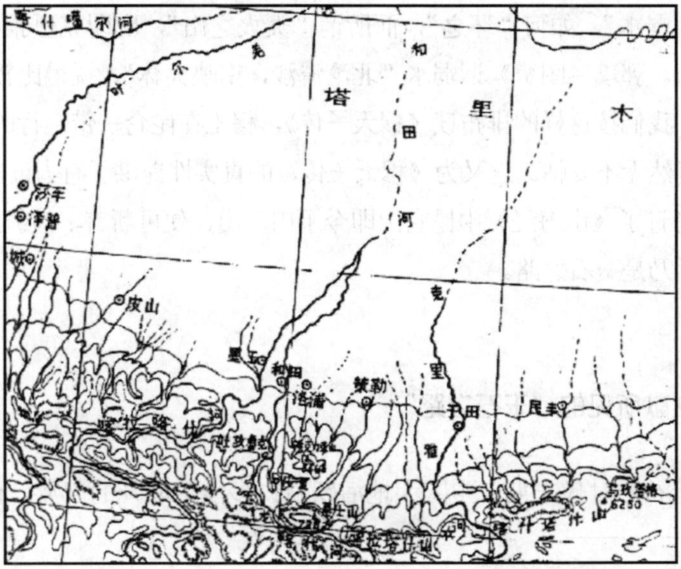

图二　昆仑山西段地形图（据《中华人民共和国地图集》
地图出版社 1979 年版第 44 页绘制）

石山。洋水、黑水出西北隅，以东。东行，又东北，南入海。[①]

顾氏似乎没有将两段文字与昆仑山实图细加比较。在他的启发下，笔者细看实图，发现四水实际流向比文字叙述复杂，而《山经》、《海经》作者所看的这幅图都是倒置了的。[②]

据《大荒西经》，昆仑丘在赤水之后、黑水之前，因此笔者认为，赤水即玉龙喀什河，黑水即克里雅河。被视为黄河源头的“河水”应即叶尔羌河，洋河即今喀拉喀什河。这样，四水流向与《西次三经》的叙述（若倒置）可以大致相符。至于《海内西经》，笔者的猜测是，刘歆在整理此经时，赤水用了正确的版本，此后三水则是倒置的版本。这样看，四水的流向勉强符合实际，但在方法上尚欠严谨。笔者之所以相信这样的排布，还有两个理由。第一，中国大地上，没有哪座山流出的四水可以有这样的对应了。此外，昆仑山下还有所谓环绕昆仑的“弱水”，昆仑山外还有“投物辄然”的“炎火之山”[③]。对这两点，前人多不得其解。我们且看昆仑山东北面众多的细流，没入流沙之中，就可以理解什么叫“弱水”，如何“环之”，而所谓“炎火之山”，应即克里雅河上游的火山。郭璞《图赞》谓弱水“北沦流沙，南映火林”，说得比较准确。第二，我们按这样的排布读《穆天子传》，穆王在昆仑一带巡行的方向、里程竟然无不妥帖。这又为《穆天子传》的真实性提供了有力证据。

考订了《山海经》中昆仑山即今于田南山，便可断言：丝绸之路的前身，乃是玉石之路。

四、文献所见的“玉石之路”

新石器时代末期，中国大地活跃着许多能力非凡的部族，他们的

---

① 《山海经·海内西经》。

② 《山经》中还能找出因图倒置使方向与实地相反的例证，如《北次二经》，其首名管涔之山（晋北宁武境），“汾水出焉，而西流注于河”。其后数山，不断向北，而所出之水，却东流注于汾，殊不可解。试倒置之，即可与实地合。

③ 《山海经·大荒西经》。

首领黄帝、帝喾、尧、舜、禹以及共工、后羿、夸父等，都曾在这片大地上纵横驰骋。值得注意的是，这些人物几乎都与昆仑山有着密切的联系。

开通“玉石之路”的，很可能就是“以玉为兵”的黄帝族。

《山海经》里有一个人物，叫葆江。《西次三经》：“钟山，其子曰鼓……是与钦䲹杀葆江于昆仑之阳。”鼓是钟山的氏族首领。钦䲹，即《庄子·大宗师》“堪坏得之，以袭昆仑”的“堪坏”，为昆仑地区的统治者。葆江被杀，这就激怒了“帝”，“帝乃戮之钟山之东”，帝杀了鼓与钦䲹。“葆江”，一作“祖江”①，笔者疑即下文天山之神“帝江”。帝江“状如黄囊”，“浑敦无面目”（《西次三经·天山》）。毕沅《山海经新校正》认为即《左传》文公十八年所谓“有不才子，天下谓之混沌”的帝鸿氏。《左传》杜预注，“帝鸿，黄帝”。《庄子·应帝王》说“中央之帝为浑沌”。这帝鸿，应是黄帝族世代首领之一。又据《路史》引干宝有“鸿、黄世及”之语，帝鸿应在黄帝之前。帝鸿被杀，“帝”又杀了鼓与钦䲹。此“帝”，郝懿行认为概指天神，然学者多据《穆天子传》昆仑丘有黄帝之宫，认为此帝为黄帝。

此后，昆仑山的统治者，是能与中原诸部友好相处的西王母。西王母部族统治昆仑的时间很长，从黄帝时代到周穆王，甚至可能晚到庄子时代。《庄子·大宗师》说，由于西王母得了“道”，所以能长久，“坐乎少广，莫知其始，莫知其终”。黄帝在昆仑山设了“圃”和“台”，得到西王母部的尊重。《西次三经》槐江之山：“多藏琅玕、黄金、玉”，又多“丹粟”，是“帝之平圃”。“平圃”在楚辞、《淮南子》中作“县圃”。县即悬，训为远，大约是黄帝设在远方的转运站之类。《穆天子传》卷2载，穆王封□人于昆仑之北，“以守黄帝之宫，南司赤水而北守春山之宝”。据昆仑山图，此人封地在今慕士山（黄帝之宫）西北之皮夏。春山即铁克力克山，亦即“平圃”之所在。西王母所居的“玉山”，即《穆天子传》中的“群玉之山”。此山产玉甚丰，“阿平无险”，

① 郭璞注“葆或作祖”。郝懿行《山海经笺疏》引《文选·思玄赋》有“过钟山”、“吊祖江”句，陶潜《读〈山海经〉》诗亦作“祖江”。

"寡草木而无鸟兽"，穆王登玉山，是"乃循黑水"走了三天。[①]此山应在高原上，应是克里雅河（黑水）源头的琼木孜塔格或喀什塔什山。此山之西，有"轩辕之丘"，"洵水出焉，南流注于黑水"（《西次三经》）。据地形图，轩辕丘应在黑水之西、玉龙喀什河（赤水）源头附近。《海外西经》说，轩辕之丘东北有"穷山"，穷山人"不敢西射，畏轩辕之丘"。此丘亦名"台"，所以《大荒西经》说，"有轩辕之台，射者不敢西向射"。"穷山"的位置，据《西次三经》载，登槐江之山（铁克力克山），"东望恒山四成，有穷鬼居之"，恒山甚高，约为今乌孜塔格。而有穷鬼所居之穷山，应即喀什塔什山。有穷氏首领名羿，善射，畏黄帝，"不敢西射"。

黄帝之后，中原诸部纷纷在昆仑附近设"台"。《海内北经》："帝尧台、帝喾台、帝丹朱台、帝舜台，各二台，台四方，在昆仑东北。"此外，《海外北经》还提到有"共工之台"。

有穷氏后羿，《左传》襄公四年称其为"夷羿"，应属东夷集团，其根据地在今山东。《海内西经》说昆仑之虚"有开明兽守之……八隅之岩，赤水之际，非仁羿莫能上岗之岩"。仁羿即夷羿，古字形近而讹，或曰仁即夷之借字。因其善射、善攀登，其族人又据有了"穷山"（地名随族名而易），故能战胜开明兽，登上雪峰取得玉料。《天问》"阻穷西征，岩何越焉？"历代歧义纷出，至毛奇龄、游国恩氏始将其与羿、与《海内西经》相联系，然解"西征"为"迁穷"，仍非达诂。[②]《淮南子·览冥训》"羿请不死之药于西王母"，才是"西征"的目的。

古籍中有一部族甚可注意，此族以将美玉贡献中国而闻名。《管子·揆度》载："至于尧舜之王，所以化海内者，北用禺氏之玉。"房玄龄注："禺氏，西北戎，名玉所出。"同书《国蓄》、《轻重甲》、《轻重乙》等篇多次提及"玉起于禺氏之边山"，彼处"去周七千八百里"。何如璋云："禺古通虞，当即《小匡》之西虞，殆今于阗也。"许维遹案："禺氏即月氏，以产玉称。"（王国维据《史记》月氏西迁在汉文帝四年

① 《穆天下传》卷2。

② 游国恩：《天问纂义》，中华书局1982年版，第228—231页。

之后，推断《轻重甲》、《乙》诸篇为“汉文、景间所作”。然文、景间不当称“去周”若干里。闻一多遂解“周”为“圆周”，解“距周”为“半径”。[①]似皆不妥。言距离，与圆周无关）禺氏—月氏之活动于昆仑地区，由来久远。禺氏、月氏、于阗，古音可通。在《山海经》中，则记作禺彊、禺京。《海外北经》：“北方禺彊，人面鸟身，珥两青蛇。”《大荒东经》介绍了其身世并称之为北海之神：“东海之渚中，有神，人面鸟身，珥两黄蛇，践两黄蛇，名曰禺虢……禺虢生禺京。禺京处北海，禺虢处东海，是为海神。”由其“鸟身”可知祖先来自东夷，由东海之神扩展到北海。《逸周书·王会》称北方“禺氏：騊駼”，禺氏以良马贡献于周王。又《伊尹四方令》载：“正北……月氏……请今以橐驼、白玉、野马、騊駼、駃騠、良弓为献。”所献正有玉料。其族活动不止于北海，《大荒西经》载：“西海渚中，有神人面鸟身，珥两青蛇，践两赤蛇，名曰弇兹。”西海之神，形象同于东海、北海，其名又音同于禺彊、月氏，可知此族由东而北而西，横贯了整个中国，仍以海神为职业。

我们不由得联想到夸父、夸父之善走，不全是神话吧？“夸”乃“大于”二字合文。其形象，“珥两黄蛇，把两黄蛇”（《大荒北经》），与禺彊、弇兹雷同。《大荒北经》说“夸父不量力，欲追日景，逮之于禺谷”。禺谷，郭璞注“虞渊，日所入也”，应在于阗、弇兹一带。夸父不是一个人名，而是一族称号。其中一支曾与蚩尤同抗黄帝，被应龙杀于中冀（《大荒东经》），另一支则在“与日逐走”中“道渴而死”（《海外北经》）。夸父族行色匆匆，往来中原与于阗间，与搬运玉料应该有些关系吧？

与月氏人同样活跃于河西走廊的，还有羌人。《山海经》中不见羌人，然有“沃民”。于省吾等古文字学家早已辨明，《殷本纪》中之沃甲、沃丁，在卜辞中作羌甲、羌丁。[②]可知《山海经》中沃民即羌人。《大荒西经》“有西王母之山……有沃之国，沃民是处……鸾鸟自歌，凤鸟自舞……是谓沃之野”。《海外西经》，在穷山、轩辕国附近有“诸夭

① 参见《郭沫若全集·历史编》第8卷，第59、60、61页。
② 于省吾：《释女蔑》、《释羌甲》，《甲骨文字释林》，中华书局1979年版，第43—44页。

之野……鸾鸟自歌、凤鸟自舞”。诸夭应即诸沃，亦即诸羌。《穆天子传》中为穆王做向导，熟知西域道里者，为河宗氏首领柏夭。柏夭应为“诸夭”之一。其所居阳纡之山，距昆仑4700里（见该书卷4）。河宗氏诏穆王“昆仑口舍四，平泉七十”似指颁赐以沿途水泉之位置图，如此方可达昆仑。

在这条热线上，是否有良渚人的踪迹呢？《南次二经》载：“浮玉之山，北望具区，东望诸毗……苕水出于其阴，北流注于具区。”具区，郭璞注：“今吴县西南太湖也。”苕水，今仍其名，出天目山，分东西二支，会于湖州，北入太湖。浮玉之山应即今天目山。诸毗在其东，正处良渚文化中心区。《太平寰宇记》乌城县有 山，在县东北九里。[①]乌城县故城在今吴兴县（湖州市）南25里。[②]则毗山在今湖州市南。有理由认为，“毗”即良渚诸部本名。

再看《西次三经》：“槐江之山……北望诸毗，槐鬼离仑居之。”槐江之山在昆仑丘之北，其北有诸毗部族的殖民点，位置约当今洛浦一带。（今洛浦西有皮山县，铁克里克山后尚有名为“皮夏”的古村，不知是否与诸毗有关？）这里距有穷氏所据穷山不远。两家同属东夷集团，来自沿海，然关系并不和谐。《海外南经》载：“羿与凿齿战于寿华之野，羿射杀之。在昆仑虚东。羿持弓矢，凿齿持盾，一曰戈。”[③]凿齿，郭璞注谓齿长五六尺，如凿，盖臆断之词。考古发现大汶口、良渚等文化分布区，有凿去上颌侧门齿或犬齿的习俗，此乃“凿齿”本义。[④]该部与羿发生激战，诸毗败，良渚文化也因此衰落。此事发生在原始社会即将结束之时。《淮南子·本经训》“尧乃使羿诛凿齿，战于畴华之野，杀九婴于凶水之上，上射十日而下杀猰貐，断修蛇于洞庭，擒封豨于桑林。万民皆喜，置尧以为天子，于是天下广狭险易皆有道理”。当帝尧诛除了他的政敌时，华夏大地东西南北已“皆有道里”了，玉石之路自

① 《太平寰宇记》卷94《江南东道六·湖州》。

② 同上。

③ 这里“昆仑虚”按经中方位，应在东南，则战场在良渚人老巢。该“虚”呈四方形，可能是良渚人贮存昆仑玉料之台。

④ 韩康信、潘其风：《我国拔牙风俗的源流及其意义》，《考古》1981年第1期。

然也置于帝尧的控制之下。

五、考古得知的“玉石之路”

由考古资料可以推断，良渚玉器并非“就近取材”。

以随葬琮、璧、钺、冠状饰等玉器为特色的良渚文化，在距今约4200年前后忽然消失。有人认为良渚人北上在中原建立了夏王朝①。然而，考古、历史学界基本公认为夏文化遗存的二里头文化，迄今尚未发现有良渚式琮、璧和众多玉器出土。良渚陶器最具特色的贯耳壶、腿足断面呈丁字形的陶鼎，在二里头文化中不见踪影。良渚人没有北上，只是忽然停止了他们辉煌一时的玉作业。没有玉作业的良渚文化遗存，如浙江嘉兴雀幕桥和上海金山亭林遗址，其时代经碳14测定距今3940±95和3840±95年②。这些遗址的时间，在中原建立了夏王朝之后。没有玉作业的良渚文化存在的时间也不长，以后就销声匿迹了。良渚人为什么忽然不制作玉器，良渚文化又到哪里去了？上海马桥遗址③为解答这个问题提供了一些线索。该遗址有五个文化层，第五层是良渚晚期文化，其陶器皆为典型良渚式，没有玉器，发现有四件石佩饰，形制如常见于良渚文化的玉锥形器。这几件佩饰由石英石磨成。如果像闻广、郑健所说，良渚人用的是溧阳小梅岭或宁镇山脉所产软玉，为什么忽然改用石英石呢？即便玉矿逐渐枯竭，也不该忽然中止。合理的推断应该是，由于尧、禹统治了中原，良渚人玉料来源断绝，只好以石代之。④马桥遗址第四层，忽然出现大量拍印绳纹、编织纹的印纹陶，其硬度

---

① 陈剩勇：《东南地区：夏文化的萌生与崛起》，《东南文化》1991年第1期。

② 上海市文管会：《上海马桥遗址第一、二次发掘》，《考古学报》1978年第1期，第135页。

③ 同上文，第109—136页。

④ 除了玉作业突然停止外，玉作业的突然开始也是玉料来自远方的证明。据考古资料，玉矿附近常有玉制实用工具出土，如辽宁海城小孤山、阜新、大连、内蒙巴林右旗，贝加尔湖附近，新疆、西藏等地均有发现。而太湖地区则不存在用软玉制作实用工具的阶段，所出玉工具或武器均甚扁薄，多无用痕，甚至无刃口，实为礼仪用品。

高，陶色紫褐，与第五层良渚文化素面夹砂红陶和泥质灰陶风格迥异，说明二者不是承袭关系。同时，第四层还出现小件铜器，以及受中原影响而制作的仿青铜式样的陶器。可以断定，良渚人在停止玉作业之后不久，又被南方北上的印纹硬陶和北方南下的青铜器文化淹没——或是被征服，或是被消灭了。

良渚人玉作业停止在距今4200年前后和良渚文化消失在距今4000年前后，两件事情都可以在历史文献中得到印证。4200年前那次，约当帝尧时，后羿在“昆仑虚”战败凿齿，似可认为良渚人失去玉料。第二次，应即史书所载大禹“巡幸”会稽之事：禹会诸侯于涂山（今安徽境），“执玉帛者万国”。“万国”即当时成千上万部落，“执玉帛”即以玉器和丝织品为礼品向禹纳贡称臣。大约因曾以玉闻名，良渚人竟然拿不出玉器来，于是禹南巡会稽（今浙江北部，即良渚部落领地）。“会稽”即“会计”，禹到这里向良渚部落“算账”来了。据《国语·鲁语下》，孔子说：“禹致群神于会稽之山，防风氏后至，禹杀而戮之。”美玉给防风氏招来了灭国之祸，防风氏是被消灭了。笔者在上节中曾说“毗”是良渚诸部之名。在上古音中，毗属脂部、并纽、平声；防属阳部、并纽、平声[①]。声、调同，韵转可通。风，甲骨文作凤，实即凤鸟。联系到良渚琮上“神徽”的羽冠和鸟纹，可知良渚人以鸟为图腾。可以肯定，防风氏与诸毗与良渚文化主人是有关系的。

上海马桥遗址发掘报告提到，第五层（良渚晚期）中“出土四件彩陶片，是极罕见的。彩陶的陶衣细腻，胎呈米黄色，与其他陶制品不同。其中三件器表施粉红色陶衣，绘红褐色的旋纹；另一片施红色陶衣，绘黑褐色的斜方格纹”（图三）。这几片彩陶来自何处？我们看图就明白了：这是远在河西走廊的马家窑文化的产品！且看兰州土谷台M25出土马厂类型陶杯（图四，1）与图三右纹饰何等相似。马厂类型“中期的彩陶，已有先涂红底色再施黑彩的……晚期的彩陶，涂红底色施黑

① 唐作藩：《上古音手册》，江苏人民出版社1982年版，第34、96页。

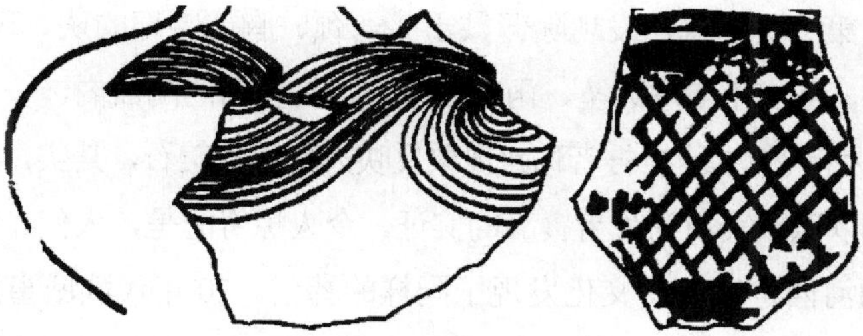

图三　上海马桥遗址第五层出土彩陶片（《考古学报》1978 年 1 期 114 页图九）

图四　马家窑文化彩陶。1. 兰州土谷台 M25 出土，
2. 陇西小堡子 M1 出土，3. 陇西吕家坪出土

色彩成为普通使用的彩绘技法，彩纹更加简化”[①]，这与图三右陶片正好一致。图三左大约属马家窑类型。“图四，2”是出于陇西小堡子 M1 的彩罐，3 是陇西吕家坪的尖底瓶[②]，其涡纹、波纹风格与图三左大致类似。马家窑类型陶器“泥质橙黄”，“彩陶多以橙黄细泥为底色，一般打磨得比较光滑，基本是用单一的黑色彩绘，以各种线条为主，组成相当简练的花纹图案”[③]。图三左与之类似。

我们再从葬俗看太湖周围与河西走廊的联系。50 年代南京北阴阳

① 张学正等：《谈马家窑、半山、马厂类型的分期和相互关系》，中国考古学会编辑：《中国考古学会第一次年会论文集》，文物出版社 1980 年版，第 63 页。

② 张学正等：《谈马家窑、半山、马厂类型的分期和相互关系》，中国考古学会编辑：《中国考古学会第一次年会论文集》，文物出版社 1980 年版，第 63 页，第 66 页图七—5、图四—2、3；第 61 页图五—20、23。

③ 张学正等：《谈马家窑、半山、马厂类型的分期和相互关系》，中国考古学会编辑：《中国考古学会第一次年会论文集》，文物出版社 1980 年版，第 58、59 页。

营第一、第二次发掘，发现除佩戴于头、颈、胸或腰部的玦、璜、管、珠之类外，还有不少珠、坠、雨花石放在作为食器的陶器内，一些玉或美石含于死者口内。①报告者称此现象反映人们珍爱美石，其实，这正是当时人们以玉或美石为死者食品的实证。令人惊奇的是，人们在距此近万里外的河西走廊齐家文化发现了同样的葬俗。70年代武威皇娘娘台第四次发掘，发现普遍随葬玉石璧、粗玉、甚至大理石料，经人工打击或切锯而成的石片、石子。一部分置于腰际、手部或头侧，另一部分置于陶罐、尊、豆中，亦有含于口内者。除此之外，还有猪下颌或羊头等，都与盛放食品的陶器放在一起。②报告者认为这些玉石璧“很可能是作为一种交换手段的货币用来随葬的”③。那么，那些堆在一起的粗玉石块、制作石璧截下的废料等，又是做什么用的呢？同时，皇娘娘台遗址中房址、窖穴等，发现不少遗物，却不见璧和碎石。由此可见墓中所置玉石制品是专供死者享用的。因其与猪下颌、陶罐等放在一起，又有含于口中者，可断定与良渚、北阴阳营出于同一观念，是作为鬼神食品随葬的。

值得注意的是，同属齐家文化，靠近河西走廊的皇娘娘台盛行随葬璧、碎玉石，而距走廊较远的大何庄、秦魏家就不盛行。皇娘娘台16座正常合葬墓，有璧者13座，最多者M48随葬83件，其余3墓，2座有绿松石、小石子等，仅M29未随葬玉石。大何庄有合葬墓3，无璧，仅一墓随葬小石块。秦魏家南、北区合葬墓22座，无璧，随葬有松石珠或小石块者仅7墓。④

皇娘娘台虽然有璧，但对璧并不做精细加工。然而，齐家文化出土的玉铲、玉锛等制作精致，“说明当时玉石器的制作技术有了很大提高”⑤。齐家文化居民在技术上已掌握玉石加工工艺，但不用来为随葬品

① 南京博物馆：《南京市北阴阳营第一、二次发掘》，《考古学报》1958年第1期，第17页。

② 甘肃省博物馆：《武威皇娘娘台遗址第四次发掘》，《考古学报》1978年第4期，第425—431页。

③ 同上，第443页。

④ 张忠培：《齐家文化研究（下）》，《考古学报》1987年第2期，第161页。

⑤ 中国社会科学院考古研究所编：《新中国的考古发现和研究》，文物出版社1984年版，第120页。

进行加工，同时他们的随葬品仍倾向于以猪下颌为主，这说明随葬玉石不是本族的文化特征，是受外族影响而产生的习俗。从考古发掘资料看，这种习俗的中心在东方，在良渚。

齐家文化在地域上涵盖整个河西走廊，其东与陕西客省庄二期文化有密切联系，其西则影响到玉门火烧沟类型遗存。东西部齐家文化皆有早晚，说明其西进很早。玉门火烧沟遗址，彩陶纹饰承袭马厂，器型则与皇娘娘台齐家文化接近。其墓葬中普遍出现绿松石珠、玛瑙珠、海贝和蚌珠。[①] 火烧沟不仅葬俗来自东方，海贝等实物当也是来自沿海的。

我们再看新疆地区新石器时代考古的收获。新疆地区新石器时代文化遗存大致分三类。一是以细石器为特征；二是以大型磨制石器为特征，主要分布在喀什、阿克苏等地，“制作精致，石镰似殷墟所出者”；三是以彩陶为特征，见于哈密、五堡水库、三堡、焉不拉克、伊吾、巴里坤、鄯善、乌鲁木齐、焉耆、库车、皮善、且末等地。[②] 第一类应是以渔猎为主的土著文化，第二类应是远道而来的中原农业部落的遗存，第三类似是陕、甘一带西进的采玉部族留下的遗存。哈密、五堡水库出土的海贝，报告者认为是一种“当地少数民族文化”，笔者认为是东方西来的氏族留下来的遗物。报告者从乌鲁木齐阿拉沟、鱼儿沟地区古墓出土彩陶图案分析，“明显看到接受过河西走廊地区一些古代文化的影响。例如它们和玉门县清泉公社火烧沟遗址中出土的彩陶形制及彩陶图案，就有不少共同点”[③]，这是十分正确的。另据报道，新疆奇台半截沟新石器时代遗址的彩陶片，“质地细密，外表均打磨光滑，大部分涂粉红色陶衣……在陶衣上以深红色或紫色彩描绘花纹”[④]。很明显，这与上海马桥遗址第五层出土的彩陶残片，是同一文化——马厂或齐家文化的

---

① 甘肃省博物馆：《甘肃省文物考古工作三十年》，文物编辑委员会编：《文物考古工作三十年（1949—1979）》，第 142—143 页。

② 新疆维吾尔自治区博物馆、新疆社会科学院考古研究所：《建国以来新疆考古的主要收获》，文物编辑委员会编：《文物考古工作三十年（1949—1979）》，第 170 页。

③ 新疆维吾尔自治区博物馆、新疆社会科学院考古研究所：《建国以来新疆考古的主要收获》，文物编辑委员会编：《文物考古工作三十年（1949—1979）》，第 173 页。

④ 新疆维吾尔自治区博物馆考古队：《新疆奇台县半截沟新石器时代遗址》，《考古》1981 年第 6 期，第 553 页。

产物。

这样，从良渚、石峡到喀什、皮夏，我们看到，在公元前3000年到2000年前后，中华大地实际存在着大范围的文化交流，各文化支系的经济发展大体同步，思想观念互相感染。对于玉石的索取以及玉石之路的形成，在中华文明奠基的过程中，起到了极为重要的作用。

（原载《人文杂志》1994年第2期）

良渚文化衰亡之我见

一、良渚文化兴衰之成为问题

任何文化都有它的兴衰过程，但良渚文化的兴衰绝不同于一般文化，它的兴起和消亡都十分突然。

请允许笔者做一点解释。

新石器时代是一个以石器制作为主要工业的时代，石器工艺技术的最高水平是玉作业。玉器的制作代表了那个时代最高的工艺技术水平，玉器的使用又集中反映了那个时代的文化精神风貌，体现了那个时代的最高精神追求。

良渚文化最引人注目的特点是它的精美绝伦的玉器和规模宏大、神秘莫测的玉文化，玉器制作和使用伴随着良渚文化的始终。因此可以说，“玉文化”是良渚文化的灵魂和生命。我们研究良渚文化的兴衰，应该围绕着良渚“玉文化”的兴衰来思考。

良渚“玉文化”的兴起是突然的。

笔者在6年前曾有一篇小文《细玉沟访古》[①]，其中说到一般来说玉文化兴起应有的过程。地矿学家已经证明，先民对玉的判别能力是很强的[②]。在旧石器时代，原始人已着意选择坚韧致密的石料制作石器，玉料一旦被人们发现，必定会采来制作石器。可以相信，石器时代尤其是新石器时代，先民为了寻找制作石器的最佳原料，在数千年时间里，

---

① 臧振：《细玉沟访古》，杨伯达主编：《中国玉文化玉学论丛三编》，紫禁城出版社2005年版，第188—205页。

② 闻广：《辩玉》，《文物》1992年7期。闻广：《中国古玉地质考古学研究的续进展》，《故宫学术季刊》1993年第11卷第1期。

必定踏遍了所有河滩，敲遍了所有山岗。对于各种矿石的特性和产地，他们是了如指掌的。因此，在古玉矿附近，总能发现用玉料制作的实用工具。

迄今考古发现最早的玉质工具，是辽宁海城小孤山的一柄玉斧（这是一柄打制斧，其时代上万年前，属旧石器）。其原料来自一山之隔的岫岩县细玉沟。①辽宁东沟后洼遗址下层，出土横剖面椭圆形弧刃玉斧、小型长条玉石凿等，时代接近新乐下层和小珠山下层，距今约七八千年。②这里距岫岩约100公里，在古人也就是两天的路程。黑龙江考古工作者在松嫩平原等地发现的105件新石器时代玉器中，有斧14件、铲2件、凿1件。原作者认为是"礼器"，笔者从报告附图看，认为是实用工具。这些玉器的原料，据作者判断，"应来自辽宁岫岩、宽甸一带"。③俄罗斯境内贝加尔湖附近萨彦岭有玉矿，人们在这里发现了约5000年前制作的玉斧。新疆和田多产美玉，20世纪初，斯坦因和伯希和曾在罗布淖尔和库车发现过玉斧、玉镞等。④当代科考队也在楼兰古城废墟中捡到过玉斧。⑤安徽含山凌家滩出土玉斧，"形制比较厚重，形体成扁椭圆形，重量和大小都适宜人们在劳动中使用"⑥。凌家滩玉料经氩氩定年法测定，"为邻近地区其他燕山期生成的材料"⑦。

如果太湖周围存在古玉矿，而良渚玉器又是"就地取材"，那么，这里就应该存在用玉料制作实用工具的阶段。然而，从河姆渡第四层早期的石斧，到马家浜的穿孔斧，到崧泽磨制精致的穿孔石斧和锛、凿，没有用玉料制作的。过去报道过的河姆渡、马家浜的玉佩饰件，经闻广

① 刘俊勇：《大连出土的岫玉器及有关问题》，《故宫博物院院刊》1989年第2期。

② 许玉林：《后洼遗址考古新发现与研究》，中国考古学会编辑：《中国考古学会第六次年会论文集》，第13—23页。

③ 孙长庆、殷德明、干志耿：《黑龙江新石器时代玉器研究》，苏秉琦主编：《考古学文化论集（四）》，第110页。

④ 夏鼐：《有关安阳殷墟玉器的几个问题》，《殷墟玉器》，第7页注4、5。

⑤ 梵人等：《玉石之路》，中国文联出版社2004年版，第165页。

⑥ 张敬国：《凌家滩玉器》，文物出版社2000年版，第4页。

⑦ 周述蓉等：《氩氩定年法在玉器文化考古研究之应用》（论文提要），《中国玉文化玉学第四届学术研讨会论文提要》，大会秘书处2004年5月。

先生验证并非真玉。[1]到崧泽文化的中后期，忽然出现了真玉制作的装饰品，到良渚文化时期出现了大量玉器，包括用于礼仪的玉钺，殓葬的琮璧和各种佩饰件等。可以肯定地说，这里的玉料并非本地所产，而是通过经济文化交流来自他乡。由此可见，以精美玉器为特征的良渚文化，是突然勃兴于具区泽东南这片宝地。

关于良渚文化的突然衰亡，就笔者所知，这是困扰俞伟超先生多年的一个问题。在《龙山文化与良渚文化衰变的奥秘》中，俞先生说道：

> 一到接近距今4000年时，情况忽然大变，龙山文化突变为岳石文化，良渚文化也突变为马桥、湖熟等文化。龙山与岳石，良渚与马桥、湖熟，时代虽前后相接，文化面貌却缺乏紧密的承袭关系……岳石与马桥、湖熟诸文化遗址的分布密度、居址的面积，乃至文化本身的生产、生活水平，又皆远远小于或低于龙山、良渚文化……岳石、马桥、湖熟诸文化就好像是当地新出现的一种比从前落后的新文化。[2]

与此同时，黄河中游的河南龙山文化则继续向前发展，在豫西嵩、洛一带演变为二里头文化，出现了我国历史上第一个王朝夏。从《尚书·禹贡》的记载看，这个王朝又通过纳贡的方式而统治了所谓“九州”的广大区域。俞先生问道：是什么原因导致这个历史大变化？

俞先生认为，是4000多年前发生的一场延续了若干年的特大洪水导致龙山、良渚先民无以为生。

笔者的看法：洪水形成一片汪洋，不至于持续若干年，先民要恢复生产，也不需要很长时间；俞先生所引尧舜时“鸿水滔天”也只是在黄河流域，在长江下游是否同时有这样的洪水？于史无征。且黄河的泛滥并没有导致一望无际的华北大平原文化发展的断裂，“大洪水”却导致

① 闻广：《中国古玉地质考古学研究的续进展》，《故宫学术季刊》1993年第11卷第1期，第10页，表一。

② 俞伟超：《古史的考古学探索》，文物出版社2002年版，第144页。

以丘陵地区为主的山东半岛和山河交错的太湖周边文化的断裂和衰变，这是说不过去的。

二、良渚文化兴衰的原因——玉料来源问题

一种文化的兴衰，会不会取决于支撑该文化的某一种物质条件的存在与丧失呢？笔者的回答是肯定的。

举例来说：20世纪中期，国家对钢铁的急需使原始森林密布、瘴疠弥漫无人居住的金沙江渡口变成了繁荣的攀枝花市。20世纪60—70年代，汽车工业、塑料工业在中国勃兴之时，因为蕴藏石油，寂静的准噶尔盆地里出现了热闹的克拉玛依市，荒凉的嫩江平原上崛起了大庆市。20世纪90年代，由于神府大煤田的发现，贫瘠无比的陕北神木，在短短10余年间变成了高楼林立富甲西北的大县。我们可以想象，数十年、数百年后，仅仅由于矿脉断绝，这些城市及其文化就会衰落。

笔者再举两个失去货物通衢地位之后文化衰落的例证。（1）在明清时期，秦晋之间的黄河曾经是纤歌入云、舟行如织，两岸曾有许多经济文化繁荣的集镇，还出过不少进士举人，留下不少诗文（见于各《县志》）。自从有了汽车和公路，黄河航运凋零，今日再看这些集镇，已成穷乡僻壤，甚者几成“无何有之乡”。（2）十四五世纪，作为丝绸之路西端的意大利北部城市的手工业是欧洲最早的资本主义萌芽地，而在达·伽马发现绕过好望角通往印度的新航路之后，丝绸之路凋零，意大利北部城市逆转，手工业工人大批返回农村。而掌握了新航线的葡萄牙和靠近东西方货物集散地的英、法、尼德兰等地城市资本主义迅速发展，世界格局为之大变。

如果充分认识到玉料、玉器在那个时代举足轻重的地位，我们就不难找到龙山文化和良渚文化衰变的原因。

前面我们已经回答了问题的前一半：良渚玉料不是“就地取材”。

就在笔者6年前发表小文《细玉沟访古》的《中国玉文化玉学论丛三编》中，笔者高兴地看到古方先生的大作：《岫岩软玉与良渚文化部分玉料来源的关系》。古方先生首先同意闻广、荆志纯在福泉山发掘报告中认为的，江苏溧阳小梅岭“曾是良渚玉料的产地之一”。笔者因为此前已认定良渚玉料“不是就地取材”，曾对此不以为然。读过古方先生文，方知事情复杂。良渚玉中呈斑杂结构质地较差者，或许应出自小梅岭。但若说小梅岭这类玉料“曾为史前先民大量开采和使用”①，则笔者未敢苟同。因为在良渚文化中，玉料已被神话，先民必定要不遗余力寻找符合要求的美玉，同时，在先秦文献中，“扬州”是不产美玉的。

那么，良渚玉料来自何方？

古方先生文章的主题是论证“辽东半岛丰富的岫岩软玉资源自然而然地成为良渚优质玉料的来源之一”。这令笔者喜出望外！觉得有了同道或知音。然而作为严谨的学者，古方先生措辞比较慎重。笔者半路出家涉足考古，难免有些冒失，因此具体看法还有所不同。

在《细玉沟访古》中，笔者从一系列考古资料分析，得出的结论是：“至少有相当大的成分的良渚玉料来自北方，来自辽宁的岫岩。”②

首先，笔者指出：人们往往认为原始人的活动范围只能局限于居地周围，生产工具和生活资料的取得，也只能“就近取材”，这种观点是想当然造成的误解。“从一万年前那次冰川从温带退去开始，先民大大扩大了活动范围。数千年间，他们积累了惊人丰富的天文地理知识。苏秉琦先生发现，从距今约六千年前后开始，各区系类型文化之间通过裂变、撞击、融合，文化交流的规模远远超过人们的想象。”③

笔者引王仁湘先生对“花瓣纹”或“旋文”的研究为例：“旋纹从一时一地形成，在完成起源的过程后，迅速向周围传播，以不变的方式或变化的方式流传，几乎覆盖了中国史前文化较为发达的全部地区……

① 古方：《岫岩软玉与良渚文化部分玉料来源的关系》，杨伯达主编：《中国玉文化玉学论丛三编》，第662页。

② 臧振：《细玉沟访古》，杨伯达主编：《中国玉文化玉学论丛三编》，第194页。

③ 同上书，第192页。

正是由旋纹图案的传播，我们看到了中国史前时代在距今6000年前后拥有了一个共同的认知体系。”[①]

笔者认为：“既然陶器纹饰都会有这样广泛的传播，那原始文化中极为重要的物质资料通过长途运输或辗转交易，就不是什么奇怪的事情。了解了玉器在那个时代的重要性，对于先民以惊人的能力从远方取得玉矿，又以旷日持久的琢磨使之成为重器，就是完全可以理解的了。”[②]

古方先生文中指出：岫岩软玉的输入路线，是从辽东半岛南部沿海出发，渡过渤海海峡到达胶东半岛，再向西南入山东腹地，折向南到江苏北部进入良渚文化分布区。[③]

笔者对此完全同意并且进行了具体论证：苏北阜宁陆庄遗址，地处太湖到渤海间的交通要道上。遗存具有明显的良渚文化特征，被一些学者作为良渚文化“最后北上消融于中原文化的证据”[④]。然而一个长期定居的遗址，不应当只是临时路过的痕迹。

再往北，人们在新沂花厅一片大汶口文化墓地的北边，发现了一片良渚文化因素十分明确的墓地。

有学者推测可能是“良渚远征军”溃败后的墓地。[⑤]然而从墓葬内涵看，很难想象墓主是同时战死之士。墓中往往随葬多件陶器及玉器，陶器早的有崧泽文化的遗风，有属于良渚文化四期中第二期的，有属于良渚文化六段中第四段的。[⑥]由此可知，花厅墓地北区良渚人不是同一个时间埋入的。若说附近有良渚人“北渐”的定居点，然墓中陶器又非当

---

① 王仁湘：《关于中国史前一个认知体系的猜想》，《中国史前考古论集》，科学出版社2003年版，第489页。

② 臧振：《细玉沟访古》，杨伯达主编：《中国玉文化玉学论丛三编》，第193页。

③ 古方：《岫岩软玉与良渚文化部分玉料来源的关系》，杨伯达主编：《中国玉文化玉学论丛三编》，第665页。

④ 南京博物院考古所等：《江苏阜宁陆庄遗址》，转引自秦岭：《良渚文化的研究现状及相关问题》，北京大学考古学系编：《考古学研究（四）》，科学出版社2000年版，第95页。

⑤ 严文明：《碰撞与征服——花厅墓地埋葬情况思考》，《文物天地》1990年第6期。

⑥ 宋健：《环太湖地区文明进程的新课题——从好川与广富林的新发现谈起》，北京大学考古文博学院编：《考古学研究（五）》，科学出版社2003年版，第148页。

地所制，而是环太湖地区的产品。[①] 可以说，死者不是定居此地，而是来自环太湖地区，在长约千年的时间里陆续葬入此处的。这样的墓地足可令考古学家迷惑。如果将此地视作良渚人为埋葬长期往返转运矿物的死难者，而从墓地南区（属大汶口文化）主人那里购得的一片墓地，那就可以清楚了。

如果将阜宁陆庄和新沂花厅视作良渚文化“北渐”的证据，如有的学者所指出：“在大汶口之后的龙山文化中，实在很难找到良渚文化因素的影响，‘北上’之后似乎还是一片空白。”[②]原因很简单，这些良渚人只不过是过路人，他们的“情结”不在山东而在辽宁，因为那里有玉矿。

环渤海考古学研究发现，距今6000年到4000年间，由庙岛群岛跨过海峡，胶东半岛与辽东半岛之间的文化交流十分频繁。

20多年前苏秉琦先生就指出：“辽宁辽东半岛地区，以半岛东侧新发掘的旅顺郭家村，长海县几处遗址为代表，同山东胶东半岛的莱州湾一带文化特征面貌接近而有别于辽宁其他地区。从它所出的生产工具种类、特征看，明显地反映出两地在经济生活上的相似，从而说明两地区在民族文化传统上的渊源及其密切关系。”[③]

孙守道、郭大顺先生进一步指出：“辽东半岛古文化对山东半岛的影响还只限于山东岛屿，尚未有登上半岛进入内陆的迹象，而山东半岛对辽东半岛的影响要强烈、深厚得多，其遗存迹象不仅在长山群岛的大长山岛、广鹿岛岛屿上处处可见，在辽东半岛南端以至延伸到山地也可见到。”[④]

---

① 池锦祺：《中国新沂市新石器时代古陶器的产地分析研究》，转引自宋健：《环太湖地区文明进程的新课题——从好川与广富林的新发现谈起》，北京大学考古文博学院编：《考古学研究（五）》，科学出版社2003年版。

② 秦岭：《良渚文化的研究现状及其相关问题》，北京大学考古学系编：《考古学研究（四）》，科学出版社2000年版，第95页。

③ 苏秉琦：《在中国考古学会第三次年会闭幕式上的讲话》，《苏秉琦考古学论述选集》，文物出版社1984年版，第262页。

④ 孙守道、郭大顺：《辽宁环渤海地区的考古发现与研究》，苏秉琦主编：《考古学文化论集（四）》，第9页。

他们认为，原因在于，“山东半岛的大汶口文化和龙山文化较辽东半岛的土著文化发达、先进”。笔者认为，更主要的原因是：北进的人们为的是要索取千山山脉蕴藏的真玉！

牟永抗、吴汝祚先生在他们那篇著名的论文中提醒人们注意：“1982年在渤海湾的庙岛群岛的大竹岛附近海域内，打捞起一件细绳纹陶釜。这种陶釜，不见于山东半岛和辽东半岛，也不见于环渤海湾的诸史前文化，可能是长江下游地区史前居民的遗物。”[①] 二位先生指出，这是与海上交通有关的一个证据。那么长江下游的史前居民跑到渤海湾门户的这一个岛屿上来干什么？笔者的看法：这是良渚先民到辽东取玉料的证据，他们显然不是要到这个岛屿，而是要到岫岩，到细玉沟！

海底沉陶为我们指明了方向，笔者深信在千山东麓能找到寻宝人的遗踪。

《中国文物报》1988年2月12日报道：“辽宁省文物考古工作者去年9月17至10月27日，在对岫岩县孙家茔遗址和坝墙里北沟遗址进行的发掘报告和钻探中，发现了新石器时代一种新的文化类型，出土了大批陶器、生产工具、装饰品及圆形半地穴式房址……北沟遗址位于县城西北5华里……遗址分布范围从沟里到沟外，从平地到山上，面积达42万平方米，文化堆积有1.5米左右……遗址可分为早晚两期，早期发现的有六千年左右的压印陶纹，晚期约当四千年左右，是这个遗址主要文化堆积。这一时期出土大量新颖的刻划几何纹、人字纹、突纹和附加堆纹陶……是一种新的文化类型。三环足器是山东龙山文化典型器物，这就说明早在四千五百年前，岫岩地区就与山东半岛有着经济文化联系……当时人们过着长期定居生活……遗址中出土的岫玉制成的石凿，是研究岫玉开发史的宝贵资料。”[②]

在这既非原野又非草场的地方，人们过着定居生活，遗址面积达42万平方米，文化堆积达1.5米，时间延续近2000年！这些并非土著

---

① 牟永抗、吴汝祚：《论玉器时代》，苏秉琦主编：《考古学文化论集（四）》，第180页。

② 许玉林、杨永芳：《辽东半岛新石器时代考古又有重要发现：岫岩发掘出一种新的文化类型》，《中国文物报》1988年2月12日。

的南方人，他们到这里来干什么？报道说当时人们以农业为主，兼营捕捞和狩猎。笔者的看法是，他们以采集玉料为主，兼营农业和狩猎。不知妥否？

从长江下游，经苏北胶东越海峡入辽东直抵辽宁岫岩，这是良渚文化的生命线。千钧一发，良渚文化的兴衰系于此线。

三、矿脉断绝，良渚人遭遇灭国之灾

继红山文化之后，良渚玉文化辉煌了上千年！然而在距今约4300—4200年前后，岫岩软玉矿脉断绝了！证明岫岩软玉矿断绝的直接证据是，分布于红山文化旧地，距今4000—3500年左右的夏家店下层文化中，用玉风俗已经衰落。“男性墓中随葬有石斧、钺，其质料不适于实用，但制作工艺却较精致”，表明已不能得到玉料，偶见有精致的玉石装饰品，却“并不都出在礼遇隆重的墓中”，可见当地尚玉之风已不能维持。到了夏家店上层文化，玉器制品荡然无存。①

须知夏家店下层和上层，正是中原盛行用玉的夏商周三代时期！

在文献中，我们可以找到东北地区矿脉断绝的证据。

《尚书·禹贡》九州，东北方向无州。据《舜典》“肇十有二州”孔《疏》，冀州兼幽、并二州之地，幽州兼有北裔。冀州所贡，唯有“岛夷皮服”，由此可知，东北方向无玉可贡。九州中，贡玉的有扬州（长江下游），其贡“瑶琨”；梁州（含岷山），其贡“璆”；雍州（含祁连、昆仑），其贡“球琳琅玕”。“瑶琨”，孔《疏》：“美石似玉者也……王肃云：‘瑶琨，美石次玉者也。’”笔者认为应即雨花石、玛瑙之类。由此可见，扬州无真玉可贡（此可作良渚美玉玉料非“就地取材”的旁证）。“璆”与“球琳”，孔《疏》皆云“美玉”。梁、雍二州产美玉、贡真玉，与我们今日之地矿知识大体一致。

① 《中国大百科全书·考古卷》，中国大百科全书出版社1986年版，第569—571页。

《逸周书·王会》附《伊尹四方令》，令四方因其所有贡献朝廷，东方所献皆珍禽异兽之类，唯正北所献有“白玉”。其所谓“正北”之国，有大夏、莎车、月氏等，可知其实含西北，然则此处“白玉”源自昆山，出于于阗、和阗。

《尚书·顾命》载成王崩，康王继位仪式，陈列宝物，有“夷玉”之名。“夷玉”，郑玄说是“东北之珣玗琪”。按《淮南子·坠形训》“东方之美者，有医巫闾之珣玗琪焉”。医巫闾山，在辽宁阜新南，属红山文化分布区东隅，其山并不产玉。由此可见，淮南王之宾客但知此区出美玉（实为红山文化遗物），不知玉矿之所在，只能约略东指。其后又有东指冒至于宽甸者，其实宽甸亦不产玉。[①]

由此可知，岫岩软玉矿脉断绝已有4000年以上的历史。

岫岩软玉矿脉断绝，对于良渚人意味着什么？

请允许我们再强调一下玉器在那个时代社会生活中的重要地位。

从“红山文化”的“唯玉是葬”及其后“良渚文化”中盛行的“玉敛葬”可知，玉为贡献给鬼神的最贵重物品（笔者认为，玉为神灵食品），同时也是巫师或贵族最重要的道具或装饰品。在以定居农业为主要生存方式的地区，人们希望的是和谐的人神关系和人际关系。祭玉、飨玉、服玉，殓葬用玉，玉文化传达了人们的愿望，达到了和谐人神关系和人际关系的目的。同时，玉的丽质又给人以纯洁和真善美的感受，在道德观念和社会行为规范上，铸就了中华民族的基本生存模式，“礼义之邦”亦由此肇始。

在距今约4300—4200年前后，一方面是经2000年开掘的岫岩软玉矿脉断绝了，另一方面是一种新的生产力、新的文化体系——青铜文化在中原崛起。与此同时，大禹治水使华北平原辽阔沃野农业空前繁荣，部落迅速繁衍，“烝民乃粒，万邦作乂”[②]，为青铜文化的发展奠定了物质

① 栾秉璈曾言：“宽甸不产闪玉石，请不要再误传”，参见《中国新石器时代出土古玉研究现状》，《中国玉文化玉学论丛四编》，紫禁城出版社2007年版，第187页。按：闻广、荆志淳《沣西西周地质考古学研究》，《考古学报》1993年第2期，第256—257页，提到宽甸官道沟软玉。待考证。

② 《尚书·益稷》。

基础。玉器作为祭祀礼品和巫术道具与青铜器并不矛盾，玉在当时社会生活中的地位不但不会被青铜取代，而且是更加迫切地大量地需要。美玉将与青铜器皿结合起来形成高度发达的三代礼乐文明。

在青铜时代到来之时，良渚文化军事仪仗，祭祀礼品和佩饰品的“玉器化”，乃是中原各族尤其是部落联盟首领欣赏羡慕向往的宝物。

以美玉制作独步一时的良渚文化，必定面临着给强大的中原部落联盟进贡玉器表示臣服的命运。然而，矿脉断绝！这就意味着，良渚人面临灭顶之灾！

标志着良渚文化结束和青铜时代到来的事件，是禹对防风氏的征伐和消灭。

这一重大事件，史籍有明确记载。

《左传·哀公七年》：“禹合诸侯于涂山，执玉帛者万国。”旧注据《周礼》解此处“执玉、帛”为执“六瑞”以示等级，欠妥。近人据《书·序》“禹别九州，随山浚川，任土作贡”，解万国以玉、帛为贡，表示臣服，甚是。

正值大禹时，以玉器闻名的防风氏竟然无玉可贡，于是，禹南巡会稽。事见《国语·鲁语下》：“昔禹致群神于会稽之山，防风氏后至，禹杀而戮之……防风氏……守封隅之山者也。”

《史记·夏本纪》：“十年，帝禹东巡狩，至于会稽而崩。自虞夏时，贡赋备矣……禹会诸侯江南，计功而崩，因葬焉，命曰会稽。会稽者，会计也。”“会稽”即“会计”——禹渡江南征，向防风氏“算账”来了。长江江阔浪险，杀戮争战激烈，禹讨灭了防风氏，而自己竟至死于此地，遂葬于此，命其山曰“会稽山”。

文献中的“防风氏”与良渚文化的主人是什么关系？

自良渚文化定名之后，因其分布地区、存在时间均与史载之防风氏重合，即有先秦史学家多次指出，良渚文化即史料记载中的防风氏之国。如方酉生先生就明确指出：“以余杭为中心面积约 50 平方公里的良渚文化，就是历史上的防风国。”[①] 对此，本文不拟赘为论证了，但还有

① 方酉生：《从良渚文化的衰落说到防风国与夏王朝的关系》，浙江省社会科学院国际良渚文化研究中心编：《良渚文化探秘》，人民出版社 2006 年版，第 238 页。

一点需要解说，还有几句想加补充。

需要解说的是：史籍关于防风氏的记载不是“神话”。董楚平、钟伟今等先生囿于20世纪中期以前“神话学”研究之传统，径称史书有关防风氏的记载为“神话”[①]，笔者认为这是不妥当的。

神话学者对原始时代留下来的“神话”有各种解释，或认为是原始人对历史的渲染，或认为是原始人的冥想创作。实际上，被神话学者看作“神话”的上古记载不是闲来无事的消遣，不是诗歌或空中楼阁，而是人们极其慎重地传诵着的文化。深入原始部落的人类学家们发现，“神话”与原始人的图腾观念、巫术或原始宗教不可分离地融汇在一起。在巫术或宗教仪式上，与讲述“神话”时的气氛结合着，融入人们的情感，令人陶醉、庄重、成熟，令族众团结、事业顺利。“神话”是影响全体族人命运的实体，是他们的社会生活本身。原始人是生活在被今人视作“神话”的状态之中的。

也许正是由于不了解这一点，大多经过正规训练的考古学家至今不愿意将良渚文化与“防风神话”联系起来。

也许正是由于这点，严谨的学者方酉生先生在他的文章《从良渚文化的衰落说到防风国及与夏王朝的关系》中，为了论证“良渚文化就是历史上的防风国”，不得已将“禹致群神于会稽之山”一语中的“神”字，径直改为“臣”字。[②]这当然也是十分不妥当的。

笔者想加以补充的是：史书中防风氏所守“封、隅之山”，有可能即是当代考古发现之反山、瑶山。《国语·鲁语下》载孔子答吴国使者问，说到“防风氏后至，禹杀而戮之”，后面还有很重要的一段话：

> 客曰：“敢问谁守为神？”仲尼曰：“山川之灵，足以纪纲天下者其守为神；社稷之守为公侯，皆属于王者。”客曰：“防风氏何

---

① 董楚平：《防风氏的历史与神话》，浙江古籍出版社1996年版。钟伟今：《防风氏神话研究》，安徽文艺出版社1996年版。

② 方酉生：《从良渚文化的衰落说到防风国与夏王朝的关系》，浙江省社会科学院国际良渚文化研究中心编：《良渚文化探秘》，第225—239页。

守也？”仲尼曰：“汪芒氏之君也，守封隅之山者也，为漆姓；在虞夏商为汪芒氏，于周为长狄。”

这段话为我们提供了研究良渚文化消亡及其族众后来去向的宝贵资料。

古人定居某地，必以“山川之灵”为其族众之保护神，且认为本族首长可与神灵沟通而成为“社稷之守”，且可代表神灵与外界交往。其首领去世，葬于灵山，自然神与祖先神必然逐渐合而为一。当外来部落联盟凌驾于其上时，通过纳贡表示臣服，被封为“公爵”、“侯爵”，归属于孔子所谓“王者”，亦即部落联盟首长（这也是“禹致群神于会稽之山”的正确解说——“群神”即诸位公侯）。孔子以其博闻强识，知防风氏世世守护之灵山为“封隅之山”。“封隅之山”既是防风氏保护神之所凭依，亦是祖坟之所在，无数珍宝之所在，关乎本族存亡，必要誓死守卫。

“封隅之山”，《国语》韦昭注：“封，封山。隅，隅山。在今吴郡永安县。”永安，晋太康元年改为武康县，即今湖州市德清县政府所在地。此地东南距良渚镇不足百里。这一带正是良渚文化中心地区。据《路史·国名纪》注引《吴兴记》：“嵎山在风渚山东二百步……《寰宇记》云，以禁樵采曰‘封山’，山东南二十里有嵎山。”

按今日考古发现，良渚文化之反山、瑶山，“高台土冢”、“祭坛”，大墓出“琮王”、“神徽”、玉钺及成批玉璧等数以千计，琳琅满目美不胜收。论其地理位置、论其显赫程度，足可以与防风氏所守“封、嵎之山”相当。查上古音韵，“反”与“封”声母相同，韵母相近，嵎山应即隅山，与瑶山之“瑶”声韵亦近。由此笔者贸然认为，很有可能，反山、瑶山即防风氏所守之“封、隅之山”。尽管此二山名与附近不少山名数千年间会有不少变化，但现今其所出土祭坛、大墓及无数珍宝，足可令人理解孔子所说防风氏“守封隅之山”的道理。

四、对几种不同意见的批评

近年来，对于良渚文化衰亡原因的探讨已成为热门话题。例如浙江省社会科学院国际良渚文化研究中心编《良渚文化探秘》[①]，收录论文27篇，竟有21篇是在谈论良渚文化衰亡问题，给人以“铺天盖地”的感觉。笔者一一认真读过。除了方酉生先生的那篇文章之外[②]，其余诸篇实在不敢苟同。

笔者还有幸拜读了尊敬的吴汝祚先生与徐吉军合著的《良渚文化兴衰史》[③]，王心喜著《杭州史前文化研究》[④]，以及一些杂志上发表的较有代表性的文章。经反复推敲，觉得目前流行的诸如“洪水、海浸”说，“北上扩张”说，“享乐腐败”说，“内部矛盾”说，还有所谓“生态破坏”说，“未曾消失”说，等等，都难以接受。

下面笔者略陈管见，讲讲“不敢苟同”的原因。

“气候异常，洪水泛滥”。这一点本文前面已有批评，这里再加一句：“大禹治水”，古籍多有记载。《史记》载禹“居外十三年，过家门不敢入，薄衣食致孝于鬼神，卑宫室致费於沟洫”[⑤]，“股无胈，胫无毛，手足胼胝，面目黎黑，遂以死于外”[⑥]。上古先民之艰苦卓绝的奋斗精神，令后世君王不敢望其项背。今人肆意夸大洪水灾祸，随意怀疑先民生存能力，实不足取。

“北上扩张”、“举族北迁”。似乎良渚文化晚期，中国历史已进入春秋战国，如吴王夫差、越王勾践要到中原争夺霸权。更有甚者，说夏文化来自东南，良渚人北上建立了夏王朝。据笔者的了解，原始时代，在农业经济区，人们以血缘关系为纽带结为氏族、部落，生活在浓郁的鬼

---

① 浙江省社会科学院国际良渚文化研究中心编：《良渚文化探秘》，人民出版社2006年版。

② 方酉生认为：“良渚文化（防风国）的衰落（消亡），是由‘禹会群臣于会稽之山，防风氏后至，禹杀而戮之’所造成的。”见方酉生：《从良渚文化的衰落说到防风国及与夏王朝的关系》，《良渚文化探秘》，第236页。

③ 吴汝祚、徐吉军：《良渚文化兴衰史》，社会科学文献出版社2009年版。

④ 王心喜：《杭州史前文化研究》，人民出版社2007年版。

⑤ 《史记·夏本纪》。

⑥ 《史记·李斯列传》。

神观念笼罩之中，其所居山川是上帝所赐，如防风氏之“守封隅之山”。世守其职，安土重迁，怎么能随意放弃？又怎么能随意去侵夺别人的土地？中国历史上第一个王朝——夏，只能由部落联盟首长转化而来，夏王禹、启等，不过是“诸侯之长”，怎么可能像秦汉时期，由军队征服各地，建立君主专制政权？

禹所杀之防风氏不过是“汪芒氏之君”，其后人，“在虞夏商为汪芒氏，于周为长狄”。夏、商时期，汪芒氏一直居于旧地。据《国语》韦昭《注》：“周世，其国北迁为长狄也”。让我们依据文献，考证一下防风氏“北迁”及其最后灭亡的时间。

据《左传》文公十一年载：“初，宋武公之世，鄋瞒伐宋”；“齐襄公之二年（前696），鄋瞒伐齐……卫人获其弟简如”；“（文公十一年，前616）鄋瞒侵齐，遂伐我（鲁）……冬十月甲午，败狄于咸，获长狄侨如”；宣公十五年（前594），“晋之灭潞也，获侨如之弟焚如”，“鄋瞒由是遂亡”。“鄋瞒”，杜预《注》：“狄国名，防风之后，漆姓。”《左传》文公十一年记叙了鄋瞒北上后袭扰中原宋、齐、卫、鲁、晋等国的过程。宋武公，据《史记·十二诸侯年表》知其公元前765—748年在位。若是，则防风后裔北上约在东周初年，春秋中期之宣公十五年，最后灭亡，前后长达一个半世纪。又据《春秋谷梁传》文公十一年：“长狄也，弟兄三人，跌宕中国，瓦石不能害。”可知良渚人后裔北上之后，左冲右突辗转征战，最后在今山西东南亡于晋国。

笔者基本相信《左传》、《国语》所载为历史真实。笔者以为，史学研究还是要尊重史料，不可置史料于不顾，随意驰骋想象。

“享乐腐败”、“内部矛盾”，这类观点把寻找良渚文化衰亡原因的目光转向了“自身机制即内因”，似乎颇有新意。例如，说良渚文化的衰败原因，“在于它过度发达的神权政治。神权政治的一个通病，就是全社会把最好的产品贡献给神灵，这势必造成社会生产的巨大浪费……可以说，良渚文化因神权泛滥而衰败”[①]。我们在这里看到的，是一个现代无神论

① 王心喜：《杭州史前文化研究》，人民出版社2007年版，第168页。

者的眼光。它是否适合评判原始时代“社会机制”？很值得怀疑。神权“过度”与否？贡品“浪费”与否？应该由先民自己去判断。孔子自己是“事鬼敬神而远之”的，然而对于距他千余年前的大禹“菲饮食而致孝乎鬼神，恶衣服而致美乎黻冕”[①]并不认为过分，而是赞赏备至。事实上，在当时，这种精神是凝聚族众、战胜困难的前提。

再如，说良渚文化“盛极而衰”是由于“四个过分”：“过分频繁的宗教仪式、过分浩大的宗教祭祀场所的修建、过分奢华的神器制造和过分排场的厚葬”[②]，由此导致部族的灭亡。似乎原始先民可能会没有自我调节能力而有所谓“四个过分”。作者又说：“纵观各地史前文化的兴衰过程，可以看到一种现象：修建的巨型祭祀场所规模越大，投入与精神信仰有关的奢华物品生产的精力越多，原始宗教信仰越发达，该集团往往衰亡得就越早，越惨。”笔者反复推敲，总觉得作者是在用今人观念想象古人，对于原始宗教信仰与该集团族众之间的互动，了解得还不够真切。其原因，很可能是在理论上，很可能是由于多年来学术界把“阶级分化、对立、斗争”的概念尽力提早和夸大的结果。

这个问题很大，这里只能简单说说。

首先要说的是，原始集团的首领与族众之间不是对立的关系。所谓“原始集团”，恩格斯晚年称其为“家族公社”，就是以血缘关系为纽带凝聚在一起，一个老祖宗的后代，共同据有一片土地，集体耕作或定期分配给各家使用。与此同时，全体成员被共同的保护神庇护，浓郁的鬼神观念笼罩整个社会生活，为维护群体生存，首领随时准备牺牲自己，首领不可能径行直遂胡作非为。

唯物史观认为，经济基础决定上层建筑。在该文中，作者列举不同阶段的原始宗教对于原始社会的发展所起的作用，可以说是很不错的。然而在最后，作者忽然加了一个“原始宗教的异常发展”，即“四个过分”的环节，并且认为它可以摧毁经济基础甚至令其自身灭亡。这一

① 《论语·泰伯》。

② 王巍：《论原始宗教与祭祀在王权与国家形成过程中的作用》，《中国社会科学院古代文明研究中心通讯》2001年总第2期。

点，确实令人难以接受。

这几个“过分”环节，又令人感到那是一个完全受制于部落酋豪欲望无限扩张，而神灵的保护、调节机制完全不存在的阶段。笔者认为，在那个时代，这样的情况是不会出现的。这里的“异常”或“过分”完全是当代无神论考古学家自己的感受，绝不是原始先民的认识。为了设计这个阶段，作者对于颛顼“绝地天通”的影响范围和程度，似乎也做了过高的估计。笔者认为，家族公社作为社会基层组织，在中国一直存在到夏商西周时期。良渚时代，那是一个不受“阶级斗争规律”支配的时代，牢固的血缘关系和浓郁的鬼神观念是社会的支柱。神灵意志通过各种不祥征兆“谴告”人们，有所节制、有所调整，而不会令社会内部矛盾尖锐到摧毁整个文化。这样，在笔者眼里，作者所谓“四个过分”，实际是该族群生存环境险恶、先民奋斗艰苦卓绝的证据，而不是古国、古部族消亡的原因。

笔者认为，古国、古部族消亡的原因，不是由于“自身机制即内因”，而是由于外力。古部族的“自身机制”的适应能力是很强的，动辄存在数百年、上千年甚至数千年！良渚文化不是存在了上千年吗？没有外部原因它是不会忽然消亡的。笔者这样说是否违背了辩证法呢？我们知道，所谓“内因是决定因素”是对辩证法最简略、通俗的解说。复杂事物存在多种层次。在低层次看是“外因”，在高层次看很可能就是“内因”。原始部落的“生存环境”（包括自然环境和人文环境）是居于部落群体之上的“更高层次的第三规定”[①]，这种“外力”常常是不可抗拒的，是决定因素。

反复推敲，窃以为，还是笔者“矿脉断绝”、“禹伐防风”说比较在理。

（原载《苏州文博论丛》第一辑，文物出版社2010年版）

① 列宁：《哲学笔记》，人民出版社1974年版，第173页。

玉器与周人的社会生活

70 年代后期和 80 年代，考古工作者将红山、良渚诸多遗址发达的玉文化展现在人们面前，加上殷墟妇好墓数百件玉器的出土，为玉器在周人社会生活中的重要地位揭明了源头。近年来虢、燕、晋国和周原、丰镐、宝鸡等地西周考古的丰硕成果，为我们研究周代玉文化提供了前所未有的便利条件。

笔者曾在《玉琮功能刍议》一文（《考古与文物》1993 年第 4 期）中，提出“良渚琮璧乃神灵食品”说；又在《玉石之路初探》（《人文杂志》1994 年第 2 期）文中，认为新石器时代中原玉料多来自和田南山。今日看来，二文论证尚有欠严谨，但基本观点是能够立脚的。本文则拟通过周代史料及考古材料进一步发挥上述二文观点，并对玉器在周人社会生活中的地位做初步探讨。

一、作为礼器的玉

《周礼·春官·大宗伯》：“以玉作六瑞，以等邦国。王执镇圭，侯执信圭，伯执躬圭，子执谷璧，男执蒲璧。”圭、璧为诸侯所执，作为爵位的象征，这能否反映西周实情呢？显然是不能的。

《左传》定公四年载周公分封诸侯，赐给当时最重要的诸侯——鲁公，作为镇国重器的玉器是“夏后氏之璜”。同时分封的康叔、唐叔等，都无玉器，不见以圭、璧来“等邦国”的影子。“夏后氏之璜”在周人心目中的地位，显然是高于一般圭璧琮璋的。我们试看《淮南子》中四次提到的夏后氏之璜：

夫有夏后氏之璜者，匣匮而藏之，宝之至也。(《精神训》)

夫夏后氏之璜，不能无考；明月之珠，不能无类。然而天下宝之者何也？其小恶不足以妨大美也。(《氾论训》)

和氏之璧、夏后之璜，揖让而进之，以合欢；夜以投人，则为怨。时与不时。(《说山训》)

曹氏之裂布，蛷者贵之；然非夏后氏之璜。(《说林训》)

第一句说夏后氏之璜是“宝之至”。第二句说虽有“考”、“类”之类瑕疵，仍不妨碍夏后氏之璜为“大美”。第三句以夏后氏与和氏璧并举，代表最好的礼物。第四句说“曹布”可以治疮，生了疮的人视曹布为宝，但曹布并不真正宝贵，这句以夏后氏之璜作为贵重物品的同义语。《左传》哀公十四年还记载卫国一个贵族为了一件夏后氏之璜挑起一场战斗。由此可见先秦两汉时代夏后氏之璜是“大美”、“至宝”的代名词。《淮南子》的记载是可以反映周人观念的。①

那么，是不是周初缺少圭璧无法用来封赐呢？当然不是。《逸周书·世俘》“武王俘商，旧宝玉万四千，佩玉亿有八万”，大致可信。《尚书·金縢》载，武王有病，周公愿代死，乃“为坛”，“植璧秉圭”告诉先王，如果你们允许我代武王死，“我其以璧与圭，归俟尔命”，我就带上这圭、璧去死。若不允许，“我乃屏璧与圭”，我就将这圭与璧收藏起来。此处圭、璧，是在生死关头一同带上去见先王，与周公作为“上公”应执“桓圭”，实无关系。

从考古材料看，西周时期肯定不存在“谷璧”、“蒲璧”。谷、蒲纹璧出于战国秦汉，那是西周分封制度完全崩溃以后的器物，这足以说明《周礼》“六瑞”说实出于后儒编派。

那么圭、璧在西周用于何处呢？《周礼·春官·典瑞》“圭璧以祀日月星辰”，用作祭神，倒是可信的。《诗·大雅·云汉》写周人求雨，

① 笔者颇疑这“夏后氏之璜”即良渚文化中常见刻有所谓“神徽”的璜，如瑶山 M4：34、M11：84，反山 M22：20、M23：67，夏初入贡或被夏人掠至中原者。此拟另文详论。

有“靡神不举、靡爱斯牲；圭璧既卒，宁莫我听”句，可知圭璧可用于泛祭群神。

《春官·大宗伯》又说：

> 以玉作六器，以礼天地四方。以苍璧礼天，以黄琮礼地，以青圭礼东方，以赤璋礼南方，以白琥礼西方，以玄璜礼北方。

从地下出土物看，祭祀用玉器实与色泽无关。其中黄琮、赤璋、玄璜，更是罕见。神木石峁出璋甚多，全为墨玉。时代虽早于西周，也可说明问题。以五色配玉器色泽，纯属战国五行说流行之后的观念。其器与四方搭配，更与地下出土物不相符。试举二例：

1975年陇县王马嘴村东塬周文化遗址出土一件玉“璋”，高77.5、宽32.5、厚1厘米，为目前所见最大的“璋”，按理应为天子级重器，玉色青灰，有黑斑。[①]若为祭祀南方的礼器，其位置却在周原、丰镐之西。若以该遗址论，则在曾出土西周早期“牧正尊”等礼器的韦家庄西周贵族活动场所之东。从报道插图看，则出于遗址中部，似皆与“礼南方”无关。

1965年前后，长安县上泉村镐京遗址一圆形灰坑中发现琮、璧各一。璧大如“草帽”，琮高20.7、宽9.7厘米，重约4公斤，和阗玉质。[②]在笔者所知周琮中，体积最大，亦应为王室重器。若是礼天礼地，似不应同埋一坑，此琮“红绿黄青紫诸色杂驳如玛瑙”，也不宜“礼地”。

那么，《周礼》所载，能否说全属无稽之谈呢？也不是。如前述以圭璧祭群神，就有可靠文献如《诗经》作证。又如《周礼·考工记·玉人》有“天子用全、上公用龙、侯用瓒、伯用将”的记载。“全”指纯玉。“龙”应作“尨”，杂也，四玉一石。“瓒”，三玉二石。“将”应作“埒”，等也，玉石各半。闻广先生以大量古玉的地质考古学研究，证明

① 肖琦：《陇县博物馆收藏的玉璋》，《文博》1993年玉器研究专刊，第83—84页。

② 戴应新：《从上泉玉琮说起》，《文博》1993年玉器研究专刊，第41—42页。

《玉人》所载，是“周代实际执行的制度”[1]，证据确凿，应令人信服。笔者的看法是，闻广先生的研究可以说明先民对玉的真假有极高的鉴别能力。由于玉来之不易，贵族用玉随权势大小不同所用真玉与珉的比例也不同。但如《玉人》所列那样精确的比例，在西周是否是“制度”，尚有待更多的材料的验证。从众多墓葬与祭坑出土物来看，完全合于比例是很难的。“制度”一词，似乎提得高了些。周人社会生活中，未必如后世所想象的那样，事事都有十分严格的“制度”。“列鼎”有可能做到，“用玉”就难了。

以玉为礼物献给神灵，这种观念由来久远。《山海经》诸山神灵的祠祀，绝大多数都要用玉，有的甚至多到“百圭百璧”。[2]《西山经》中一段十分重要的话，近年来引起很多学者的注意：

> 峚山……丹水出焉，西流注于稷泽。其中多白玉，是有玉膏。其原沸沸汤汤，黄帝是食是飨……瑾瑜之玉为良，坚栗精密，浊泽而有光；五色发作，以和柔刚；天地鬼神，是食是飨；君子服之，以御不祥。

这里讲玉有两种用途，一是上帝鬼神作为食品，二是君子佩戴可“御不祥”。前者说明了先民以玉礼神的原因，后者说明了先民佩玉的原因。关于玉为神灵食品的观念，在古代典籍中不难找到。如上引《周礼》六器，郑玄注云：

> 礼东方……太昊、句芒食焉，礼南方……炎帝、祝融食焉，礼西方……少昊、蓐收食焉，礼北方……颛顼、玄冥食焉。

这里的“食焉”除了理解为以玉为神灵食品，很难有其他解释了。其实“礼”字本身，便是以玉置于作为食器的“豆”中，献给神灵。王

---

① 闻广：《中国古玉地质考古学研究的续进展》，《故宫学术季刊》1993年第11卷第1期。
② 《山海经·西山经·羭山》。

国维先生《释礼》一文（《观堂集林》卷6），说明礼字为玉在器中。遗憾的是王氏未点明玉在食器之中作为食品献给神灵。[①]笔者1993年《玉琮功能刍议》文中，曾举《文物》1982年第1期在湖南宁乡黄材公社一商卣中置玉多件，《文物》同年第4期又载山西保德林遮峪商墓一卣中置玉石琮两件。近见《文博》报道，位于丰京遗址一西周早期墓中亦发现一卣中置5件玉璜。[②]卣为酒器，盛“秬鬯”（香酒）以祭远祖[③]，其中置玉，应亦为献给先祖的食品。[④]

长安沣西卣中5件玉璜，制作粗糙，显然不宜作为装饰品。古人注重的是玉质，而作为食品，可不必精琢。这也可以解释为什么许多墓中玉件不十分精致，礼玉、含玉的形状也不规范。上引镐京上泉村出土琮璧各一，戴应新先生在该坑中还发现“桃子般大的一块玉核，作不规则圆形，表面未修磨，玉质却与玉琮相同，色彩斑斓”，应为玉琮甬心凿出者。这一玉核令戴先生十分不解。若能明白玉为神灵食品，这玉核“废料”的同入祭坑，就不必奇怪了。

二、作为巫术道具的玉

先民为什么视玉为神灵食品，这问题令笔者困惑多年。近日拜读了裘锡圭先生《稷下道家精气说的研究》一文[⑤]，启发甚大。裘先生认为稷下道家（按：即《管子》中《心术》上下、《内业》等篇）所谓“精”或“精气”，与文化人类学上的“马那”相似，是比“上帝”原始得多的观念。裘先生说，“物皆有精是古代极为普遍的思想”（按：这“精”

---

① “礼”字右边，有学者认为不像豆，像鼓形，上悬以玉。不妥。

② 王长启：《西安发现的玉器及其特征》，《文博》1993年玉器研究专刊，第53页。

③ 见《诗·江汉》。又见《左传》僖公二十八年，周王赐晋文公“秬鬯一卣”。

④ 《诗·江汉》、《诗·旱麓》、《周礼·小宗伯·郁人》及《春官·典瑞》涉及秬鬯、祼礼时都提到“玉瓒”。“玉瓒”为何物？历代学者多有争议。由考古实物，笔者颇疑“玉瓒”即卣中所实玉器，但有待论证。（按臧振：《玉瓒考辨》，《考古与文物》2005年第1期）

⑤ 裘锡圭：《稷下道家精气说的研究》，陈鼓应主编：《道家文化研究》第2辑，上海古籍出版社1992年版，第167—192页。

不可理解为人格化的神)，“这种思想的古老程度，可以从古人对玉的态度上看出来。古人十分重视玉，其重要原因之一，就是他们认为玉含有的精多”，“玉显然是由于它的精朗美观而被认为含有特别多的精的。”据子产关于“物精”的话（按指《左传》昭公七年子产说伯有“其取精也多矣”，“用物精多则魂魄强，是以有精爽，至于神明”）来看，“古人认为人所食之物的精是能为人所吸收的”，因此有食玉思想的产生。①

裘先生所论，至为精当。笔者想补充两点：一是玉被认为含精特多，不仅因其外观，更重要的是其实质。石器时代先民在对各种岩矿的敲击琢磨中，摸透了它们的属性。自然界所有矿石中，硬度既高、韧性又强者莫过于玉。以玉制作的兵器不亚于今日的钢铁刀匕。加之玉矿稀少，玉料难得，极大地抬高了玉的价值，也增加了玉的神秘感。与玉同时，质地坚密细腻的珠、贝、牙、角器等，往往也具有与玉类似的功能。二是玉的“精”，活人是无法通过“食”来吸收的，只能通过佩戴来避除“不祥”。可以食玉的，只有“天地鬼神”。

笔者认为，上古巫术与原始宗教不是一个思想体系。②上帝观念、祖先崇拜，以及随之而来的表现为祭祀活动的所谓“礼”，应归入原始宗教的范畴，而先于原始宗教存在的万物有灵观——精气说，则是上古巫术的思想基础。笔者倾向于认为，君子佩玉“御不祥”，应归于巫术的范畴。很可能，先民认为，鬼魅会伤害人体，有了玉的精气护身，鬼魅即可食玉，而不伤人体。同理，人死之后，为免遭地下鬼魅的侵害，就要尽量多地以珠玉裹身。同时，人既死即为鬼，亦可以珠玉为食品。由于这一观念的广泛流传，便出现商周时期以众多珠玉裹身的风俗。妇好墓中众多玉器，以及史载纣王以珠玉裹身自焚，可证此点。《逸周书》说武王伐纣，得“旧宝玉万四千，佩玉亿有八万”，纣王搜罗这样多的玉器，充分反映在浓郁鬼神观念笼罩下的人们对玉的渴求。可以说，是玉的神秘力量给了人们战胜鬼魅邪恶的勇气。这便是玉成为巫术道具的原因。

---

① 裘锡圭：《稷下道家精气说的研究》，第180—181页。

② 请参见臧振：《蒙昧中的智慧——中国巫术》，第3—6页、第194—195页。

与佩玉“御不祥”一样，“玉敛葬”风俗应归于巫术的范畴。

如果这一认识不错，那么我们对扶风强家一号墓[①]、宝鸡強国墓[②]、上村岭虢国墓[③]、曲沃晋侯墓[④]等墓中数不清的珠玉，就不感到奇怪。显然，这些珠玉主要不是为了装饰和给人美感，也不是为了“显示”财富、区分等级，它们的功能，似与审美有关，似与“礼制”有关，但首先应归于巫术。

殷周之际思想变革，由殷人的“尊神，率民以事神，先鬼而后礼”变为周人“事鬼敬神而远之”[⑤]，其影响是深远的。与商代相比，巫术在周代明显衰落，佩玉的审美功能明显上升，但仍未发展到纯粹审美的范畴。例如《诗·魏风·竹竿》有“巧笑之瑳，佩玉之傩”之句。“瑳”，玉色鲜白之貌，用玉比喻女子笑容之可爱。傩，历来注家从汉儒说，解为“行有节度”。这固然不错。但“傩”字本义，是“逐疫除不祥”的意思，这应是佩玉的初衷。“行有节度”应是驱除邪气的引申义，佩玉，驱除邪僻之后，举止便显出优雅来。佩玉所带来的优雅，在人们的观念中渐占上风，以至于后人对“傩”字本义反而摒去不提了。尽管如此，我们相信，周代诗人对傩字的本义，还是清楚的。

三、作为装饰品的玉

《诗经》中留下了周人爱玉、佩玉、赠馈以玉的丰富材料。由这些材料可知由于佩玉装饰功能的发展，人们对佩饰玉器的审美情趣已占了主导地位。这里不妨读几首描写周代人们佩饰玉器的诗，或许可以把我们带回到那个盛行佩玉的时代。

---

① 罗西章，王均显：《陕西扶风强家一号西周墓》，《文博》1987 年第 4 期。

② 胡智生：《強国墓地玉雕艺术初探》，《文博》1993 年第 6 期。

③ 江涛等：《上村岭虢国墓地 M2006 的清理》，《文物》1995 年第 1 期。

④ 《天马—曲村遗址北赵晋侯墓地第二次发掘》，《文物》1994 年第 1 期。又该墓地第五次发掘，《文物》1995 年第 7 期。

⑤ 《礼记·表记》。

《秦风·终南》写男子的形象：

君子至止，黻衣绣裳，佩玉将将，寿考不亡。

将将，佩玉互相撞击，发出铿锵悦耳的声音。这令人感到君子生命力的旺盛。

《郑风·有女同车》：

有女同行，颜如舜英，将翱将翔，佩玉将将。

这里佩玉的铿锵就不仅令人感到生命的活力，那颜如木槿花一般鲜艳的女子，似乎就要随着这悦耳的鸣佩翩翩起舞。

《郑风·子衿》：

青青子佩，悠悠我思。纵我不往，子宁不来？挑兮达兮，在城阙兮。一日不见，如三月兮！

诗人心目中，那青色绶带组串的佩玉指代着所思之人。见其玉佩，如见其人。由此可见玉佩是不可缺少的装饰。《礼记·玉藻》说“古之君子必佩玉”，“君子无故玉不去身”，应也有寄托情思的意思吧。因此，佩玉也就成为人们表达情感、相互馈赠的最好礼品。

《秦风·渭阳》：

我送舅氏，悠悠我思。何以赠之？琼瑰玉佩。

又《王风·丘中有麻》：

丘中有李，彼留之子。彼留之子，贻我佩玖。

前者讲将以佩玉表达自己对舅氏的思念，后者讲留氏之子送我佩玉，成为我思念时的寄托。

《郑风·女曰鸡鸣》则是夫妻将要分别，以佩玉相赠：

知子之来之，杂佩以赠之；知子之顺之，杂佩以问之；知子之好之，杂佩以报之。

佩玉在周人生活中，确实有举足轻重的地位。

人们曾费了好多力气，想要弄清周人佩玉的形式。《礼记·玉藻》说佩玉“左徵角，右宫羽”，音调高低有别；又说“佩玉有冲牙”，郑玄注“居中央以前后触也”。唐孔颖达似乎看得更仔细：“凡佩玉必上系于衡，下垂三道，穿以蠙珠，下端前后以悬于璜，中央下端悬以冲牙。动则冲牙前后触璜而为声。”传宋人龙大渊著《古玉图谱》想象了一组佩玉范式；郭沫若先生《金文余释》又拟佩玉如一“黄”字；郭宝钧先生则拟战国时期“标准式”，并试绘出各种变体。[①] 前贤之所以如此探讨，是相信“礼制”十分严格的周人，佩玉一定有什么格式。以今日考古发现大批周人佩饰来看，实在谈不上什么定式。

让我们看看《诗》中有关首饰的描述。《卫风·淇奥》：

瞻彼淇奥，绿竹青青。有匪君子，充耳琇莹，会弁如星。瑟兮僩兮，赫兮咺兮。有匪君子，终不可谖兮。

匪，借用作“斐”字，指才华。会弁，束发器，或谓皮帽。瑟，端庄；僩，英武。赫，威仪鲜明；咺，风度显眼；谖，忘记。诗句可译作：

你看那淇水弯曲的地方，翠绿的竹丛多么茂盛。那才华焕发

① 郭宝钧：《古玉新诠》，《历史语言研究所集刊》第 20 本下册，第 15—21 页。

的君子，耳垂上悬着晶莹的玉坠，皮帽上的缀玉如同闪烁的星星。端庄啊，英俊啊，威武啊，光彩照人啊！那才华焕发的君子，实在令人难以忘却！

我们难以设想，如果君子没有佩饰晶莹的耳坠和闪亮的玉冠饰，诗人如何描写他所爱慕的人。

《齐风·著》写一个妇人见到前来亲迎的丈夫：

俟我于著乎而，充耳以素乎而，尚之以琼华乎而。俟我于庭乎而，充耳以青乎而，尚之以琼莹乎而。俟我于堂乎而，充耳以黄乎而，尚之以琼英乎而。

著即伫，指门内屏风前。素、青、黄指系饰耳坠的丝绦。琼指美玉；华、莹、英指玉色光华。在这首诗里，在等待丈夫的妇人眼里，玉耳饰的色彩光华简直成了丈夫的代表。

我们再看看男子眼中的妇人。《鄘风·君子偕老》：

玼兮玼兮，其之翟也。鬒发如云，不屑髢也。玉之瑱也，象之揥也，扬且之皙也。胡然而天也？胡然而帝也？

玼，鲜明的色泽。翟，指衣服上描绘的鸟羽，鬒发，黑发。髢，假发。玉瑱即前诗所谓“充耳”。象揥，象牙制作的发笄。扬，指前额宽广；皙，指肤色白净。诗说：看她那绘着鸟羽的衣裳，色彩多么鲜艳！她那浓黑的头发，好像涌起的乌云，何必还要什么假发。耳垂下坠着玉环，发卡用象牙制成，宽广的前额又是那么白净。天老爷怎么令她生得这样美？上帝怎么造成这样的美人？

我们看到，作为山川精英的美玉，给周人社会生活平添了无限情趣。

我们读《周礼》，看到《周礼》所反映的社会里，有地官司徒“令五家为比，使之相保；五比为闾，使之相爱；四闾为族，使之相葬；五族为党，使之相救；五党为州，使之相赒；五州为乡，使之相宾”。“乡师”治下，“闾共祭器，族共丧器，党共射器，州共宾器，乡共吉凶”。在“邦之野”，“遂人”“以其岁时稽其人民而授之田野”，“以岁时登其夫家之众寡及六畜车辇，辨其老幼废疾与其施舍者”。遂人有权“以令贡赋，以令师田，以起政役”。与遂人同样，遂师、遂大夫、乡师、乡大夫、族师、闾师等官员，都要以岁以时稽查农夫众寡及土田六畜数目。乡师、遂人有权随时“戮其犯命者”，诛“其不用命者”。事无大小，从邦国祭祀征战到人民婚丧嫁娶生老病死，再到一草一木一羽一角之用，均有官吏严加束缚，大小师长都有戒令刑赏挞罚之权；岁时月日，人民众庶无一日无人监督管理。由此而形成的印象是，周人的社会生活无任何乐趣可言。奴隶们在鬼神观念、血缘关系笼罩制约下，在各级官员烦扰之下，处于毫无自由可言的境地。然而，由《诗》所表达的民间情感，由玉器所传达的古老信息，我们不能不对周人社会生活作新的、起码应是较为全面的认识。那就是，西周时期，中国社会并不像某些教科书所片面强调的那样暗无天日，那样严酷悲惨。我们对所谓中国奴隶制时代的人民生活，似有必要重新认识。

附带说一句，在统治集团中，宝玉带来的也未必都是温馨，尤其到了春秋战国，就难免演出像“垂棘出晋，虞虢双禽；和璧入秦，相如抗节”[①] 那样的一幕幕悲剧。

四、玉料来源与穆天子西巡

在上古文献中，我们可以找到许多古玉珍贵的例证。蔺相如完璧归赵的故事，可以说家喻户晓了。《左传》中有数不清的关于玉璧馈赠、转让、争夺的故事，从而可以看出美玉在春秋战国是“价值连城”的。同时足可以说明：中原缺乏玉矿。

① 《文选·魏文帝与钟繇书》。

据地质矿产部门勘察，我国玉矿主要蕴藏在新疆南部昆仑山脉，海拔4000—5000米处。此外辽宁宽甸、岫岩细玉沟、俄罗斯境内贝加尔湖附近的萨彦岭也产玉，但质地、数量都远不能与昆山玉相比。[①]今人所熟悉的岫岩玉、蓝田玉等，并非真玉。

所谓玉，以今日地矿学的知识来看，特指“透闪石—阳起石之具有交织纤维显微结构的变种”[②]。今日鉴定玉的真假，除用红外吸收光谱研究其矿物成分外，还需要用扫描电子显微镜研究其晶相，看其是否具有纤维状结构。中国科学院地质矿物研究所闻广先生用这样的方法取样研究了500件古玉器，发现其中371件为真玉，120件为假玉，另有9件为半玉。[③]这说明先民对矿物真假已有了高水平的鉴别能力。古人当然没有今日的仪器，但他们是要对矿物进行反复敲砸和琢磨的。真玉假玉，是骗不过古代玉工的。闻先生检测出的120件假玉，多数恰能证明当地无玉矿，或玉料来源断绝，并非玉工鉴别不当。

闻广先生有一种陈见，即认为“新石器时代是原始社会，按理还不可能有长途贩运”，良渚文化的真玉，“很可能是就近取材”，就近取材“应是新石器时代玉料来源的基本特征”。[④]由于原被当作普通透闪石岩的江苏溧阳小梅岭镁质大理岩接触带中致密块状透闪石，经研究发现已具备真玉的显微结构[⑤]，闻广先生更坚信了“就近取材”说。

可是，对考古材料的进一步分析告诉我们，良渚玉器不是“就近取材”。

从旧石器时代中期开始，原始人已着意选择坚韧致密的石料制作石器。玉料一旦被人们发现，一定会采来制作石器。目前发现的最早被采用的玉质石器，是辽宁海城小孤山的一柄玉斧，其原料应来自岫岩县

① 王福泉：《宝石通论》，科学出版社1990年版，第148页。刘俊勇：《大连出土的岫玉器及有关问题》，《故宫博物院院刊》1989年第2期。

② 闻广：《中国古玉地质考古学研究的续进展》，《故宫学术季刊》1993年第11卷第1期，第26—27页。

③ 同上文，第10页。

④ 闻广：《苏南新石器时代玉器的考古地质学研究》，《文物》1986年10期。

⑤ 闻广、荆志淳：《沣西西周玉器地质考古学研究》，《考古学报》1993年第2期，第256页。

的细玉沟。[1]属于新石器时代早期、距今约8000年的阜新查海，距今约7000年的沈阳新乐下层等共23件玉器，闻广先生鉴定全属真玉。[2]其原料应来自宽甸或细玉沟。贝加尔湖附近，人们发现了用玉制作的实用工具；在新疆，人们亦发现过玉斧。[3]这说明，在玉矿附近，一般应该发现用玉制作的实用工具或武器。然而从河姆渡第四层早期石斧，到马家浜的穿孔斧，到崧泽的磨制精致的铲、锛、凿，没有一件用玉制作。这些文化的装饰品，较早的13件，经闻广先生鉴定，全属假玉。这很清楚地说明，这里没有玉矿。当红山文化已广泛用玉料制作巫术道具或装饰品的时候，苏南浙北尚不知玉为何物。在中原，与红山同时的仰韶文化、大汶口文化早中期，闻广先生鉴定表中尚付阙如，实际上，大约也没有真玉制品。由此笔者想到，《越绝书》中风胡子所谓“以玉为兵”的黄帝时代，还没有到来。

新石器时代晚期，由于生产力的迅速发展，中原有了大范围的文化交流。从马家窑、齐家到龙山、良渚，从神木石峁到曲江石峡，普遍出现用玉制作的礼器和装饰品。笔者认为，这些缺少以玉制作实用工具阶段的地区，其玉料都是外来的。与此同时，某一文化的发达的玉作业的忽然消失，也可以是当地没有玉矿的旁证。良渚文化正是这样。当尧舜禹在中原建立了部落联盟之后，良渚人终止了他们的玉作业，特别是当典籍所载禹伐防风氏事件之后，良渚后人就只好用石英石磨制装饰品了。

由于玉器在社会生活中的重要地位，中原最高统治者必定不遗余力地搜求玉料。目前发现的商周玉器，被专家鉴定为和田玉质者不在少数。既然新石器时代晚期人们的交往已经可以遍及九州，拥有精良车辆和高超驯马技术的周人，当然完全可以西达昆仑。对于“欲肆其心，周行天下，将皆有车辙马迹焉”[4]的穆王来说，蕴藏着价值连城的美玉的昆仑山，对他能没有吸引力吗？反之，穆王不去西巡反倒令人不解了。

---

① 刘俊勇：《大连出土的岫玉器及有关问题》，《故宫博物院院刊》1989年2期。

② 闻广：《中国古玉地质考古学研究的续进展》，《故宫学术季刊》1993年第11卷第1期。

③ 夏鼐：《有关安阳殷墟玉器的几个问题》，《殷墟玉器》。

④ 《左传·昭公十二年》。

《穆天子传》的真伪问题，前贤多有辩论，笔者在前贤基础上，对《山海经》、《穆天子传》认真推究，颇有新见，加之考古材料，特别是有关玉文化的资料，更加相信《穆传》之真。惜本文限于篇幅，难以展开论证。[①]在此只想说明，对玉料的寻求曾极大地扩展了古人的地矿学、地理学知识，特别是促进了中原与西域的交往。玉文化在周人社会生活中的重要地位，决定了周人必定努力求取昆仑美玉，而美玉的东来，又极大地促进了周代物质文明和精神文明的发展。昆山之玉是大自然赐给中华民族的瑰宝。数千年来，它源源不断输入中原，在东方文明的长河中，闪耀着别具一格的动人色彩。

（原载《人文杂志》1997 年第 5 期）

① 可参看臧振：《穆王西巡三千年祭》，《贵州大学学报》2010 年第 1 期。

玉瓒考辨

一

周代文献中屡见“瓒”字：

瑟彼玉瓒，黄流在中。(《诗·大雅·旱麓》)

厘尔圭瓒，秬鬯一卣。(《诗·大雅·江汉》)

平王锡晋文侯秬鬯圭瓒，作《文侯之命》。(《尚书·小序》)

若我用瓘斝玉瓒，郑必不火。(《左传·昭公十七年》)

祼圭有瓒以肆先王，以祼宾客。(《周礼·春官·典瑞》)

祼圭尺有二寸，有瓒以祀庙。(《考工记·玉人》)

诸侯……赐圭瓒然后为鬯；未赐圭瓒，则资鬯于天子。(《礼记·王制》)

祀周公……灌用玉瓒大圭。(《礼记·明堂位》)

君执圭瓒祼尸，大宗执璋瓒亚祼。(《礼记·祭统》)

“玉瓒”、“圭瓒”、“璋瓒”是什么意思？近两千年间，流行的是东汉郑玄的解说：

圭瓒之状，以圭为柄，黄金为勺，青金为外，朱中央矣。(《诗·旱麓》笺)

郑玄说“瓒”是以玉为柄的金（或铜）勺，久已成为定论。

笔者近年在对中国古玉文化的研究中，对此产生了怀疑。

玉料难得，万里迢迢运来，琢玉成器，又需旷日持久，因此玉器在古人心目中，往往是“至宝”、“真贵”、“大美”的代词。在上古三代，除作为佩饰器、仪仗之外，先民主要是以玉为礼器，献于神坛，埋于祭坑或置于祖先墓中。“国之大事，在祀与戎”，祭祀既离不了玉，玉之珍贵，不言而喻。

由是可知，以宝玉作为酌酒斗勺的把柄，殊为不伦不类。就笔者所见，有以金属为衬托的古玉器，无以玉为衬托的青铜器。在“礼坏乐崩”之后的战国秦汉年间，也只有与生命联系在一起的随身利刃——宝剑，玉才处于陪衬地位。在儒学经典所反映的殷周时期，玉是不会沦落到作为铜勺把柄的陪衬地位的。

以玉为铜勺把柄，从力学上说也令人难以置信。尽管玉在矿石中具有最好的韧性，但毕竟不如金属。在青铜冶铸技术已经高度发达的殷周时期，怎么会用宝贵的玉去作为易折部位的材料呢？

更重要的是，近百年来的考古发掘，近千年来的金石学著录，数以万计的三代吉金，尚未见到“玉柄金勺”这样的实物！这一条是最关键的。由此笔者可以断言，郑玄对“玉瓒”的解说是错误的。

二

清儒博大精深，其间已有献疑者。

段玉裁《说文解字注》曰：

> 许不言祼圭之瓒者，盖其字古祇作赞，黄金为勺，不用玉也。《诗》之玉赞圭赞者，以赞助祼圭也。

段氏注意到许慎《说文解字》中“瓒”字没有“圭柄金勺”这一含义，只有“侯用瓒”之“瓒”，乃“三玉二石”之义。段氏设想上古“瓒”字本作“赞”，勺上也不用玉柄。《诗经》中所谓“玉瓒”、“圭瓒”的“瓒”字，就是“赞”字，就是“赞助祼圭”的意思。段氏以为“瓒”字本作“赞助”的“赞”，是错误的，但他的质疑启发了我们另辟蹊径寻求正解。

朱骏声《说文通训定声》注意到郑玄说过，“瓒”“读为餰饡（Zhān zàn）之饡”（《玉人》“俟用瓒”郑注）。朱氏质疑道：饡是“以羹浇饭”的意思；郑玄说“瓒读为餰饡之饡”，岂不是说“瓒”就是“饡”的意思？朱氏继续质疑：“俟用瓒”的“瓒”与“以羹浇饭”有什么关系呢？朱氏断定：郑玄这里只是在“拟其音”。既然拟音，就不能说“读为”，而应当说“读若”：

> 读瓒为饡，其义亦未闻。疑“读为”之“为”字当作“若”，拟其音也。

我们就纳闷：郑玄既然知道“瓒”可以“读为”“以羹浇饭”的“饡”字，为何不以“以羹浇饭”之义来解说玉瓒、圭瓒之“瓒”字？而另解为“勺”甚至于“盘”？

先让我们来看看《诗·旱麓》第二章：

> 瑟彼玉瓒，黄流在中。岂弟君子，福禄攸降。

郑《笺》：瑟，“絜鲜貌”；黄流，“秬鬯也”。很正确。所谓“秬鬯”，指以黑黍和郁金酿制的香酒。郁金，姜科植物（注意不是百合科郁金香），其块根可作香料，亦作染料。其色黄如金，故曰郁金。其酒，则被诗人称作“黄流”。如果我们有了“玉为献给神灵的食品”这一概念（详见本文第五段），再将瓒字理解为：与“以羹浇饭”为“饡”一样，“瓒”即“以酒浇玉”，此章并不难解，可直译为：

> 那洁净温润的玉器，灌以金黄郁香的鬯酒献给神灵。善良快乐的君子，得到神降的福禄。

在这里，我们将“瓒”顺其自然地译为浇灌的“灌”，立即明了：“瓒”本特指以鬯酒浇玉献祭于神灵，此仪式即文献中常见之“祼”祭仪式。

在古人饮食习惯中，本有“饡”这一词汇，特指以羹汤浇饭。同法用于以美玉配香酒祀神，便造出了“瓒”字（作为形声字的“瓒”字，晚出，金文中原有象形字的瓒字，见本文第六段）。

如前所述，郑玄对于“瓒”有“饡”义是了解的。在《周礼·冬官·玉人》“侯用瓒”下，郑注“瓒读为餰饡之饡”。这“餰”是什么呢？《礼记·内则》“小切狼臅膏，以与稻米为酏”，郑注：“此酏当从餰。”“似今膏饡”，可知，“酏”即“餰”，可能似今日以稻米与碎腊肉混煮成的“腊八饭”。那么“饡”是什么意思呢？《说文》食部：“饡，以羹浇饭也。”腊八饭再浇以羹汤，实为美食。王逸《九思》有“世混混兮浇饡”句；浇饡，即指此种饮食法。“餰饡”之法，东汉尚流行。餰饡、浇饡、膏饡是当时人类的美食。可知，“玉瓒”则是献给神灵的美食。

遗憾的是，郑氏未将玉瓒与膏饡、餰饡、浇饡联系起来考虑，而是沿袭了其前辈学者对《诗》毛传和《周礼》的误解。

三

《诗经》“瑟彼玉瓒，黄流在中”，毛《传》：“玉瓒，圭瓒也；黄金，所以流鬯也。”如上引郑玄注，《诗》中“黄流”本指秬鬯香酒，毛《传》加了个“金”字，理应指郁金鬯酒之色泽。但就是这个“金”字，给后人造成了误解（也许毛氏已经误解？）。

这误解形成于东汉时期。

本来，经秦火之余，汉人之视三代，已恍如梦境。西汉学者对于《诗》、《礼》，谨承师法，尚不敢妄说。王莽末年一场大动乱，当年受学于博士而传《礼》的人多不在人世。至东汉明帝永平初，只剩下一个年近九十的老先生杜子春，住在长安城南，郑众、贾逵并往受业，《周礼》之学赖以流传。[①]

《周礼·冬官·玉人》中有一段话，其中正有“黄金”二字。原文如下：

> 大璋、中璋九寸，边璋七寸，射四寸，厚寸，黄金勺，青金外，朱中，鼻寸，衡四寸，有缫；天子以巡守，宗祝以前马。

这一段讲的是玉璋形制及功能。《玉人》上下文，讲圭、讲琮等的文字，讲的都是玉器形制及功能，没有从中忽然又讲玉器之外的其他金属器物的。讲璋的文字中忽然出现一个“黄金勺”，十分奇怪！这里问题出在一个“勺”字上。

老先生杜子春所见的“故书”，不作“黄金勺”而作“黄金约”。老先生说“约”字“当为勺，谓酒尊中勺也”。[②]“约”一成“勺”，上下文都要重新解释，其弟子郑众就说：“鼻谓勺龙头鼻也，衡谓勺柄龙头也。”真是越说越远！

此后不久就是官方召开的将儒学与阴阳五行糅合起来的“白虎观会议”。今文家在会上驰骋开了他们的想象，说到“以圭为柄，黄金为勺”的“玉瓒”，更是如何如何非同小可：

> 玉以象德，金以配情，芬香条鬯，以通神灵。玉饰其本，君子之性；金饰其中，君子之道。君子有黄中通理之道，美素德。金者，精和之至也；玉者，德美之至也。[③]

---

① 孙诒让：《辑周礼马融郑玄叙》，《籀廎遗著辑存》，齐鲁书社 1987 年版，第 244 页。

② 见阮元校刻：《十三经注疏》，中华书局 1980 年版，第 923 页上栏，郑注。后文所引凡未注出处者均见此书该经经文、注疏及校勘记。

③ 《白虎通德论·考黜》。

有了这一番高论，不承认“玉瓒”的“金玉组合”，就是在向当时最高的学术权威发起挑战，向君子做人道德的理想境界发起挑战！并且，《白虎通德论》是以皇帝名义制成定论的。生活在这种氛氲之中的郑玄，自然就在毛《传》“玉瓒，圭瓒也”之后笺注上：“圭瓒之状，以圭为柄，黄金为勺，青金为外，朱中央矣。”就这样，一件名之曰“圭瓒”的礼器，就出现在了千载以降的学者们面前。

按：白虎观会议在章帝建初四年（79）召开，许慎著《说文解字》，约成书于永元十二年（100），以“文字未定”不敢奏闻。斟酌修订了二十年，也没有把“瓒”有“玉柄金勺”之义载入书中。至临死前，才由儿子许冲在建光元年（121）九月“诚惶诚恐、顿首顿首，死罪死罪”上奏给章帝的孙子安帝。过了一个月，审查获通过，得到皇帝赏赐的四十四布。许慎以二十多年反复核定文字，最后亦未将“瓒”为金玉组合器之义载于书中，岂属偶然？绝非偶然！由是我们对史载“性淳笃”、“奉上以笃义，率下以恭宽”的许叔重更加敬重。

四

郑众并没有完成对《玉人》“大璋、中璋、边璋”一段的重新解释。“鼻”是什么？“衡”是什么？“黄金”、“青金”是什么金属？“勺”有多大？“柄”有多长？无数经师论辩不休。直到段玉裁还说，勺误为约，是“古文假借”。可是，为什么本来简单的“勺”字，要去假借一个繁难的“约”字呢？段氏无说解。我们现在反观“故书”原文，上下一气，讲的是三种璋的形制与功能，与所谓“勺子”毫无关系。“约”即“约束”，“黄金约”指玉璋柄部缠束以黄金；“青金外”指璋外包以铅皮，“鼻”谓璋之阑、“衡”指璋之柄部。下文讲璋的功能：天子巡守，祭祀山川，沉马之前，由祝宗先沉以玉璋。现在我们假设，《玉人》三璋段的后半讲的是以璋为柄的勺子，最后两句“天子以巡守，祝宗以前马”就只能这样讲：

天子祭祀山川，其祈，沉埋以马。宗祝拿着以玉为柄的勺子，走在前边。

这样的仪式，于文献无征，且甚为可笑。相反，以玉器与牺牲同埋或同沉，于文献、考古均有不少证据。兹不赘。

有了“玉柄金勺”的“瓒”，需要重新解释的远不止《周礼·冬官·玉人》这一段。

毛《传》原先训释《诗》“瑟彼玉瓒，黄流在中”一句的“黄金所以流鬯也”，就必须用来解说作为勺子的“玉瓒”了。隋陆德明发现，在他面前的毛《传》有两个版本，一本作“黄金所以流鬯也”，一本作“黄金所以为饰流鬯也”。陆氏明确判断：“为饰”二字乃后人所加！到了唐代孔颖达撰五经《正义》，先有了“瓒”为勺子的概念，“黄金”就不是形容鬯酒色泽而是装饰勺子，所以他说：“若有‘饰’字，于义易晓”，于是，他贸然将陆德明认定的善本称作“俗本”，说“俗本”“无饰字者误也”。①

说“玉瓒”为祼礼中的酌酒之勺，这在《周礼》本经中找不到证据，却能找到不少反证。

《春官·郁人》：“郁人掌祼器。”郑玄注“祼器”：“谓彝及舟与瓒。”彝及舟，本经文中就有，或可推知，这“瓒”，不知从何而来？贾公彦替郑玄解说道：“知有瓒者，《礼记·王制》云‘诸侯赐圭瓒然后为鬯’，《尚书·序》云‘平王锡晋文侯秬鬯圭瓒’，皆与秬鬯相将，即下文祼玉是也。故知祼器中有瓒。”即便是有鬯就有瓒，瓒未必就是祼器啊！再说，天子诸侯所赐的东西，怎能混同于郁人所掌的“祼器”呢？可见，这里的“瓒”字，是郑玄作注时想当然加上去的。

《春官·鬯人》：“鬯人掌共秬鬯而饰之。”此经涉及的器皿有大罍、瓢、斗及修、蜃、概、散等（后四器，郑注：皆漆尊也。修读曰卣）。

① 见阮元校刻：《十三经注疏》，第515页中、下。

这里关键的是，衅鬯酌酒用的是“斗”，而不是什么“瓒”！《鬯人》：“大丧之大渳，设斗，共其衅鬯。”《史记·张仪传·索隐》云：“凡方者为斗，若安有长柄，则名为枓。”《说文》木部：“枓，勺也。”[①]《诗·小雅·大东》：“维北有斗，不可以挹酒浆。”可知，“挹酒浆”用的是斗、枓（或勺），而不是什么“瓒”。

《春官·司尊彝》：“掌六尊六彝之位，诏其酌，辨其用与其实。”本经讲到祭四时及祖先，用祼祭。盛酒用彝，饮酒用舟。酌酒用什么呢？“凡六彝六尊之酌，郁齐献酌、醴齐缩酌、盎齐涚酌、凡酒脩酌”，这里提到四种酌法。郁、醴、盎、凡是四个等级的酒。齐读为粢，即祭神的粢盛。献、缩、涚、脩是用勺的四种讲究。不论如何，祼祭酌酒皆用勺而不用“瓒”。

又据《礼记·明堂位》，这“勺”在不同时代又有不同形制和名称：“灌尊……其勺，夏后氏以龙勺、殷以疏勺、周以蒲勺。”孙诒让据《考工记·梓人》，认为蒲勺乃以木为之。不论如何，蒲勺绝非杜子春所谓“黄金勺”。

孙诒让为弥合祼祭酌酒未见用“圭柄金勺”的所谓“瓒”之疑，说：“实则‘瓒’虽为勺制，而祼祭则以当爵；其挹之，仍用蒲勺，不用瓒。”[②]说了半天，“玉瓒”是祼祭中并非紧要的“爵”，且是“勺形爵”，但这也无法释疑：为什么史料中不将“玉瓒”（当爵）与尊、彝、舟、勺平列而与郁鬯、牺牲、粢盛平列呢？

实际上，一旦有了“玉瓒”这种“勺”形器物，许多文献的诠释都遇到了困难。

《诗·大雅·江汉》：“厘尔圭瓒，秬鬯一卣，告于文人，锡山土田。”圭瓒与秬鬯是周王同时赐给召公的，让他用于祭告祖先文王，感谢得到山川土田。若按圭瓒为“勺”的说法，这圭自然不须献祭，仅

① 若要细分，可认方者为斗，圆者为勺。马承源主编《中国青铜器》以曲柄者为枓，直柄者为勺。《中国青铜器全集》以平底者为斗，圆底者为勺。一些报告则以大小别之，大者为斗，小者为勺，如《淅川下寺春秋楚墓》。

② 孙诒让：《周礼正义·冬官·玉人·疏》，中华书局 1987 年版，第 3339 页。本文引孙说皆出自该书该经疏，不赘。

用于酌秬鬯灌向坎坛。请问王赐圭瓒“勺”，祭祀之后如何处置呢？不明白。据文献，凡赐秬鬯，一般来说同时也赐予圭瓒。如果说圭瓒是“勺”，而每次祭祀之后都要与鬯酒同埋地下，就像说祖先喝酒的同时还要连同酒勺一并要下，不可理喻。而且我们在考古中应该发现不少以玉为柄的铜勺了。如前所述，这样的实物一件也没有。

《国语·周语上》：“有神降于莘……王使太宰忌父率傅氏及祝史，奉牺牲玉鬯往献焉。”韦昭注：“玉鬯，鬯酒之圭，长尺二寸，有瓒，所以灌地降神之器。”按：韦注依郑玄而来，使本来易懂的文字变得不通。原文“牺牲、玉、鬯”，均为献祭之物。韦注“玉鬯”连读，又加“有瓒”二字，成为一件“所以降神”的“器皿”；那么，“往献焉”的就只有牺牲了？

《考工记·玉人》载“祼圭尺有二寸，有瓒以祀庙”，讲得很清楚：用于祼祭的圭，必以鬯酒灌之而后献上。郑玄有了瓒为铜勺的先入之见，就在这里加注：“瓒如盘，其柄用圭，有流前注。”这“祼圭”是盘或勺的柄，祼祭用玉就是拿有玉柄的铜勺酌酒。神灵在享受香酒时，有酒无肴，只好以嗅到一点“玉气”为满足了。由于不清楚玉为神灵食品，郑注《礼记·郊特牲》也就这么说：“周人尚臭，灌用鬯臭……祼以圭璋，用玉气也……以圭瓒酌鬯始献神也。”

可以不夸张地说，如果说祼祭之玉是勺柄，“以玉礼神”是“用玉气”，那么，整个中国古玉文化都会变得难以解说！

五

玉为神灵食品的证据，在文献中俯拾即是。

《诗·大雅·云汉》曰：

> 天降丧乱，饥馑荐臻。靡神不举，靡爱斯牲；圭璧既卒，宁莫我听。

《云汉》讲求雨。这里的圭璧与牺牲都是献给神灵的祭品。圭璧显然不是让神灵嗅嗅气味，而是用过就无法再收回来的，所以诗人才说“卒”即用尽了。牺牲是食品，圭璧应当也是食品。

再看《诗·小雅·天保》：

吉蠲为饎，是用孝享；禴祠烝尝，于公先王。

毛《传》：“饎，酒食也。”以什么样的食品佐酒呢？《毛诗》作“吉蠲”。吉、蠲都是形容词，《诗》空言美食不言何种佳肴，不是好诗。考《韩诗》蠲字作圭[①]（蠲、圭在上古同属支韵、见纽、平声）。“吉圭为饎”，说的是用美好吉祥的玉圭作为食品献给祖先。文从字顺，义蕴充实。《诗》由战国入汉，口耳相传，记录下来，难免音同字异。

《楚辞·离骚》曰：

折琼枝以为羞兮，精琼靡以为粻。

琼指美玉，羞即馐，指脯腊。王逸注：“精，凿也；靡，屑也；粻，粮也。”屈原想象自己与神灵为伍，将要远行，准备干粮，皆用玉制。

《天问》曰：

缘鹄饰玉，后帝是飨。

玉为神灵食品的观念，东汉文人已不很清楚，所以王逸注《天问》此句，竟说是“因缘烹鹄鸟之羹，修玉鼎，以事于汤”，把夏桀的事安到商汤头上，把上帝说成人王，把玉说成玉鼎。按三代考古中未发现玉鼎、亦无以玉为饰之鼎，此与考古中不见以玉为勺柄同理。近人曹耀

① 臧庸：《韩诗遗说》，《丛书集成》本，中华书局1991年版。

湘指出："玉，祀神之玉也。后帝，天帝也。"应是。游国恩先生同意曹说①，并引《山海经·西山经》一段话为据：

> 峚山……多白玉，是有玉膏，其原沸沸汤汤，黄帝是食是飨……瑾瑜之玉为良，坚粟精密，浊泽而有光，五色发作，以和柔刚。天地鬼神，是食是飨。

由此可见玉是用来祭祀，且为神灵所食，非所谓"周人尚嗅"，"用玉气也"。至于"缘鹄"，则应是在玉器上刻饰鸟纹。

《山海经》有丰富的材料可证上古先民以玉为神灵食品。略举数例：

《南山经·鹊山》载：

> 其祠之礼：毛用一璋玉瘗，糈用稌米，一璧、稻米，白菅为席。

毛指动物，配以一璋玉，埋入地下；糈指粮食供奉于几案，配以一璧。

《西山经·瑜山》载：

> 祠之用烛，斋百日，以百牺瘗，用百瑜汤；其酒百樽，婴以百珪百璧。

"汤"，郭璞云："或作炀。"郝懿行注："炀，炙燥也。"婴，郭璞注："谓陈之以环，祭也；或曰：婴即古罂字，谓盂也。"不论是陈于樽旁还是盛于盂中，均为以玉佐酒。值得注意的是，与一百头牺牲同埋的美玉是要先炙烤令熟的。这与考古发掘所见玉常有经火痕迹，可以互相印证。经"炙燥"的玉器，不知所谓"玉气"如何？

---

① 见游国恩：《天问纂义》，中华书局1982年版，第298页。

《山海经》诸山神灵祠祀，除两三处不用玉外，余皆以玉与“毛”、酒、糈等搭配。不言而喻，这些玉都是食品。

若要尽情罗列文献与考古材料中玉为神灵食品的证据，一两万字是不够的。因为这不是某人的想象，而是上古的真实。中国乃礼义之邦，典籍中十分常见的“礼”字，其本义便是以玉食神。笔者同意王国维对“礼”字的解说。《观堂集林》卷6《释礼》载：

《说文》示部云：“禮，履也。所以事神致福也，从示从豊，豊亦声。”又豊部：“豊，行礼之器也，从豆象形。”殷虚卜辞有豊字……古丰珏同字……此诸字皆象二玉在器之形。古者行礼以玉，故《说文》曰“豊，行礼之器”，其说古矣。

王氏在列举诸多异体“礼”字之后说，“诸字皆象二玉在器之形”，应是。但王氏又不同意许慎解礼字为“从豆象形”，认为从豆是会意字，玉是放在随便什么器物之中“行礼”。这说明，王氏也不清楚玉为神灵食品。其实，玉放在作为食器的“豆”之中，正是象形。

《周礼·春官·大宗伯》一段话，可以证明“礼”神用玉：

以玉作六器，以礼天地四方：以苍璧礼天，以黄琮礼地，以青圭礼东方，以赤璋礼南方，以白琥礼西方，以玄璜礼北方。

郑康成的注则说明此“六器”正是食品：

礼东方……大昊、句芒食焉。礼南方……炎帝、祝融食焉。礼西方……少昊、蓐收食焉。礼北方……颛顼、玄冥食焉。

且看：青圭、赤璋、白琥、玄璜都被神灵“食焉”了。“食焉”除解为“吃”外，还能有更合适的解释吗？郑氏注未言及苍璧与黄琮。但完全可以相信，苍璧、黄琮也是被天神地祇“食焉”了。

从古文字的角度看，“礼”的象形字，是以待飨的“珏”盛于豆中象之。那么，“瓒”是什么呢？“瓒”的象形字，是以待灌的玉件或圭或璋植于鬲中象之。

六

让我们再回到“瓒”字。

《殷周金文集成》收有十个“瓒”字[①]：

《戈父辛鼎》：陶

《多友鼎》：赐女圭一、汤钟一（肆）

《毛公鼎》：赐女秬鬯一卣、祼圭宝

《簋》：王休赐厥臣父王祼、贝百朋

《宜侯夨簋》：赐鬯一卣、商一□

《簋》：使尹氏受赉圭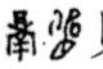贝五十朋

《卯簋盖》：赐女璋四、瑴一、宗彝一肆宝

《师询簋》：赐女秬鬯一卣、圭、夷讯三百人

《尊》：赐

《子黄尊》：王商（赏）子黄一、贝百朋

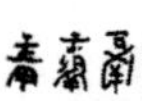等字本不识，因毛公鼎、师询簋等有“赐秬鬯一卣”在前，且又与圭字连文，据文献中屡见之“瓒”字上下文比照，学者们推断此字为“瓒”字无疑。我们看此字，上部似玉字或璋字或圭形，象玉件或璋或圭植于鬲中待灌之形。所谓“瓒”，正是以黄色的郁金鬯酒灌注盛于器中之玉。“瑟彼玉瓒，黄流在中”，此之谓也。

然因不明瓒之本义，误认瓒是“玉柄金勺”，而此字又无“勺”的

① 见张亚初：《殷周金文集成·引得》，中华书局2001年版。所引文字及标点小有改动。

影子，此字何以为“瓒”？学者们百思不得其解。郭沫若先生以鬲上有一物，释此字为“甗”。这样一来，“瓒”就是假借字了。“瓒”既为具体器物——勺，古人何不造一象形字，却要假借一个形、音、义都不同的“甗”字？郭说不通。且此字绝非甗字。甗由鬲与甑组合而成。甑之腹径不得小于鬲之口径；鬲、甑、甗为古人日常用器，若其造字，不应将甗绘成玉件或圭璋植于鬲中之形。按：甗，甲、金文中本有其字；甲骨文像其形，作，或加声符作；金文承之，作鬳或借献字为甗。

好端端一个象形的“瓒”字，由于不明本义，在汉儒误导下，成了一个打哑谜的怪字。

当代学者王慎行先生作《瓒之形制与称名考》①，一开始便肯定了郭说，然后陷入郑众、郑玄的各处注解之中。经其考证，得出结论：“瓒在典籍中有‘祼圭’、‘鬯圭’、‘瑒圭’、‘玉鬯’、‘祼玉’、‘玉瓒’、‘同’这七种称名。”这一结论，实令人堕入五里雾中。该文又说，《诗·旱麓》“玉瓒”、“黄流”旧诂与“乙卯尊”铭“黄瓒”之称正可参互证绎，“以发经传之渊奥，补典籍之遗阙”。这实际上是“失之毫厘，差以千里”！按“乙卯尊”铭即本段前引《子黄尊》铭。子黄，人名。“王商（赏）子黄：瓒一、贝百朋”，文从字顺。王先生认为“子”某无名，又以“黄瓒”连读，不得已将铭文起首干支作为此尊之名，称为“乙卯尊”。甚为不妥！究其致误原因，实在于汉儒误导。

汉儒之误，近年还有扩散之势。1997年文物出版社出版之《新干商代大墓》，报告作者径直将“以觚形器为体，安上形如玉圭的铜柄”之器称之为“瓒”。笔者囿于闻见，不知作者是自作主张还是效法他人，亦不知谬误流传，伊于胡底，故勉力为此小文，冀于上古史研究有所补益。

（原载《考古与文物》2005年第1期）

① 王慎行：《瓒之形制与称名考》，《考古与文物》1986年第3期。

玉华宫遗址考察记

一

70 年代曾多次路过铜川，经金锁关北上，每每被关口的雄峻所吸引。那时关口没有现在这么多房屋，举眼望去，四面皆山。尤其雨天路过，濛濛中高峰入云，森崖壁立，满山松柏苍苍，决然不同于黄土高原。那时候走的路，上了山去便是宜君。虽说植被完好，看得多了，不再有神秘感。而那金锁关口向西北伸去的路上会有些什么景观呢？每次只能在过关那一刻匆匆一瞥，但见谷中山峦层层，云雾缭绕，不由人心驰神往：有机会，一定进去看看。

80 年代，在阅读考古资料时，得知那条沟里，竟有唐代帝王修的离宫——玉华宫，不禁服了帝王们的眼力。史料中说建玉华是为了避暑，又不禁点头称是。记得每次暑假之后，从酷热的西安北上，过了金锁便感到阵阵凉爽，沿山路向北到了宜君，犹如出蒸笼而入于清池。若再住进窑洞，那就必须加衣服、盖被褥了。

玉华宫的修建还有一层原因，那就是控扼要冲，便于对北方用兵。当时关中为帝王之都，纵贯陕甘边境的子午岭成为西北方重要屏障。李渊、李世民们往来征战，熟悉了这一带山川，自然要就近修建离宫。玉华川（原名凤凰谷）位于子午岭东南，地势开阔，景色宜人，被选定为殿址。

据《册府元龟》卷 14，唐太宗贞观二十一年（647），“七月，建玉华宫于坊州宜君县之凤凰谷……宫既成，正门谓之南风……匠人以为层岩峻谷玄览遐长，于是疏泉抗殿，包山通苑。皇太子所居，南风门之东，正门谓之嘉礼门，殿名晖和殿。其官曹寺署并皆创立，微事营造……及帝幸游，敕奉御王孝积于显道门内起紫微殿十三间，文甓重基，高敞宏壮，帝见之甚悦”。

此处只记载了三座宫殿，三座门，官曹寺署及包山而行的泉水渠道等八项建筑。

玉华宫建成两年，太宗崩。高宗继位第二年，诏废玉华殿以为佛寺。则宫之设不过四年。又八年后，显庆四年（659），玄奘来玉华寺译经。龙朔三年（663），经过近四年努力，《大般若经》译成。次年初，玄奘圆寂于玉华寺肃成院。寺毁于何年，史载阙如，一般认为毁于安史之乱。玉华宫、寺的辉煌，前后不过十八年。加上其前身——高祖武德七年（624）所建仁智宫，也不过四十年而已。

时间虽短，玉华宫留下了中国历史上两个最杰出人物的足迹。一个最杰出的帝王——唐太宗，一个最杰出的僧侣——三藏法师，他们在这里从事过不朽的事业，由此引来人们历久不衰的景仰和凭吊。

二

第一个对玉华宫遗址进行“考古”的人，是中国历史上又一最杰出人物——最杰出的诗人杜甫。安史乱后，杜甫由凤翔去富县路过玉华，有《玉华宫》诗一首，从帝宫兴废感叹人事盛衰。首句介绍自然景观，是“溪回松风长”，此地溪流曲折，松树满山。遗址位置：“遗构绝壁下”；遗物：“古瓦”、“坏道”、“石马”；结论：“不知何王殿”。诗名《玉华宫》，岂有不知之理？“不知”二字，极言其荒凉，意味隽永，震撼人心，这是诗圣的大手笔，这点且让文学家们去评论。我们关心的是，这令诗人洒泪的地方是今日何处？希望有一天能亲临其境，搜寻古瓦，察看遗构，俯听松风，仰发浩歌。

诗圣之后，来玉华访古并留下纪录的，有北宋真宗治平年间坊州地方官宋球、张道宗，其唱和诗镌于石，今存铜川市博物馆。同时有张峋、张岷弟兄等人，于治平三年（1066）夏五月丁巳日来游，上距杜甫三百零九年。其石亦藏铜川市博物馆。据张岷《游玉华山记》，说他们由宜君西南行四十里来到玉华。其南有“野火谷”，谷中“有石常然，望之如烟”。这里位置已十分准确。今玉华村南有煤矿，埋藏甚浅，有出露而自燃者，便是所谓“野火”。张岷说玉华宫“初有九殿五门”，他尚能指出其六：“其正殿为玉华，其上为排云，又其上为庆云”，“其正门为南风门”，“南风之东为太子之居，其殿曰耀和（即《册府元龟》所谓晖和殿），门曰嘉礼”。又，“知其名而失其处者一，曰金飙门也。”“金飙”者，按五行观念，即“西风”；与“南风”相对而言，自应位于西方，面迎西风。张氏虽不能确指其处，然尚能知其在西边，但因“其尺垣只瓦无有存者”，故“过而览之，但见野田荒草而榛荆也”。再往西去，则是所谓“珊瑚谷”。珊瑚谷一带，“盖尝有别殿在焉”。这里所谓“别殿”，应是太宗命王孝积修建于显道门内的紫微殿。张岷未见紫微殿遗址，故曰“尝有”，“尝”字十分重要，说明当时珊瑚谷内实无殿址。

张氏未入珊瑚谷，先去兰芝谷，察看了玄奘译经的肃成殿。这里“中有石岩，崭然有成；下有凿室，可容数十人；有泉悬焉，势若飞雨；有松十八，环其侧，皆生石上，高可十寻，端如植笔”。其所述肃成殿自然景观，应即杜甫所谓“遗构绝壁下”之处。从行文看，张岷似认为玉华宫“九殿五门”不包括“别殿”与此“肃成殿”。笔者认为张氏对“玉华宫”理解有误。“玉华宫”不单指玉华存者一小块。凤凰谷一带，凡皇家殿、门、都应总属玉华宫；“九殿五门”应包括“别殿”、“肃成殿”在内。

张氏又说，肃成殿之“西且南，有崖曰驻銮”。注意“西且南”不同于“西南”，不是直达，而是要拐弯。因此“驻銮崖”遗址，不会在肃成殿近旁。驻銮崖景观：“双壁屹然，如削石而成。既至其处，视若瓮侧。有泉飞而下，如悬布，如喷珠，其名曰水帘。稍北有崖与泉，亦若是而差小焉。”从上述方位看，驻銮崖应在珊瑚谷内。

张氏之后二十七年，元祐癸酉（1093）二月十一日，有坊州太守盛南仲者，游玉华宫并作《玉华宫题记》，后由宜君县令郑觉民请人书镌于碑，立于宫址。此碑今亦存铜川市博物馆。《题记》介绍作者在“既览州经，又视山图”之后，“疑其未能尽状其形势”，决定亲往视察。时有县镇王微之，善丹青，参考张岷所述《宫记》，又三往玉华，“尽得其形容”，绘成玉华宫图。盛氏离职东归时，夜宿玉华，在王微之陪同下，“得以穷视其间：骑兰芝谷，步驻銮崖，视野火谷，观其飞流喷薄，岩谷深险”。当年杜甫诗“所谓遗构、石马，今不复有”，而张岷所述“十八松”，则仍植于石山。

此后，历金、元、明三朝，文风稍衰。至于清初，又有文人纷纷留题。道、咸年间，思想家、学者魏源来游，此时旧宫已无物可寻，“离宫无迹，唯一寺乃唐玄奘译经之所”。窃疑魏氏所见之寺，并非“绝壁下”的肃成殿，而是玉华村前的寺院。魏氏亦深入夹谷，见石崖、石室、水帘，即杜诗所吊“哀湍”、“绝壁”、“溪回松风”之处。面对依旧的自然景观，在那“万马齐喑”的时代，想到正在沿海用坚船利炮打开中国大门的列强，诗人悲怆地吟道：“我来但高寒，万壑松涛飋。中夕风雨愿，尚恐渔阳桴！”[①] 这是玉华宫毁弃之后，继诗圣“浩歌泪盈把”而来的又一声更为深沉的呐喊。

三

魏源之后一百年，20 世纪 50 年代，陕西省文管部门在文物普查中认定玉华村后兰芝谷内悬崖上洞室中所存莲花形金刚座，系国宝级珍贵文物。此座上半呈莲瓣状，下为方形。方座侧面左边，刻有“大唐龙朔二年三藏法师玄奘敬造释迦佛像供养”二十字，应为玄奘手笔（图一）。1964 年 7 月，赵朴初先生在铭文拓片上题诗，有“想见翻经手，磨勘往复过；千载如晤对，心光照天波”句。这实物确证此处石窟及窟前废墟为玄奘当年译经、圆寂之处。除金刚座外，洞内还有玄奘从摩揭陀国拓印回来的如来佛足印刻石。据韩伟先生考证，这是内地最早的佛足雕

① 魏源：《关中览古五首·玉华宫第五》。

图一　玉华宫石雕金刚座

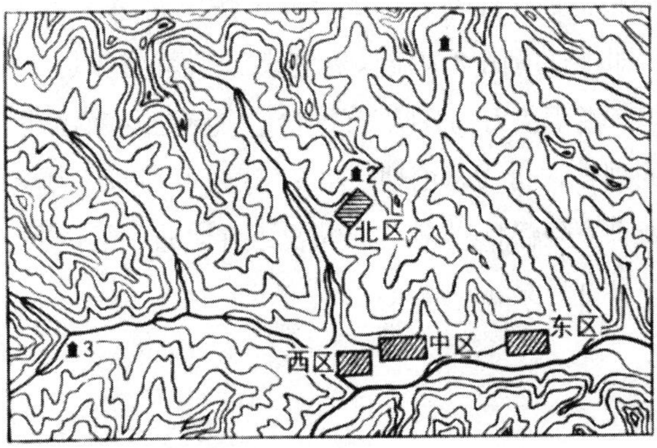

1. 传说中的“东宫”　2. 传说中的“正宫”
3. 传说中的“西宫”

图二　卢文所附玉华宫遗址分布图

造，应在显庆四年（659）至麟德元年（664）间雕就。[①] 这两件珍贵文物现藏中国历史博物馆。

1977 年冬，一位曾在当地学校任教而后来成为考古工作者的年轻人卢建国先生对玉华宫遗址进行了考古调查。其报告发表在《考古》1978 年第 6 期上。

卢氏肯定玉华宫遗址“正位于玉华村及其周围的田野山谷间”。他将群众中传说的所谓“正宫、东宫、西宫”作为三点，又将玉华村及周围

① 韩伟：《陕西的佛足造像》、《考古与文物》1980 年第 2 期。

宫殿遗迹分为中、东、西、北四区。所谓“正宫”为北区，玉华村中心李家村与后村为中区，后村以西为西区，土桥以东为东区（图二）。其调查结果，可概述如下：

1. 中区："村里村外、地面上遍布唐代布纹瓦残片。群众在村里修建房屋挖地基时，经常在地下发现砖瓦等建筑材料，以及石料砌筑的墙基遗迹……李家村曾出土覆盆式柱础石，后村山麓发现排列有序的陶水道。这些遗迹与史料'疏泉抗殿、包山通苑；记载两相印证，由此可见，现今玉华村是原宫殿基址之所在。"

2. 东区："1977年冬，社员于村东1500米处突起台地上取土时，在地下1—3米深处发现唐代建筑材料、铁器、铜钱，还有红烧土、灰渣等遗物堆积层……在这处殿址西侧100米处，地下约1米深处，还发现南北走向的夯土墙，断面呈长方形，宽3米，高2米，南端以挖掉10米左右，向北延伸长度不明。"

3. 西区："玉华村西约100米，也是一处突起台地，在地下1米深处发现砖、瓦堆积层，石砌水道遗迹。出土莲花纹方砖、屋顶形石刻构件等物，应是另一个宫殿基址。"

4. 北区："就是群众传说的'正宫'。悬崖峭壁间开凿的石窟内有佛龛八处和石穴一段。佛龛面宽约1.8米、高1.7米进深1.5米，龛内现无造像，仅存长方形石座。两龛之间的石隔墙上雕刻莲花、菊叶、缠枝卷叶、执戟力士、骑士等浮雕……近年社员于石窟顶部山坡中发现宋代镌刻碑石三通，碑文记叙了玉华宫兴废演变过程等史实，石窟前尚有一片草坪，东西长约50米，南北宽约25米，与佛龛相连，群众称为'正宫院'。从草坪断面看，表土以下约2米深，均为建筑材料堆积。悬崖峭壁上至今仍然保留着安装房屋栋梁的洞眼痕迹七处，直径约30—50厘米，排列形式中间高两边低，呈'人'字形。通过调查初步肯定，所谓'正宫'原是一处相当宏伟华丽的窟檐建筑。它的屋顶形式和梁架结构应是房屋纵轴与峭壁相垂直的庑殿或歇山式，屋面向左、右和前方坡下。”[①]

该文重要贡献有三：一是通过实物证实玉华村即当年玉华宫之所在；二是肯定“北区”为玉华宫肃成殿基址，亦即玄奘译经处；三是现今所谓“寺沟”即是文献中的“兰芝谷”，从而可以了解凤凰谷、珊瑚谷的具体地点。

80年代，铜川市地方志总编室委托王仲德撰写《玉华宫志》。他三下西安查找资料，四赴玉华实地考察，写成三万余言的《玉华宫志》。该志资料丰富，然有关考古方面的内容基本沿袭卢文。该文所附《玉华宫九殿五门基本方位示意图》比较粗疏，方位、等高线与实地无法勘合（图三）。

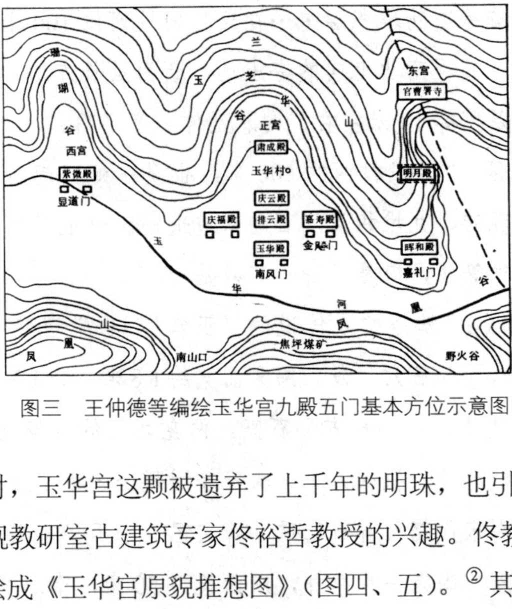

图三　王仲德等编绘玉华宫九殿五门基本方位示意图

与此同时，玉华宫这颗被遗弃了上千年的明珠，也引起西安冶金学院建筑系景观教研室古建筑专家佟裕哲教授的兴趣。佟教授查阅资料、实地考察后绘成《玉华宫原貌推想图》（图四、五）。[②]其诸殿相对位置基本同于图三。令人惊叹的是佟教授将排云殿升到山腰，庆云殿推到山顶，显示出皇家宫殿的宏伟气势，造成引人入胜的意境，同时也使山背面的肃成殿与前列诸殿浑然一体，如一气呵成，真令人拍案叫绝！不

① 卢建国：《陕西铜川唐玉华宫遗址调查》，《考古》1978年第6期。

② 佟裕哲：《中国景园建筑图解》，中国建筑工业出版社2007年版。

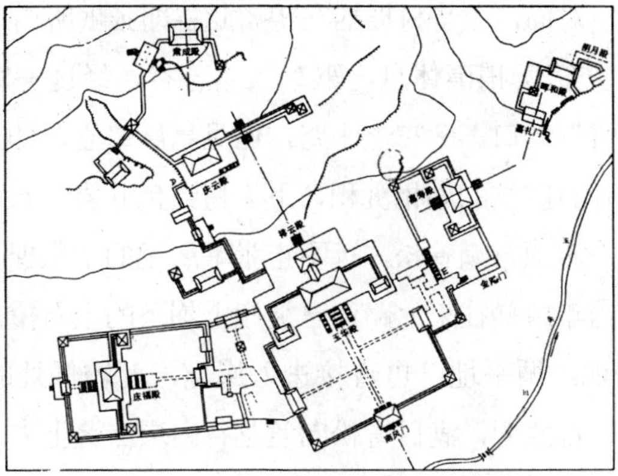

图四 玉华宫原貌推想平面图

图五 玉华宫原貌推想总立体面图

过，当年太宗令将作大匠阎立德在半年时间内建成的玉华宫，能否有这样的规模，是很值得怀疑的。

1991年，玉华宫被陕西省政府列为全省十大风景名胜区之一。在改革开放的大潮中，地方政府对开发旅游资源有了全新的认识。为加强对玉华宫的学术研究，景区政府于1993年春邀请陕西师范大学历史系、西北大学历史系、陕西省考古所等单位十名专家学者前往玉华村考察。笔者闻讯，不揣浅陋忝列其行，不过欲遂二十年前夙愿而已。

同行者张建林君，从事考古多年，尤其对佛教石窟艺术学有专攻。笔者乐得陪同，做个学生。子曰“三人行必有我师”嘛！

车过金锁关，转向西北，沿溪上坡约20里，又在悬崖与苍松间盘旋约20里，到了焦坪煤矿。据说宋人焦赞墓在此间，因而得名。矿区正北，峡谷出口对面，玉华村摇摇在望。此谷即张岷所谓“野火谷”。

在玉华宫文管所稍事休息，驱车入兰芝谷，经过一森林木材检查站，便到“正宫”沟口。舍车上小路，但见悬崖壁立，如刀削成。岩分两层，上层为砾石胶结的湖相沉积，下为橙红色砂岩，石窟多凿于两层之间砂岩上部。崖顶布满苍松，远不止张岷所记的十八棵了，但高不到“十寻”。想象当年唐僧往来之路，已被崖上崩下的土石覆盖。顺土石入沟，到一处平地，循平地已可直接进入崖窟，而较低处的洞窟已被土石填塞过半。回首西望，满目青松向兰芝谷内层层叠上去，确有落入松海之感。三藏法师说这里“真阎浮之兜率天也”。按“阎浮”原为树名，“兜率”即知足、妙足，得此茂林胜境，五欲皆知足矣。

车由兰芝谷退出再向西行约三里，入一幽谷，上有飞瀑，下有积冰。积冰堆积似桂林卢笛岩洞中石笋群，又如白玉雕刻玲珑剔透，亦似一巨型珊瑚塔，“珊瑚谷”盖即因此得名？半崖上亦有一排石窟，即民间所谓“西宫”。张君如猿攀石爬了上去，笔者则只在远处观赏飞瀑。

西宫游过，天色不早，众人急于返回铜川，“东宫”便不去了。笔者与张君似有未尽之事，便留了下来，住文管所李宇明家。

次日由李宇明带路，随张君在村内各处查看断崖、寻找遗物、测柱础石，又去卢文中所谓“东区”，多方搜寻，未见卢文所谓“突起台地”。北入郭玉沟，想去“东宫”，无奈淋雨数日后道路泥泞，鞋重如镣，只得退出。

回西安后数日，张君来访，说将去日本访问，交给笔者他整理的《唐玉华宫复查资料》供笔者参考。现将张君所供资料摘录如下：

（一）宫殿遗址

卢建国《陕西铜川唐玉华宫遗址调查》一文（以下简称卢文）中认为宫殿区包括珊瑚谷（西宫）、兰芝谷（正宫）、玉华村（后村、李家村、前桥三个自然村）（臧按：“土桥”以东称前桥，以西称后桥，见图五）直至“东宫”沟口。

实地复查：玉华村台地背山面川，东西横列，南北渐上。纵览玉华川（凤凰谷）、兰芝谷、珊瑚谷，唯此地最宜建造较大规模的宫殿群。因受地势的限制，原宫殿群总体布局应东西错落排列。在玉华村（卢文所说“中区”、“西区”）台地和村南农田中以前屡出石柱础、唐代筒瓦、板瓦、莲花纹方砖；其中覆盆式石柱础集中出于李家村中林场种子场院墙以东的台地上；砖瓦多出于李家村南的农田中。因此，玉华宫主体殿堂很可能在现李家村一带。由于千年来地貌变化较大，尤其近年来村民修路建房、平整农田、取土烧砖，原唐代堆积几经翻扰，现很难找到暴露的唐代建筑遗存。若进行较大面积的钻探发掘，或许还能发现一些残存的殿堂、宫墙遗迹。

整个玉华村台地较狭长，东西长约850米，南北宽约50—100米。后村南部民宅基中亦出素面铺地方砖。另据村民反映，在后村南50—100米的农田中发现过石板砌的下水管道遗迹。近年原地貌有所变化，原发现地点未能详查。

在兰芝谷（卢文所说的“北区”）绝壁下的台地上有唐代筒瓦、板瓦、琉璃脊饰件残片，熟铁锻制的铁箍圈等遗物。这处台地东西长约45米，南北宽约20米，原应有唐代遗物，而且后代较少扰动。若有建筑基础遗存，应保存较好。但台地面积较小，大小仅容一殿，原殿堂附属建筑很可能迤逦坡下，相互勾连。

至于卢文中所说“东区”（李家村东1500米处），在复查中未找到任何“台地”、“唐代文化层”、“夯土墙”等遗迹，在此存疑。

（二）石窟群

1.“正宫”石窟群，可分为三部分。东部为一略呈弧形的狭长开放式大窟，其上下均为峭壁悬崖，东西两端可经凿于崖内的隧道进入，窟内未见造像；中部为一组由隧道贯通的8个窟龛，窟龛面阔1.8—2.3米、高1.7—2.1米、进深1.5—1.8米不等，每窟后壁留有石台，无造像，窟与窟之间的隔墙外或见草叶、牡丹等雕刻纹样

（臧按：张君对笔者说，卢文说隔墙上刻“莲花、菊叶”，不对，应是牡丹花、叶），以及力士浮雕造像；西部有6座大小不一，散布崖壁的石窟，其中3座位置较低的窟内已淤积过半，均无造像。

2.“西宫”石窟群，位于珊瑚谷底的高达50余米的悬崖中部，原有栈道式阶梯通上，现可由西侧山坡登临。现存石窟十余座，大小不等，窟窟相通，未发现造像。

3.“东宫”石窟群未经调查，不祥。

（三）遗物

除卢文介绍的一批遗物外，在此次复查中有见到一种较小的覆盆式石柱础，其方座边长均60厘米左右，覆盆式底径约40厘米左右。

在文管所院内有一件正六边形“石灯顶盖”，每边长60厘米，每面雕成瓦棱形，很可能是石经幢顶盖。

李家村南农田边出土的石条长97厘米、宽43厘米、厚13厘米。

因与张君同行，笔者觉得有一点尚可补充：

我们对卢文中所谓“碑刻三通，系社员张明仁、杜华宣在遗址北区‘正宫’石窟顶部山坡中发现”一语颇有怀疑。窟顶山坡系野生松林，无路可通，更无游人，且康熙年间诗人张伟有“碑览悬崖古洞隈”之语，碑不应在山上，应在洞中。李宇明领我们找到张明仁，问他碑发现于何处。张说：“山上。”我们问：“是山顶，还是悬崖上洞中？”答：“洞中。”再问：“如何抬下来的？”答：“用绳捆好，从上面吊下来，与当年运莲花座一样，只是没有用棉被。”问题已经弄清楚了，同时又知张明仁还曾参与50年代金刚座的搬运，于是我们附带问及。张回忆，当时上级说，若莲座损坏，按政治问题处理，大家特别小心，用棉被包好，用大绳由上坠下，再由年轻力壮者抬到村中。当时焦坪镇还不通汽车，十几个小伙子翻山越岭，抬出三十多里到柳树坪送上汽车。

张君资料遗留的主要问题是宫殿遗址位置并未查明。据张岷《游记》，玉华、排云、庆云三殿是由下而上，而“其正门为南风”又证明三殿应为南北纵列，并非如张君所推测的是“东西错落排列”。李家村台地南北容不下三殿一门，则玉华诸殿很可能如佟教授推想的向山上发展，但不知山上是否找到过殿基遗存。返回西安之后，笔者即骑车到西安冶金建筑学院询访佟教授，不巧佟教授赴海南设计公园，短期内回不来，我不能不再赴玉华查看。此外，张君资料还有“东区”存疑和“东宫”未去的问题。文献中提到的显道门、紫微殿、晖和、明月、庆福、嘉寿诸殿，以及驻銮崖、官曹寺署、马坊等的位置等问题，也应在实地考察中试着予以解决。

四

此次再去，制作了一张地图（即图六，与遗址或文献有关的地点事后在图中以1—16标出），与玉华宫有关的地方都应了解。

4月23日出发，次日到焦坪，步行十里，于上午11点到达玉华

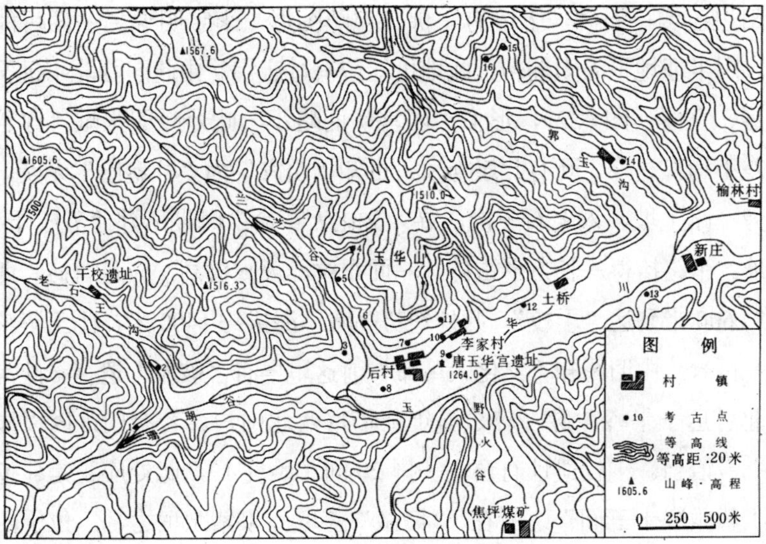

图六　唐玉华宫考古遗址分布图

照片一　干校遗址

村，文管所李宇明正忙春耕，当即放下农活陪我考察。先至“西宫”，即“珊瑚谷”（图六 1）。笔者提心吊胆爬上半崖，察看岩洞。由壁上泥皮脱裂露出水波等精细刻纹，可定为石窟寺遗存。

由“西宫”返回约 300 米，在老石王沟与珊瑚谷交汇处东北约 50 米农田边，发现覆盆形柱础石一件，直径约 40 厘米，厚约 16 厘米。附近田边还倒一石碑，上雕有一佛二菩萨图形，李宇明说另一面可能有字。因半埋地下无力翻转。此地可能曾有过庙宇。由此向西北不远又有悬崖、飞瀑（图六 2），形似“西宫”而略小，此处应即张岷“亦若是而差小焉”之泉。既有此崖与泉，可知“西宫”为“驻銮崖”无疑。由崖旁小路上坡，入老石王沟，寻“文化大革命”时期所建“五七干校”遗址。半路拾得一长方形古砖，一面布纹，火候极高，应是唐砖。西北行约 600 米到达“干校”，此处地势高敞，海拔约 1400 米，比玉华殿高出一百米，由旧图知“文化大革命”前这里早有“破屋”遗存。此沟向西北可达子午岭主脉，应是当年玉华宫西北门户。若有门，以“显道门”最恰当。干校遗址有窑洞一排 20 间（照片 1），此处应正是显道门内“紫微殿十三间”之所在。“紫微”盖取天象紫微垣之名，位于西北乾位，又高敞宏壮。玉华宫森林公园筹备处设计将在此处建别墅若干栋。笔者建议可称之为“紫微村”。

由“驻銮崖”向东约2000米，兰芝谷口西侧，有一突起台地（图六3）。其西为唐代瓷窑遗址。由遗址迤东近百米内，断面距地表约二米深处，都有古瓦碎片。西北大学葛承雍以此处为玉华宫明月殿遗址，可从。除葛君所述理由外，笔者认为，明月应与晖和相对。晖和者，耀日也。据《尚书·尧典》“乃命羲和，钦若昊天”，古有和氏，司“纳日”，司秋、冬。故“和”可为日之代词，且特指秋冬之日。张岷已说耀（晖）和殿在南风之东。明月自应在其西。

入兰芝谷，沿沟东侧北行约600米，森林木材检查站北，便是玄奘译经之肃成殿的沟口。再入“正宫”（图六4），查看佛龛，在草坪又拾得琉璃建筑残件及古瓦。返途中，李宇明告知，检查站南台地，被本地人呼为“宝塔地”（图六5）；文管所院内石经幢顶盖即出此地。沿路返村，李又指路边菜地（图六6）及后村村北斜坡（图六7），告知陶水管道便出土于这一带，又提及在“正宫”沟口往西不远，兰芝谷北侧崖下有一泉，水甚足，可供宫中饮用。此即文献中“疏泉抗殿，包山通苑”的遗迹。另外，上次考察中已知，在后村西南（图六8）地中发现下水道。其盖石之一被村民搬回做了“过门石”，长约2米，宽约1米，厚约20厘米，表面不平整。若进行较大面积揭露，尚可复原玉华宫上水、下水系统。

下午四点半出发向东，在后桥村东台地坡下，有裴氏兄弟新居（图六12）。他们在清理房基时曾切削台地边缘，形成高约4.5米的立崖。在崖上距地约2米高处发现一排园洞，洞直径约7—8厘米，洞间距约20—30厘米，深不可测，裴氏老二在崖基向内打一小窑，高宽深约2米，洞顶剥离出夯土层面，从下向上看，夯窝凸出状（图七），夯锤直径约8—10厘米，夯层厚约15—20厘米，估计最下一排小洞为夯层下所压木棍遗迹。其上夯层中续有小洞，由剥离处可见木料痕迹。这几层夯土距今台地地表约2.5米，李宇明又在半崖上与夯层同高处发现筒瓦、板瓦残片无数。可以断定，后桥（土桥以西）这片台地亦属玉华宫基址之所在。

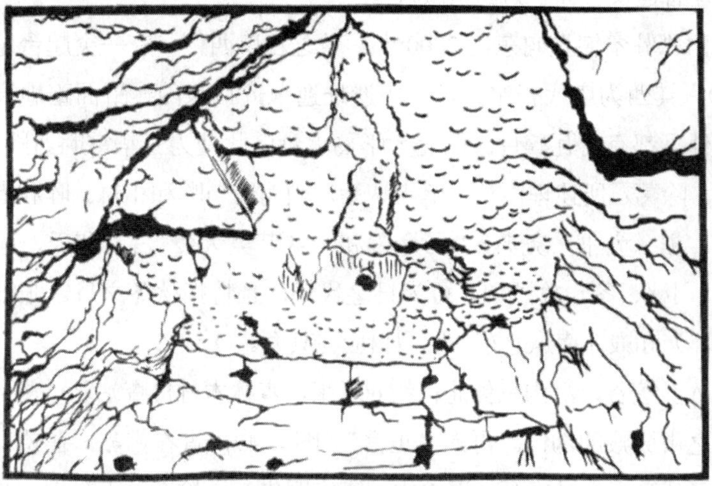

图七　裴氏房后小窑洞顶部

离了裴家，东行约1000米，经过卢建国文中所谓“东区”（见图二）。这里北为石崖，南部地势低下，不存在所谓“突起台地”。而隔河对面正有一片高约30米，面积约20—30亩大小的台地（图六13），当地人称这块地为“石岭上”。李宇明告诉笔者，他近日得知石岭上出土琉璃瓦及一般砖瓦无数。因要赶路去“东宫”，未及前往察看。笔者认为“石岭上”很可能是当年“官曹寺署”。李宇明说，登上石岭上，可以将玉华村一览无余，或许那是警卫部队驻地。笔者想：卢氏所谓“东区”距玉华1500米，很可能便是此处。只不过是卢文地图标示有误（该图中2、3位置亦误，2偏北约300米，3偏西约600米）。

入“东宫”沟（郭玉沟），西北行约500米，路东有一片高地，叫“松树台”（图六14），地属榆林村。春耕正忙，有农夫扶犁，问及玉华遗物，答道这块地中瓦片甚多。笔者与李随即在地边拾得一片厚大的唐瓦（照片二、右）。这里应当是当年“马坊”之所在。

顺沟西进，景甚美。穿过一片松林，令人想到《水浒》中景阳冈上那片“茂恶林子”。笔者手中的小锄，竟起了壮胆的作用。记得森林公园设计图上，这里北坡上将是“度假山庄”。再西行二三里，北折入谷，

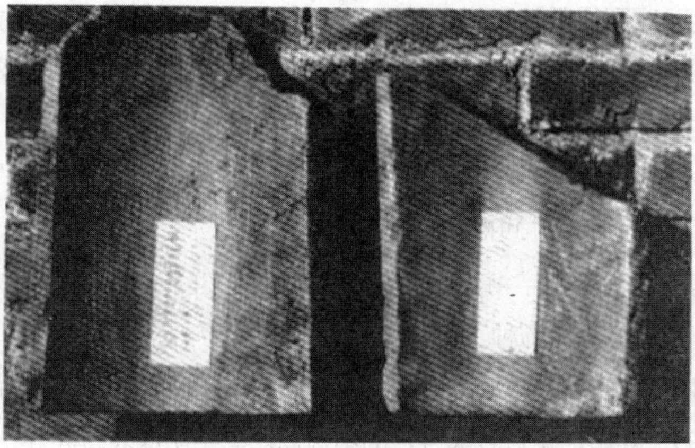

照片二　唐瓦
左：李家村李宇海房后山上出土　　右：松树台出土

茂林之中，举目仰视，一高崖矗立，崖中部有一长排洞窟，洞皆在湖相沉积层之下，红砂岩上层凿出，这便是“东宫”（图六 15）。李宇明说，他小时听长辈讲，为躲避兵匪之祸，村中各大户都有一洞，并安有门窗，内藏粮食及财物。各户都从西头高约六米的木梯上下。现因无梯，无法上去察看，但根据极隐秘的环境及洞貌，笔者与老李一致认为，此处与唐玉华宫遗构无关。“东宫”之西不远，松林荫蔽中，石崖之更隐秘处，又有同样凿出的一长排十余洞，此处叫“小洞宫”（图六 16），亦是后世所凿。

此时天色向晚，急返。

至此主要问题即玉华、排云、庆云殿的位置，尚未解决，希望次日上山去找。李说，他从小在山上各处玩耍，山上曾有过人家，现已无人，尚存有碾子碾盘之类，但可肯定山顶无砖瓦、殿基遗存，唐玉华宫似无建于山顶或半山腰的可能。笔者注意到李家村北有一深谷，谷中亦有类似悬崖，形如诸“宫”，其沟南北距离，足可布三殿。但李断言该沟（仙人沟）中无古代砖瓦等遗物。次日晨，笔者再次请李陪同去仙人沟一查。李毫不犹豫，带上小锄出发。

入沟，景色亦佳，但却无所获，退出。笔者说要上山，李又陪同。向西，登上村北台地，发现地边有瓦。地北侧断崖上，距地约一米高处，发现碎瓦无数，小锄稍拨，得一较完整唐瓦（照片2、左）。这块地位于李宇海房北，李高真房东北（图六11）。李宇明说，他哥曾在这块地附近拾得一枚围棋子，一铜盒，盒内盛几件铜环。再往山上爬，经两级梯田，上面不再有断崖与农田，这才下山。李又陪同去他哥家，找出铜盒及棋子察看，可断为唐代遗物（图八）。

笔者认为，李宇海房北台地之北，发现唐瓦的土层，为庆云殿基址，李家村中，林场种子场东边出柱础石地区（图六10），为排云殿；李家村南、娑罗树以东“寺院”，地下出铺地方砖处，为玉华殿遗址（图六9）；其南，正对野火谷，为南风门。李宇明深表赞同。

笔者离开了玉华村，步行十里，去焦坪搭长途车。一路上，玉华宫图在脑海中隐现。据笔者所知，有五人绘过玉华宫图。第一个绘玉华宫图的，是它的设计者、将作大匠阎立德。此图为唐代名画之一，但早已不知去向。第二个绘出玉华宫图的，是北宋盛南仲文中提到的王微之，此人为复原玉华宫，曾三次实地考察，“尽得其形容”，“别作绢本”，“置于州之通济亭，欲好事者视其图，不游山而知玉华为绝境也”。此图也早已失传。第三图是铜川市志编写人员王仲德、陈旻居先生等所绘（见图三）。第四图是西北大学葛承雍，在王、陈图基础上略有改动，

图八　唐代铜盒、铜钏、带钩及围棋子

主要是将明月殿移往兰芝谷口西侧。第五图是西安冶院佟裕哲教授所制（见图四、五）。

现在，在考古调查的基础上，可以绘成更接近于原貌的新图了。这图中，显道门在老石王沟内，门朝西北，面对子午岭。门内为“文甓重基、高敞宏壮”的紫微殿。“金飙”者，西风也。在思想上崇尚道家、文学上讲究对仗的唐代，南风既朝南，金飙必向西；其位置，应在葛氏明月殿位置之西。玉华殿之西，依前人说为庆福殿；玉华殿之东，依前人说为嘉寿殿。再东，与明月殿相对，后桥村裴氏房后台地上，为晖和殿。晖和之东，门朝东，为嘉礼门。兰芝谷内，肃成殿之西北，应还有一门，面向西北，因不在要道上，故典籍失载其名。嘉礼门外，石岭上，为“官曹寺署”；郭玉沟内，松树台，为马坊。

登上野火谷侧山顶，举目北望，玉华宫九殿五门迤逦山野，盛唐气象，历历在目。绘出这第六图的，应是玉华宫森林公园的建设者们。

（原载《玉华宫》，香港天马图书有限公司 1993 年版）

西安新出土阎立德之子阎庄墓志铭

1995年，在西安城西南，长安县郭杜镇西约七里、东祝村西南里许、古高阳原西坡，发现唐代墓志一合。志盖长72、宽71.5、厚约10.5公分，呈覆斗形，已碎为五块。盝面59.5公分见方，其中47.6公分见方，分四行、行四格篆书“大唐故太子家令轻车都尉阎君墓志铭”。盝边宽6、四杀宽8、盖侧高5公分，全饰以二方连续牡丹缠枝花叶，图案简洁流畅、雍容华贵（图一）。志石长71、宽70.5、厚12公分，四侧满饰以同样花纹。志铭并序分36行，每行36格，共1296格。纵横有界线，每格1.9公分见方。计有空白71格，又有六格刻有二字，共计应有1231字。志石右上角残损，第一行缺2字，第二、三、四行各缺1字，计缺5字，现存1226字（图二）。

墓志铭撰者李俨，两唐书无传，《全唐文》卷201据俨撰《道因法师碑》文，有17字小传云：“俨字仲思，陇西人，龙朔中官中台司藩大夫。”《金石萃编》卷54对“司藩大夫”及李俨家世略有考证。《全唐文》、《唐文拾遗》、《唐文续拾》收入李俨文章四篇，即《益州多宝寺道因法师碑文并序》（欧阳通书，今藏西安碑林）、《金刚般若经集注序》、《大唐故左戎卫大将军兼太子左典戎卫率赠荆州都督上柱国怀宁县开国襄公杜公碑》（俗称《杜君绰碑》，高正臣书，今藏醴泉县昭陵）及《大唐故清河长公主碑》。赵明诚《金石录》收有俨撰碑版文七篇，除《道因法师碑》、《清河公主碑》外，有《辩法师碑》、《窦德玄碑》、《刘君碑》、《大兴善寺舍利塔铭》、《董宝亮碑》。诸碑年代，起自显庆三年（658），止于咸亨四年（673）。《中国文学家大辞典》据此推测李俨约卒

图一

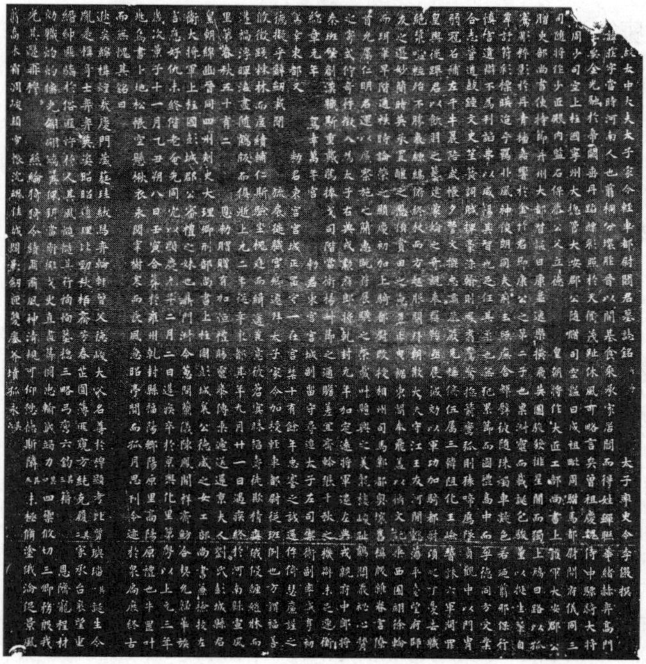

图二

于咸亨以后。[①] 今据阎庄墓志，可知上元三年（676）俨尚健在，时任太子率更令。

志文正书，书法秀美，无书人姓名。笔者持拓本与同时代碑拓详加比较，发现与杜君绰碑高正臣正书极似，初步认定其出于一人之手。高正臣另有行书《明征君碑》，上元三年（676）四月建于摄山栖霞寺（今南京）。《书史会要》记“正臣善正、行、草书”，《书断》谓正臣“习右军法，玄宗甚爱其书”，《苍润轩碑跋》称“正臣明征君碑书自圣教序中出，极有风骨可爱”[②]。正臣时任相王（睿宗）“书臣”，其之能书，宜矣。惜杜君绰碑残泐太甚，今人难以领略其风骨。今阎庄志出，字迹清晰如新，实为书家一大快事。

墓主阎庄，太宗时工部尚书、画家、建筑师阎立德之子。《新唐书》卷 73 下《宰相世系表》对于阎氏家世罗列三种说法：其一，周武王封太伯曾孙仲奕于阎乡，因以为氏；其二，周昭王少子生而手文曰阎，康王封于阎城；其三，唐叔虞之后晋成公子懿，食采于阎邑。今据阎庄墓志“翦桐分壤，胙晋以开基；食采承家，居阎而得姓”，可断定第三种说法为是。阎庄官至太子家令，李俨为太子率更令，二人同为从四品上，同随太子出入东宫，关系应十分密切。如是则此志所载，尤当可信。

然而问题在于，《宰相世系表》内，阎立德止一子，名曰玄邃，而此志却说阎庄是阎立德之第二子。阎庄出仕多年，其品行早已“见称侪伍”；又因“早阶通袟，时论荣之”；入宫禁十有余年，“载闻旒扆，徙职宫卿”，其忠謇廉谨得到高宗赞许，提拔为太子家令。其妻刘氏，刑部尚书刘德威之女、工部尚书刘审礼之妹。无论如何，连白身也载入的《宰相世系表》中不应遗漏。这是一个谜。其间幽微隐衷，人们在此志《序》、《铭》文字表面是见不到答案的。作为以碑版文字著称的文学家和死者的同僚，在武则天淫威之下，李俨只能用隐晦词句留给后人以探赜钩沉的线索。请试读下文：

---

① 周祖譔主编：《中国文学家大辞典·唐五代卷》，中华书局 1992 年版，第 302 页。

② 转引自马宗霍：《书林藻鉴》卷 8，文物出版社 1984 年版，第 86—87 页。

岂意彼苍冥昧，福寿徒欺。积痗俄侵，缠蚁床而遘祸；浮晖溘尽，随鹤版而俱逝。上元二年从幸东都，其年九月廿一日，遇疾终于河南县宣凤里第。

这里涉及墓主死因的关键词有三：一是“痗”；二是“蚁床”，三是“鹤版”。试解之如下：

作者不用“病”、“疴”，单用“痗”，显然不是一般的病。《诗经·伯兮》“愿言思伯，使我心痗。”毛《传》：“卫宣公之时，蔡人、卫人、陈人从王伐郑，‘伯兮’为王前驱，故家人思之。”伯兮为周王充当前驱，讨伐无礼于天子的郑伯，其家人思念，为其担忧。由此可知“痗”为心病，“积痗”即长期为主人担忧，“俄侵”即突然暴发。

令墓主“遘祸”的“蚁床”，十分费解。《礼记·檀弓上》曰，“子张之丧，公明仪为志焉，褚幕丹质，蚁结于四隅”。郑玄注：“画褚之四角，其文如蚁行往来相交错。”公明仪为子张所制覆棺之布，其四角绘纹，如蚁行往来交错。据此可知此处“蚁床”，实指灵柩。阎庄因“缠”于灵柩，哀伤失度而罹祸。

问此柩中何人？“鹤版”提供了答案。《列仙传》卷上：“王子乔者，周灵王太子晋也……游伊洛之间……乘白鹤驻山头……拱手谢时人，数日而去。乃立祠于缑氏山下。”后世据此称太子驾曰“鹤驾”、太子所居宫曰“鹤禁”。版，《荀子·礼论》集解郝懿行释“版盖”曰：“棺椁所以象屋，旁为版，上为盖。”则“版”可以代指棺椁。此处“鹤版”即太子棺椁。联想到太子李弘正是葬于缑氏山，“鹤版”指太子之死无疑。按太子李弘之死在上元二年（675）四月，墓主阎庄死于同年九月。若太子家令阎庄之死与太子无关，志文不应写“随鹤版而俱逝”。“随”、“俱”二字，意味深长！

众所周知，新、旧《唐书》对太子李弘之死有不同记载。太子是否“遇酖”，学术界一直有不同的看法。这个“千古之谜”与阎庄未入家谱之谜，实是同一个谜。阎庄墓志为解开这千古之谜提供了值得注意的线索。若太子属正常病故，那“缠蚁床”的太子家令是不应当

“遘祸”的！

让我们再看看铭文《其六》：

未极修涂，俄沦促景。风翦乔木，霜凋峻颖。穸帐沉魂，佳城閟影。剑匣双瘗，斧坟孤永。

阎庄在太子死后不久“俄沦促景”，忽然“遇疾终”。此“疾”显然不是一般疾病，而是“风”、“霜”逼迫致死。铭文结尾句，谓剑在匣中，斧在坟中，永瘗地下，又何其抑郁之甚也！联想到《宰相世系表》中竟无阎庄其人，应当是阎家屈服于武后淫威，将阎庄除名了。当然，关于《世表》中无阎庄的确实原因，以及太子之死是否正常，尚有待进一步探讨论证。

墓志拓片：

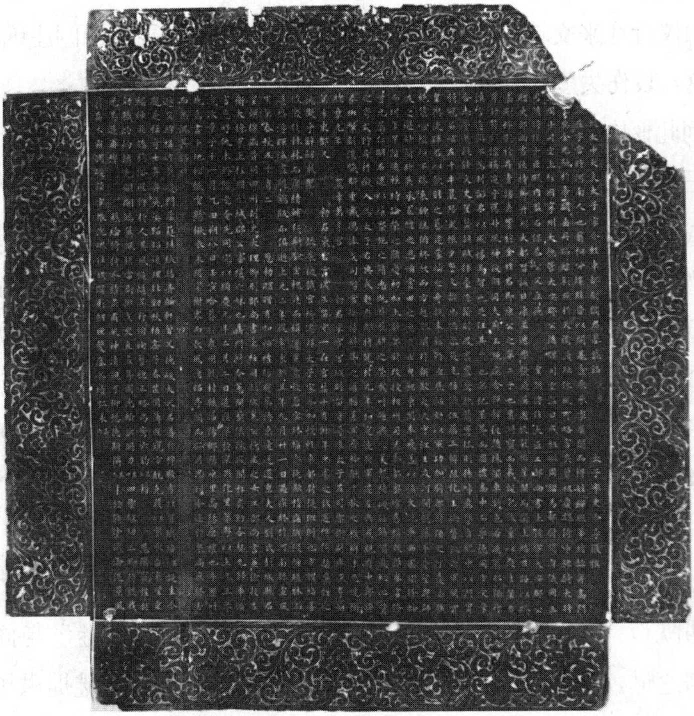

大唐故太子家令轻车都尉阎君墓志铭

附墓志全文，加新式标点以便阅读。说明两点：一、原文空格之处，依样空出。原文提行，依样提行。二、唐人字多别体，兹一律改作繁体规范字。欲知原字，则有拓片，读者自可查正。

□□故太中大夫、太子家令、輕車都尉閻君墓誌銘并序　太子率更令李儼撰

□諱莊，字當時，河南人也。翦桐分壤，胙晉以開基。食采承家，居閻而得姓。蟬聯華緒，赫奕高門。

□玉要金，光融于帝闕；垂丹蹈縹，彩照於天衢。茂趾休風，可略言矣：曾祖慶，魏侍中、驃騎大將

□，周少司空、上柱國、寧州大揔管、大安郡公，隨贈司空，謚曰成。祖毗，周駙馬都尉、開府儀同三

司，隨將作少匠、殿內監、石保恭公。父立德，　皇朝將作大匠、工部尚書、上護軍、大安郡公，

贈吏部尚書、使持節并州大都督，謚曰康。並逸槩橫飛、英圖駿發，排星關而獨上，矯日路以孤

騫，彫粹影於丹青，播嘉響於金竹。君即康公之第二子也。稟淑靈而載誕，包駿量以挺生。肇自

覃訏，符彩標映；追乎羈丱，風神俊朗。同夫荊玉，照廡含輝；譬彼隨珠，燭車凝色。若迺翦邪保行、

慎言遺辯，不為利諂，弗以威惕。其智也足任，其柔也無犯。累節而圖禮，高中而孕德。同方受業，

合志詧道；鼓鍾文史，笙簧詞賦。揮豪染翰，則鳳翥鸞驚；撫箭彎弧，則猿啼鴈墜。貞觀中，以門胄

弱冠，名補左千牛。晨陪武帳，夕警文捲。忠肅恭嚴，見稱儕伍。屬三韓阻化，王蝓稽誅；六軍問罪，

皇輿徙蹕。君以飲羽之藝，建蒙輪之奇。親奉羈靮，亟展誠効，以軍功加騎都尉。頃之，丁憂去職。

絕漿嗌粒，殆不勝哀。縓縞俯終，杖而方起。服闋，拜朝散大夫，

守江王友。河間懿藩，平臺望府，師
友之選，妙簡時英。承置醴之恩，預賞田之惠。豈止曳裾東閣，奉
飛蓋以摛文；託乘西園，翊徐輪
而珥筆。早階通袟，時論榮之。顯慶初，加上騎都尉，改授相州司
馬。鄴都奧壤，舊稱殷雜。眷言僚
首，允屬仁明。君運以廉察，施之簡惠。既符展驥之榮，載叶題輿
之美。龍樓峻趾，鶴關嚴衸，心膂
之寄，式佇奇材。徵入為太子右典戎勳府郎將。乾封元年，加定遠
將軍，遷左典戎親府中朗將。
秦班肇創，漢職斯重。戴鶡捧戈，司階當衛。楊叔節之通贍，差宜
齊軫；張千秋之機辯，未足連衡。
總章元年，　　駕幸萬年宮，　　勑君東宮宮城副留守，尋遷太子左
司禦衛副率。咸亨初，
駕幸東都，又　　勑君東宮宮城正留守。一在宮禁，十有餘年。忠
謇之誠，還侔倚瑟；廉謹之
德，擬乎辭劒。載聞　　旒扆，徙職宮卿。遷拜太子家令，加授
輕車都尉，從班例也。方謂福善
攸徵，踐棘林而底績；輔仁斯驗，坐槐庭而緝道。豈意彼蒼冥昧，
福壽徒欺。積痗俄侵，纏螘牀而
遘禍；浮暉溘盡，隨鶴版而俱逝。上元二年，從幸東都。其年九月
廿一日遇疾，終於河南縣宣風
里第，春秋五十有二。　　恩勑賵贈，有加恒禮，賜靈轝傳乘，遞
送還京。夫人劉氏，彭城縣君、
皇朝綿幽晉同四州刺史、大理卿、刑部尚書、上柱國、彭城襄公德
威之女，工部尚書兼檢校左
衛大將軍、上柱國、彭城郡公審禮之妹也。鼎門淑令，蕙問蘭儀，
陳鳳開祥，齊魴合契。允歸華族，
言應好仇；未終偕老，奄先同穴。以顯慶元年二月二日遘疾，卒於
京興化里第。粤以上元三年

歲次景子十一月乙丑朔，八日壬寅，合葬於雍州乾封縣福陽鄉陽原里高陽原，禮也。牛罡叶
兆，烏書卜地，松帳空懸，楸衣永閟。宰樹寒而長風急，昭亭閴而孤月思。刊令迹於泉扃，庶終古
而無愧。其銘曰：
邈矣綿構，煌哉慶門，葳蕤珪紱，舄弈輪軒。曾父德峻，大父名尊，於穆顯考，比質璵璠。其一。誕生令
胤，是稱奇士；弈弈英姿，昭昭通理。比勁秋柏，齊芳春芷。圓薄匪窺，方純克履。其二。家承台衮，望重
縉紳。匪驕於俗，匪忤於人。其風慥慥，其行恂恂。藝揔三略。弓彎六鈞。其三。籍　　恩隮寵，程材
効職；灼灼摛光，翩翩矯翼。佩弭當衛，擁戈更直。盡節圖忠，輸誠竭力。其四。四禦攸切，三卿務殷；我
光其選，再穆　　絲綸。猗猗令績，肅肅風神。清規可仰，懋德斯隣。其五。未極脩塗，俄淪促景。風
翦喬木，霜凋峻穎。穸帳沉魂，佳城閟影；劍匣雙瘞，斧墳孤永。其六。

（原载《唐研究》第二卷，1996 年，第 455—462 页）

附记：

池田温先生阅读拙稿之后，来函盛赞此志之珍贵，且对拙文有些必要的补充，特摘抄于下：

新出该志精良拓本，内容、书法特优，稀世珍品。贵文发明书者系高正臣，及阎庄与太子李弘之死之关系，使人启发多般。

志铭録文中文头阙字，按残画和文意，首行两字可补[大][唐]，2 行第一字可补[君]，第 4 行首字为[军]。

迨乎羁卝，风神俊朗：

两句中的卝，当识为丱字。丱属丨 部。

《汉语大词典》第 1 卷 622 页：丱 guàn

①古时儿童束发成两角的样子。

②指幼年时期。

张参《五经文字》卷中丱部：

“丱部，工瓦反，羊角也，象形。俗呼古患反，作卝，无中丨 。”

《毛诗注疏》齐风甫田：总角丱兮

阮元校勘记：“小字本、相台本同。闽本、明监本、毛本同。唐石经丱作卄。案各本皆误，唐石经是也。”

据此，唐石经丱作卄。作卝、作卄，俱丱字之异体。

羁丱，《汉语大词典》第 8 卷 1055 页：

“犹羁角。丱，儿童发髻的样式。因以指童年。”

唐颜真卿《茅山玄靖先生广陵李君碑铭》：“先生孩提则有殊异。晬日，独取《孝经》，如捧读焉。羁丱好静处，诵习坟典。”

《新唐书·许王素节传》：“方羁丱，即诵书日千言。”

志文的意思：“及于少年，风貌俊朗”。

池田先生补、解甚确。在此谨向池田先生表示谢意。

2007 年 11 月 25 日臧跋：池田先生未补第三行第一字，郭子直先生补为佩字[1]。拙见以为当补冠字，古以冠玉指美男子（见《汉语大词典》第 2 卷 442 页）冠与要（腰）对应，冠玉与腰金对应。

① 郭子直：《唐阎庄墓志注》，《碑林集刊》1996 年 12 月第四辑，第 79 页。另：郭文未解“乌书卜地”之“乌书”，苏州博物馆程义告知，“乌书”应即《青乌子葬经》，见《旧唐书·经籍志》。

史学评论卷

浙江长兴臧氏族谱第六次修谱叙

燧古茫茫，先民从洪荒中走来，万年之前，由仅知狩猎采集的原始人群进化为畜牧农耕部族。东亚大地，黄河长江，孕育了中华民族。至距今约五千年前，有军事首长炎帝、黄帝、蚩尤逐鹿中原，争夺生存空间，较量生存方式。而所谓“逐鹿”，实际上是社会行为规范和社会道德观念的形成过程。

在距今约四千二百年时，有炎帝族姜姓女子曰姜嫄者，“履巨人迹”而孕，生子，以为不祥，弃之隘巷、平林、寒冰，牛羊护之，鸟翼覆之，姜嫄以为神，遂收养长之，因名曰“弃”。事见《诗经·大雅·生民》、《史记·周本纪》。上古观念难免神秘色彩，此实为炎帝族一支姜姓之女子，与黄帝族一支姬姓之男子，野合而生弃。弃自儿时便有“巨人之志”，好耕农，善植百谷百蔬。此时中原部落联盟首长为帝尧，尧举弃为“农师”；至舜时，封弃于邰，“号曰‘后稷’，别姓姬氏”。弃之前，血缘实为母系，“民人但知其母不知其父”；弃之后，始以父系纪之。

因我臧氏出于姬姓周公，弃乃姬姓之始祖，亦即文献所可知周公之最早祖先。修族谱，慎终追远，所可知者，不能不尽力述及之。

由弃至于周公，中经夏、商两代，历时千载。其间艰难苦困，幸有《史记·周本纪》记载下来。值得在此一提的是，我先祖与农业有特殊关系。有夏一代约四五百年，我先祖世世袭任农官，称为“后稷”。夏衰，东夷商族崛起伐夏，我先祖不窋向西北奔窜于戎狄之间，难以务农，“弃稷不务”。至其孙公刘居于豳（泾水中游，今陕西旬邑、彬县一带），复修农业，衣食得以充足。又历十世至古公亶父时，复受游牧民族侵扰，不得安宁，亶父乃率众迁至岐山之阳（今扶风、岐山县渭北原上，谓之“周原”），贬戎狄之俗，营居室宗庙，疆理田亩，戮力农耕，得以迅速壮大。此时之殷商历时已有约五百年，王朝开始衰朽，至其末帝纣王暴虐无道，拒谏饰非，好酒淫乐。古公亶父之孙姬昌，号称西伯，能明德慎罚，令诸侯归心，史称“文王”。其子姬发，率诸侯伐纣灭殷，建立周朝，史称“武王”。两年后武王崩，太子诵年幼，武王之弟姬旦恐诸侯叛，乃摄政当国，平定叛乱、分封诸侯、安置殷遗、制礼作乐，至第七年归政姬诵。史称姬诵为“成王”，称姬旦为“周公”。

周公在位时，“一沐三握发，一饭三吐哺”，善待天下贤士，呕心沥血，发布多篇训诰。这些训诰，作为历代政治家必读之文献，幸存于儒家经典《尚书》之中。有周八百年之基，实由周公奠定。

奠定周王朝关键之举，乃是“制礼作乐”。周人立国支柱，即在于此礼乐文明。东方文化以定居农业为根基，建立在自给自足自然经济基础上。其社会行为规范，即是所谓礼仪制度；其社会道德观念，即所谓礼义廉耻。

经儒家提倡，“礼义廉耻”、“仁义礼智信”等伦理道德观念成为炎黄子孙做人之根本。我中华文明由此得以昌盛。

周公长子伯禽初就封于鲁（今河南鲁山）。周公平叛时，伯禽率师平定淮夷徐戎，曾誓师于费（今山东费县西）。今文《尚书》犹有伯禽之《费誓》篇存，其主旨，即强调礼义。平叛后鲁国东迁定都曲阜，事见《诗经·鲁颂·闷宫》。西周时期，除王室外，天下诸侯唯鲁国得用天子之礼乐。至东周时王室衰微，遂有“周礼尽在鲁”之说。也即是说，春秋时期鲁国之文明，走在当时世界最前列。

伯禽之后，历七世十一君至于鲁孝公姬称（前795—769年在位）。史载孝公“肃恭明神，敬事耇老；赋事行刑，必问于遗训而咨于故实”。史称其“能道顺诸侯”，“能训治其民”，事见《史记·鲁周公世家》。

鲁孝公之子公子彄，得分封食采邑于臧，字子臧。依宗法，诸侯之余子称“公子”，公子之子称“公孙”，公孙之子（公子之孙）不得参与祖祭诸侯，乃别以祖父之字为氏；公子彄之孙以臧为氏。公子彄是臧氏之始祖。

又因公子彄食采于臧，北宋郑樵《通志·氏族略》谓臧孙以封邑为氏，此说亦可通。民国初年武进臧励和主编之《中国人名大辞典》所附《姓氏考略》，亦即兼采两说。

公子彄事迹，见载于《春秋左传》。隐公五年（前718）春，隐公欲远出至棠观渔者打鱼，此举不合时令亦不合国君行为轨范。其叔父彄，陈大义力谏，且称疾不从。史官书曰："公矢鱼于棠，非礼也。"十二月辛巳（腊月二十九，前717年初）公子彄卒，谥曰"僖"，史称"臧僖伯"。隐公内疚，曰："叔父有憾于寡人，寡人弗敢忘！"

鲁桓公二年（前710），宋国内乱，以大鼎赂桓公，桓公置之太庙，僖伯之子臧孙达谏曰："君人者，将昭德塞违，以临照百官，犹惧或失之，故昭令德以示子孙……"臧孙达晓喻桓公以俭、明、度、数诸德，强调："百官于是乎戒惧而不敢易纪律……国家之败，由官邪也。"桓公不听。周内史闻之，曰："臧孙达其有后于鲁乎！君违，不忘谏之以德。"臧孙达卒谥曰"哀"，史称"臧哀伯"。

至哀伯之孙臧孙辰，为卿执国政，纳贤者谏，议君臣礼，多有嘉言懿行载入史册（如承认"祀爰居"之误，又如谏僖公勿焚巫尪等）。其善于辞令，折冲樽俎于齐楚晋卫之间，有大智之名，卒谥曰"文"，史称"臧文仲"。事见《国语·鲁语上》及《左传》。其后季文子执政，多尊重和依循臧文仲之教。

又数十年之后，鲁襄公二十四年（前549）鲁大夫叔孙穆子与晋国执政范宣子讨论何谓"死而不朽"。穆叔曰："太上有立德，其次有立功，其次有立言。虽久不废，此之谓不朽。""鲁有先大夫曰臧文仲，既没，其言立，其是之谓乎！"所谓"立德"者，黄帝、尧、舜；所谓"立功"者，大禹、后稷；所谓"立言"者，穆叔以臧文仲为代表。唐人孔颖达《疏》补充如下："老、庄、荀、孟、管、晏、杨、墨、孙、吴之徒制作子书，屈原、宋玉、贾谊、杨雄、马迁、班固以后撰集史传及制作文章，使后世学习，皆是立言者也。"

文仲之后，臧氏尚有宣叔、武仲等，皆有勋劳于鲁国。

《春秋》时期之后，至南宋嘉定（1208—1224），即《长兴臧氏族谱》之始年，此千余年间，臧氏亦多出贤达。

例如南朝宋、齐时隐居京口金山（今镇江金山）之臧荣绪（415—488），纯笃好学，追古著书，撰《晋史》十帙，总结两晋亡国教训。当是时，儒、释、道并行，荣绪谓人曰：“李、释教戒，并有礼敬之仪。”展示出礼仪之邦之大度，然荣绪“甄明至道”仍是儒学，乃著《拜五经序论》教授弟子。《五经》者，儒家经典《诗》、《书》、《易》、《礼》、《春秋》也。

此千余年间，历经秦皇焚坑、董卓之乱、永嘉之乱、靖康之耻多次变故战乱，臧氏散居各地，谱系枝蔓难以详考。南宋嘉定之后，我长兴臧氏已有族谱，先祖功业约略可考，在此暂不详述。近年张岂之先生主编《百家姓书库》，其中有臧嵘撰写之《臧》一册，亦可参阅。

观乎上述春秋至南宋诸“乱”，根源在于生存条件较为苦寒恶劣的西方北方民族，以游牧迁徙为生，性格骠悍善于骑射，武力强于农业民族。北方有灾，或中原腐败，即向东向南夺取生存空间。然南下之后，环境适于农耕，礼义不可或缺，中原先进文化终究得以延续。

十五六世纪，以发达的商业贸易和擅长海洋航行为特色的欧洲人发现通往亚洲“新航路”。明清以降，西方文化东来，先进的科学技术冲击着东亚大河流域自给自足的自然经济。19世纪，西人打开中国大门，割地赔款，掠夺不止，威胁到华夏文明生存。炎黄子孙莫不痛心疾首，志士仁人苦寻民族出路。有幻想复古守旧者，有希望“全盘西化”者。至20世纪前期，“西化”论者又分三家：模仿英美、模仿意德、模仿苏俄。后者占了上风。又经约半世纪实验，知“全盘西化”既未能取得真经又毁伤了自身文化。在缺少与商贸经济匹配之法律宗教背景的情况下，浅薄儿东施效颦、邯郸学步，其恶果，即是文化断裂、文明扫地，廉耻不顾、禽兽不如者在在有之，国格、人格之急速下降，我辈已亲眼目睹。

国格、人格之挽回，在于传统文化优秀成份的弘扬。弘扬传统重要措施之一，在于修史、修谱。

20世纪60年代，在所谓“史无前例的文化大革命”中，各地族谱被焚毁殆尽。19世纪洪杨乱中流落四川的长兴臧氏吟蕉公一支，其族谱亦全被烧毁。至21世纪初，耳闻吟蕉公经历的我辈多已年逾古稀，眼见血脉断裂，岌岌乎危于一旦，我子孙后代，即将沦为浪人。既不知自己来自何方，则自尊心、责任感都将可有可无！

裔孙 臧振，任教于陕西师范大学历史文化学院，却只知祖上来自“浙江吴兴”。堂兄 臧其谋，20世纪30年代留学美国，70年代中美复交，恢复联系，第一件事就探问《臧氏家谱》。当时正值美国黑人掀起历史文化寻根热，其谋对胞弟其吉说：找不到祖宗，我将如何回答儿孙的询问？其吉供职于铁道科学院，受兄托付，多次到湖州寻根，遥望茫茫太湖，环顾市井人群，不知家在何方，独自沧然涕下。其谋在美半世纪，始终未入美国国籍，临终尚嘱咐儿孙，有机会要去成都寻宗，去湖州祭祖。

2003年，振有幸从《中国家谱综合目录》中查出浙江长兴夹浦中学图书室存有《臧氏族谱》一套。随后通过浙籍学生联系到长兴中学教师臧云龙，得知他在“文化大革命”期间说服谱主将族谱藏于学校图书室中，得以躲过浩劫。“文化大革命”后又为寻谱修谱奔走多年。在此谨向云龙兄深致谢忱。

立德、立功、立言之至于不朽者，有赖于修史；敬宗尊祖、垂训后世、激励子孙者，则有赖于修谱。国家、民族、人民之立于斯、长于斯、生息繁衍于斯，其资格证据，更是有赖于修史、修谱。无史、无谱之国民，有似可悲流浪汉，始终缺少归属感。然则修史、修谱尚有其更重要之意义，即记载文化流变，便于后人吸取经验教训，寻找前进道路。

未来的世界文化，是东西方文化精华的交流融合。注重亲情，讲究伦理，礼义廉耻，孝悌忠信，是与定居农业紧密联系的东方文化的核心；尊重法律，讲究科学，博爱平等，自由民主，是与商贸经济紧密联系的西方文化之精华。当今世界，人类历史已步入全球化进程中。对于老人和儿童来说，东方伦理文明不可或缺；对于拼搏进取的青年人来说，西方科学精神尤为重要。人类社会，只有在不同文化的相互理解、相互尊重，互相学习、兼容并包之中才能前进，才有繁荣。

浙贤张元济有言："数百年旧家无非积德，第一件好事还是读书。"愿借此言告我臧氏后人，为不愧周公之裔，为我炎黄子孙能屹立于世界民族之林，诸君其勉之！

文盛公下海一支尔煌派南宫一分 二十六世裔孙 成都 臧 振

壬辰霜降 草于 镐东南杜中 潏水北里 望蜀阁

《陈高傭先生遗稿·先秦哲学卷》整理例言

一、陕西师范大学历史系教授陈高傭先生（1902—1976）留下手稿一百余万字。其主要内容是对于先秦诸子的解读评说。著述写作时间大体分为两段，即20世纪60年代和70年代。1962年7月到1966年“文化大革命”开始，基本完成了《老子今解》（约15万字）、《墨辩今解》（约23万字）、《公孙龙子今解》（约5万字）、《尹文子今解》（约4万字）、《邓析子今解》（约3万字）。1962年1月开始的《学晏札记》，不久更名为《晏子春秋今译》，到当年7月中止（改读《老子》）。1967年5月，重新开始研读《晏子春秋》，再更名为《晏子春秋译解评》，断续写作至11月份接近完成再次中止（共约17万字）。70年代则主要是1975年5月完成的《论语译注评》（约15万字）和1976年6月接近完成的《盐铁论评注》（约17万字）。此外还有关于《庄子》、《荀子》、佛学和逻辑学的一些札记片段。本次拟先行出版“文化大革命”前完成的五部《今解》，即老子、邓析子、尹文子、公孙龙子和墨辩的《今解》，而以“先秦哲学卷”概括之。其排列顺序参考王啓湘《周秦名家三子校诠》（古籍出版社1957年5月），以学术界大体认可的成书先后为序。

二、陈高傭先生从大学二年级开始沉浸于科学的思维方式的探求，这种探求可谓伴其终身。1925年完成的《名理通论》（开明书店1930年版），论述逻辑学与哲学方法。1938年出版的《论理学》，由商务印书馆特约撰写，是当时教育部颁布的师范院校逻辑学教科书。此外，在抗日战争开始前四五年间，陈高傭先生在各种杂志上发表论文多篇，1937年6月由商务印书馆汇集出版，署题为《中国文化问题研究》。该书由社会民生问题而及文化问题，由文化而及思想方法，涉及当时学术界有关“逻辑与辩证法”的论争。陈高傭先生认为，辩证法与逻辑“在作用上是相互为用的”，“若就运动过程的某一阶段而研究认识，我们势不得不就这一阶段各种事实加以演绎及归纳，分析与综合，统计与比较……然后才能确实明了。根本不了解辩证法固然不能明了一切的运动与发展；不运用逻辑方法，亦难得系统知识”（见上海书店《民国丛书》第四编第39卷，第149—150页）。由此可知，陈先生肯定逻辑学是哲学的组成部分。先秦时期的中国不仅有涉及本体论、认识论的著述如老子《道德经》，也有涉及逻辑学的《邓析子》、《尹文子》、《公孙龙子》，以及《墨子》中的《经上、下》、《经说上、下》、《大取》、《小取》（合称《墨辩》）。《汉书·艺文志》将邓析、尹文、公孙龙三子归入“名家”学派。名家之学即“名学”，近人用西哲音译为“逻辑学”。至于《墨辩》，本出于墨家后学，在与名家的论辩中深入到古代形式逻辑诸多范畴，成为先秦逻辑学之明珠。

三、手稿书写于20世纪六七十年代，原件文字为20世纪三四十年代学者所习用之字体，行书、草书随手混用，繁体和未规范简体字交错出现。因本卷研究对象为先秦古籍，我们将手稿文字全部统一为繁体。由简体返回繁体是一件复杂细致的工作，目前网络软件尚不能避免差错，我们只能一字一句审读。尽管我们力争无误，难免仍有遗漏，在此谨向读者致歉。

四、陈先生当年工作条件十分艰难（具体情况我们拟在《后记》中述及），因此，手稿原文多处留白，意在得便时查证补充。对于这些空白，有的地方为便于读者阅读（大多为引文出处）而内容确切者，我们径替先生做了补充，放在黑方括弧【】内以示区别；而大多数仍存留白原样（或加【】标明），我们不敢贸然径补，以示尊重作者，亦尊重读者。此外，在整理过程中，为便于读者阅读，我们还加了一些必要的按语、解说词，都放在【】中，以便与原稿文字相区别。

五、原稿中作者已明确决定删去（划框又划叉）的内容，一律不录。原稿中欲删未删（划框未划叉）的内容，与原稿一样，用方框标示。例如：

“鸡三足”说本是诡辩，各家解说更成为诡辩（的诡辩）。[不过是他们自己的诡辩，非公孙龙的诡辩。]

作者行文之外，在字里行间所加的内容，用单括号 [ ] 标示。例如：

武王死，成王立，年幼，周公摄政，管叔、蔡叔等和殷人散布流言说周公别有用心，将来一定对成王不利。他们因此发生叛乱。周公东征平叛，把管叔、蔡叔杀死。[此段查《史记》重写]

又如：

[各书征引字句稍有出入，而于大义无关者，只将引句举出作为考异。]

作者眉批或加于边栏空白处，可以看出是其后补充的内容，用 { } 或 {{ }} 标示。例如：

{毛主席说：“在阶级存在的条件之下，有多少阶级就有多少主义，甚至一个阶级的各集团中还各有各的主义。”(《新民主主义论》,《毛泽东选集》第二卷，第 648 页)。}

又如：

{{侯外庐等云：“‘知’的要素是以客观作标准，客观即此派所讲的‘平’字，故说‘平，知无欲恶也。’”(《中国思想通史》,第一卷，人民出版社 1957 年版第 490 页）}}

六、老子《道德经》，三国魏王弼注本为八十一章，历代学者依据自己研究多有更动。少者如元吴澄撰《道德真经注》四卷，并为六十八章。陈高傭先生《老子今解》定为七十八章，每章下列有“章句异同”可资研究。读者若引用《老子》章句，应注意版本。另：陈先生写有《老子今解》的《例言》十一条，实为写作前的自我要求，此次出版，难以完全遵循，如第2条“前人解说有可供参考的录在解说之后，用比解说较小的字印出”。又：《老子今解》后附有《老子音韵》，陈先生标明“此稿是抄录札记”，并非自己研究所得。

七、《邓析子今解》后附录有西汉刘歆整理《邓析子》后呈上的《序》（标题《原序》）和清《四库全书总目提要》的《邓析子提要》。《原序》中刘歆总结《邓析子》内容：“其论无厚者，言之异同，与公孙龙同类。”《汉书·艺文志》亦将《邓析子》归入“名家”。清《提要》因邓析曾“作竹刑，郑国用之”（见《列子·力命篇》），又因其内容“大旨则主于势统于尊，事核于实，于法家为近”，将《邓析子》归入“子部法家类”。实则今存《邓析子》文与春秋时郑国“竹刑”无关；其主旨侧重于言谈辩说致胜之术，在循名责实的过程中提倡注意转换视角、拓宽思路。故应将《邓析子》归入名家。实际上，《邓析子》为战国“名辩”之嚆矢，中国古代逻辑思想之正宗。

八、《尹文子今解》后录有魏黄初（220—226）末年山阳仲长氏《旧序》。《旧序》作者因《庄子·天下篇》言尹文向往“愿天下之安宁，以活民命”，遂不同意刘向将此书归于“刑名家”（“刑名”即“形名”，“形”已由实物抽象出来成为“名家”的概念）。《旧序》作者坦承自己“未能究其详”，实未读懂《尹文子》。《旧序》又谓尹文子“学于公孙龙”。按尹文早于公孙龙，长沙王启湘考证甚详，见《尹文子校诠叙》（《周秦名家三子校诠》，古籍出版社1957年版，第20—21页）。另：《四库全书总目提要》将《尹文子》归入“子部杂家类”也是不妥的。

九、先秦典籍之最难读者，莫过于《公孙龙子》与《墨辩》。人谓《尚书》难读，因其来自远古，“佶屈聱牙”，然《尚书》所涉为政治生活，常理之中尚能揣摩。逻辑学所讨论，全在抽象概念之间争辩是非，若无专门基础，则如堕五里雾中，此即司马谈《论六家之要指》所谓

"名家苛察缴绕，使人不得反其意"。陈先生精通逻辑学，因此其《今解》能在前人基础上更进一步，多有发明。如《公孙龙子》六篇之顺序，前人多以《迹府》为第一，随后依次是《白马论》、《指物论》、《通变论》、《坚白论》、《名实论》。陈先生指出：《迹府》为后人所纂辑，应置最后；《名实论》是公孙龙"正名实"的根本理论和方法，即公孙龙的认识论，是《公孙龙子》的总论，应列为首篇；《指物论》是正名实的原则，即公孙龙的世界观，置第二；其余《白马论》、《坚白论》、《通变论》三篇，都是假物取譬，即都是用一件或一些具体事实说明正名实的道理。陈先生在每篇前撰有《解题》，每节后加有说明，这些是读懂《公孙龙子》的钥匙，也是陈先生分析批评《公孙龙子》的精华所在。

十、我们在整理的过程中，由邓析子、尹文子到公孙龙子，有一种渐入佳境的快意。然《公孙龙子》仍是先民认识世界、探讨名实关系过程中一个尚未成熟的阶段；由老子的道，经儒墨的名，到公孙龙的"离坚白"、"白马非马"，走向了诡辩（参见《墨辩今解》《经上、经说上》第67条"坚白"《解》）。诡辩亦是中国人理论思维能力提高过程的一个环节。经名、墨辩论，到《墨辩》成书，中国先秦逻辑学大体成熟。读《墨辩今解》，建议读者在读过《序》、《〈墨辩〉的作者和成书年代问题》之后，先读《大取》篇目下的《解》，接着读《小取》篇，再读《大取》篇，再读《经上、经说上》、《经下、经说下》，这是先易后难的办法。晚清大儒孙诒让《墨子间诂·自序》指出："此书最难读者莫如《经》、《经说》四篇。"诚然。孙诒让又云："窃谓先秦古子谊旨深远，如登岳观海，莫能穷其涯涘……此书甫成，已有旋觉其误者……疏陋之咎，无可自掩，且以睎望于后之能校读是书者。"陈高傭先生，庶几乎能校读是书者也。

臧　振　2013年10月6日

《陈高傭先生遗稿》后记

十年前，陈高傭先生的女儿陈杰瑶老师找到笔者，说她父亲 1976 年去世，留下大约一百万字的手稿，内容主要是对于诸子百家著作的研究，希望笔者看看能否整理出版。笔者问为什么现在才记起这事？她说她们姐妹几个学了理科，不懂父亲手稿的价值。起初因为是“右派分子”所写，不敢拿出来，后来又不放心给不大了解的人，所以一直秘藏。现在她已退休，担心这批手稿损毁埋没。当时本校校长赵世超，正是研究先秦史的专家，于是她就找赵校长商谈这事。校长想了想，建议她找笔者，让笔者看看这批手稿的价值再说。校长对她说笔者这人比较老实，可以放心，专业又是先秦思想史，应该能看懂。

得到别人的推荐和信任，自然是一件高兴的事，笔者当下就同意看看。几天后，陈杰瑶老师和她姐陈杰玶拎来了手稿复印件，沉甸甸一大包。随后笔者做了初步的浏览，感到其中《老子今解》、《墨辩今解》都是成熟的著作；《邓析子今解》、《尹文子今解》、《公孙龙子今解》也基本完成。这些写作于 20 世纪 60 年代“文化大革命”前的文字，可以说代表了那个年代还在潜心著述的老一辈学者最高层次的水平，十分珍贵，应该立即整理出版。此外还有“文化大革命”初期 1967 年断续写作尚未完成的《晏子春秋译解评》，以及 1974 年至 1975 年 5 月大体完成的《论语译注评》和写作于 1975 年 6 月至 1976 年 6 月，接近完成的《盐铁论评注》。后二书写于作者去世前不久，在当时特殊的历史条件下，其评论部分自然打上时代的烙印，然在今日看来，这些都是学术思想史的珍贵资料。

那时笔者正忙于整理和审读《尚书词典》的初稿（也有百万字的分量），希望她们耐心等一两年。2005 年夏，笔者发现先秦史研究生赵燕姣同学头脑清醒，打字速度极快，就请她给我帮忙，将陈高傭先生遗稿输入电脑存储起来。陈先生用的是20世纪四五十年代学者们习用的行书、草书、繁体和不规范的简体字，而且陈稿中有一部分显然是“三年困难”时期的纸张，加之存放了四五十年，纸质发黄，墨水又淡，字迹模糊难以辨别。赵燕姣同学很快适应了陈先生的书法，胜任了辨认模糊的字迹和难度很高的由简体字转为繁体字的工作，在自己顺利完成硕士论文的同时，完成了近八十万字的输入工作（剩余约二十万字《〈盐铁论〉评注》，由研究生惠媛同学输入电脑）。与此同时，笔者又请以先秦诸子为研究方向的研究生韩晓梅同学将电子版与原稿复印件校对一遍。2010年秋冬，韩晓梅同学将手稿与电子版又校对了一遍。说来也巧，赵燕姣同学和韩晓梅同学都是陈高傭先生的老乡，韩晓梅同学还是平遥人，对于陈高傭有所了解之后，十分敬佩，因此不辞辛苦，完成了这项艰巨的任务。

陈高傭何许人？当陈杰瑶老师找到笔者谈及其父遗稿的时候，在陕西师大历史系工作了二十年多年的笔者，竟然一无所知。2011年初，在逐字逐句审读原稿的同时，笔者开始在网络上“搜索”陈高傭其人。首先令笔者惊奇的是，暨南大学历史学系把陈高傭先生列为曾在该系工作的几位“史学大师”之一：

> 八十年来，历史学系先后有周予同、周谷城、陈高傭、沈炼之、谭其骧、朱杰勤、陈乐素、金应熙等诸多史学大师执教，铸就了历史学系沉潜厚重、究心学术的学风，为国家培养了大量杰出人才。①

网上涉及陈高傭先生最多的是由他主编的《中国历代天灾人祸表》（商务印书馆1940年版）。这一著作的重要意义，如时任暨南大学校长的何炳松先生在为此书作的《序》中所说：

---

① 《暨南大学历史学系举行成立八十周年庆祝活动》，http://news.jnu.edu.cn/Item/1867.aspx，2008—12—03。

这部书，篇幅的繁重，材料的充实，凡例的慎密与编制的新颖，无论读者一瞥的翻览或吟味的通读，都自能得到深刻的印象，而将不能自已地发为赞叹。至于这部书有助于中国社会史、经济史、民族史、政治史的研究，而必能促‘尽善尽美’的中国通史早日产生，更是中国从事史学研究者所知晓，都不待我再费辞多说。

不过我所不能已于言的：自从“八一三”事变爆发，本校黉舍毁于炮火，图书化为灰烬，学校局促于上海租界的一角，可谓艰苦万状；但全校师生竟能继续着“弦歌之声”。而高傭先生和文学院几位教授以及史地学系多位学生，仍然计划搜讨，编述校印，埋头努力於本位的文化工作，不问辛苦，无间寒暑，真使我百感交集！然而，转念：全国文化工作者殆都具有这种努力向上的民族精神，而谓这民族将要沦於奴役或绝灭，虽极愚騃，也决不相信人世间会有此惨剧，则又不禁“色然以喜”！若干年后，民族复兴，国家安定，文化工作日异而月不同，我如能和高傭先生、各位教授以及各位学生，促膝围坐，清茶淡酒，纵谈史学，回话当年，那末，我们目前所身受的一切艰苦都已得到无价的心灵的快慰了！

除了《中国历代天灾人祸表》，网上涉及陈先生较多的就是发表于1935年1月10日的《中国本位的文化建设宣言》，即著名的“十教授宣言”（又称“一十宣言”）。

这个《宣言》在中国近代思想史上的地位，一直存在较大争议。同时，这个《宣言》对于我们了解陈高傭先生晚年的致思方向非常重要。让我们先大致了解一下《宣言》的内容。

《宣言》一开始赫然提出：

在文化的领域中，我们看不见现在的中国了。……中国人正在苦闷，正在摸索，正在挣扎。

《宣言》说：

有人以为中国该复古，但古代的中国已成历史。历史不能重演，也不需要重演；有人以为中国应完全模仿英美，英美固有英美的特长，但地非英美的中国应有其独特的意识形态，并且中国现在是在农业的封建的社会和工业的社会交嬗的时期，和已完全进到工业时代的英美，自有其不同的情形；所以我们决不能赞成完全模仿英美。除却主张模仿英美的以外，还有两派：一派主张模仿苏俄，一派主张模仿意、德。但其错误和主张模仿英美的人完全相同，都是轻视了中国空间时间的特殊性。

历史已经证明，《宣言》这样的见解是不错的。那么中国应该向何处去？作者回答：

要使中国能在文化的领域中抬头，要使中国的政治、社会和思想都具有中国的特征，必须从事于中国本位的文化建设。

须知，“十教授宣言”是发表在抗战之前的1935年，日本侵占东北、深入华北、威胁平津，中华民族危急存亡之秋！

《宣言》说：

我们要求有中国本位的文化建设！

必须把过去的一切，加以检讨，存其所当存，去其所当去；其可赞美的良好制度伟大思想，当竭力为之发扬光大，以贡献于全世界；而可诅咒的不良制度卑劣思想，则当淘汰务尽，无所吝惜。

吸收欧、美的文化是必要而且应该的，但须吸收其所当吸收，而不应以全盘承受的态度，连渣滓都吸收过来。吸收的标准，当决定于现代中国的需要。

要而言之，中国是既要有自我的认识，也要有世界的眼光，既要有不闭关自守的度量，也要有不盲目模仿的决心。

用文化的手段产生有光有热的中国，使中国在文化的领域中能恢复过去的光荣，重新占着重要的位置，成为促进世界大同的一支最劲最强的生力军。

对于宣言的批评意见大体有三种：一种认为宣言是“运动背后的派系运作及其党治文化统制的企图”，认为其与国民党陈立夫的“CC 系”有关；第二种则是国民党内有人批评其不直截了当地宣传三民主义本位的文化建设；第三种认为此与 19 世纪后半叶张之洞所提“中体西用”是一回事。

我们的看法，第二种批评意见的出现，可以证明《宣言》并非所谓“派系运作及其党治文化统制”的产物，而实在是时代的呼唤和思想界的必然产物。（陈高傭先生 1952 年 4 月《我的思想批判》第 20 页：“这个宣言尽可以说是‘不是反动派的授意’。”）

说到张之洞，其致力于洋务，改造旧书院、创办新学堂，卓有成就，其在中国教育由封建传统向现代化迈进过程中所作出的历史贡献不能以后世标准加以抹杀，其所谓“中学为体”，也不可能是复古倒退的“尊孔读经”。

经过“五四运动”到了 20 世纪 30 年代，救亡图存已是中国思想界的主流，十教授提出“中国本位文化”，更不会是复古倒退的“尊孔读经”。

笔者这样说，还因为当时全社会正在热议——中小学是否应将“读经”列为必修课，而力倡“本位文化建设”的教授们的观点并不守旧。

1934 年 9 月，时任商务印书馆《教育杂志》主编的何炳松先生发函给全国一百多位专家学者，征集对于“读经”的意见，并于次年将收回的七十余封信编为专辑（《教育杂志》1935 年第 25 卷第 5 期）。这是中国现代思想史上的一件大事。[①]

① 龚鹏程主编：《读经有什么用》，上海世纪出版集团上海人民出版社 2008 年版。

有人认为，《教育杂志》关于“读经”的讨论，是为配合当局倡导的“新生活运动”。然而何炳松先生当时就郑重声明，自己无意提倡读经。他说：“现代我国所以有提倡读经的运动，当然有相当的原因，就是源于现代我国思想的混乱和国难的严重……悲观的人甚至发出‘中国必亡’的论调……但是提倡读经是否就是挽救国运和纠正思想的正当方法呢？这确是一个问题，值得大家讨论。”①

十教授有六位参与了这场讨论。了解六位教授的意见，有利于我们了解《一十宣言》所谓“中国本位的文化”是什么，以及应当如何来建设。

何炳松先生主持了这场讨论，其态度大致已如上述。

上海法政学院教授、《一十宣言》起草人王新命明确地说：“不该要求大学和中学的学生普遍读经，使他们去走‘皓首穷经’的末路。”②

暨南大学政治经济系主任孙寒冰说：“我并不绝对反对读经，但我反对读经的运动……我不赞成将经书作为一般青年的强制读物。”③

北京大学教授陶希圣反对“死读”，主张“通经”。他说：“经读死了，人便死了。死人是最听话的。”所谓“通经”，就是自由研究经：“你如果自由研究经，你便会把你的思想给弄得活泼了，活泼的思想的人们，是不大听话的。”④

复旦大学文学院教授兼教育系主任章益说：“我是相对地赞成读经的。”但是，“成熟到高中以上程度方可认真去读……若从小即强之令读，就有宣传宗教的嫌疑”。⑤可见章益实际上也不主张“尊孔读经”。

暨南大学文学院史地系教授陈高傭先生的意见如下：

> 一、拿历史家的态度可以读经，用宗教家的眼光不可读经；即拿‘六经皆史’的态度可以读经，用‘经学即理学’的眼光不可

---

① 龚鹏程主编：《读经有什么用》，第8—9页。

② 同上书，第149页。

③ 同上书，第302页。

④ 同上书，第363页。

⑤ 同上书，第197页。

以读经。

二、受过科学洗礼的人可以读经，未脱玄学气味的人不可以读经。

三、把握现实问题，自己能用思想解决问题的人可以读经；不认识现实环境，盲目崇拜古人的人不可以读经。

四、学者为学术的研究可以自由读经，普通人为求得生活上的实用知识不必读经。

五、大学生可以自由读经，中学生、小学生绝不应勉强读经。

六、了解现代思想，懂得科学方法的学者可以指导人读经；权利熏心、头脑腐旧的官僚武人以及文化骗子无资格提倡读经。

由此可见，十教授所提倡的“中国本位的文化建设”与“尊孔读经”根本不同。

所谓“中国本位的文化”，当然包括儒家经典，同时也包括诸子百家的经典。

儒家经典是否等同于“封建专制主义”？“五四”时期的反孔，是把儒家经典与两千年专制帝制联系在一起的。儒家的“忠君”思想，是追求共和、创立民国的人士最为反感的内容。其实，儒学原典产生于尚未出现专制帝制的时代，与诸子百家的经典一样，形成于中华民族历史上思想文化最为活跃最为辉煌的时代——战国时代。诸子百家经典是中华民族精神归宿之所在，犹如西方之有古希腊先哲著述。西方之文艺复兴与启蒙运动，正是在古希腊、罗马思想家的基础上发展而来。十教授所希望的“中国本位的文化建设”，实质上就是希望来一场中国的科学与民主的启蒙运动，形成凝聚中华民族共识的“中国本位的文化”。

六位教授对于“读经”的看法表明了他们的这种愿望：反对强制读经，反对把经典当作束缚思想的宗教教条；主张自由读经，主张用科学的方法，在了解现代思想的基础上读经。陈高傭先生关于读经的六条，实际上全面阐述了他对“中国本位的文化”如何建设的意见。

我们知道，中世纪专制政治的基本内容，就是强调人身身份的依附关系和对于自由思想的钳制。六教授反对强制青少年读经和主张自由研究经典，矛头正是对准了专制政治和愚民政策，反映了中国社会前进的迫切需要。

《中国本位的文化建设宣言》所谓对于欧美文化的吸收也绝非空谈。十教授大体都有留学海外的经历，且有吸收西方现代思想的著述。陈高傭先生的第一部著作《名理通论》（开明书店1930年版），就是在对于美国杜威的实验主义和明儒王阳明哲学研究的基础上，在大学二年级和三年级时（1925年）写成的。我们且看该书《简介》：

> 作者在研究实验主义哲学的基础上论述名学与哲学的关系，中国、印度、西方名学发展略史，中国秦汉以来名学的派别，宋明朱陆两派不同的名学方法，并具体论述了逻辑思维与人类思想的一致性，以及与神秘主义之间的关系等。

该书内容：全书分9章：名学与哲学，无名主义与正名主义，印度西洋中国三家的名学略史，中国近世哲学史上两派不同的名学方法，中国近世哲学史上一个科学的求理方法，思想一致，事实与意义，知与行，神秘主义与逻辑。

所谓“名学”就是逻辑学。陈高傭先生1923年成为北京师范大学教育一史地系第一届学生，进校不久就醉心于逻辑学的研究；《名理通论》就是他初步“接受科学洗礼”、“了解现代思想”的结晶。由此开始，这种对于科学思想方法的追求贯穿了陈高傭先生一生。我们看《陈高傭先生遗稿——先秦哲学卷》，收入本书的成书于“文化大革命”之前的遗稿，正是对于先秦哲学和逻辑学的深入研究。

陈高傭先生的学术生涯和社会阅历十分丰富，本《后记》难以容纳。我们希望在本书之后，能够编写《陈高傭先生年谱》，以利于读者对本书和对那个时代做进一步了解。

这里简略记叙其生涯中与近代思想史、与他撰写《遗稿——先秦哲学卷》相关的一些情况。

陈高傭先生1902年出生于山西平遥一个中农兼手工业者家庭（原名显文，1927年更名崇人，1930年更名高佣）。其族有一伯父为前清秀才，中年弃儒就商，入平遥"票号"（中国银行业前身）。少年陈高傭嗜读书，亲族称其为"书呆子"，因此得到这位族伯父厚爱，教作古文，给讲十三经、宋明理学、中外历史地理，又将家藏书籍借给阅读，由此打下坚实的国学基础。

家中希望他早点做生意或到"票号"挣钱，不支持他读书。高小毕业，和家庭闹了一个多月，得以到太原考入第一师范。时值"五四新文化运动"，陈先生颇受影响，对于社会主义的学说也略闻大概。师范毕业，他想到北京升学，知其父必不许，于是向友人借得些钱，到北京考入了师范大学。

因经济无源，不得不半工半读。因生活刻苦，对人忠实，关注民生，学习勤奋，大学二年级时（1925年），由江西同学黄道与湖南同学游宇发展，陈显文（陈高傭）加入了C.Y.（共青团），不久转为C.P.（共产党）。

可以说，黄道是陈高傭先生的第二个引路人。1923年秋，黄道抱着"教育救国"的思想，考入北京师范大学教育系。当时，李大钊经常到北师大讲课，黄道接受了马克思主义。1924年秋，经李大钊和陈毅介绍入党，黄道成为北师大第一任党支部书记，1926年"三一八"惨案中暴露身份被军阀通缉，返回江西后与方志敏等共创赣东北革命根据地和红十军。1939年牺牲。

黄道立志"教育救国"，然因为军阀混战、列强侮辱而走上了发动武装斗争的革命道路；陈高傭因醉心于钻研社会人生哲理与思维逻辑，走上了"教育救国"的道路。

"三一八"惨案后，段祺瑞紧急通缉李大钊，李大钊带领国共两党的北方领导机关迁入东交民巷苏联大使馆旁的旧俄兵营内。陈高傭每周二次到东交民巷的苏联使馆，组织青年工友学习，时间都是在夜间下班之后。

1926年6月，张作霖在日帝支持下进入北京。第二年4月6日上午，张作霖派兵进入使馆区，逮捕了李大钊等数十人。4月12日，蒋介石在上海叛变革命，第一次国共合作宣告破裂。4月28日，张作霖杀害了李大钊等二十位革命志士。

北京全城陷入大恐怖。陈高傭给组织打过招呼，以母亲有病为由向学校请假，躲避到太原。太原组织上让陈协助创建太原兵工厂工会。经一月余，兵工厂工会成立。适逢国民党反共，阎锡山下令通缉陈显文（陈高傭）等。与此同时，中共北京地委的戎之桐（1923年入党，是燕京大学第一任党支部书记）回到太原任书记（戎不久投入孔祥熙手下，多年任孔祥熙秘书），指责陈显文滞留太原，给以“留党察看”处分。陈力辩自己给小组领导说过，且向学校请过假，暑期前还要回校参加考试，滞留太原是太原组织让协助工作。戎不予考虑。外受阎锡山通缉，内受戎之桐处罚，陈处境艰难。

1927年秋毕业于北京师范大学。大约在此时，陈显文更名“崇人”，在一所教会学校代课。1928年，北平中共组织遭到破坏，陈失去组织关系。夏天，阎锡山的势力到达北京，一些喽啰发现陈显文行踪，陈逃往天津，居留两月后再逃往东京。

1929年春，与留日同学吴羹梅等组织成立了“人社”东京分社，专以研究社会科学为事；又与吴羹梅及华侨创办“东京华侨学校”，教东京华侨子弟读中国书、说中国话。

陈崇人（陈高傭）本计划入东京帝国大学研究东洋史，因1929年秋的“中东路事件”①而作罢。

由于中苏开战，“共产国际”向中共施压，要求把拥护和保卫苏联当作中共的中心任务。中共中央提出“武装保卫苏联”的口号，其后不久就形成了中共历史上的“第二次左倾路线”。

① “中东路事件”：1928年6月日本人杀害张作霖（“皇姑屯事件”），12月，张作霖的儿子张学良发表通电，宣布东三省及热河省服从南京国民政府，史称“东北易帜”。随后张学良声讨“红白两大帝国主义”（俄、日）对中国东北的疯狂渗透。1929年7月，张学良开始着手从苏联手中收回中东铁路。中苏断交。8月，中苏开战。东北军被苏军击败，东北多处被苏军占领。1930年，在美国的调停下，张学良被迫签订了《中苏伯力会议议定书》，恢复了苏联1929年7月前在中东铁路的一切权益，苏军撤出东北。史称“中东路事件”。

对于中共中央的做法，陈独秀数次提出批评，认为在这个时候拿“反对进攻苏联”、“拥护苏联”做动员群众的中心口号，“只有最觉悟的无产阶级分子能够接受，而不能够动员广大的群众，反而使群众误会我们只是卢布作用，而不顾及民族利益”。中共中央批评陈独秀“走上了资产阶级观点，忘记了世界无产阶级的利益”。[①]1929年11月，陈独秀等被中共中央开除出党[②]。

当时，中国留日学生在左倾路线指挥下举行了一次反对张学良从苏联手中收回中东路的示威活动，日警乃大肆逮捕中国留学生。陈崇人被拘禁，旋因“罪证”不足被释放。一月后，日警查得“罪证”（参与组织“人社”东京分社）又来逮捕，适陈不在寓所。陈闻得消息，仓皇逃到上海。

初到上海，人地两生，衣食难继，乃更名陈高傭，谋求得任教于上海劳动大学中学部。

五年前撰写之《名理通论》于此年（1930年）由开明书店出版。

“九一八事变”前，陈与孙晓邨等合办一刊物，名为《世界与中国》。“九一八事变”后，陈高傭成为主编，专以宣传抗日及讲述社会科学理论为主；又常发表文章，其中多有令当局不快的文字。1932年7月，《世界与中国》被租界巡捕房查封且逮捕陈高傭，移交中国公安局关押三月，因无任何党派关系得以保释。

1933年夏季开始，陈高傭任上海暨南大学教授（1933—1942；1939年始任文学院史地系主任，又任南洋文化研究馆主任），兼任复旦大学（1934—1946）、大夏大学（1939—1942）、上海法政学院（1937—1941）、沪江大学（1937—1941）等校教授。教的课程以中国历史为主，如中国通史、中国文化史、中国经济史、中国社会史、中国民族史、中国风俗史、中国政制史、中国民族海外发展史、中国宗教史、中日外交史、中国近代史、中国现代史等约有二十门之多，此外还兼开哲学、逻辑等课程（见1952年4月手稿《我的思想批判》，第47页）。

---

① 唐宝林：《陈独秀全集》，社会科学文献出版社2013年版，第567页。

② 同上书，第588页。

从“武装保卫苏联”的口号、“第二次左倾路线”和陈独秀的被开除出党，到自己宣传抗日及讲述社会科学理论被当局逮捕，陈高傭思想发生很大变化。此前，他“绝不谈民族主义”；从此，“谈起民族主义了”（见《我的思想批判》，第12页）。同时，他也多次婉拒国民党要员的入党介绍，“以超然的态度自处”（同上书，第26页），成为无党派人士，直至终身。

所谓从“绝不谈民族主义”到“谈起民族主义”，实质上就是不再用“共产国际”所谓“无产阶级世界革命”的理论，而是从文化兴衰与变迁研究中国的社会问题。这表现在从1933年到1936年发表在《新中华》、《申报月刊》、《文化建设月刊》、《中山文化教育馆季刊》、《大上海教育月刊》等刊物的十余篇文章，主题为试探解决中国社会文化问题（这些文章在抗战开始前的1937年6月由商务印书馆汇集出版，书名《中国文化问题研究》。上海书店1989年收入《民国丛书》第四编第39册。该书计十六章，除第十四章上半篇和第十五章外均发表过）。

所谓“文化问题”，陈高傭认为，“是一切问题的总汇，而亦是一切问题的根本”，“文化问题如能得到解决，则一切问题都可迎刃而解”。[①]所谓“文化”，陈先生说：“是人类在一定的经济基础上经营社会生活的各种表现……政治本是文化中的一部分事情，亦是由人类的意识形态而组织成，亦是由社会的经济基础而决定。”[②]陈先生认为，当时的中国思想界流行着三种文化：第一种是封建的文化，第二种是资本主义的文化，第三种是社会主义的文化。陈先生认为，“我们中国是个落后的国家；资本主义文化既没有建立起来，社会主义文化亦没有产生的条件”，“我们从事实上来看，近年来的文化运动，不惟社会主义的文化没有影踪，就是资本主义的文化亦没有具体的表现”（同上书，第37—38页）。

可以看出，陈高傭对于中国文化问题的解说摒弃了伊里奇强调的阶级说而采用了文化说，关键的是，他坚持了马克思学说最根本的内容——经济基础决定上层建筑的唯物史观。并且，我们认为，半个世纪

① 《民国丛书》第四编第39册，《中国文化问题研究》“序”第1页，上海书店1989年版。
② 同上书，第9页。

后的80年代在中国出现的“文化热”，与陈先生相比，在学术根底上是相形见绌的。

基于辩证唯物主义历史观，陈先生清醒地看到，辛亥革命推翻清朝统治成立民国之后，“中国经济没有自动的走上资本主义之路，人民的思想犹存有浓厚的封建意识，所以民国成立以后招牌虽然更换，实权仍落在封建余孽的手中”。“新文化运动”实质上是“西洋资本主义文化”对于封建文化的斗争。[①]

陈先生此论被胡适之先生误会以为是要否定“新文化运动”。[②]陈先生解释道：“文化是建立在经济基础之上的东西。没有封建的经济基础，则虽有千百个孔子不能产生封建的思想；没有资本主义的经济基础，则虽千百个卢梭、孟德斯鸠亦不能建立资本主义的学说。中国现代的社会，虽然由帝国主义的震撼发生了极大的变化；但是中国民族却没有正式完成资本主义的使命。所以孔家店虽然打得七零八落，而仍在照常营业。‘赛因斯’虽为人所共羡而终未正式驾临；‘德谟克拉西’的口号喊了多年，但只闻其名而未见其形；这样说来，中国近来的文化运动根本就没有建立起一种新的文化，用不着胡先生怕‘根本打倒’。”[③]

至于社会主义，陈先生说：“我们知道，社会主义之实行须有一定的条件，即必须资本主义发展到相当的程度，然后社会主义可以孕育而成……若不先从事发展民族资本而高谈社会主义，则所谓社会主义者亦几如玄学上的空谈，宗教中的祷词而已。”[④]

说到社会主义的文化，陈先生说：“在整个穷困的国家要希望建设社会主义文化，亦不过等于东施效颦而已……在帝国主义的束缚之下，民族资本不能自由发展之时，要建设资本主义的文化固然不能，要建设社会主义的文化更有所不能，我们的文化一直是半殖民地的文化。”[⑤]“社会主义的文化在中国今日的最大作用，即反帝国主义是也。反帝运

---

① 《民国丛书》第四编第39册，《中国文化问题研究》，第46页。
② 同上书，第42页。
③ 同上书，第48—49页。
④ 同上书，第7页。
⑤ 同上书，第39页。

动是复兴中国民族的根本工作，而亦为全国民众所热烈要求的事情。社会主义文化既具有反帝之机能，所以中国的经济虽然没有走上资本主义的道路，而社会主义的文化则仍在中国流行着。”①“将来人类的文化必然是社会主义的文化，所以我们虽然在此时因本身的条件不足不能立刻走上社会主义的路子，但是对于社会主义文化的动向，是需要预先有所把握。质言之，我们此时是要由发展民族资本的过程中走上社会主义的路子。”②陈先生尤其注意运用马克思的唯物史观看待社会主义。他说：“社会主义确是人类的最高理想，有组织的社会确是人类社会生活的最高境地，但是在产业落后的国家须先把自己的民族资本发展成熟然后可以实行社会主义，所以要想把半殖民地的中国引导上社会主义的道路，还不是一件直截了当的事情。在中国现在真正了解此理者固然不乏其人，但大多数努力社会主义的政治运动者则犹患小儿病也。”③“所谓社会主义的文化毫无疑义的是人类最高的文化……但若不顾自己国家经济的特殊状况，而贸然舍己而从人，则不惟事实上走不通，势必至画虎不成反类狗，并社会主义之本义亦失。”④

陈先生以上这些言论，发表于1933至1935年间。我们在80年之后的今日读来，其中的诸多论述可以说仍有高屋建瓴的意义。笔者窃以为，在史学研究上，《中国文化问题研究》是可与《中国历代天灾人祸表》比翼而齐飞的。

1940年1月，延安的杂志《中国文化》创刊号发表了后来收入《毛泽东选集》的《新民主主义论》。该文第三节《中国的历史特点》说：“中国革命的历史进程，必须分为两步，其第一步是民主主义的革命，其第二步是社会主义的革命，这是性质不同的两个革命过程。而所谓民主主义，现在已不是旧范畴的民主主义，已不是旧民主主义，而是新范畴的民主主义，而是新民主主义。”该文第八节《驳“左”倾

① 《民国丛书》第四编第39册，《中国文化问题研究》，第8页。
② 同上书，第40页。
③ 同上书，第11页。
④ 同上书，第14页。

空谈主义》再说:“中国革命不能不做两步走，第一步是新民主主义，第二步才是社会主义。而且第一步的时间是相当地长，决不是一朝一夕所能成就的。我们不是空想家，我们不能离开当前的实际条件。”

显然，陈高傭先生是可以认同这样的论述的。

可以相信，正是在这样的认同的基础上，1949年，陈高傭先生毅然决然留在大陆，参加新中国建设。

1938年，暨南大学设立新闻专修科，由陈高傭和李南芗主持。1945年秋，上海创办私立中国新闻专科学校，陈高傭任校长。1949年，中华人民共和国成立，陈高傭将学校交与政府（后改为华东新闻学院）。1951年，应西北大学校长侯外庐邀请，举家迁西安，任西北大学教授。1952年成立西北大学师范学院，先后任教育系、史地系教授。1954年更名西安师范学院，任历史系教授。1960年西安师范学院与1956年成立之陕西师范学院合并，改名为陕西师范大学。

据陈高傭先生手稿《我的历史是一部沉痛的忏悔录（1956年4月25日自传底稿）》，从1951年到1952年，陈先生参加了“土改”、“资产阶级思想批判运动”、“三反运动”、“忠诚老实运动”。他“以严肃的态度作了思想上的激烈斗争，初步克服了我的资产阶级思想”。他说:“六年来，我看到了全国的解放，尤其是西藏的和平解放。我看到了全国土改的完成，我看到抗美援朝的胜利，我看到镇反肃反的胜利，我看到农业合作化运动的迅速发展，我看到私营工商业的社会主义改造成功，我看到经济文化建设的突飞猛进，我看到祖国在国际地位上的增高，我看到广大人民在共产党与毛主席领导之下为祖国伟大的社会主义忘我劳动，我看到苏联真诚无私地帮助我们建设，我为许许多多的新事物感动极了，我对过去更加忏悔，我更加迫切要求自我改造，我希望能在伟大的社会主义建设中能多尽一点力量。”（见该手稿第25—26页）

五六年间，陈高傭先生“为了教学编写的讲义，与提纲，与札记，至少约有一百万字”。在《忏悔录》最后，陈先生深情地说:“我五十四岁了，头发已经几乎全白了，但是在新事物的刺激与滋养下，我不觉已将老年，我深深地觉着，如果一个人不能认识真理，为人民作出一些事情，是最可耻的。我要为了马列主义、为了伟大的祖国，鞠躬尽瘁死而后已。”（见以上书稿，第26页）

1957年，我们不知道具体出于什么原因，陈高傭先生被划为“右派分子”。我们只是推测，忠诚老实的陈高傭，也许会承认他对于“一化三改造”曾经有过的疑惑，甚至说出过去曾认为这样做是“患小儿病”、是“‘左’倾空谈主义”。这些词句难免被人断章取义，划为地地道道的“资产阶级右派”。

后果是严重的。也许还有其他问题，陈先生被送进监狱，至60年代初才被释放。书是不能教了，学校图书馆拒绝接待，连校园也不让回，只好在学校对面的吴家坟租住一间农家小屋。此时的陈高傭，真可谓“四顾茫茫，一无凭借”。然而很快地，陈高傭先生找到了自己的精神家园——诠释中国哲学原典。接待他的，是陕西省图书馆，因为那里的一位管理员是陈高傭的学生。

开始时，1962年初，陈先生曾做《晏子春秋译解评》，到三月即改为撰写《老子今解》。至“文化大革命”初的1966年9月，陆续完成了《老子今解》、《墨辩今解》和“名家三子”《公孙龙子今解》、《尹文子今解》、《邓析子今解》。1967年，陈先生接着进行《晏子春秋译解评》的工作，到当年11月27日忽然中断。估计是“文革专案组”忽然驾临，将陈先生带去上海关押审问。

陈先生再次工作约在1973年，到1976年6月，完成了《论语译注评》、《盐铁论评注》和通俗版的《邓析子译注》等共计约五十万字。不久，陈先生去世，享年75岁。

陈先生晚年钻进先秦典籍，主要不是为研究历史。那时的他已被剥夺了研史的资格，他是把先秦典籍视作自己的精神归宿，并希望为后人留下通往精神家园的铺路石。这个精神家园属于中华民族，也属于全人类，就像苏格拉底、柏拉图、亚里士多德以及西方近代思想史上的伟人们的著述同样也可以是华夏学者的精神乐土一样。

当中国大地轰轰烈烈进行着所谓“文化大革命”，中国传统文化被称为“四旧”（旧思想、旧文化、旧风俗、旧习惯）从而被“横扫”的时候，当许多西方学者认为中国文化已经死掉的时候，戴着无比沉重的“右派”帽子的陈高傭先生在他的陋室中夜以继日、默默无闻地从事着上古文献的整理诠释工作。他自己的身心、精神也完全陶醉在这些瑰宝之中。笔者面前这一堆厚厚的手稿，是陈先生以其心血和生命写成的，是他含垢忍辱近二十年间思想的结晶。当笔者在“三年困难”时期特有的发黄的劣质纸上辨认陈先生用同样劣质的蓝墨水写出的模糊然而刚劲的笔迹时，笔者的眼前也模糊起来。

感谢……（感谢所有应该感谢的人）

臧振　癸巳寒露

会心不觉拈花笑

——读斯维至教授《中国古代社会文化论稿》

中国先秦史号称难治，陕西师范大学历史文化学院斯维至教授自20世纪40年代至今，孜孜不倦，皓首穷经，献身于先秦史研究。年前，笔者率新招收的先秦史研究生前往拜望。斯先生回答了学生的问题之后，问到学生的年龄。问罢若有所思，叹道："为什么要研究先秦史呢？在西安，搞隋唐史不是蛮好吗……先秦史，我搞了一辈子，不能说没有什么成就，有一点点，算是开了个头。可如今80多岁了，头发白了，牙齿掉了，精神也不行了……"随着一声长叹，我们都沉默了。笔者脑中浮现新近读过的斯维至先生著《中国古代社会文化论稿》（台湾允晨文化实业股份有限公司1997年版），那是斯先生一生心血的结晶。其所反映的先生研究方向和方法的变化，则可以说是半个世纪中国先秦史研究的一个缩影。

先生浙江诸暨人，1916年生，早年因家贫失学，以王冕、高尔基为榜样，刻苦自勉，在那钟灵毓秀的名山胜水间，饱受优秀文化熏陶。时逢日本侵华铁蹄南下，先生辗转流亡成都，当过中学教师，又在四川省图书馆谋得一职。遂从四川大学蒙文通、徐中舒等先生研读先秦文献、古文字学，旁听文化人类学、民族学、考古学等。至1947年开始，陆续发表《西周金文所见职官考》、《关于殷周土地所有制问题》（《历史研究》1956年第4期，《论稿》未收）、《论庶人》、《说德》等论文数十篇。如台北杜正胜先生在《论稿·序》中所说，斯维至先生是"1949年以前养成的学者"。斯先生在40年代所发《西周金文所见职官考》、《殷代风之神话》等文，用金文、甲骨文材料探索殷周时代文化特色，有在古史研究领域大展宏图的气势。其成果多年来颇得海内外学人赞许、征引。

与此同时，在中国史学界兴起一股新的史学思潮，这就是将资本主义生产方式之前的人类史，大体分为按时间演进的原始社会、奴隶社会、封建社会三阶段。其代表作是郭沫若《中国古代社会研究》，郭氏此书影响甚大。斯维至先生在抗日战争初期读到此书后，开始学习马克思主义理论。这是社会动荡中知识分子寻求思想指导的迫切需要，也是当时关心时代变革、国家命运和社稷民生的知识分子的普遍选择。

1954年郭沫若先生的《中国古代社会研究》新版的《引言》中这样说道："掌握正确的科学的历史观点非常必要，这是先决问题。"观念成为第一性的，史实成为第二性的。这预伏了中国先秦史研究的不幸。

在50年代，斯先生也不能不将所谓"五阶段"作为自己治史的指导思想，并希望为解答中国古史的分期问题（即上古奴隶社会与封建社会形态的更替问题）贡献力量。1956年，斯先生在《历史研究》上发表了《关于殷周土地所有制问题》一文。此文代表了他在经过50年代初期的"批判自己、改造自己"的政治学习之后对殷周社会的新的研究。此文未收入《论稿》，这里有必要简单说几句。

《关于殷周土地所有制问题》展示了斯先生深厚的学术功底和严谨的治学态度。但像当时所有讨论这一问题的文章一样，此文在方法上"以论带史"：以对一种社会进步规则的信仰作为研究历史的"先决"条件，这就注定了这样的劳动很难有重要的意义。斯先生此文一方面承认殷周是奴隶社会，一方面又认为平民不是奴隶，而当时的主要生产者又是公社成员——平民。这应该如何解说呢？斯先生不能说明白，只好留待下一步思考。今天回过头来看，斯先生留下这一疑点，正反映了他治学的严谨和史家的耿直。须知，直到90年代，才有一些先秦史专家倾向于认为殷周不是"奴隶社会"。

此后近20年，与整个先秦史学界一样，斯先生在学术上几乎陷入停滞状态。这主要因为有不断的政治运动的干扰，同时也是由于"分期问题"在理论上步入了误区。70年代末，斯先生发表了《论庶人》等文章。这可以说是对50年代遗留问题的回答。《论庶人》论证庶人实为平民，改变了1956年认为被征服部族的人民是奴隶的看法，同时也批评了郭沫若将春秋时期的平民反抗贵族的斗争作为“奴隶起义”的错误。此文在80年代初曾被评为优秀论文并得到奖励。但先生自已，实际上已不很看重此事。他已经发现，用“两大对抗阶级”的观点来看待早期华夏国家（尽管中间加了一个“平民阶级”），是不妥当的。在80年代全国性的“文化热”兴起之先，在“文革”尚未结束的70年代中期，斯先生已经开始重新以极大热情关注考古学和民族学研究。当他从“以阶级斗争为纲”和全力论证中国历史“五阶段”的苦闷中脱身，来到临潼姜寨遗址参加发掘，来到凉山彝族和版纳傣族村寨进行访问的时候，当他从地下二三米深的探方内挖出彩陶、石器或骨架的时候，当他从彝族“家支”组织中看到西周宗法制度的影子、从傣族份地制看到西周“井田”的遗迹的时候，那种难以言状的轻松愉快，是我们这一代史学工作者难以领会的。与《论庶人》一文相先后，斯先生发表《说室》、《释宗族》（《思想战线》1978年第1期，未收入《论稿》），说明商周时期社会基层组织是父家长家族，“室”为一夫一妻的小家庭。一方面，先生讲商周建国，“作为阶级压迫工具”，另一方面先生又强调，“国家就是父家长家族的扩大”。由此可见，先生对商周社会的看法，“奴隶制度”观念在淡化，血缘关系观念在强化。

笔者认为，以血缘关系为核心的社会，血缘亲疏是决定因素，由此形成权利不同的多等级的阶梯；以阶级关系为核心的社会，主要以人们对生产资料的占有关系、职业关系、产品分配上的关系以及地域户籍关系等作为人际关系的依据。应当说，以血缘关系为核心的社会与“奴隶社会”具有决然不同的思想观念和文化特色。如果不注意区分，只会把问题复杂化。

论证这一时期是“奴隶社会”的困难，还体现在对于“国”、“野”关系的理解。在《中国古代国家的形成》中斯先生说道：“我们认为，国与野的划分，就是我国古代国家第一次阶级的划分。”“但是无论国人或野人，仍是以血缘关系来划分的，而不是以财产多寡来划分的。这标志着我国古代国家形成中的特点。”“野人、庶人，并不是奴隶。因为一般来说，他们仍旧有家属子女，还保留着公社，因而有一份私田和工具等等”。既是“阶级关系”，而野人、庶人又不是奴隶，那么，这时是不是奴隶社会？斯先生未能贸然断言。依我们今日看来，既然以血缘关系来划分，就不是两大对立阶级意义上的阶级关系，就不应以“奴隶社会”来硬套。纵观先生书，《论庶人》中“庶人不是奴隶”似是斯先生论证商周社会形态问题的中心。

然而，就在笔者准备撰写书评的时候，1999 年 3 月 3 日下午，斯先生来电话，郑重地告诉笔者，他认为，《说德》一文可以概括全书的主旨，是贯穿全书的红线。在电话里，先生说：“《说德》发表之后，此问题仍时常萦绕于脑际。读书愈多，愈信‘德性’之说为不易。”“孔子说：‘中庸之为德，其至矣乎！民鲜久矣！’到战国时，法家、道家都离开了‘德’，儒家思孟学派则追求这种‘至德’的境界。”以上是先生电话叮咛的原话，笔者照录。《说德》是斯先生向他 40 年代开始的先秦文化研究的回归，是先生如实地把商周社会看作以血缘关系（即先生文中的“德”）为核心的社会的标志。

《说德》发表于《人文杂志》1982 年第 2 期。此文抓住了以血缘关系为核心的那个社会最本质的东西。先生认为，“德”为生、为性。《左传》隐公八年“天子建德，因生以赐姓，胙之土而命之氏”，此可证“德”与生育不可分，“德性”即由血缘关系所决定的族姓特点。《左传》僖公二十四年又有“太上以德抚民，其次亲亲以相及也”一语。太上，斯先生认为指五帝时代，以德抚民即以血缘关系为纽带建成氏族社会。

先生发明“德”之本义为“性”，以此读《论语》，颇多新解。如解“乡愿，德之贼也”，说乡愿扭曲了人的本性；解“凤兮凤兮，何德之衰”，认为德与图腾联系在一起，实在是李玄伯“德为图腾的性质”的最好证明。先生此文还揭示了“德”—“道”—“理”三概念演化的过程，从而贯通了上下三千年的中国哲学主流的最高概念，发前人所未发；其中深意，值得我辈后学探讨若干年了。

在1985年发表的《中国古代国家的形成》一文中，斯先生有这样一段精彩的论述：

我们认为，等级和阶级是两个不同的历史概念，即古代社会（资本主义社会以前）重视等级而很少使用阶级。在我国，阶级一词可能是由西方传入的。等级是因血缘关系来决定一个人的社会地位及其权利的，因此它是世袭的、身份性的，而阶级是根据一个人占有生产资料的多少或有无来决定的。

这段话，是斯先生对中国古代社会认识的升华，标志着他向文化史研究的回归。当然这种回归不可能一步到位。比如该文中引用《左传》昭公七年芋尹无宇所说“人有十等”一条时，先生说：“因为古代只有等级概念而无阶级概念的缘故，很难说清。假如我们一定要把它们‘换算’成阶级的话，那么，我们勉强可以把我国古代社会划分为三大阶级，即一个贵族阶级，包括天子、诸侯、卿大夫和士；二是平民阶级，包括庶人和工商；三是奴隶阶级，包括皂、舆、隶、仆、台等。”其实，斯先生多年来论庶人、释宗族、研国野，“一定要把他们‘换算’成阶级”，都是很“勉强”的。相反，当他一旦抓住血缘关系这根“红线”，让先秦史研究回归于文化研究，斯先生立即才思泉涌，左右逢源。这些“才思”不仅给后学以丰富的启迪，亦令先生自己振奋，重新立起雄心壮志而不知老之将至！1987年，斯先生在给《中外历史》杂志当年第2期写的一篇自我简介中，情不自禁题诗一首：

皓首穷经岁月长，云蒸霞蔚书斋香。会心不觉拈花笑，正是青山照夕阳。

拈花微笑，典出佛教传说：世尊在灵山会，拈花示众，唯迦叶领会，破颜微笑。此乃禅宗所谓以心传心之根据。[①]笔者认为，先生此处之

① 丁福保编纂：《佛学大辞典》，文物出版社1984年版，第688页。

“会心”，应是与其半世纪前的老师蒙文通、徐中舒等神会。笔者比斯先生小近30岁，是60年代毕业的大学生，但也亲历“文化大革命”前后史学思潮的变幻，也经历从“经世致用”的史学研究到民族文化底蕴的探求这一过程；当拜读斯先生《论稿》，从中看到老一辈学者探寻真理的艰难历程，看到先生踏实的步履时，尤其是在读到《说德》等处勇敢的笔触时，不由自主地，随时发出会心的微笑。

如今先生年过八旬，然而仍在敏捷地思维，探索不止。想到在“文化大革命”之类运动干扰下，我们曾困惑多年；在商品经济大潮冲击下，我们又几度彷徨；年轻的史学工作者，似应当从斯先生身上得到某种启示。笔者深感我们民族优秀文化的承传，有赖于一代又一代史学工作者前仆后继的努力。笔者以此文示诸研究生，年轻人亦深以为然，似有所悟。由此可谓三代学人皆为之会心而笑了。

（原载《陕西师范大学学报》2001 年第 1 期，人大复印报刊资料《历史学》2001 年第 6 期转载）

半世纪的困惑，不疲倦的追求

——斯维至教授与古史分期问题讨论

有同学问："历史发展五阶段论"是怎么形成的？所谓"亚细亚形态"是怎么回事？我想，如果认真读过下面这篇文章，可以基本了解这个问题。事先声明：这一问题学术界争论很大，以下解说只是我个人的看法，而不是什么"定论"。如果赞成我的解说且要加以引用，务请注明出处，否则将视为剽窃。有疑问，欢迎提问，有不同意见，欢迎提出批评。

即将出版的《斯维至史学文集》，依据一年多以前斯先生自己列出的目录整理而成。17篇文章按时间排列，大体包涵了斯先生平生所撰主要论文。

第一、第二篇发表于20世纪40年代，是斯先生的成名作。文章运用金文和甲骨文资料探寻西周行政制度真相和殷代文化风尚。其中不少论断，至今为不少相关著述作为定论征引。其所代表的是20世纪前期中国大多数古史专家的治学方法和致思方向。

斯先生接触马克思主义的唯物史观，可以追溯到抗战初年。当时读到郭沫若《中国古代社会研究》，斯先生颇为振奋，并且接受了资本主义生产方式之前的人类史大体分为按时间演进的原始社会、奴隶社会、封建社会三阶段的思想。

从50年代开始，斯先生把致思方向转为探讨殷周时期的社会形态、社会性质问题。此即人们所谓中国史学界在20世纪中期讨论的热点问题——"五朵金花"之一的"历史分期问题"。

为什么叫“分期问题”？在50年代，学术界争论的中心已不是如30年代陶希圣等所争论的中国有没有奴隶制社会的问题，而是奴隶制度与封建制度在何时交替的问题，这就是所谓“分期问题”。

这场论战固然与当时政治形势有密切的联系，但所涉及的问题则与学术研究密不可分。先验的或者说政治上预设的“真理”，牢牢地套住人们的手脚。而具有严谨学风的学者，则在这种束缚中苦苦挣扎。因此可以说，本文集所收的后十五篇文章，反映的是斯先生努力解答这个问题的过程，也就是以其早年养成的学术功底、治学态度同先验的“真理”那些可疑的概念搏斗的过程。这种搏斗在斯先生主观上并不是自觉的，然而却是执着的。斯先生就在苦苦挣扎中逐渐摆脱教条，追求和接近着真理。

1956年发表在《历史研究》上的《关于殷周土地所有制的问题》，针对上海社会科学院李亚农先生认为中国上古没有土地公有制的观点，运用古文字资料进行了驳斥。我们知道，依据马克思主义基本常识，阶级的划分和阶级剥削是建立在生产资料私人占有的基础上的。论证殷周社会属奴隶社会首先就要说明那时的生产资料——土地，被私人占有。李亚农依据《格伯簋》铭文，得出西周没有土地国有制的结论。接着说：“周人的奴隶制是从殷人那里继承来的，西周既没有土地国有制，我们有什么根据说周人的师傅殷人是实行土地国有制的呢？”李亚农认为，殷代已进入了“高级阶段的奴隶制”。[①] 斯先生证明甲骨文中祈祷祭祀的“土”字应读“社”，实即家族公社之社（p.50。p.50代表《斯维至史学文集》的第50页，下同）。公社成员使用土地，只是“承袭的占有者”使用的“份地”，过若干年必须重新分配（p.55），“占有”和“私有”是不同的概念；使用份地者是没有私有权的。“公社的土地所有制，与古典的私有财产形态——土地私有制——不同。”（p.57）

土地所有制问题之所以重要，如斯先生1982年发表的《古代土地所有制问题辨疑》所说：“古代土地所有制问题的解决，实在是解决古

① 《李亚农史论集》，上海人民出版社1962年版，第575、579页。

代社会性质与分期问题的前提。”（p.191）在流行的政治经济学教科书中，认为生产资料归谁所有决定着生产中人与人的关系和产品的分配，也决定了人的阶级地位和那个社会的性质。在收入台湾版《中国古代社会文化论稿》的1985年发表的《我国古代国家的形成》一文中，斯先生说：“等级是因血缘关系来决定一个人的社会地位及其权利的，因此它是世袭的、身份性的，而阶级是根据一个人占有生产资料的多少或有无来决定的。”1985年时斯先生已认识到，因血缘亲疏而产生的“等级”与政治经济学中的“阶级”不是一个概念。我们在这里提出一个疑问：既然殷周时期主要生产资料——土地，还不存在私人所有制，那么这个社会还是不是阶级社会呢？斯先生在50年代没有也不可能，或者说也不敢提出这样的疑问。他只是针对李亚农所谓殷代已进入“高级阶段的奴隶制”的说法，认为殷代处于“早期奴隶社会阶段”。但是同时，斯先生又进一步指出，公社成员助耕公田，“是为了保险、战争和祭祀之用”，“公社成员为借（藉）田所支付的剩余劳动还不是真正的劳役制”，“至少在原始的意义上，藉田只是国王借民代耕，还不具有严格的剥削意味”（p.60）。我们知道，提供给国家机器、权力机构的赋税是不能叫做剥削的。我们这里再提出一点疑问：如果殷代和西周这样的生产关系不是剥削关系，那么，还能不能说殷周是奴隶社会抑或是阶级社会呢？斯先生当时尚未提出这样的疑问，但已有了这样的困惑。

斯先生认为，从殷到周，社会没有本质的变化。既然都处于“早期奴隶社会”阶段，50年代的斯先生自然而然就认为，“国人”，即周贵族和周人自己的公社农民属于自由民。“野人”即被征服部族的公社农民“则属于奴隶的范畴”（p.67）。不过，斯先生指出：殷周的奴隶与古希腊、古罗马“古典奴隶制”的属于个人私有的奴隶不同，“他们只是整个公社的被奴役，而不是个人的被奴役”（p.66）。

到了60年代初，斯先生已从文献中得出了“庶人并非奴隶”的结论。在发表于《人文杂志》1960年第1期的《论春秋战国时期公私贵族的斗争和阶级斗争》文中，斯先生明确指出：“虞、夏、商等族人民沦亡以后都成了庶人阶级。”（p.78）也就是说，被征服部族的公社农民是庶人而不是奴隶："大体说来，西周的阶级结构，依我们的理解是：士以上为宗族贵族（即氏族贵族），庶人工商为自由的或半自由的平民阶级，皂隶牧御等是奴隶阶级。由于当时的奴隶还带着家内奴隶的性质，所以社会的主要生产者是庶人阶级。"（p.79）

主要的生产者是庶人而不是奴隶，这样的社会还能不能叫"奴隶社会"呢？人们当然有理由怀疑了。是追求真理的科学研究推动着斯先生向着这个方向走，不过对他本人来讲，这不是有意的。

60年代初，斯先生出于"阶级斗争学说"的"常识"，还把同样是"庶人"的"国人"和"野人"之间的等级界限夸大为"根本上是两个对抗的阶级"（p.84），现在看来，这显然还是不妥当的。

春秋时期，国野界限逐步取消。春秋后期发生了庶人、百工与贵族之间的斗争。这些斗争，在郭沫若主编的《中国史稿》中是作为"奴隶起义"的证据的。斯先生注意到，这些斗争是在新老贵族矛盾斗争的背景下发生的，主要是庶人针对旧贵族的斗争（p.89）。在这些斗争中，人民的政治地位有了某些提高（p.90），等级差异也缩小了。春秋时期，在大国间的争霸战争及其后各国发生的新旧势力的斗争中，公社的土地制度破坏了，血缘纽带松弛了，一个新的时代即将到来。

收入本书的发表于1978年和1979两年间的文章，从《释宗族》、《论庶人》到《论"工商食官"制度及新兴工商业的作用》，计有六篇。可以看出，"文化大革命"的结束给刚过花甲之年的斯先生带来新的学术激情，思想解放令斯先生对于"分期问题"有了新的思考。

要知道斯先生的思考新在何处，先得了解当时先秦史学界在这一问题上所受的思想禁锢是什么。

恩格斯讲到过人类的"两种生产"：一是生活资料的生产，二是人类自身的生产。"劳动愈不发展，其生产品底数量、从而社会底财富愈有限制，则血统组结对于社会制度底支配影响便显得愈强烈。"[1] 显然，在上古，人类自身的生产即血缘关系应该是更重要的。因此，苏联版政

---

① 见《家庭、私有制和国家的起源》1884年第一版序言，人民出版社1954年版，第6页。

治经济学中所谓“生产资料归谁所有决定着生产中人与人的关系和产品的分配”的说法，对于上古社会——由“人类自身的生产”所支配的、以血缘纽带为中心的社会，是不适用的。上古社会是血缘亲疏关系决定着生产资料的占有和产品的分配。因此，那个社会呈现出与后世大不一样的社会文化和精神风貌。如果硬要用适合于资产阶级社会经济形态的某些概念（如由生产资料私有制决定的阶级及阶级之间的斗争）去分析研究上古社会，那就势必曲解史料、唐突古人。

但是，在斯大林的《辩证唯物主义与历史唯物主义》中，却认为恩格斯关于“两种生产”的观点是“不精确”的，或者说是不正确的；即使在上古，“家庭是不能与劳动、与作为社会发展底决定原因的物质生产相提并论的”。[①]而斯大林的《辩证唯物主义与历史唯物主义》是放在《联共（布）党史简明教程》中作为每个布尔什维克党员的必读书的，其内容是不允许质疑和讨论的。也就是说，即使是在讨论上古社会的时候，也不能把血缘关系置于比生产资料的占有更重要的地位的。

出于对上古文献的熟悉和对殷周社会的深切了解，斯先生直觉地感到血缘关系对于那个社会极其重要，因此有了《释宗族》、《论庶人》以及后来的《说德》等论文和《姓名的故事》的小册子。在实际上突破了思想禁锢，把血统纽结提到了对于当时的社会制度起支配作用的地位。

《释宗族》有一个副题——“关于父家长家庭公社及土地私有制的产生”。这是因为谈及殷周时期血缘组织又无法回避与土地联系在一起的“公社”问题。马、恩在 19 世纪 50 年代就详细讨论过存在于印度等地的土地公有的“村社”，并且创造了“亚细亚形态”一词来称呼它。[②]

下面，我们不得不再费一些笔墨来谈有关“亚细亚形态”问题的来龙去脉。

在 1884 年出版的《家庭、私有制和国家的起源》中，恩格斯没有

---

① 见联共（布）中央马克思恩格斯列宁研究院给《家庭、私有制和国家的起源》写的《序言》，人民出版社 1954 年版，第 3—4 页。

② 见《马克思恩格斯全集》第 28 卷，马克思致恩格斯（1853 年 6 月 14 日），第 271—272 页。

涉及“亚细亚形态”问题。这是因为，在19世纪60年代以前，人们对于家庭史几乎一无所知，马、恩把“亚细亚形态”即土地公有的“村社”看作最古老的社会形态，并认为这是解开古老的东方天国的秘密的一把钥匙。到了六七十年代，民族学家对于早期人类社会的研究有了革命性的进展。从巴霍芬的《母权论》（1861，斯图加特）到麦克伦南的《原始婚姻》（1865，爱丁堡）、《古代史研究》（1876，伦敦），尤其是美国民族学家路·亨·摩尔根的《古代社会》（1877，伦敦），使得人们对于母权制氏族、父权制氏族及以这种血族团体为基础组成的公社——氏族公社，有了基本的了解。50年代讨论的所谓“亚细亚形态”，实际上是存在于中世纪的“农村公社”，显然不是什么最古老的社会形态。

到了80年代、90年代初，俄国学者马·马·柯瓦列夫斯基的著作《原始法权》（1886，莫斯科）、《家庭及所有制的起源和发展概论》（1890，斯德哥尔摩），认为从公元前数世纪到凯撒时代甚至更晚，在被征服的罗马各行省，许多氏族，包括全体德意志人，是按血族分开居住的。过去把他们看作与“马尔克公社”或“农村公社”意义相同，现在看来，这些公社“都是大家庭公社，土地在它们之间进行分配，农村公社只是后来才从它们当中发展起来的”。[①] 柯瓦列夫斯基证明了，“家长制家庭公社乃是母权制共产制家庭和现代的孤立的家庭之间的中间阶段”[②]。恩格斯指出：从此以后，问题不再是有没有“土地公有”，“而是关于土地公有的形式是什么了”。[③]

1891年《家庭、私有制和国家的起源》即将再版，恩格斯充分吸收了七年来社会科学研究的新进展，重新校阅全文，补充了关于家族公社的内容，对马克思主义唯物史观的理论体系做了重要修正和补充，并且指出，“这种解释又造成了新的困难和引起了新的需要解决的问题，在这里只有新的研究才能解决”[④]。显然，1891年版的《家庭、私有制和

① 《马克思恩格斯选集》第4卷，人民出版社1972年版，第131—132页。
② 同上书，第137页。
③ 同上书，138页。
④ 《马克思恩格斯选集》第4卷，人民出版社1972年版，第139页。

国家的起源》与1884年版有很大的不同。也就是说，1884年版只涉及到“马尔克公社”或“农村公社”，1891年版则增加了关于家庭（家族）公社的内容。

1895年恩格斯去世，把关于家族公社在历史上的地位问题，或者说关于家族公社在马克思主义唯物史观体系中的位置问题的“新的研究”的任务，留给了后人。

1894年，俄国的马克思主义者列宁发表了《什么是“人民之友”以及他们如何攻击社会民主主义者》。列宁实事求是地指出：在50年代，马克思《政治经济学批判 · 序言》中关于社会形态演进的几个时代的思想（原文：“大体说来，亚细亚的、古代的、封建的和现代资产阶级的生产方式可以看做是社会经济形态演进的几个时代”[①]，“在那时暂且还只是一个假设”；此后马克思花了20多年的工夫研究商品经济体系，详尽分析了资本主义的生产方式，写出了《资本论》。列宁认为，“马克思只说到一个‘社会经济形态’，即资产阶级社会经济形态；换句话说，他研究的只是这个形态而不是别的形态的发展规律”。马克思的伟大在于他提供了这样一种方法，即“把社会经济形态的发展看作自然历史过程”。[②]依据恩格斯在1891年对家族公社的新了解，列宁在1917年撰写的《国家与革命》中，在论及国家与旧的社会组织的不同特征时，刻意在恩格斯1884年版《家庭、私有制和国家的起源》原文“旧的氏族组织”氏族一词后面加上了“或宗族”几个字；在谈到阶级社会的武装力量与此前的武装力量的区别时，列宁将阶级社会以前的人类的原始组织分为原始人类和宗族社会两个阶段。[③]这就是说，列宁是用“宗族社会”一词代表柯瓦列夫斯基发现的父权制大家庭公社阶段，以区别于摩尔根所讲的氏族概念。同时可知，宗族社会是既不同于原始人类也不同于阶级社会的一个阶段。

---

① 见《马克思恩格斯选集》第2卷，第83页。

② 《列宁全集》第1卷，第119、116页。

③ 见《列宁全集》第25卷，第377页，可参阅拙文：《宗族社会初论》，《陕西师范大学学报》2001年第3期。

1924年列宁去世，没有来得及研究和说明“宗族社会”在历史上的地位问题。

与此同时，亚、非、拉美兴起了民族解放运动。分析这些国家的社会形态及革命性质成了马克思主义者的任务。马克思早年（1859）提到过的资本主义生产方式以前的几种社会形态——亚细亚的、古代的、封建的和现代资产阶级的生产方式——能否概括东方国家的历史，成为学者们争论的一个热点。20年代末到30年代，苏联学者展开了争论。一些人从领导世界革命的需要出发，竭力把所有国家的历史纳入一个“放之四海而皆准”的体系之中。一些人则在史料与理论的矛盾面前陷入困惑，觉得东西方经由了不同的道路，马、恩当年关于所谓“亚细亚形态”是“了解整个东方的一把钥匙”的讨论被他们作为摆脱困惑的理论依据。遗憾的是他们没有注意到列宁提到的“宗族社会”的概念，却想用马、恩50年代认识的很不成熟的“亚细亚形态”的概念来说明东方古代，这就给论辩的对手留下可乘之机。为了制止争论，有利于“领导世界革命”，1938年9月，斯大林《辩证唯物主义与历史唯物主义》发表，随即收入《苏联共产党（布）历史简明教程》第4章，成为每个干部的必读经典。其中提出了人们耳熟能详的“五阶段”论。原文为：

> 历史上有五种基本生产关系：原始公社制的、奴隶制的、封建制的、资本主义的、社会主义的。

这意味着，所谓“亚细亚形态”和东方国家不同道路的观点都不容许再讨论了。

受其影响，中国学者不久就把问题集中到殷周时期是否存在土地公有的村社？其社会性质如何？奴隶制与封建制从何处划分开来？这就是所谓“分期问题”。可以看出，这实际是一个无法辨清的问题，因为它的前提——在中国，奴隶制度曾经作为一种基本的社会形态存在——本身就是成问题的。

与当时的政治环境有很大关系，中国先秦史学界长达半世纪的争论，问题就出在把“五阶段论”当作教条，不能越雷池一步。

让我们再来看 70 年代末斯先生的六篇文章。

《释宗族》用副题标出“父家长家庭公社”，这说明斯先生读懂了《家庭、私有制和国家的起源》1891 年版与 1884 年版的区别，明确地将家庭公社与农村公社区别开来。

做到这一点是非常不容易的。因为从 20 世纪 30 年代到 60 年代，《家庭、私有制和国家的起源》的各种中文版本都没有详细比照和注明哪些是 1891 年版恩格斯新增加的内容。几乎所有中国学者都会被书中不时出现的“公社”、“村社”、“家庭公社”、“农村公社”搅昏头脑，必须十分细心反复阅读才能弄清其区别。1972 年，中共中央马恩列斯著作编译局编，人民出版社出版《马克思恩格斯选集》，第一次详细注明了 1891 年版恩格斯所增加的全部内容。而这时“文化大革命”尚未结束，大多参加过“分期问题”讨论的老先生无暇顾及或不再有兴趣重新阅读收入《选集》中的《起源》。然而，以解决“分期问题”为己任的斯先生执着地读起了《起源》的新版本，这从后面几篇文章的注解可以看出。因此可以说，斯先生是在做当年恩格斯留给后人的“新的研究”工作。

在《释宗族》中，斯先生明确地指出：“商周时期的宗族就是父家长家庭，也就是父家长家庭公社。”（p.95）“当时的主要生产者是家庭公社农民，即庶人，不是奴隶”，“‘室’是父家长家庭的基本生产单位”（p.103）。斯先生接下来论证了家庭公社的破坏过程，认为战国时期出现了农村公社的田制（最后这一点，尚有待新的材料和新的论证）。

1978 年初撰写的《论庶人》，既不同意郭沫若认庶人为奴隶因而周代是奴隶社会，也不同意范文澜认庶人为农奴因而周代是封建社会。斯先生专门申论了“庶人应该是平民阶级，不是奴隶”的观点，但认为周代还是“东方型的奴隶制”社会（p.110）。作为“公社农民”的“平民阶级”在周代“助耕公田还不算受剥削”（p.116），到春秋时期，社会矛盾加剧，公田制逐渐破坏，租税制发展起来，徭役劳动多起来，庶人受剥削但也可以当兵甚至可以议政了。春秋史上那些反抗贵族的“役人”、“筑者”等等，都不是奴隶而只能是平民（p.121）。

1978年发表于《思想战线》的《郭沫若同志在古文字学和古史研究上的卓越贡献》是为纪念郭老去世而作，带着浓郁的时代特征，也涉及一些有关“分期问题”讨论的早期的政治背景。从文中可以看出，斯先生对于上古史执着的探索精神，受郭老的影响是不小的。同时，从对郭老勇于自我批判的精神的赞扬中，可以发现斯先生不断努力接近真理的动力，那就是尊重科学。

《早周的历史初探》发表于1978年，讲的是武王伐纣以前周人的历史（80年代以后学者们多以“先周”称呼西周建国以前的历史，而以“早周”指西周早期）。斯先生认为周人祖先“窜于戎狄之间”在夏太康失国之后（p.136），这一点是值得商榷的。本文的主题，是要证明周人当时处于“父家长家庭公社”阶段，而不是所谓“奴隶社会”或“初期封建社会”。这无疑是很重要的。但斯先生将其时代归于“氏族社会末期”，则似有些欠妥。试想，周人从始祖弃在舜禹时期担任农官“后稷”，到文王在殷纣时任“西伯”，历时一千年，与夏商王朝关系密切，怎么能一直还是原始的“氏族社会末期”呢？我们自然想到列宁在恩格斯1884年版“旧的氏族组织”氏族一词后面加上的“或宗族”几个字和列宁将阶级社会以前的人类的原始组织分为原始人类和宗族社会两个阶段。斯先生所说周先民处在“父家长家庭公社阶段”，应该就是如列宁所说的“宗族社会”阶段。包括夏商和西周，血缘组带起支配作用，土地尚未私有，有等级而无阶级，剥削尚未形成制度。这个令学者们聚讼纷纭的“奇怪”的社会，应该就是“宗族社会”。

《从子产谈到孔子》对春秋后期两位杰出人物进行评价。其论辩对手是“文化大革命”初期炙手可热的“中央文革小组”成员关锋。关锋将子产与孔子对立起来，认为子产代表新兴的封建地主阶级，孔子代表没落的奴隶主阶级。斯先生依据史实，认为子产和孔子站的都是公室贵族的立场。斯先生认为，春秋战国之际的氏族贵族是“一身而兼两任”的，“既是奴隶主贵族，也是封建地主贵族”，“我们要在他们身上划分奴隶主或封建地主，就是很困难的了”（p.157）。斯先生的看法显然比关锋要客观一些、高明一些。然而这些看法的前提都在于把那个社会看作是阶级社会。以阶级斗争学说指导历史研究是那个时代的特点，谁也难以超越。在社会性质问题没有解决以前，要想把这些问题讨论清楚，真是很困难的。

《论“工商食官”制度及新兴工商业的作用》，探讨了那个以血缘关系为纽带、以男耕女织自然经济为基础的社会中手工业和商业的特点，及其发展对于家庭公社的破坏作用。在这篇文章中，斯先生提出，在战国时期，“自家庭公社破坏之后，随着出现了从上而下的‘十六受田，六十还田’的授田制，因此形成‘两重性’（公有与私有）的地域为主的农村公社组织”（p.170）。国家授田，能否称之为“公社”？与马恩提到的日耳曼人的马尔克公社或农村公社是否类似？农村公社在中国古代史上是否存在过？这些都有待认真探讨。

利用民族学的材料帮助上古史的研究是行之有效的办法。在《关于庶人和曲诺的比较研究》中，斯先生利用凉山彝族史料帮助论证自己在《论庶人》中提到的小人与庶人的区别问题（p.112），应该说是成功的。同时，斯先生提出一个值得深入思考的大问题：希腊、罗马“由父家长的奴隶制发展为发达的奴隶制”，中国则是由父家长的奴隶制走向封建社会，凉山彝族却仍然是家长式奴隶社会，“这终究是什么原因呢？”斯先生说，他现在无力回答。以笔者不成熟的看法，这只有从巴尔干、亚平宁半岛和华北大平原和凉山地区的地理环境差异中去找原因。

80年代初，有赵光贤、田昌五等的先秦史著作问世，对于30年代曾经讨论过的“井田制度”问题有了更深入细致的研究。但因理论上概念上的混乱没有澄清，仍然是言人人殊。斯先生撰写《古代土地所有制问题辨疑》，在史料、理论和井田制是否存在三个问题上阐明自己的基本观点。斯先生认为，《孟子》比《周礼》可靠一些：孟子所讲的井田制是家族公社，《周礼》所讲的授田制则是农村公社。“前者是以血缘关系组成的，后者是按照地域关系组成的”（pp.187—188）斯先生以民族学资料为依据，说“我们实在不能不相信我国古文献所讲的井田制是存在过的”。这几点笔者都很赞同。但斯先生认为家族公社是属于农村公社的较古的一种类型，又认为国家授田给农民向农民征调赋税即是农村公社，则有待商榷。

《封建考源》解答了一个人们经常混淆的问题，即上古的封建与中世纪封建有何区别。依据对中国国家形成——封邦建国过程的研究，斯先生强调“商周时期的分封是以家族为单位的”（p.210）。因此，斯先生认为：“没有把殷商与西周分为两个社会形态的理由。殷周之际的变革，只是两个王朝的变革，而不是社会性质的变革。”（p.220）古封建与中世纪封建的区别，在于古封建是“宗法封建”，“是按照父家长家族作为分封的单位与对象的，即所谓宗法关系”。中世纪封建“是由于土地的等级的占有而形成的”（p.223）。

80年代初的斯先生已经由关注政治、经济转变到更为关注血缘关系，从更本质的社会关系结构——人类自身的繁衍来看殷周社会，一步步逼近上古社会演变更深层的根源。与《封建考源》同时发表的《说德》即是这一思考的集中表达。如果说《论庶人》是对社会现象的辨析，《说德》则是追根溯源。也可以说，《说德》是斯先生对于先秦社会认识的总结。关于《说德》，笔者在《会心不觉拈花笑——读斯维至教授〈中国古代社会文化论稿〉》文中已有较详细的介绍，这里就不再重复。

本文集最后一篇《释“皂隶食职”并论奴隶制农奴制的问题》，1983年上半年作于云南民族学院。斯先生肯定，商周时期，“奴隶的职役主要是家内劳役”（p.249）。郭沫若曾经说到：“严格按照马克思的意见来说，只有家内奴隶的社会是不成其为奴隶社会的……如果是太强调了村社，那中国就会没有奴隶社会。”我们前面说过，在20世纪中期的中国先秦史学界，是把包括中国在内的全人类历史上都存在奴隶制社会形态，作为先验的、放之四海而皆准的、不容讨论的真理的。因此郭老采取了不强调“村社”的办法——回避或曲解史料的办法，来适应奴隶社会说。斯先生也不能否认奴隶社会说，他尊重史料，不能不强调“村社”（家族公社），于是就只好用另一种办法——曲解理论的办法，来适应奴隶社会说。斯先生说：马克思把奴隶制分为两个类型：一个是“家长式的，以生产直接生活资料为目标”，另一个是“以生产剩余价值为目标”。我国商周的奴隶制是前一种。商周的“家长奴隶制与农村公社同时存在，主要的生产者是公社农民而不是奴隶，所以构成与希腊、罗马不同的奴隶社会”。实际上，商周时期奴隶的家内劳役是不能看作“以生产直接生活资料为目标”的，因此，说商周是“奴隶社会”是不妥的。斯先生也感到了这种不妥，所以他说，“这个问题尚待更认真地研究”（p.252）。

收入本文集的还有《古代史官与典籍的形成及其作用》一文，1982年发表于《史学史研究》。对于史官作用的解释，仿佛总结了斯先生一生为之奋斗的事业。史官之职责，似可概括为以下几句话：掌文化知识，通古今变幻，持世道公正，矫人心邪恶，解文献典籍，促社会进步。

2008年10月13日 初稿

10月25日 二稿

（本文是《斯维至史学文集·校读后记》的第三部分）

地理环境是中国封建社会长期延续的决定因素

在讨论问题之前，有必要首先就观察问题的方法，与读者取得一致的意见。要解决中国封建社会长期延续的决定因素问题，首先必须明确两点：第一，所谓长期延续，是一个比较历史学问题。离开与西欧历史的比较，所谓长期或不长期问题就不存在。第二，所谓决定因素，只有在比较中才能确定。因素的决定性取决于参照物的特征和观察问题的角度。因此不能在进行比较之前就预先规定某些因素能或不能具有决定性的作用。

中国封建社会长期延续问题，主要是指中国资本主义萌芽迟迟不能产生，不能得到发展，而西欧资本主义萌芽却在16世纪以后二三百年间迅速成长，成为占统治地位的生产方式。可以说，找到造成这种差别的根本原因，也就弄清了中国封建社会为什么长期延续的问题。西欧资本主义萌芽产生和迅速成长的原因可能是多方面的，我们一旦把东西方历史放到一起，排除其中东西方共有的因素即对导致东西方差异关系不大的因素，地理环境因素立即就显示出来。我们的思考就从这里开始：在西欧资本主义萌芽产生和成长的过程中，地理环境因素究竟起着怎样的作用？

一、地理环境与西欧资本主义的成长

当生产资料和生活资料的所有者在市场上找到出卖自己劳动力的自由工人时，资本主义生产关系就宣告诞生。那么，是不是只要有了一方面是除自己的劳动力外一无所有的自由人，另一方面是占有全部财富的人，就可以产生资本主义生产关系呢？不是的。只有当采用雇佣工人从事较大规模分工协作的生产，比一家一户的小生产能取得更高的利润的时候，生产资料和生活资料的所有者才肯到市场上去寻找出卖自己劳动力的自由工人。由此可见，产生资本主义生产关系的动因是高额利润；没有高额利润，资本主义生产关系就不能产生。而要实现高额利润，必须要有广阔而可靠的市场；没有广阔的市场，资本主义萌芽就不能成长。

与地处东亚大陆的中国封建社会相比，西欧封建社会处在陆地和海洋呈犬牙交错状态的开放环境中；小国并列，难于统一，经济发展十分不平衡；发达的贸易能够带来丰厚的利润，开阔的视野有利于广泛地吸收外界的知识。这一切为那旨在获取高额利润的生产力，那封建生产关系所不能包容的生产力的出现，提供了有利条件。十四五世纪，在地处东西方贸易要道的意大利北部热那亚、威尼斯等城市中，出现了欧洲最早的资本主义萌芽。

西欧资本主义萌芽迅速成长起来的过程，发生在15世纪最后30余年和16世纪最初几十年，引起世界历史的这一重大变革的契机，是“地理大发现”，即古巴、海地、巴哈马群岛、北美大陆、绕过非洲南部通往印度的海路和南美大陆的发现。地理大发现造成新的世界性的市场，带来新的贸易需求。原来一直以蜗牛速度爬行的资本主义萌芽，这时脱离了渐进形态，腾飞起来。殖民地的财富涌入宗主国，在这里转化为资本；宗主国工场手工业迅速繁荣，引起国内经济结构变化。马克思把这一时期的变化，称作“为资本主义生产方式奠定基础的变革的序幕”。①

地理大发现成为资本主义萌芽迅速成长的契机，是因为它为资本主义生产提供了空前广阔的市场。市场是资本主义萌芽成长过程中的关键，这一点还可以从失去市场导致资本主义萌芽夭折的事例得到反证。

---

① 《马克思恩格斯选集》第2卷，第224页。

当地理大发现改变了热那亚、威尼斯等城市在贸易上的作用时，这些地方的历史发生了逆转：从15世纪末开始，意大利北部城市工人大批地被赶往农村，给那里按照园艺式经营的小规模耕作带来了空前的繁荣。而与此同时，那掌握了通往印度的新航线的葡萄牙和靠近东西方货物集散地的英、法、尼德兰等地城市的资本主义则迅速发展。由此可见，世界性市场是资本主义萌芽能否成长的关键，没有世界市场，就没有资产阶级社会。所以马克思说："资产阶级社会的真正任务是建立世界市场（至少是一个轮廓）和以这种市场为基础的生产。"①

地理大发现引起的一系列连锁反应，改变了世界历史的面貌。世界市场带来的巨大利润，在宗主国达到了改变法律、震动整个国家经济结构的程度。16世纪后期，尼德兰发生资产阶级革命，建立了第一个资产阶级国家荷兰。

殖民制度是资产阶级世界市场的保障。所以，第一个资产阶级国家荷兰，也是第一个充分发展了殖民制度的国家。17世纪中叶，小小的荷兰积累的资本恐怕比欧洲所有其他国家的总和还要多。在当时，没有殖民制度来保障世界性市场，资本主义就不能发展，所以马克思说："殖民制度在当时起着决定性作用。"②

世界市场带来的高额利润，使欧洲市民队伍勇敢地砸碎封建枷锁，同时也使他们聪明地把一切科技成果应用于生产。科学技术在地理大发现之后突飞猛进，不久便带来了工业革命，造就了足以摧毁封建势力最后基地的近代大工业。

工业资本家是新兴资本主义生产方式的代表。然而如果不进一步消灭封建势力的最后基地——与家庭手工业相结合的小农经济，就不能使一个国家的国内市场获得资本主义生产方式所需要的范围和稳定性。消灭广大农村家庭手工业的力量是什么呢？正是那以世界市场为背景的近代大工业。在西欧，大工业造成农业人口的稀薄和农产品价格的上涨，从而刺激了农业革命。使用雇工的租地农场主迅速致富，耕作技术在革

① 《马克思恩格斯全集》第32卷，人民出版社1975年版，第395页。

② 《马克思恩格斯选集》第2卷，第258页。

命，土地所有权关系也在变革，工业资本的发展带来了农业资本主义的发展。

世界市场在资本主义成长历程中的作用，还体现在它造成这样一种特定的历史环境，以致离开这种环境，资本主义就不能发展。马克思还指出，《资本论》中分析资本主义起源的那一历史过程，“明确地限于西欧各国”，如果“一定要把我关于西欧资本主义起源的历史概述彻底变成一般历史发展道路的历史哲学理论，一切民族，不管他们所处的历史环境如何，都注定要走这条道路……这样做，会给我过多的荣誉，同时也会给我过多的侮辱”。[①] 马克思反对把资本主义在西欧产生的历史过程作为一般历史哲学理论硬搬到一切国家，因为不同国家处于不同的“历史环境”之中。既然资产阶级国家是以殖民地和世界市场为其成长的前提的，那么，资本主义生产方式就不是一切国家、民族都注定要经历的铁环。马克思就设想过与控制着世界市场的西方生产同时存在的俄国农村公社，“可以不通过资本主义制度的卡夫丁峡谷，而把资本主义制度的一切肯定的成就用到公社中来”[②]。

谈到这里，我们已经可以得出这样的结论：资本主义生产方式建立在比封建制度高得多的生产力水平之上，这样的生产力水平只有以世界市场为舞台才能容纳。因此，地理大发现就成为西欧资本主义萌芽迅速成长的关键，而殖民地和世界市场在资本主义生产方式发展过程中就成为“决定性”的因素。资本主义的强大生命力正在于它以整个地球为自己的舞台，资产阶级对封建势力的革命，也是以世界为背景进行的战争。很显然，没有发达的对外贸易或向外掠夺，没有世界市场可供实现高额利润，就不可能有资本主义生产关系的发展。而像中国这样具有内向的封建经济共同体的大国，是很难形成这样的条件的。资本主义生产方式出现于北海沿岸的小国绝不是偶然的。这些小国的资产阶级正是依靠世界市场和海外商业霸权积累了足以摧毁本国封建势力的力量。对于像中国这样的封建大帝国来说，微弱的资本主义萌芽要想积聚那么强大

① 《马克思恩格斯全集》第19卷，第447、130页。
② 《马克思恩格斯全集》第19卷，第436页。

的力量来摧毁本国的封建势力，不知要困难多少倍！

二、地理环境促使中国形成内向的封建经济共同体

孕育了中华民族文明的黄河流域，与其他几个古文化摇篮有着显著的不同。一方面，以汾渭谷地和华北大平原为中心，它胸怀广大，容许自己的儿女有充分施展才能的余地：这里四季分明，土壤肥沃，水源充足，十分有利于定居农业的发展。另一方面，大自然又在它的周边安排了特别艰难的生息环境：东方是地球上最大的洋，西方是世界上最高的高原，南方是瘴疠弥漫的热带丛林，北方是辽阔的戈壁和严寒的西伯利亚。继承了黄河流域古代文明的中国封建社会，就处在这幅员辽阔、四周阻绝的环境中。广袤沃野为封建生产关系的迅速形成及其以后的回旋、再生和苟延残喘提供了场所，而四周阻绝的环境又决定了中华民族以黄河流域为中心的内聚力，促使中国形成内向的、封闭而又庞大的经济共同体。这是中国封建经济不同于西欧诸国的最显著的特征。东西南三面的自然条件决定了那里的居民难与中原抗衡，而北方的辽阔草原和高寒气候，则造就了粗放的游牧经济和强悍的游牧民族，它与中原发达的定居农业形成鲜明对照。在中原进入封建社会千年之后，北方各族还处在前封建社会。两种经济、两种文化，在大河上下、长城内外，互相斗争，互相融合，绵延不绝于整个古代，成为中国历史的一个重要特点。

封建前期的中原政权，曾力图向北方扩张。历史证明，这种扩张是劳而无功的。秦始皇吞并六国之后，欲攻匈奴。李斯指出："匈奴无城郭之居、委积之守，迁徙鸟举，难得而制也。"始皇不听，使蒙恬攻胡，结果是"宿兵无用之地，进而不得退……丁男被甲，丁女转输，苦不聊生"[①]，天下叛秦，由此而起。汉武帝选将练兵，深入漠北，"虽有克获

---

① 《史记》卷112《平津侯主父列传》。

之功，胡辄报之。兵连祸结三十余年，中国罢耗，匈奴亦创艾”，班固总结数百年间汉匈关系，无可奈何地说，“夷狄之人……其与中国殊章服、异习俗……其地不可耕而食也，其民不可臣而畜也”，还是“政教不及其人，正朔不加其国”为上策。[①]

秦汉时期的南方，地广人稀，“江南卑湿，丈夫早夭”[②]，中原人视为畏途。始皇南巡，不过到达江陵、会稽而已。武帝时，瓯越移居江淮，闽浙为之一空。东汉末年，中原战乱，大批居民避居楚越，从事垦辟。中原氏族也移向长江流域苟且偷安。到东晋南朝，长江中下游发展成为重要经济区。

在南北朝民族大融合基础上建立起来的唐王朝，较好地处理了民族关系。“天可汗”与诸藩的友好往来，造就了璀璨的盛唐文化。但是，遥远的丝绸之路还远远不足以带来能够孕育新的生产关系的高额利润。

封建社会后期，中国社会向前发展的主要标志是广大边区的封建化和长江流域及东南沿海经济的开发。中原社会陷入停滞，而此时北方民族在大踏步前进。中原政权对于北方民族向黄河流域移动，只有招架之功，没有还手之力了。10 世纪，生气勃勃的契丹族在辽河流域兴起，经过一百多年，进入封建社会；12 世纪，女真人勃起于东北，不久进入中原，完成封建化；13 世纪，蒙古在大漠南北崛起，忽必烈以后，封建过程大体完成。这些民族得以入主中原，根本上说，是中原政权的腐朽，是中原社会陷入危机之中不能自拔。不论农民战争还是少数民族入主，都可以起到同样的历史作用，即把中原社会从危机中解脱出来，延续那衰老的封建经济。认为北方民族入主造成社会大反复和大倒退的观点是不妥的。中国历史上的民族大融合，多是生机勃勃的北方给奄奄一息的中原注入新鲜血液，同时，“温文尔雅”的中原则教给铁骑健儿以“礼义”、“纲常”，这一特征在封建社会后期更为显著。

南宋政权偏安杭州，中原居民再度南下，带来了南方经济的繁荣；到明中叶，长江流域的户口远远超过了黄河流域。但是，两广南部，

① 《汉书》卷 94《匈奴传》。
② 《史记》卷 129《货殖列传》。

高、廉、雷、琼四府，仍然是瘴气弥漫，人烟稀少，直到近两个世纪以来，这里的天然植被才逐渐被人工植被取代。

明清时期，资本主义萌芽出现在东南沿海。原因很清楚，古代阻隔人们交往的大洋，由于航海业的发展成为联系中外的通衢。但是，辽阔的北方，仍然是中世纪的自然经济牢牢地支撑着封建政权；微弱的海外贸易和工场手工业，远不能积累起足以战胜强大的封建势力的资本。老大帝国还是那么踌躇满志。

马克思说："无论哪一个社会形态，在它们所能容纳的全部生产力发挥出来以前，是决不会灭亡的。"① 中国辽阔的幅员给封建生产力的发展以很大的余地，而四周阻绝的环境又使资本主义的生产关系迟迟不能在旧社会的胎胞里诞生。封建生产关系就这样在中原苟延残喘，在北方勃兴，在南方回旋，在战乱后的土地上再生，使这种狭隘的、分散的、以家庭为单位的小生产，逐步遍布于中国，形成一统天下的封建经济共同体。没有发达的贸易带来高额利润的刺激，更没有广阔市场的鼓励，资本主义萌芽迟迟不能产生、不能成长。直到西方殖民势力东来，黄河母亲的儿女们才惊愕地发现，中国落后了！

三、宏观历史研究中的地理环境因素

众所周知，斯大林《辩证唯物主义和历史唯物主义》曾经谈到地理环境不能成长为决定社会面貌、社会性质以及由一种社会制度过渡到另一种社会制度的主要原因，因为"社会的变化和发展比地理环境的变化和发展快得不可比拟"，"在几万年间几乎保持不变的现象，决不能成为在几百年间就发生根本变化的现象发生的主要原因"。可以看出，斯大林在这里探讨的是一个国家或地区内部变革问题。他是在就同一地域的不同时期进行纵向比较；在导致社会变革的诸因素中，生产方式是主要的，因为地理环境没有什么变化，而生产力和生产关系都在发生变化。

---

① 《马克思恩格斯选集》第 2 卷，第 83 页。

然而，我们这里所探讨的问题——地理环境与中国封建社会长期延续的关系问题，是与西欧比较而言的。我们所进行的是同一时期不同地域的横向比较，我们与斯大林的着眼点是不同的。比较具有相同本质的国家间社会变革何以有迟速之别时，地理环境很可能是问题的关键所在，因为两者生产方式相同而地理环境则大不相同。

有必要指出，在宏观历史研究中，绝不能把地理环境看成凝固不变的因素。改造自然，在自然界打下自己意志的印记，这正是人与动物的最后的本质的区别所在，也是研究人类社会发展的特殊规律的要害所在。人类产生以前，地理环境在几万年间几乎保持不变，人类产生以后，地理环境开始留下人类活动的印记，随着人类历史步伐的加快，地理环境的变化也在加速。表面看来，这些变化完全是人类意志的结果，但是，能够或不能够发生这样那样的变化，却是自然环境本身规定和制约着的。这种规定和制约不可能决定历史发展的细节，却可以制约历史发展的大势。

地理环境与人类社会组成一对矛盾，二者互相影响，互相制约，就微观历史现象观察，人们能够支配自然，主宰自然，但从宏观历史的角度来看，则是自然规律支配着人类。我们可以以黄土高原的情形为例说明这点：中原的封建统治者为了自己的安宁驱逐了高原上的游牧民族，中原移民在高原的垦伐使天然植被破坏殆尽，洪水每年带着数以亿吨计的泥沙涌向中原，造成中原频仍的水患和社会动乱，而高原本身也因水土流失成为贫穷和农民暴动的策源地。事情正如恩格斯所说："我们统治自然界，决不像征服者统治异民族一样，决不像站在自然界以外的人一样——相反地，我们连同我们的肉、血和头脑都是属于自然界，存在于自然界的；我们对自然界的整个统治，是在于我们比其他一切动物强，能够认识和正确运用自然规律。"[①] 很明显，恩格斯是把自然界看作人类的母亲，看作社会存在的前提的，人类历史发展是受自然规律制约的。

随着历史发展，社会对地理环境的要求也不同。马克思曾把自然条件从经济方面分为两类，一类是生活资料的自然富源，一类是劳动手

① 《马克思恩格斯选集》第3卷，第518页。

段的自然富源。他说："在文化初期，第一类自然富源具有决定性的意义；在较高的发展阶段，第二类自然富源具有决定性的意义。"[①] 封建社会对环境的要求，偏重于前者，如肥沃的土地、富于鱼类的水，而资产阶级则偏重于需要后者，如铁矿、煤矿、水力资源、畅通的交通线等。随着科学技术的发展，现代交通与现代通讯缩小了地球，社会发展对地理环境的要求，将会大大不同于古代。因此，即使地理环境没有变化，它在不同时期对于不同的生产方式也会发生不同的作用。

影响历史发展的地理环境因素，其内涵是很丰富的。它既包括那稍微重大一些的变化都需要上百万年的地质板块，也包括生物生态和非生物生态系统，还包括其周围国家、民族的状况和相互影响。因此，特定地理环境概念的外延是有限的。比如，说地球上最古老的文明发生在温带大河流域，不能倒过来看，凡是温带大河流域一定产生古文明，因为其内涵还有所不同；同样，说资本主义生产方式出现于大西洋沿岸小国绝非偶然，不能用亚非其他沿岸小国来证伪，因为这些小国不具有地处贸易枢纽等内涵。

在宏观历史研究中，不可低估地理环境因素的作用，特别是在比较历史学领域，地理环境很可能是决定性的、主要的因素，对于这样的因素置之于不顾，势必陷入谬误之中。

四、驳"结构论"

40年代初，吕振羽先生曾经认为中国社会发展迟滞的主要根源是地理环境的作用。但是，吕先生在表述他的思想时，说中国社会的迟滞"不是由于内在矛盾的规定，而是由于外在矛盾的影响"，因此立即被斥为"忘记了社会学的ABC"[②]。也是40年代初，李达先生曾谨慎地提出他的假想："即使中国与欧洲之地理隔绝一直继续下去，中国社会再过

---

① 《马克思恩格斯全集》第23卷，人民出版社1972年版，第560页。

② 见白钢编著：《中国封建社会长期延续问题论战的由来与发展》，中国社会科学出版社1984年版，第53页。

数百年，也许还是停留于封建的阶段中。”此论一出，立即被斥为“受了法西斯史家的欺骗”，“陷入了地理唯物论的陷阱”。[①]其实，李达先生的假想是有道理的。在没有世界市场与高额利润的刺激的情况下，在与外界隔绝的封建帝国内部，怎么可能产生出那么强大的一股力量，把老大帝国的基本经济结构摧毁，建立起资本主义的社会制度？

但是在一些模糊观念的影响下，学术界形成了一种似乎毫无疑问的看法，就是研究中国封建社会为什么长期延续，必须从中国社会内部经济结构（或政治、经济、意识形态体系）加以探讨。范文澜先生曾经举到这样一个例子：9 世纪时，古挪威人也曾发现过北美洲海岸，但是这发现没有产生哥伦布那样重大的作用，因为在 9 世纪，封建制度还没有产生像后来因商业资本的发展而发生的那些需要。结论是：“中国封建社会长期延续的原因，主要的还应向社会内部去探求。”[②]笔者认为，这个判断的理由是不充足的。因为例子只能说明封建制度尚未确立的古挪威社会内部尚无发展商业资本的需要，不能说明封建制度确立以后的中国，商业资本不能发展的主要原因必定在社会内部。这个误断的影响是不小的。不少学者找出中国封建社会内部结构的某些特点，认为那便是长期延续的根本原因。这些观点尽管多种多样，有的甚至互相矛盾，但有一个共同的特点，就是从中国社会内部结构找原因。我们姑且统称之为“结构论”。

在“结构论”者看来，生产力能不能发展，科学技术能不能发挥作用，社会能不能前进，都由“结构”决定着，“结构”就产生了那么一种魔力，使社会变得无比牢固。在这一“魔力”面前，生产力的能动作用，社会需要进步的力量，统统失灵。不是生产力决定生产关系，而是生产关系或上层建筑或“结构”决定生产力。

“结构论”者抓住小农经济这一封建经济的基本特征，说这便是中国封建经济长期停滞的总根源。这在逻辑上是讲不通的。中外共有的情

① 见白钢编著：《中国封建社会长期延续问题论战的由来与发展》，中国社会科学出版社 1984 年版，第 53 页，第 62、68、69 页。

② 见白钢编著：《中国封建社会长期延续问题论战的由来与发展》，第 119 页。

况，怎么会是中国特有的现象的原因呢？地主阶级残酷压迫剥削农民，是封建社会的通例，也被作为中国封建社会长期延续的原因，这更经不起推敲。不是说“压迫愈深，反抗愈烈”吗？说剥削压迫越残酷垮台越快，似乎更合逻辑。又一种说法：中国封建统治阶级经验特别丰富，儒家思想、三纲五常、科举制度，一条条绳索束缚着人们。这些理由能不能说明问题呢？的确，上层建筑、意识形态对基础的反作用，有时是决定性的；但“有时”能起的作用，怎么可以作为数百年甚至上千年的历史现象的根本原因呢？事实上，不论中外，上层建筑始终从属于基础。欧洲中世纪教会对人民的控制、对科学的仇恨，远甚于中国儒家，它并不能阻挡欧洲资产阶级的凯歌猛进。总之，从中国封建社会内部结构上寻找它长期延续的根本原因，是一条走不通的胡同，这种方法是否符合历史唯物论，也是值得认真考虑的。

“结构论”者往往引用马克思下面一段话证明小农经济结构阻碍了中国社会的发展。马克思说，小块土地所有者“既排斥生产资料的积累，也排斥社会对自然的统治和支配，排斥社会生产力的自由发展”。[①]但是，人们往往不注意，马克思在这句话的前面说，“这种生产方式是以土地及其他生产资料的分散为前提的”，马克思在这句话的后面说，“它只同生产和社会的狭隘的自然产生的界限相容”。由此可见，小生产的力量，它的“顽固性”，是有前提和界限的。在这种界限之内，它显示出生命力；当这种界限被打破时，利润和随之而来的暴力成为社会变革的产婆，“社会内部感到受它束缚的力量和激情，就活动起来。这种生产方式必然要被消灭”。在中国历史上，被马克思称为“资本的前史”——直接生产者被剥夺，小私有经济解体，生产资料集中的现象，一再呈现。这说明小生产并不那么顽固。然而，中国历史上没有出现打破那“狭隘的自然产生的界限”的条件，没有高额利润的刺激，没有新的行业容纳流民，大乱之后，社会不得不建立在原有生产方式的基础上。这不能说明小生产结构有什么“再生机制”，只说明小生产结构是

① 《马克思恩格斯选集》第2卷，第266页。

受那更高层次的"前提"或"界限"制约的，是更高层次的概念在特定范围内的表现形式。为说明这一点，我们不妨看看列宁提到的黑格尔的这样一个例子：斯巴达人的风尚和他们的社会制度可以互为因果，这说明不了任何问题。只有先了解到渗入斯巴达人的生活和历史的各个方面的"作为所有这些方面的基础的概念"，即"那更高的第三规定"，才能理解斯巴达人的社会制度和风尚。[①]这个例子对于我们研究中国封建社会是很有启发的。中国封建社会长期延续问题是宏观历史问题，在这个问题上，把眼光局限在低层次的"结构"之中是无济于事的。一些"结构论"者谈封建经济结构如何稳定，另一些"结构论"者则谈其如何不稳定。但同类事物的稳定与否，从事物内部结构去观察是不行的。正像放在积满灰尘的书架上的琉璃葫芦具有"超稳定"结构，而被孩子们吹得乒乒乓乓直响的琉璃葫芦便具有十分不稳定结构。不注意是放着还是吹着这个基本存在方式问题，却陷在琉璃结构韧性或脆性的研究中，这不是令人失笑吗！怎么能抛开事物存在的前提和界限去谈内部结构的稳定与否呢？古人说："不识庐山真面目，只缘身在此山中"，这话是很值得我们品味的。

"结构论"者对中西历史环境的显著区别不屑一顾，紧紧抱定"主要原因"只能在内部寻找的"原则"，力图在两者具有相同本质的社会制度上寻找差异。这种差异，注定只能是表象上的差异。事实证明，即使赋予这种差异以魔力，把它夸张为"总根源"之类，也是没有说服力的。由于没有把握住宏观历史现象的特殊矛盾，尽管作者细致地解剖了对象，得出的概念也是皮相的。作者愈觉得自己的结论"合乎自然"，就愈不能说明任何问题，为什么呢？因为"归纳大量'事例'为一个普遍原则的做法"不是辩证法[②]。

（原载《宝鸡师院学报》1987年第1期，人大复印报刊资料《中国地理》1987年第7期转载）

① 《哲学笔记》，人民出版社1956年版，第173页。
② 《马克思恩格斯全集》第30卷，人民出版社1974年版，第209页。

后记

——我的学术道路

论文集整理出来，请李裕民老师审阅。李老师问我为什么命名为《古史考论——西雝集》，现在先回答这个问题。

我生于1943年——抗日战争最艰难的时候。祖父为我取名“振”，意在“振兴中华”。到我能记事的时候，父亲选《诗经·周颂·振鹭》的“鹭于”二字为我的“字”。父亲讲了取这个字的意思，我一点也不懂，几十年之后当我能读懂《诗经》时，才渐渐明白。

诗不长，八句32字，兹录于下：

> 振鹭于飞，于彼西雝。我客戾止，亦有斯容。在彼无恶，在此无斁。庶几夙夜，以永终誉。

诗的意思是：

> 洁白的鹭鸶振翅飞翔，来到那西方的水泽。我的客人来到这里，也保持这样高尚的容仪。在原先的国度没有人厌恶，在这里也从不厌倦。希望以早晚不懈的努力，得到持久的美誉。

据清人方玉润说，此诗系殷人微子“来助祭于周人祖庙，周人作诗美之”。微子在殷纣王乱政时屡谏不听，不得不“耄逊于荒”——远避于荒野，至周初被册封于宋，承殷先王之祀。另据周原发现《史墙盘》可知，微子后人一支定居宗周，历任周王朝史官。《周颂》此诗，可以认为是以白鹭喻微史家族，亦泛指来助周朝的贤士。

诗中“西雝”，本指镐京东南之“大池”，应即西汉长安城南之“昆明池”。《振鹭》以“西雝”指代西周首都丰镐。又知周人称大学为“辟雝”，其位置在首都郊外。巧的是，今陕西师范大学正在丰镐东南郊外。名振字鹭于者在此著述，裒为一集，故谓之《古史考论——西雝集》。

回忆自己走过的路，几十年懵懵懂懂跌跌撞撞，后半生落脚陕西师大，以讲授中国历史为职业。如今年过“古稀”，在历史学上似乎也算有一点成就了，得到学长李裕民先生鼓励，将自己三十多年来发表的史学论文收存于此，庶几乎得到同仁批评、于后学小有启示。

自己怎么就走上了学术道路？这有必要好好反思。

1949 年至 1955 年我读小学，那时老师要求我们“五爱”——爱祖国、爱人民、爱劳动、爱科学、爱护公共财物。当时我不大懂，也是几十年后才渐渐懂得：“五爱”谈何容易！

我那时爱看“连环画”。成都几乎每条街都有小铺，一分钱看两本。我关于历史故事的知识大多来自连环画，所以就想过当画家。后来开始看小说，所以也想过要当文学家。

小学毕业没考上中学，主要是因为墨水没有磨酽，急着开答，卷纸上沁成一团又一团。

1955 年至 1956 年我在街道办事处组织的自学小组和补习班混了一年，这是我开始接触社会的一年。我看到，我的那些不戴红领巾的拜把子兄弟们的家庭情况跟我家大不一样。小伙子们经常打架，我挨过打也打过人。同时在补习班遇到好老师，教我懂得认真读书。

初中三年，遇到两件大事：一是我们班主任忽然被打成“右派”，二是“大炼钢铁”热火朝天。那时我就懂了，这是“政治运动”。不过我的理想与政治无关。因为那时是男女分校，小伙子们最羡慕的是操场上的能人，我的理想是成为体操健将。

高中三年，印象最深的就是一件事：饥饿。我得了浮肿病，半死不活。那时我的理想是当医生。

临高考前报名，忽然得知“嗅觉不灵不能报考医科各专业”。我的鼻梁在自学小组时被打断，鼻腔变形，渐渐失去嗅觉。那就报考理工科吧。各种原因凑在一起，我什么大学也没考上，再次流落到社会上。

1962 年到 1963 年，又是“自学小组”。这次是更深广地接触了社会。大灾刚过，街道上多见坑蒙拐骗抢劫偷盗卖淫嫖娼之类；而受骗上当被欺负孤苦无告的人多是打听：“同志，办事处、派出所在哪跟前啊？”那时的我，很想当个街道办事处的“干事”。我在“杜甫草堂”看到郭沫若撰写的一副对联：“世上疮痍诗中圣哲，民间疾苦笔底波澜。”决定改学文科。

高考报名的时候，因为是“社会青年”，不敢指望重点大学，看中了西南师大的教育专业和美术专业。至于重点大学，姑且报个北京大学图书馆系，因为我们自学小组每天到省图书馆去抢位子，很羡慕管理员。同学告诉我图书馆系四年半，不如报历史系五年制，可以多读些书。于是，1963 年九月，我到了北京大学历史系。

很快就发现，不少同学基础好，很优秀。我给班主任秦文炯老师打了个招呼，我说我是不行的。他说：从头开始，还来得及。

随着一堂堂课听下来，我发现我选对了专业。

先秦史，任课老师王文清先生。遂古茫茫人类之所从来，《家庭、私有制和国家的起源》立刻深深吸引了我。秦汉史：张传玺先生；魏晋南北朝：李原及其师田余庆先生；隋唐史：吴宗国及其师汪篯先生；宋元：顾文璧先生；明清：许大龄先生；近代史：邵循正先生。记得到了二年级，有个同学问我打算研究哪一段？我想了想，回答道：“通史。”他笑笑，摇摇头。那意思我明白：你还没入门！我想也是，我基础差，得慢慢找感觉。

因为高考加试了美术，一进校我就被美术社接纳，后来又加入了体操队，成天进行“三从一大”的训练。二年级时被体操队淘汰，我又钻进了游泳队。这时发生了两件事，一是有人认为“学生社团”是“阶级斗争的避风港”，让游泳队把我遣返回班上；二是我班一个跟我要好的同学在颐和园昆明湖游泳淹死，竟然不让开追悼会。我很悲伤也很生气，给有关负责人提了不少意见。

接下来三年级，是去农村参加“四清运动”。也许是我说话随意，被人断章取义收集了不少有问题的“言论”。1966年6月“文化大革命”爆发，我们回到学校。这时“四清工作组”原副组长告诉我，刚下乡时他们之所以那样捕风捉影地收集我的“言论”，是想把我赶回学校——因为我的档案上写着我“对党团组织不满”，他们认为我这样的人不适宜当“四清工作队员”。

回校不久，我在乡下的“言论”被人写成“大字报”贴到墙上，我的申辩又被人勒令撕掉，看来我只有等待“运动后期处理”了。不久革命群众分成两大派，两大派都不敢收容我——想积极也不行。

我和另一个其父亲有些问题的同学住到一间空出来的宿舍。不久又搬进来三个研究生。因为当时“革命派”认为研究生是“资产阶级知识分子”，属于“革命对象”，理由是他们住的是教工楼。于是他们不得不先“革”自己的“命”，住到了学生宿舍。

这三位研究生是：郭大顺（师从苏秉琦，新石器时代考古），郝本性（师从唐兰，商周青铜器、古文字），胡仁瑞（师从宿白，石窟寺造像）。旁边不远住着李裕民（师从邓广铭，主攻宋史），常来常往的还有胡戟（师从汪篯，隋唐史）、赵春晨（师从邵循正，近代史），等等。约一年时间与他们朝夕相处耳濡目染，他们展示在我面前的是另一种价值取向和生活方式，他们让我开始懂得什么是“做学问”。这事对我来说，用得着一个成语：因祸得福。现在回想起来，他们是受到过正规训练的史学工作者。再看我的某些被运动煽起来的狂热的同学，大学五年，尤其是后三年，在专业上可以说一无所获。

1968年11月，我们被“发配”到各地“接受工农兵再教育”。我在陕西乾县羊毛湾水库工地和华阴县解放军农场“劳动锻炼”一年半，1970年5月正式分配到陕北佳县成为中学教师。

作为“史学工作者”，我觉得自己对城市比较了解，有必要深入农村社会。佳县十年，我先后在距县城80、50、70华里的穷乡僻壤教书，得以深入了解农村社会结构、农业生产方式和农民的思想状况。应该说，这些知识对于我后来研究商周时期家族公社极为重要。本文集所收

《白家甲的家族公社》和《宗族社会初论》是其代表。

因古代文献功底薄弱，我不敢张扬自己“毕业”于北京大学历史系。又因为怕给母校丢人，十年间翻破《辞源》，通读了箧中古籍，尽力而为吧。

在校时听过翦伯赞和汪篯先生涉及史学理论的两个讲座，他们希望我们到马克思主义经典著作中去寻找关于历史规律的“要言妙道”。我从海淀旧书店买到这些著作，“文化大革命”武斗中没有丢失的恰恰是这一箱。抱着强烈的愿望，我在佳县阅读思考并且写出约5万字的《马克思主义历史唯物主义常识讲义》（后来曾作为“佳县五七大学”的政治课教材）。

在“五七大学”，每天早上所有教师必须坐在一起“天天读”，读《毛泽东选集》或者《毛主席语录》。我不知别人是怎么过来的，自己参考两种流行的中共党史教材，顺势写成了数万字的《中国共产党历史讲义》。

我的这些做法，回想起来就是研究生学长潜移默化的结果。

1980年9月我考上研究生，来到南京大学历史系，随刘毓璜先生攻读先秦思想史。

从陕北去南京求学路过西安时，我曾到西北大学拜访思想史专家张岂之先生。张先生对我说：思想史的研究必须建立在对于当时社会性质、文化背景深入了解的基础上。先秦思想史的最大困难也在这里。张先生又向我推荐蔡尚思先生新著《中国文化史要论》，说思想史的研究还应该有贯通古今的视野。这是关键时刻我得到的重要点拨。

这样一来，要出学术成果得多积时日。我记起汪篯先生在我们刚进大学不久的一次座谈会上说，真有价值的经得起历史考验的成果，应该在四十岁之后。急功近利的文章，没有必要写。

刘毓璜先生为我们开设《经子选读》课，主要是带领我们阅读儒家经典和诸子百家。然而第二次课，先生就直奔先秦史研究最为敏感的话题：先秦社会性质亦即所谓“亚细亚形态”问题。这个问题的提出实质上是中国学者对于所谓“五阶段”教条的抗争。刘先生介绍了学术界流行的观点和他自己五十年代的文章，接着就希望我们能够把马克思的原论找来读读。我感觉自己一下子被刘先生拎上了屋顶，“高屋建瓴”地看待先秦史研究。这个问题实际上关系到对于中国社会历史的基本认识。其后二十年，我几乎没有离开过对这个问题的思考，直到2001年完成《宗族社会初论》，否定所谓“奴隶制社会形态”说，算是暂告一段落。

刘先生要求我们选修张之恒先生的先秦考古学、洪家义先生的古文字学。我又随张树栋先生研读了恩格斯《家庭、私有制和国家的起源》，才知道该书几次再版，恩格斯做过多处修改，1891年版和1884年版就有很大的不同。这对于我来说无异乎“醍醐灌顶”。这三门课在我后来几十年的学术生涯中，都有难以估量的深远影响。我十分庆幸来这里读研，因为这些先生的讲解几乎都是对于我在陕北山沟里积累的疑问的一一解答。

尤其值得一提的是，政治课我选修了孙伯鍨先生的《马克思主义哲学史》。这门课程更令我茅塞顿开：原来马恩思想有一个发展演变的过程，有不少问题在马恩去世之前仍然“在讨论中”。听了孙伯鍨先生的课，我才知道自己十分浅薄甚至于无知！

我从《家庭、私有制和国家的起源》前面苏联人所作的序言中，发现他们对于恩格斯讲的“在上古时期，血缘关系具有决定意义”持否定态度，他们认为那个时代也是“阶级斗争居于主导地位”。这既是一个理论问题，也是一个潜在着十分重大的现实意义的问题。我就此请教了孙伯鍨先生，他肯定地回答：恩格斯是正确的。由此我展开思路，理顺了自己在阅读上古文献中遇到的一系列问题，将学位论文题目定为《中国奴隶制时代的重民思想》。

据流行观点，奴隶制时代（夏、商、西周、春秋时期），充满奴隶与奴隶主的阶级斗争，甚至还有“奴隶起义”。我认为宗族之间的矛盾不是阶级矛盾，而成功的统治者都十分重视收罗民心，这就是那个时代的“重民思想”。

毕业论文答辩，令我终生难忘！

“答辩委员会”邀请了南京师大三位教授：答辩委员会主席是“段

老”段熙仲先生，时年八十有五。徐复先生，时年七十，我当时知道的就是他的《秦会要订补》，不知道他是黄侃先生的弟子，正在做章太炎《訄书》的《详注》。第三位我现在记不清他的名字，只记得答辩结束后陪他回家时在路上他对我的谆谆告诫和鼓励。另外两位是本校教师：中文系的周勋初先生和哲学系的胡福明先生。刘先生曾对我们介绍周先生研究《韩非子》的勤奋和严谨，对他十分赞赏。胡福明先生以一篇《实践是检验真理的唯一标准》，被蔡尚思先生《中国文化史要论》列入中国历代重要思想家之列，这里不必赘言了。刘先生认为我的论文涉及马克思主义和苏联人对恩格斯观点的否定，所以请胡福明先生参与评审。

答辩起初很顺利。胡福明先生对论文从理论上给以肯定，其他几位先生也多有肯定和表扬。没料到的是快结束时徐复先生一个小小的问题，我的回答却彻底砸锅！徐先生问："你的文中多引《诗经》，你用的是什么版本？”也许，我无论回答什么版本都可以通过了，我却回答："《白文十三经》。”徐先生问了一句什么，我听不懂，他皱起眉头，表情严肃。多年后我回想当时他可能问的是："黄侃手批？”可是那时候的我，哪里能知道这些呢！我不过是想借机批评系资料室和校图书馆借书的困难，我说自己花六块钱在路边买了一本《白文十三经》。事后刘先生非常生气，甚至有些伤心，说本希望我的论文能评为“优”，说你为什么不简单说一下我们课堂上讲过《诗经》的毛《传》、郑《笺》、孔《疏》？朱熹《诗集传》也可以的呀！

因为没有给我评优，段老在总结发言时多说了几句，我觉得主要是在鼓励我。原话我记不准确，大意如下："‘文化大革命’来了，我和你们刘先生私下议论过，我们过去用毕生精力继承下来的东西，都成了‘四旧’，都在‘横扫’之列，恐怕是该断绝了，再不会有人读了！可是现在，刘先生招收了研究生，方向是‘先秦思想史’，我又看到了希望！诸子学术、儒家经典，是中华文化最辉煌的所在，是中华民族文明的根啊！今天参加你们的答辩，我高兴啊！希望你们能够把我们民族文化的精华继承起来，流传下去。”段老语重心长，我顿觉肩上担子好沉——也许需要付出未来的全部精力！

离开南京前，我带着硕士论文去看望我大学本科时先秦史的老师——江苏省社科院的研究员王文清先生。王先生看完我的论文，坦率地说，他认为这篇论文不是优或者良的问题，在他看来是不及格！我问为什么？他说学术水平的高低要看对于古代文献的研读。你的论文在史学理论上的探索值得肯定，但未深入前人尤其是清儒的成果，这样研究先秦思想史是不及格的。王师的严厉批评铭刻我心，多年后我关于《诗》古训和《尚书》概述的文章即滥觞于此。

1982年底，我来到陕西师范大学历史系任教，直到2008年退休。

80年代中期我的主要任务是完成刘毓璜先生交给的《先秦思想史》第一章“远古时期的社会意识”和第五章“春秋时期社会思想发展的新动向”的撰写。刘先生为我开列了长长的书单，其实正是其后流行开来的文化人类学的基本读物，比如弗雷泽《金枝》、列维·布留尔《原始思维》、马林诺夫斯基《巫术、宗教、科学和神话》、弗洛伊德《图腾与禁忌》，等等。完成了第一章四万多字的撰写之后，我就着手后来命名为《蒙昧中的智慧——中国巫术》（华夏出版社1994年出版）的写作。第五章未能交稿（刘先生生病，该书搁浅），但我已做了资料的积累，后来用在陕西师大历史系《中国古代史新编》（夏商西周春秋史）和函授教材《中国古代史》（原始社会至春秋）的编写中。这期间撰有关于“凤德”、“五行”、“仁学”、“价人维藩”、“改革家郭偃”等几篇文章。

与此同时，80年代中期，位于兰州的西北师大的赵吉惠先生调到陕西师大。赵先生邀我参与他主编《中国儒学词典》和《中国儒学史》的工作。我对“礼义之邦”和董仲舒历史命运的考察即因缘于此事。

在研究中国巫术的过程中，我对于作为巫术道具的玉器发生诸多疑问。1989年秋，台湾历史语言研究所学者到西安访问，座谈会上我以“玉琮功能”问题向随行的邓淑蘋先生请教。1990年秋我到北京大学考古系做访问学者，又得到邓先生陆续寄来的许多资料，我即围绕“中国古玉文化”问题钻进北大和北京图书馆，“竭泽而渔”地搜集，复印了大量资料，至1991年8月以《玉琮功能刍议》一文结题。此后十余年间，不经意之中古玉文化的文章形成系列，且完成了《中国古玉文化》的撰写（中国书店2001年出版，与潘守永合著）。

也在1989年，系文物陈列室管理员远嫁广东，我主动请缨接手管理，一是对于文物的钟情，二是那里有一张平静的书桌。这是一个没有编制、没有经费、不计工作量，责任却很重大的位置。我在这难得的位置上一坐十七年（直到新校区博物馆建成），几乎没有寒暑假、没有双休日、没有上下班时间。记得一年大雪，几天间雪地里只有我一人的脚印。有一年除夕，保安看电视去了，我被锁在楼里，幸好有电话，呼来家人去找人开了门。第二天早上，当环卫工清扫着满地的鞭炮碎屑时，我也照常“上班”去了。现在回想这些颇有些得意，其实当时就是珍惜那机遇、那环境。可以说，没有陕北窑洞的十年和文物陈列室的十七年，我将一事无成。

当然，闭门造车是不行的。90年代我又得到两位老师和一个职位，使我不至于闭目塞听、事倍功半。

两位老师即胡戟老师、李裕民老师。本文集中《玉华宫遗址考察》是在胡老师指导下完成的；闫庄墓志考释揭示闫庄之死与太子李弘之死的关系，是胡老师点拨的结果；玉文化研究中“玉石之路”的探索也是经胡老师提示，注意到新疆学者的意见而开始的。李裕民老师的影响主要是论文的写作和著作的布局，还有他的那份对于学问的执著。两位老师的批评时常是十分严厉不留情面的，也许当时有点难堪，现在回忆起来只有温馨和谢意。

一个职位，是原资料室负责人随丈夫去了湖北，系领导希望我顶上，我爽快接受同意代管，直到1999年找到专职负责人。除了定杂志、购书的麻烦和偶尔难免的应酬，我看中的是自己有了一个阔气无比的“书房”。几年间我弥补了大学高年级应该熟悉的各种“类书”、大部头的“丛书”和工具书，假期里就干脆把近40册的《中文大辞典》搬到文物陈列室沙发上。得心应手、安心问学的感觉就是——自己是幸运的。

本文集中还有三篇文章需要做点解释。

《诸葛亮北伐失败原因再探》完成于1985年，随后寄给田余庆先生。田先生没有只字的表扬，却指出我对于史料的掌握狭窄而肤浅，希望我坐下来好好读书。几乎同时，河北师大张恒寿先生建议我把《论诸葛亮在思想史上的地位》的“论”字改为“略论”。我原来有把思想史“通下来”的十分幼稚的想法，接田先生信后立即打住，专注于先秦。所以，这是一篇记录我的“失败”的文章。姑且收录在此，冀以儆示后学。

《西周丰镐成周说》是酝酿最久也是本文集中最后（2012年）写成的一篇。1979年报考四川大学先秦史硕士研究生，考试中有一道小题，让解释“宗周”和“成周”，我解释不清，应该是没有得分。几十年来耿耿于怀，遇到有关话题我就较真。流行的观点是：“成周”指洛邑，“宗周”指丰镐，《史记》和《左传》中正有多处称洛邑为“成周”。可是我们读《史记·鲁周公世家》周公曰“必葬我成周”，此“成周”是洛邑还是丰镐？一般都认为是洛邑。我们知道，周人讲究“族坟墓”，周公应当与祖先一起葬在周原。当时统治中心在丰镐，周公表示愿佑助成王，不必葬回周原。这“成周”怎么会是洛邑呢？又，唐张守节《正义》引东晋徐广质疑：周公平定管、蔡、武庚叛乱之后才开始营建洛邑，《史记·卫世家》却说“管叔欲袭成周”，此“成周”又怎么可能是洛邑呢？诸如此类疑问还有几处。同时，考古材料充分证明，西周时期贵族们一直聚居于周原而不在丰镐，周原才应该是“宗周”。本世纪初，我参与《十三经辞典·尚书卷》编写并担任主编，对于“《尚书》学”流变的深究，让我发现司马迁是受了“周、秦间低手人”（朱熹语）所作《书·小序》的影响。《小序》径直将《尚书》中“洛邑”二字写成“成周”，又是受《左传》一类史书影响的结果。《左传》记载的是春秋时期的事情，平王东迁，“成周”之名从丰镐跟随转移到了洛邑。所以，《尚书》中西周初年的洛邑是不能叫“成周”的！有了这一认识，再看西周金文中的“成周”二字，曾给多少误以为“成周”是洛邑的金文专家带来困惑！我们一旦认定西周时期“成周”在丰镐，一切疑惑涣然冰释！我相信，这一认识对于西周金文和西周史的研究，将会展现出一片新天地。

文集最后一篇《地理环境是中国封建社会长期延续的决定因素》是我最早动心要写的文章。据佳县县志和百姓口述，黄河河畔很多村镇曾十分繁荣，还出过进士举人，原因在于黄河航运的繁荣。而不在河畔、距黄河二三十里的白家甲村，到1947年土地改革前，却一直维系着古老的家族公社的土地制度，主要原因应该是它位置的僻静。从20世纪二三十年代开始，公路、汽车逐步取代河上航运，到70年代我来到这里时，看到河畔山村已成为典型的“穷乡僻壤”。而白家甲虽然由家族公社变成了“人民公社”，村民仍在宁静之中生息繁衍、“长期延续”着他们的耕种方式和生活方式。由此展开思路，我想到拥有温带大河流域而又四面阻绝的中国，自给自足的农耕经济是它难以变更的主题，直到西方殖民势力东来才打破了“长期延续”的“怪圈”。中国封建社会长期延续的决定因素是什么？是地理环境！这是我至今十分自信的观点。欲知其详，请读原文。

记起小学时接受的“五爱”教育，想一想：如果承认脑力劳动也是劳动，那“爱劳动、爱护公共财物”我做到了。至于“爱祖国、爱人民、爱科学”，真的是谈何容易！现在看来，那是要付出全部精力甚至整个生命的！

我还是那句老话：难能差强人意，但求无愧我心。

臧振 2015年植树节